法学专业案例研习系列教材

婚姻家庭与继承法案例研习

HUNYINJIATINGYUJICHENGFAANLIYANXI

主　编◎陈　汉

撰稿人◎陈　汉　何汤梅　范　钰

　　　　刘　蕾　郑丹娜　梁　雪

　　　　何思骞

中国政法大学出版社

2016·北京

图书在版编目（ＣＩＰ）数据

婚姻家庭与继承法案例研习/陈汉主编. —北京：中国政法大学出版社,2016.4
ISBN　978-7-5620-6701-6

Ⅰ.①婚…　Ⅱ.①陈…　Ⅲ.①婚姻法－案例－中国②继承法－案例－中国　Ⅳ.①
D923.905②D923.505

中国版本图书馆CIP数据核字(2016)第074097号

出 版 者	中国政法大学出版社
地　　址	北京市海淀区西土城路25号
邮　　箱	fadapress@163.com
网　　址	http://www.cuplpress.com（网络实名：中国政法大学出版社）
电　　话	010-58908435(第一编辑部)　58908334(邮购部)
承　　印	固安华明印业有限公司
开　　本	720mm×960mm　1/16
印　　张	19.75
字　　数	365千字
版　　次	2016年4月第1版
印　　次	2016年4月第1次印刷
印　　数	1～4000册
定　　价	36.00元

作者简介

陈　汉　中国政法大学副教授，意大利罗马第二大学法学博士。研究领域：民法、比较家事法。

何汤梅　中国政法大学民商法专业研究生。研究方向：民法。

范　钰　中国政法大学民商法专业研究生。研究方向：民法。

刘　蕾　中国政法大学法学院研究生。研究方向：民法。

郑丹娜　中国政法大学法学院研究生。研究方向：民法。

梁　雪　中国政法大学法律硕士学院研究生。研究方向：民法。

何思骞　中国政法大学法律硕士学院研究生。研究方向：婚姻家庭法、公证法。

前言

　　《婚姻家庭与继承法案例研习》作为法学专业案例研习系列教材之一，是为满足法学专业本科生学习法学基础理论的需要而编写的一本案例教程。

　　本书的编著本着理论与实践相结合的原则，结合婚姻家庭法和亲属继承法的特点及教学理念，通过案例的方式对法理和法条进行阐释，并引导学生对现行法律的适用及司法实践中常见的疑难问题进行思考。

　　在案例选择、编写内容、编写体例和编写目的上，本书具有以下特点：

　　第一，在案例选择上，关注当下实践热点问题。本书在对传统理论进行阐述的同时，更加重视婚姻法与继承法在当前司法审判中的实际应用及遇到的挑战。本书所采用的案例来自近几年来各级人民法院的判决，并择其中经典、具有代表性者，对当下争议较多、关注度较高的实践问题进行法律分析，帮助学生更好地理解、运用法条。

　　第二，在编写内容上，关注重点、难点内容。婚姻法与继承法内容繁杂，实践中的相关案例具有多样性和复杂性，因此本书对较为简单的内容进行简略论述，对重点、难点内容进行着重分析。本书第一章至第十章主要介绍我国的婚姻家庭制度，关注婚姻关系的缔结、存续和结束中的法律问题；第十一章至第十七章主要介绍我国的亲属继承法制度，对父母子女关系、继承作重点解析。

　　第三，在编写体例上，每章开头均以"知识概要"的形式对本章内容进行简要介绍，对其下所包含的知识点进行罗列；每章之下设若干小节，对相关知识点以案例展示的方式进行阐述分析；每小节中，以"经典案例"的形式引出所关注的问题，并对该案例进行详细的评析，后设"拓展案例"，通过提出问题与重点提示的方式，使读者对相关法律问题独立地分析与思考，同时也鼓励学生互相讨论，共同进益。

　　第四，在编写目的上，注重培养学生的思考能力。在婚姻家庭法与亲属继承法领域，仍存在着很多学界尚有争议的问题，司法审判实践中，解决纠纷的过程也并非机械地套用法条的过程。在法学的学习过程中，一方面要牢固掌握基础知识、基础理论，另一方面要学会灵活地运用基础知识、基础理论对实践问题进行分析。本书希望通过提出问题、解决问题的方式培养学生在理论学习的过程中发现问题、多多思考的能力，避免进入死记硬背的学习误区。

陈 汉

2016 年 3 月

目 录 ❖❖

第一章

结婚的要件

知识概要

　　结婚，是指男女双方依照法律规定的条件和程序，建立夫妻关系的身份法律行为。结婚作为一种法律行为，其成立与生效需具备法定的要件。在不同的历史背景、经济基础和社会制度之下，结婚的要件也有所不同，国家通过制定法律规定结婚的要件，对婚姻关系的形成进行必要的确认与审查。根据要件的内容，结婚的要件可以分为实质要件和形式要件。本章分为四节，第一节论述的是结婚的实质要件中的法定婚龄；第二节论述的是结婚的实质要件中的男女性别；第三节论述的是结婚的实质要件中的禁止条件，即法律规定不能缔结婚姻的情况；第四节论述的是结婚的形式条件，即我国的婚姻登记制度。

第一节　结婚的实质要件之法定年龄

经典案例

刘某某申请宣告与崔某某婚姻无效案[1]

[基本案情]

　　申请人刘某某与被申请人崔某某经人介绍，于 2009 年 9 月 23 日结婚。因婚前缺乏了解，婚后夫妻未建立感情，申请人刘某某于 2011 年 8 月 10 日向开封市金明区人民法院申请宣告其与被申请人崔某某婚姻无效。

　　申请人为支持其诉讼请求，向法院提交：①户籍证明一份，证明原被申请人在 2010 年 8 月 31 日生一婚生子名叫刘某甲；②婚姻登记记录证明 1 张，证明申请人与被申请人于 2009 年 9 月 23 日登记结婚；③杏花营村委会证明一张，证

---

〔1〕　开封市金明区人民法院，（2011）金民初字第 1112 号，载 http://cpws. flssw. com/info/5077185
4/，访问日期：2015 年 11 月 18 日。

明原被申请人结婚的事实。申请人提交的证据，内容真实，审理法院予以采信。

经法院审理查明，申请人刘某某于 1991 年 4 月 25 日出生，被申请人崔某某于 1989 年 12 月 25 日出生。申请人和被申请人于 2009 年 9 月 23 日办理了结婚登记，该证中显示申请人刘某某于 1989 年 4 月 25 日出生。申请人和被申请人办理结婚登记时实际年龄均未达到法定婚龄，截至案件开庭审理时，被申请人崔某某的年龄仍未满 22 周岁，未达法定婚龄。另查明，申请人和被申请人于 2010 年 8 月 31 日生育一子刘某甲，被申请人同意抚养，不要求申请人支付抚养费用。

[法律问题]

1. 本案中，刘某某与崔某某的婚姻是否无效？

2. 法定婚龄以下结婚会导致什么样的法律后果？

[参考结论及法理精析]

（一）法院意见

开封市金明区人民法院认为，法律规定禁止包办、买卖婚姻和其他干涉婚姻自由的行为。结婚年龄，男不得早于 22 周岁，女不得早于 20 周岁。本案中申请人和被申请人办理结婚登记时，年龄分别未满 20 和 22 周岁，截至起诉之日被申请人尚未达到法定婚龄。故申请人和被申请人之间的婚姻关系无效，申请人请求依法宣告申请人和被申请人婚姻关系无效的请求，法院予以支持。据此，依据《婚姻法》第 3 条、第 6 条、第 10 条第 4 项、第 12 条，《最高人民法院关于适用〈中华人民共和国婚姻法〉若干问题的解释（一）》（以下简称《婚姻法解释（一）》）第 7 条、第 9 条、第 14 条，《民事诉讼法》第 64 条第 1 款的规定，判决宣告申请人刘某某与被申请人崔某某的婚姻关系无效，申请人刘某某与被申请人崔某某所生男孩刘某甲由被申请人崔某某抚养。

（二）法定婚龄以下结婚的后果

法定婚龄是指法律规定的最低的结婚年龄。结婚的双方当事人必须在法定婚龄之上才能够缔结婚姻，在法定婚龄以下不得结婚。法定婚龄的设定，一方面是为了确保缔结婚姻关系的双方当事人已经具备了相对成熟的生理和心智状况，另一方面也体现了国家的发展需要和政策导向。我国《婚姻法》第 6 条规定："结婚年龄，男不得早于 22 周岁，女不得早于 20 周岁。晚婚晚育应予鼓励。"我国法定婚龄普遍高于世界上其他国家，不仅是考虑到我国人口素质的自然因素，更多是考虑到我国是世界上的人口大国，提高法定婚龄有利于进一步控制人口数量，与计划生育政策相配合。现行法定婚龄的制定是从我国国情出发，符合我国人民群众、国家和社会利益的。

法定婚龄以下结婚会导致婚姻无效。我国《婚姻法》第 10 条规定，有下列情形之一的，婚姻无效：①重婚的；②有禁止结婚的亲属关系的；③婚前患有医学上认为不应当结婚的疾病，婚后尚未治愈的；④未到法定婚龄的。被宣告无效的婚姻自始无效，当事人之间不具有夫妻身份关系，不承担相应的夫妻权利义务。同居期间所得的财产由当事人协议处理；协议不成的，由人民法院根据照顾无过错方的原则判决。

对于法定婚龄以下缔结的婚姻，任何一方当事人均有权向有管辖权的法院根据《婚姻法》第10条申请宣告婚姻无效，同时，未达法定婚龄者的近亲属可作为利害关系人申请宣告婚姻无效，此时该利害关系人作为申请人，婚姻关系当事人双方为被申请人。

《婚姻法》对于无效婚姻的规定属于强制性规定，因此申请宣告婚姻无效的案件不适用调解，法院应当依法作出判决，而且对于人民法院已经受理的宣告婚姻无效案件，经审查确属无效婚姻的，应当依法作出宣告婚姻无效的判决。原告申请撤诉的，不予准许。

拓展案例

邓某诉谢某离婚纠纷案[1]

[基本案情]

灵山县人民法院于2014年2月13日受理邓某诉谢某离婚纠纷案，于2014年3月11日进行了公开开庭审理。原告邓某诉称，1990年间，16岁的原告经人介绍与被告相识。恋爱一周后，迫于母亲的压力，于同年6月8日到民政部门登记结婚，1993年7月2日生育儿子谢某甲。婚后，由于被告经常参与赌博，且双方脾气性格差异极大，原被告双方经常闹矛盾，原告难以与被告生活，原告被迫搬到妹妹家居住。2003年以来，原告一直在娘家居住生活，与被告没有联系，也不履行夫妻义务。2013年12月底，原告曾向灵山县人民法院提起离婚诉讼。在法院判决不准原被告离婚后，原被告双方至今互不来往，没有联系，夫妻感情确已破裂。为此，请求判决：①准许原告邓某诉被告谢某离婚；②本案诉讼费用由被告承担。

被告谢某经灵山县人民法院合法传唤，没有正当理由拒不到庭参加诉讼，视为其已放弃答辩及对原告提供的证据进行质证的权利。

---

〔1〕灵山县人民法院，（2014）灵民初字506号，载http：//www.itslaw.com/detail？judgementId=7bac9a5c-0015-4a10-8b6c-b9d4fe342240&area=1&index=1&sortType=1&count=7&conditions=search-Word%2B，访问日期：2015年11月18日，起诉时已达到法定婚龄。

灵山县人民法院查明，1990 年间，未达结婚年龄的原告邓某经人介绍与被告谢某相识。恋爱一个多月后，虚报年龄于同年 6 月 8 日到民政部门登记结婚，1993 年 7 月 2 日生育儿子谢某甲。婚后原、被告的夫妻感情一般，由于原被告双方脾气性格差异较大，经常因家庭琐事闹矛盾，原告于 2003 年离开被告家到原告的妹妹家中帮助照顾小孩，以后原告一直在娘家居住，没有与被告生活，也不履行夫妻义务。2003 年 12 月 30 日，原告以原被告双方缺乏婚姻基础，双方性格不合，夫妻生活不和谐，夫妻感情已破裂为由，向本院提起离婚诉讼。本院于 2004 年 2 月 7 日作出（2004）灵民初字第 104 号民事判决书，判决不准许原被告离婚。随后原告继续回娘家居住生活，原被告双方至今互不来往，没有联系。2014 年 2 月 13 日，原告以原被告婚前缺乏感情基础，婚后又未能培养、巩固夫妻感情，从 2003 年以来因夫妻感情不和分居至今，不履行夫妻义务，夫妻感情确已破裂为由，诉至灵山县人民法院，请求判决准许原告邓某与被告谢某离婚。

[法律问题]

1. 法院是否应当认定邓某与谢某婚姻无效？

2. 对于法定婚龄以下登记结婚，随后在共同生活过程中达到法定婚龄的，法院应如何处理？

[重点提示]

《婚姻法解释（一）》第 8 条规定："当事人依据婚姻法第 10 条规定向人民法院申请宣告婚姻无效的，申请时，法定的无效婚姻情形已经消失的，人民法院不予支持。"据此，法定婚龄以下结婚的双方当事人，在婚后生活过程中达到了法定婚龄之后，不再具有法定的无效婚姻情形，其婚姻关系受到法律保护，当事人以结婚时未达法定婚龄为理由申请法院宣告婚姻无效的，法院不予支持。此时若终结婚姻关系，只能通过离婚的方式。

第二节　结婚的实质要件之男女性别

经典案例

杨某诉白某变性后离婚案[1]

[基本案情]

原告杨某与被告白某于 1997 年 12 月自由恋爱，1998 年 5 月 8 日登记结婚，婚后未生育小孩，亦没有共同财产。2001 年 4 月，被告白某实施变性手术，由男性变更为女性，并于 2001 年 7 月在公安机关办理了姓名、性别、身份证变更登记，将姓名变更登记为白某，性别男性变更登记为女性，身份证重新进行了登记。原告杨某于 2002 年 2 月 1 日向长沙市雨花区人民法院起诉，以白某已变更性别为由，要求与被告白某离婚。

被告白某答辩表示同意离婚。

[法律问题]

1. 被告白某的性别应该怎样认定？不同的性别认定结果对案件的处理有什么影响？

2. 此案是否能适用婚姻无效的制度？

[参考结论与法理精析]

（一）法院意见

长沙市雨花区人民法院认为，本案仍按一般婚姻纠纷案件处理，只是在法律文书中叙述被告白某性别为女性，并加注说明其原男性性别，现原告杨某起诉离婚，因被告白某表示同意离婚，经调解双方当事人自愿达成协议同意原告杨某与被告白某离婚，双方个人衣物及日常生活用品归各自所有。长沙市雨花区人民法院确认上述调解协议符合有关法律规定，并于 2001 年 9 月 11 日制发了调解书。

（二）白某的性别认定及案件的法律适用

我国《婚姻法》第 5 条规定，结婚必须男女双方完全自愿，不许任何一方对他方加以强迫或任何第三者加以干涉。其中"男女双方"将结婚这种法律行为限定于异性之间，虽然目前世界同性恋婚姻合法化趋势明显，但是我国尚未

---

〔1〕 长沙市雨花区人民法院，无案例号，载 http：//www.pkulaw.cn/case/pfnl＿117464665.html？keywords＝婚姻无效 &match＝Exact%2C%20Piece，访问日期：2015 年 11 月 18 日。

认可同性恋婚姻，结婚双方当事人必须为一男一女，这是结婚的实质要件之一。

本案中，被告白某原本为男性，在婚后进行了变性手术，并且在户籍管理机关进行了姓名和性别的变更登记。在事实认定方面，关于白某的性别有两种意见：

一种意见认为白某虽然进行了变性手术，但是从生物学角度来看其染色体仍然为 XY（男性），而没有变为 XX（女性），且没有女性特有的生殖器官子宫和卵巢，仅有人造的阴道，其人体本质上仍为男性。[1]如果按照此种意见将白某认定为男性，那么本案中白某与杨某的婚姻仍为合法有效婚姻，杨某向法院诉请离婚，法院即可按照一般婚姻纠纷案件处理。

另一种意见认为，白某进行变形手术之后，具备了女性的特征，周围群众也认为其为女性，并且在户籍部门进行了性别变更登记，应将白某的性别认定为女性。如果按照此种意见，那么就会出现离婚纠纷双方均为女性的局面，而这与我国《婚姻法》的规定相冲突。此外，将白某认定为女性，也不能简单地将原被告之间的婚姻关系认定为无效婚姻，因为按照《婚姻法》的规定，婚姻无效需具备法定的婚姻无效原因，并且无效婚姻是自始无效。白某和杨某在缔结婚姻时并不存在无效的原因，并不能当然的宣布其婚姻自始无效。

随着社会的发展和科技的进步，人们的伦理价值观念也随之变化，婚姻中出现的各种情况变得更加复杂，传统的婚姻法律制度在实践适用中有时会发生适用困难，因此要求法院在处理此类纠纷时，不仅要对婚姻法原理有充分的理解，还应针对个案情况灵活适用法律。同时，我们也应该注意到，婚姻法在保障婚姻家庭秩序的基础之上，也应顺应时代的变化而发展。

第三节　结婚的实质要件之禁止条件

经典案例

蒋某某与张某某婚姻无效纠纷申请案[2]

[基本案情]

申请人蒋某某诉称，其与被申请人张某某系表兄妹，于 2008 年 1 月举行结

---

〔1〕　引用自案例原文。

〔2〕　宁夏回族自治区隆德县人民法院，（2014）隆民初字第 17 号，载 http：//www.pkulaw.cn/Case/pfnl＿119778062.html？match＝Exact，访问日期：2015 年 11 月 18 日。

婚仪式，同年 8 月 18 日补办结婚登记手续。2008 年 8 月 24 日生育长子张某甲，2011 年 1 月 25 日生育次子张某乙。双方系近亲结婚，所生两个孩子都患×××病。自 2012 年 7 月其与被申请人分居至今。在共同生活期间无共同财产、债权、债务及存款。现向法院申请要求宣告其与被申请人张某某的婚姻无效，并要求抚养一个孩子，诉讼费由被申请人负担。申请人为证明其主张向宁夏回族自治区隆德县人民法院提交了结婚证及户口簿复印件等证据。

被申请人张某某辩称，申请人蒋某某陈述属实，其同意申请人抚养一个孩子。被申请人未提供证据。

宁夏回族自治区隆德县人民法院经审理查明，申请人蒋某某的母亲与被申请人张某某的母亲系同胞姐妹，申请人和被申请人系表兄妹关系，属于三代以内的旁系血亲。

[法律问题]

1. 我国《婚姻法》上所禁止的"近亲结婚"的范围是什么？

2. 禁止近亲结婚的依据是什么？

[参考结论及法理精析]

（一）法院意见

宁夏回族自治区隆德县人民法院认为，《婚姻法》第 7 条第 1 款规定，直系血亲和三代以内的旁系血亲禁止结婚。申请人与被申请人系表兄妹，属于三代以内的旁系血亲。故申请人与被申请人具有禁止结婚的亲属关系。《婚姻法》第 10 条第 2 项规定，有禁止结婚的亲属关系的婚姻无效。故申请人与被申请人之间的婚姻关系无效。对申请人请求宣告其与被申请人婚姻无效的请求，本院予以支持。关于孩子抚养问题，申请人与被申请人已达成一致协议，本院将依法另行制作调解文书。依照《婚姻法》第 7 条第 1 项、第 10 条第 2 项，《婚姻法解释（一）》第 9 条第 1 款的规定，判决宣告申请人蒋某某与被申请人张某某的婚姻无效。

（二）禁止近亲结婚的规定及其依据

世界各国法律几乎都对近亲结婚有不同程度的禁止，我国也不例外，我国《婚姻法》第 7 条规定，有下列情形之一的，禁止结婚：①直系血亲和三代以内的旁系血亲；②患有医学上认为不应当结婚的疾病。所谓直系血亲，即父母和子女之间，祖父母、外祖父母和孙子女、外孙子女之间，曾祖父母、曾外祖父母与曾孙子女、曾外孙子女之间等。三代以内旁系血亲包括以下三种：首先是兄弟姐妹之间（包括同父同母的全血缘的兄弟姐妹及同父异母或同母异父的半血缘的兄弟姐妹）；其次是叔、伯与侄女之间，姑与侄子之间，舅与外甥女之间，姨与外甥之间；最后是堂兄弟姐妹之间，表兄弟姐妹之间。

众所周知，禁止近亲结婚的最主要的科学依据是为了优生优育。现代遗传学和医学都证明，近亲属由于基因更加相似，近亲结婚将会使遗传病的发病概率大大提升，正如案例中，申请人蒋某某与被申请人张某某两人婚后育有两子，均患有遗传性疾病。禁止近亲结婚同时还有伦理及历史上的原因，在中国的传统观念中就有"不娶同姓者，重人伦，防淫逸，耻于禽兽同也"的说法，唐律中曾有规定："诸尝为祖免亲之妻而嫁娶者，各杖一百；缌麻及舅甥妻，徒一年；小功以上，以奸论。妾，各减二等。并离之。"即禁止血亲结婚以及禁止女子于前夫本族内再婚。这种规定出于维护伦理纲常、长幼尊卑秩序的需要，并逐渐发展成了我国的婚姻习俗。同时，我国现代婚姻法所禁止的近亲结婚，主要是为了禁止中表婚，即表兄弟姐妹之间的婚姻。我国自古以来就有"同姓不婚"的传统，但是在封建社会时期表兄弟姐妹之间不仅可以结婚，且此种婚姻还因"亲上加亲"而颇为盛行。在法律上禁止近亲结婚，体现了现代法的精神与传统伦理道德之间的结合。

拓展案例

表兄妹起诉民政局婚姻登记部门不作为案[1]

［基本案情］

河南省漯河市郾城区某镇的小刚与小华（均为化名）系一对亲表兄妹（小刚的母亲与小华的父亲是亲姐弟），两人从小青梅竹马，初中毕业之后，两人一起到南方沿海某发达城市打工。为节省租房费用，二人合租一套房居住，后偷尝禁果。2007 年 8 月，双方父母同意了二人的结婚请求。2007 年 9 月，两人到民政部门办理结婚证。民政部门以法律规定禁止近亲结婚以保证子孙后代的健康为由予以拒绝。随后女方到医院做了绝育手术，并向医院索要了绝育手术证明，二人于 2008 年 1 月再次要求办理结婚登记，但婚姻登记部门依然拒绝。随后两人针对民政局不予以办理结婚登记的行为申请行政复议仍被拒绝登记之后，2008 年 5 月 27 日，两人向河南省漯河市郾城区人民法院起诉民政局婚姻登记部门，要求其为原告二人办理结婚登记手续。

河南省漯河市郾城区人民法院认为，我国《婚姻法》规定了直系血亲和三代以内的旁系血亲禁止结婚，该规定属于强制性规范，不允许随意变通适用；

---

［1］　河南省漯河市郾城区人民法院，无案例号，许晗晗："试论近亲结婚的法律规制——以一起'表兄妹起诉民政局'案为视角"，载《法治与社会》2009 年第 21 期。

原告小刚和小华是表兄妹关系，属于《婚姻法》规定的三代以内旁系血亲，应禁止结婚。即使原告小刚与小华做了绝育手术，仍应当适用《婚姻法》的有关规定，而不能变通法律。所以，对原告小刚和小华的诉讼请求不予支持，原告起诉被告民政局婚姻登记部门不作为理由不能成立。

2008 年 8 月 22 日，法院做出判决：驳回原告的诉讼请求。判决生效后，这对表兄妹虽然内心不服，但没有提出上诉。

[法律问题]

1. 你认为民政局的做法以及法院的判决是否妥当？
2. 《婚姻法》中禁止近亲结婚的规定在现代面临哪些挑战？

[重点提示]

随着社会的发展，人们的道德观念也在随之发展变化，丁克现象的出现、收养制度的完善以及迅猛发展的医学等都引起了人们对婚姻自由与禁止近亲结婚之间关系的思考。法律作为调整公民社会生活的社会规范，也应当适应社会生活的变化，而非一成不变。

第四节　结婚的形式要件之登记

经典案例

张某与殷某某等婚姻登记纠纷上诉案[1]

[基本案情]

原告殷某某因不服被告靖江市民政局给第三人张某及案外人江某某颁发苏靖江结字 011001409 号结婚证一案，向江苏省靖江市人民法院提起诉讼。

1998 年 2 月，原告殷某某与江某某登记结婚，领取了结婚证。2008 年 6 月 13 日，江某某与一自称殷某某的女子至被告婚姻登记处办理其与殷某某的离婚登记，领取了离婚证（苏靖江离字 010800418 号）。2010 年 3 月 16 日，江某某与第三人张某至被告婚姻登记处办理结婚登记，领取了结婚证（苏靖江结字第 011001409 号）。2010 年 3 月下旬，江某某至深圳出差期间死亡。在处理江某某的后事时，原告得知江某某与张某领有结婚证，且事前江某某领有苏靖江离字

---

〔1〕 江苏省泰州市中级人民法院，（2011）泰靖行诉初字第 3 号、（2011）泰中行辖字第 0025 号、（2012）泰中行终字第 0003 号，载 http：//www.pkulaw.cn/case/pfnl＿120500158.html？keywords＝婚姻登记＆match＝Exact，访问日期：2015 年 11 月 18 日。

010800418 号离婚证，遂于 2010 年 4 月 9 日向江苏省靖江市人民法院提起行政诉讼，请求撤销该离婚证。江苏省靖江市人民法院审理后认为被告靖江市民政局在登记审查时对申请离婚的男女双方当事人的身份未尽审查职责即发放了离婚证，发证行为缺乏事实依据且违反法定程序，理应撤销，但由于离婚证是与身份关系紧密联系的，该离婚证的当事人之一江某某在起诉前已死亡，故该发证行为不具可撤销内容，遂于 2010 年 7 月 22 日以（2010）泰靖行初字第 12 号行政判决书，确认被告颁发苏靖江离字 010800418 号离婚证的具体行政行为违法。

之后，原告殷某某再次起诉至江苏省靖江市人民法院，要求确认被告靖江市民政局为江某某与第三人张某颁发苏靖江结字 011001409 号结婚证的具体行政行为违法。江苏省靖江市人民法院一审认为，结婚证是与身份关系紧密联系的，殷某某非该结婚证的当事人，无原告诉讼主体资格，遂裁定对起诉人殷某某的起诉不予受理。殷某某不服，上诉至江苏省泰州市中级人民法院，江苏省泰州市中级人民法院经审理后裁定驳回上诉，维持原裁定。殷某某仍不服，申请江苏省人民检察院抗诉。江苏省人民检察院于 2012 年 6 月 11 日以苏检行抗 [2002] 5 号行政抗诉书向江苏省高级人民法院提出抗诉。江苏省高级人民法院于 2012 年 8 月 1 日作出（2012）苏行抗字第 0005 号民事裁定，指令江苏省泰州市中级人民法院再审。

江苏省泰州市中级人民法院经再审认为，殷某某虽不是苏靖江结字 011001409 号结婚证的一方当事人，但靖江市民政局颁发该结婚证的具体行政行为与其具有法律上的利害关系，应认定殷某某具有行政诉讼法律关系上的原告主体资格，故裁定，撤销江苏省泰州市中级人民法院（2011）泰中行诉终字第 0025 号行政裁定及江苏省靖江市人民法院（2011）泰靖行诉初字第 3 号行政裁定，并指令江苏省靖江市人民法院对本案进行审理。

审理中原告殷某某诉称：江苏省靖江市人民法院于 2010 年 7 月 22 日作出（2010）泰靖行初字第 12 号行政判决书，判决认定被告颁发苏靖江离字 010800418 号离婚证的具体行政行为违法。因此，原告系江某某合法的配偶，被告为江某某、张某办理结婚证不合法，请求法院确认被告为江某某、张某颁发苏靖江结字 011001409 结婚证的具体行政行为违法。

被告靖江市民政局辩称：原告与江某某登记结婚、江某某与冒名女子骗领的离婚证及被法院确认违法、江某某与张某在被告处领取结婚证均系事实。2010 年 3 月 16 日，江某某与张某到被告婚姻登记处申请办理结婚登记，提供了双方的户口簿、身份证，并均声明本人无配偶。经审查材料证件齐全，经询问双方自愿结婚。在婚姻登记员的要求下当事人双方详细阅读了婚姻告知单并签名，填写并宣读了申请结婚登记申明书，并在婚姻登记员的监誓下签名，然后在结婚登记审查处理表上签名，最后由婚姻登记员向双方当事人发证。上述整个办证过程完全符合国务院《婚姻登记条例》、民政部《婚姻登记工作暂行规范》及《江苏省婚姻登记工作规范》关于办理结婚登记的规定，并无违法之处。婚姻登记实行的是形式审查制、当事人责任制以及当事人情况声明制，江某某和张某提供的材料符合办理结婚登记的条件，被告在办理该登记时已尽审查之责。被告工作人员对江某某骗取离婚证后又隐瞒真实情况骗取结婚证的事实无法预见，相关法律责任和后果由当事人承担。

第三人张某述称：①被告颁发结婚证过程中依据法律规定告知了相关事项等，发证行为程序合法。②江某某于2008年6月13日办理离婚手续，时隔两年后第三人才与江某某登记结婚，第三人不知道江某某找人冒名顶替办理离婚手续，其是基于对民政部门的信赖，第三人无过错，请求法院从有利于社会稳定的角度依法判决。

[法律问题]

1. 婚姻登记机关应当对哪些事项进行审查？

2. 江某某与张某某的结婚登记是否有效？

[参考结论与法理精析]

（一）法院意见

江苏省靖江市人民法院一审认为，对照国务院《婚姻登记条例》、民政部《婚姻登记工作暂行规范》及江苏省民政厅《江苏省婚姻登记工作规范》的规定，被告向江某某与第三人张某颁发结婚证的具体行政行为在程序上并无不当。然而，江某某与殷某某缔结有效婚姻在前，其虽然采取欺骗的手段骗取了离婚登记，但该离婚登记行为并不具有合法性，且已被本院生效判决确认违法，故江某某与第三人张某办理结婚登记，违反了我国婚姻法所规定的一夫一妻的婚姻制度。本案被告发证程序虽无瑕疵，但基于江某某的违法情形，其所作出的颁发给江某某、张某结婚证的具体行政行为在实体上存在错误，应确认无效。江苏省靖江市人民法院判决：确认被告靖江市民政局颁发苏靖江结字第011001409号结婚证的具体行政行为无效。

第三人张某不服，向江苏省泰州市中级人民法院提起上诉。主要理由是：一审判决认定事实错误，第三人张某与江某某结婚时并不知其骗取离婚登记行为，其与江某某的结婚登记有效。一审判决适用法律错误。第三人张某在整个行为中没有过错，一审判决没有考虑到第三人张某的权利救济问题。被上诉人殷某某辩称：原审判决适用法律正确，确认张某与江某某的婚姻登记行为无效正确。上诉人的权益救济不是本案审查的范围，殷某某与江某某结婚行为的效力，已经由法院生效的裁判文书所确认，且张某无权就殷某某与江某某的登记行为提出异议。请求二审法院驳回上诉人的上诉请求。被上诉人靖江市民政局辩称：被上诉人为张某和江某某办理的结婚登记行为，没有违反法律规定，办理程序合法。办理时已尽审查职责。请求法院依法判决。

江苏省泰州市中级人民法院经二审认为，本案的争议焦点主要体现在被上诉人殷某某是否具有诉讼主体资格以及靖江市民政局作出的结婚登记行为是否合法有效。具体评判如下：①经过江苏省检察院抗诉，江苏省泰州市中级人民法院再审，依法作出（2012）泰中行再终字第0003号裁定，认定被上诉人（原审原告）殷某某同张某与江某某的结婚登记行为具有法律上的利害关系，具有行政诉讼原告主体资格。②婚姻登记行为不仅涉及婚姻登记当事人双方之间的合意，同时涉及行政机关公权力的行使，而且因为婚姻关系的设立影响婚姻家庭关系乃至一定区域内社会秩序的稳定，因此，在婚姻关系设立时需要公权力因素的介入，其成立需要遵循我国行政公权力设定的一定原则。当前我国制定的婚姻制度实行的是婚姻自由、一夫一妻、男女平等的原则。该案中，殷某某与江某某的离婚登记行为已经被确认无效，意味着两人之间的婚姻关系仍然存续，因此，江某某与张某之间的婚姻登记行为违反了我国一夫一妻的原则性规定，应当认定为无效。综上，一审判决认定事实清楚，适用法律正确，程序合法，应予维持。江苏省泰州市中级人民法院依照《行政诉讼法》第61条第1项之规定，判决：驳回上诉，维持原判。

（二）婚姻登记机关的审查义务

我国《婚姻法》第8条规定："要求结婚的男女双方必须亲自到婚姻登记机关进行结婚登记。符合本法规定的，予以登记，发给结婚证。取得结婚证，即确立夫妻关系。未办理结婚登记的，应当补办登记。"结婚登记作为我国结婚的法定程序，具有保障婚姻制度实行，保障婚姻当事人合法利益以及防止和惩治违反婚姻法行为等方面的意义。

一般而言，居民办理婚姻登记的机关是县级人民政府民政部门或者乡（镇）人民政府，省、自治区、直辖市人民政府可以按照便民原则确定农村居民办理婚姻登记的具体机关。婚姻登记机关的婚姻登记员应当接受婚姻登记业务培训，经考核合格，方可从事婚姻登记工作。由此来保障婚姻登记程序的顺利进行。

进行结婚登记，结婚的男女双方须亲自到婚姻登记机关申请结婚登记，并应当出具下列证件和证明材料：①本人的户口簿、身份证；②本人无配偶以及与对方当事人没有直系血亲和三代以内旁系血亲关系的签字声明。当事人提交上述材料之后，由婚姻登记机关进行审查并询问相关情况。对于当事人符合结婚条件的，应当场予以登记，发给结婚证；对当事人不符合结婚条件不予登记的，应当向当事人说明理由。

如果办理婚姻登记的当事人有下列情形之一的，婚姻登记机关不予登记：①未到法定结婚年龄的；②非双方自愿的；③一方或者双方已有配偶的；④属于直系血亲或者三代以内旁系血亲的；⑤患有医学上认为不应当结婚的疾病的。

登记机关的审查义务是形式审查，对于当事人是否属于直系血亲或者三代以内旁系血亲的等事项，只能对当事人进行询问，并无进行实质性的审查的能力。

（三）婚姻登记的效力

结婚是男女双方缔结婚姻的行为，具有强烈的身份性和排外性，但是婚姻关系作为家庭关系的基础，同时也是社会关系的最基本的秩序单元，对社会的稳定与和谐具有重大的影响。因此有必要由公权力介入其中，对其进行规制，婚姻登记制度便是基于此建立的。公权力的介入，使得婚姻登记具有一定的公示性与公信力。婚姻登记行为不仅仅是登记双方当事人私权行使的行为，还是行政机关行使公权力的行政行为，因此在诉讼中，针对婚姻登记效力的司法诉讼多以行政诉讼的形式体现。

行政行为是否合法有效，应当从该行政行为的主体、程序、事实认定以及法律适用等方面进行审查。本案中，婚姻登记的行为行政主体是靖江市民政局，根据《婚姻登记条例》《婚姻登记工作暂行规范》以及《江苏省婚姻登记工作规定》的相关规定，其具有进行婚姻登记的相关职权，是适格的婚姻登记机关。江某某与张某到靖江市民政局进行登记时，提供了户口本、身份证及相关声明，靖江市民政局对上述材料进行了审查与询问。在婚姻登记员的要求下当事人双方详细阅读了婚姻告知单并签名，填写并宣读了申请结婚登记申明书，并在婚姻登记员的监视下签名，然后在结婚登记审查处理表上签名，最后由婚姻登记员向双方当事人发证，靖江市民政局履行了《婚姻登记条例》等法律法规规定的职责，不存在程序违法。靖江市民政局也是以此为理由辩称其已经尽到了婚姻登记行为的形式审查义务。但是，婚姻登记行为不仅是一种程序性行为，更是公法与私法的结合点，对缔结婚姻的双方当事人今后的身份关系、财产关系都有重大影响，因此登记机关应负起更多的审查义务。就本案而言，江某某使他人冒名顶替殷某某，到被告靖江市民政局申请离婚，该离婚登记由于当事人未亲自到场以及离婚意思非当事人真实的意思表示而不具有合法性，并被法院判决为违法，因此江某某与殷某某仍为合法夫妻。江某某与张某申请结婚登记时，其婚姻状况并非是离婚，违反了我国一夫一妻的婚姻制度，因此存在法律禁止结婚的情形，因此该结婚登记行为无效。

李某甲与李某乙离婚纠纷案[1]

[基本案情]

2003 年初，原告李某甲到广东东莞打工，因其未成年不能进入工厂工作，便借用其胞姐李某丁的公民身份证以李某丁的名义进入工厂工作。在此期间，原告与被告李某乙相识并建立恋爱关系。2006 年初，原告李某甲怀孕；×××　×年××月××日，原告李某甲因未达到法定结婚年龄，遂借用其同胞姐姐李某丁的公民身份证与被告李某乙登记结婚，婚后原告李某甲到被告李某乙家生活。××××年××月××日生育大女儿李某丙；××××年××月××日生育次女李戊。因李某丁在深圳打工，李某甲婚后一直未回湖南娘家。2013 年原告李某甲回湖南老家办理二代公民身份证时，才将其胞姐李某丁的公民身份证归还。

2015 年，原、被告因夫妻感情不和，协商一致同意离婚，但因结婚证与原告李某甲的公民身份信息不符，婚姻登记机关无法办理离婚登记手续，遂诉至湖北省长阳土家族自治县人民法院，要求判决：①请求确认李某丁与被告李某乙的婚姻不成立，原告李某甲与被告李某乙的婚姻成立有效；②判决原告李某甲与被告李某乙离婚；③婚生女随原告李某甲生活，不要求被告李某乙支付抚养费。

同时查明：××××年××月××日，李某甲本人借用李某丁的公民身份证与被告李某乙到本县民政局都镇湾镇婚管所办理结婚登记手续，结婚证登记照片系原告李某甲本人。李某丁对原告李某甲借用其身份证办理结婚登记一事并不知情。2007 年，李某丁在湖南省宁远县补办了公民身份证；××××年××月××日，李某丁与荆某某在湖南省宁远县登记结婚。

[法律问题]

1. 原告李某甲与被告李某乙的婚姻是否有效？

2. 被告李某乙与李某丁的婚姻是否属于可撤销婚姻？

[重点提示]

借用他人身份证进行结婚登记，虽属违法行为，但结婚登记手续均为李某甲本人办理，存在结婚的形式要件；登记结婚后双方共同生活、养育子女，

---

[1] 湖北省长阳土家族自治县人民法院，（2015）鄂长阳民初字第 00473 号，载 http：//case-share. cn/full/125883160. html，访问日期：2015 年 11 月 18 日。

且起诉离婚时，李某甲已经达到法定婚龄，无效婚姻的情形已经消失，符合结婚的实质要件。而李某丁与李某乙没有结婚的合意，登记结婚后也没有共同生活，不符合婚姻成立的要件。我国《婚姻法》对婚姻可撤销的情形有明确规定，除《婚姻法》明确规定的情形外，其他情形均不适用婚姻撤销制度。

此外，我国法律、法规对于结婚登记程序中出现的诸多瑕疵，比如哪些属于影响婚姻登记效力的，哪些不影响婚姻登记效力的，缺乏明确的规定。

第二章

无效婚姻与可撤销婚姻

知识概要

婚姻的无效制度与结婚的要件密切相关。如果婚姻具备全部结婚要件，则成立合法有效的婚姻关系，如果结婚要件缺乏，就会导致无效婚姻或可撤销婚姻。无效婚姻是指违反婚姻成立要件的违法婚姻，由于欠缺婚姻成立的有效要件，因而不具有婚姻的法律效力。可撤销婚姻是指违背当事人真实意思成立的婚姻，主要指当事人因受胁迫而结婚，受胁迫的一方可以请求撤销该婚姻。婚姻被宣告无效或者被撤销多出于实质要件的欠缺，例如当事人未达到法定婚龄、有禁止结婚的亲属关系、重婚等。被撤销或宣告无效的婚姻自始无效。目前在我国，欠缺结婚的形式要件尚不构成无效婚姻的原因。本章分为三节，第一节论述的是因重婚导致的无效婚姻；第二节论述的是由于患有不适宜结婚的疾病导致的无效婚姻；第三节论述的是可撤销婚姻制度。

第一节　无效婚姻之重婚

经典案例

小华与小云、老华宣告婚姻无效纠纷案[1]

[基本案情]

2011 年 4 月 12 日，原告小华诉称，原告之母小丽（化名）与被告老华自 1980 年开始在原籍湖北老家以夫妻名义共同生活，两人于 1984 年 1 月 1 日在湖北省天门市依法办理结婚登记，两人生育二子，长子小华，次子小飞（化名）。

---

〔1〕 河南省郑州市金水区人民法院，（2012）金民再初字第 13 号，载 http：//www. court. gov. cn/zgcpwsw/hen/hnszzszjrmfy/zzsjsqrmfy/ms/201404/t20140422 __835967. htm，访问日期：2015 年 11 月 18 日。

在小丽与老华合法婚姻关系存续期间，1991年9月19日被告小云与老华凭借虚假的未婚证明，在河南省郑州市办理了结婚登记。被告小云与老华的行为违反了国家法律的禁止性规定，违背了社会公德，构成重婚。依照《婚姻法》等法律法规及相关司法解释规定，小云与老华的婚姻关系属于应判决宣告无效的情形。要求宣告小云与老华的婚姻关系无效。

被告小云辩称，老华与小丽及老华与小云的结婚登记的时间确如原告小华所述，但是老华与小丽已经于1996年1月3日经湖北省天门市人民法院调解离婚。小云与老华在郑州市金水区登记结婚时，对双方的婚姻状况进行了调查，并且老华提供了未婚证明，所以小云与老华的婚姻关系是合法的。根据《婚姻法解释（一）》第8条的有关规定，当事人申请宣告婚姻无效时，法定婚姻无效的情形已经消失的，人民法院对原审原告申请婚姻无效的请求应当予以驳回。小云与老华自结婚以来，已经生育有两个子女，基于以上事实和法律，请求驳回原审原告的诉讼请求。原审被告老华未答辩。

法院查明：①小丽和原审被告老华于1984年1月1日登记结婚，婚后生育两子小华、小飞。1996年1月3日双方经法院调解离婚。②原审被告老华和原审被告小云于1991年9月19日登记结婚，婚后生育两子女。③现原审被告老华的户口与原审被告小云等人的户口均登记在郑州市金水区文化路130号院17号。

[法律问题]

1. 什么是重婚？

2. 本案中小云的主张是否应该得到支持？

[参考结论与法理精析]

（一）法院意见

一审法院认为，公民合法的民事权益受法律保护。对原告申请两被告之间婚姻关系无效的诉讼请求，虽然原审被告小云称其在与原审被告老华结婚时，老华提供了未婚证明，但当时老华与小丽的婚姻确实存在。原审被告老华在与原审被告小云结婚时并未与小丽离婚，形成老华一人同时存在两个婚姻关系，其行为违反我国《婚姻法》规定的一夫一妻制原则，已构成重婚。故原告申请两被告之间的婚姻关系无效，符合《婚姻法》规定的无效婚姻条件，一审法院予以支持。对被告小云辩称的原告申请宣告其婚姻关系无效时，法定婚姻无效的情形已经消失，要求驳回原审原告诉讼请求的意见，虽然原审原告申请宣告两原审被告婚姻关系无效时，原审被告老华已与小丽离婚，但因重婚是严重违反一夫一妻制原则的行为，不存在阻却事由，无论申请时，重婚者是存在两个婚姻关系，还是已只有一个婚姻关系，都不能认定两被告之间的婚姻关系有效。故对被告小云的辩诉理由，一审法院不予采信。依照《婚姻法》第2条第1款、

第 10 条第 1 项之规定，判决如下：宣告原审被告老华与原审被告小云之间的婚姻关系无效。

（二）重婚的认定

重婚是指同一人与两个或两个以上的人缔结婚姻的情形。对于重婚，我国《婚姻法》中没有给出明确的概念，我国《刑法》中将重婚罪简单地解释为"有配偶而重婚的，或者明知他人有配偶而与之结婚的"。有狭义的观点认为，只有在先缔结的婚姻为法律婚，之后当事人再缔结事实婚或者法律婚时才构成重婚行为；广义的观点认为，无论在先的婚姻是事实婚还是法律婚，只要当事人再行缔结婚姻关系，均构成重婚。持最广义观点的人赞同在广义概念基础上，甚至"包二奶"行为也可构成重婚。

一般而言，重婚是指有配偶者又与他人登记结婚或者以夫妻名义同居生活的违法行为，即在先的婚姻应为合法登记、受法律保护的法律婚，在后的婚姻关系不管是进行了婚姻登记还是未登记但以夫妻名义共同生活，均构成重婚。以夫妻名义共同生活，是指当事人之间以夫妻关系共处，且周围的群众也认为其为夫妻关系，即形成了婚姻关系的外貌。现如今多出现的"包二奶"行为，虽然当事人双方有共同生活，但是他们大多不以夫妻关系约束彼此，并且周围群众也知晓其并非夫妻关系，因此一般情况下不认为"包二奶"行为是重婚行为。

本案中，小丽与老华通过结婚登记，已缔结合法有效的婚姻关系，但是在婚姻关系存续期间，又通过虚假的未婚证明与小云在婚姻登记机关进行了婚姻登记，已经构成重婚行为，应当依法确认小云与老华之间的婚姻关系无效。

（三）本案中小云的主张是否应该得到支持

我国《婚姻法》第 10 条规定，有下列情形之一的，婚姻无效：①重婚的；②有禁止结婚的亲属关系的；③婚前患有医学上认为不应当结婚的疾病，婚后尚未治愈的；④未达到法定婚龄的。同时，《婚姻法解释（一）》第 8 条规定，当事人依据婚姻法第 10 条规定向人民法院申请宣告婚姻无效的，申请时，法定的无效婚姻情形已经消失的，人民法院不予支持。

本案中，小丽与老华于 1983 年 5 月 16 日结婚，在该婚姻存续期间，小云与老华于 1991 年 9 月 19 日在郑州市金水区民政局登记结婚，之后于 1996 年 1 月 3 日，小丽与老华经湖北省天门市人民法院调解离婚。小云主张，根据《婚姻法解释（一）》第 8 条，小华申请宣告其与老华婚姻无效时，老华已经与小丽离婚，法定婚姻无效的情形已经消失，因此对于小华申请婚姻无效的请求应当予以驳回。然而，婚姻自由、一夫一妻、男女平等作为我国基本的婚姻制度，是指导婚姻缔结的重要基本原则。重婚行为是对一夫一妻制度的严重侵犯，如果按照被告小云的主张，当在先婚姻已经离婚的情况下，可认定在后的婚姻有效，那么势必将出现在两段婚姻重合的期间内，同一人身上有两段合法有效的婚姻关系。首先，这是对现有一夫一妻制的严重违反；其次，在此期间内，夫妻间的财产关系、各方的父母子女关系都将处于无法可依的混乱状态。因此，我们认为《婚姻法解释（一）》第8条中所规定的"法定的无效婚姻情形已经消失"仅指"未达到法定婚龄者已达到法定婚龄、患有医学上认为不应当结婚的疾病已经治愈"，而对以重婚为由申请宣告婚姻无效的，因重婚是严重违反一夫一妻制原则的行为，不存在阻却事由，即无论申请时，重婚者是存在两个婚姻关系，还是已只有一个婚姻关系，都应宣告其中一个婚姻无效。因此，本案中小云的主张不能得到支持。

拓展案例

郑某某与王某某同居期间财产分割、子女抚养纠纷案[1]

［基本案情］

2004年11月23日郑某某与胡某某于辽宁省原调兵山市民政局登记结婚，两人生有一女。王某某在大庆市服兵役期间认识了郑某某，2005年10月14日郑某某在未与胡某某离婚的情况下，又与王某某在邢台县民政局登记结婚。2006年10月14日生一男孩，取名王某甲。2006年2月22日郑某某以分期还贷的方式在邢台市桥西区公园东街永辉巴黎小区购买住房一套。2010年10月27日王某某与郑某某在邢台县民政局协议离婚，协议约定：一是男孩王某甲由男方抚养，女方无需支付抚养费。二是永辉巴黎小区房产一套归女方所有。三是双方无共同债务，女方债务由女方独自偿还。协议离婚后，王某某诉至该院，要求确认其与郑某某的婚姻无效，并请求：①确认双方签订的离婚协议无效，永辉巴黎小区房产归王某某所有；王某甲由郑某某抚养，王某某承担抚养费；②郑某某就其重婚行为对王某某进行精神损失赔偿。

一审法院认为，婚姻是对夫妻双方身份关系的依法确认，王某某、郑某某双方之间的婚姻系无效婚姻，自始不受法律保护。双方以协议离婚的形式约定解除无效婚姻的行为亦是无效的，但对身份关系以外同居期间共有财产分割及子女抚养问题的处理并不因此而归于无效。因为双方签订"离婚协议"时均具

---

〔1〕　河北省高级人民法院，（2013）冀民再终字第101号，载 http：//www. court. gov. cn/zgcpwsw/heb/ms/201403/t20140331 ＿661219. htm，访问日期：2015年11月18日。

有完全民事行为能力，对财产状况（包括是谁投资、谁投资多少购买的房产）和子女的情况、共同及各自所负债务的情况都是清楚明了的，双方在邢台县民政局协议处理同居期间的这些问题是双方的真实意思表示，该协议对这些问题的处理并不违反法律的强制性规定，王某某也没有证据证实在订立协议时郑某某有欺诈、胁迫王某某的情形，故对王某某要求确认"离婚协议"全部无效的请求不予支持。双方在同居期间没有对财产的归属问题作出约定，期间的金钱往来，也很难说清其用途，是生活消费还是相互赠与，该院无法确认。所以王某某提交的证据及证人证言也不足以证实双方同居期间取得的邢台市桥西区永辉巴黎小区房产应归王某某所有，故对其要求将永辉巴黎小区房产判归其个人所有的请求不予支持。离婚案件当事人中的损害赔偿请求权人是无过错方，王某某与郑某某之间的婚姻既然为无效婚姻，双方就不具有夫妻间的权利义务，即婚姻关系解除后郑某某并没有侵犯王某某的合法权益，故对其要求郑某某赔偿损失的请求亦不予支持。双方已经在协议中约定非婚生男孩王某甲由王某某抚养，且孩子现在随其生活，突然改变其生活环境对孩子的健康成长不利，所以孩子仍由王某某抚养为宜，故对郑某某要求抚养孩子、王某某承担抚养费的请求也不予支持。当事人对自己的主张有责任提供证据，没有证据或证据不足的应承担举证不能的法律后果。经调解无效，一审遂作出判决：驳回原告王某某的诉讼请求。

一审判决后王某某不服，向邢台市中级人民法院提起上诉。邢台市中级人民法院二审查明事实与一审查明的事实一致。邢台市中级人民法院二审认为，王某某与郑某某签订的离婚协议基于合法婚姻关系，现该婚姻被宣告为无效婚姻，无效婚姻自始无效，当事人不具有夫妻间的权利和义务，双方签订的离婚协议失去了基础与前提。由于在签订离婚协议时郑某某存在重婚的情形，因此不能认定离婚协议是王某某的真实意思表示，该离婚协议应认定无效。

双方共同生活期间所得的财产，应按共同共有处理。争议的永辉巴黎小区房产以郑某某的名义购买，但郑某某、王某某提供的证据都不能证实该房系独自出资，因此应认定共同生活期间，支付的首付及偿还的贷款部分所对应的房产部分为王某某与郑某某的共同财产，对该部分房产应予以分割。由于房产是由郑某某与开发商签订房屋买卖合同，并进行了不动产登记的，2010年10月后，郑某某居住使用并按月偿还了银行贷款，因此，本案房产应归郑某某所有并继续由郑某某偿还银行贷款。关于房产的分割，由于房产未做评估，郑某某也不同意以评估或竞价方式对房产进行分割，综合考虑本案实际情况、房产增值、双方共同生活期间支付房款及偿还银行本息约共28万余元等因素，酌情由郑某某支付王某某15万元的房产份额为宜。

关于王某某要求郑某某赔偿物质及精神损失 8 万元的诉请，没有事实和法律依据，该院不予支持。双方协议离婚后王某甲一直随王某某生活，王某某愿意抚养王某甲并自愿承担王某甲的抚养费，不违反法律规定，该院予以准许。经调解无效，二审作出判决：①撤销邢台县人民法院（2011）邢民初字第 1394-2 号民事判决；②邢台市桥西区永辉巴黎小区 21 号楼 2 单元 602 室单元房归郑某某所有，银行贷款由郑某某继续偿还，由郑某某在一个月内给付王某某房产份额 15 万元；③男孩王某甲由王某某抚养，抚养费王某某自理；④驳回王某某其他诉讼请求。

其后，郑某某向河南省高级人民法院申请再审，再审法院查明的事实与原审查明的事实一致。河南省高级人民法院认为，本案争议焦点为双方于 2010 年 10 月 27 日所签协议中所涉房产分割的条款是否有效。因没有确实充分的证据证实王某某明知郑某某有重婚的情形，故分割财产的条款非王某某真实意思表示，应为无效。郑某某因犯有重婚罪，故双方之间的婚姻关系应为无效。无效或被撤销的婚姻，自始无效。当事人不具有夫妻的权利和义务。同居期间所得的财产，由当事人协议处理；协议不成时，由人民法院根据照顾无过错方的原则判决。对重婚导致的婚姻无效的财产处理，不得侵害合法婚姻当事人的财产权益。郑某某无确实充分的证据证明该房产系其个人出资，故应认定涉案房产为双方同居期间共同共有财产。原审判决以双方共同出资金额的一半给付王某某，处理并无不当，原审认定事实清楚，适用法律正确，应予维持。依照《民事诉讼法》第 170 条第 1 款第 1 项、第 207 条第 1 款的规定，判决如下：

维持邢台市中级人民法院（2012）邢民四终字第 147 号民事判决。

[法律问题]

1. 在宣告王某某与郑某某婚姻无效之后，两人离婚协议的效力如何？

2. 两人在无效婚姻期间的财产应当如何分割？

[重点提示]

重婚行为将会导致双方的婚姻关系无效，无效或被撤销的婚姻，自始无效，故无效婚姻的当事人之间不具有夫妻的权利义务，应按照同居关系处理。同居期间财产首先应由当事人协议处理，但王某某与郑某某签订离婚协议时，王某某不知郑某某有重婚情形，因此离婚的财产分割条款并非其真实的意思表示，故该条款应为无效。同居期间的财产应按共同共有处理。

第二节　无效婚姻之疾病

经典案例

曾某与张某离婚纠纷案[1]

[基本案情]

原告曾某系智残人员，智残等级被评定为二级。被告张某系外地来沪人员。2013年上半年，经被告同村村民张某彩介绍，原、被告相识。同年7月18日，双方至嘉定区民政局办理了结婚登记。按习俗，被告给付了原告彩礼人民币1万元。原告父母及亲戚亦参加了双方的婚礼。婚后，原告随被告在外租房生活，原告待在家中，被告从事物业保安工作，夫妻关系较好，起诉时原告已怀孕。因原告母亲亦为智残人员，原告父亲担心有遗传风险，故要求原告流产，原、被告未能同意；加之原告母亲在原、被告婚后一直随女儿、女婿生活不愿回家，及原告与其父母原居住的房屋遇动迁，涉及利益的分配问题等，多种原因导致原、被告与原告父亲间的矛盾日益加深。为此，原告父亲以法定代理人身份于2014年2月11日向上海市嘉定区人民法院提起诉讼，请求判令原、被告离婚。

审理中，原告法定代理人虽确认原告日常能自己刷牙、洗脸、穿衣、吃饭，干些简单的家务，但认为原告系重度智力残疾，为此向审理法院即上海市嘉定区人民法院提出申请，要求对原告的精神状态及民事行为能力作司法鉴定。审理法院依法委托复旦大学上海医学院司法鉴定中心做鉴定，经检验，原告智商44，患有精神发育迟滞（中度），本案中评定为无行为能力。而被告则认为原告有一定的生活自理能力，当初结婚原告法定代理人也是同意的，现夫妻感情良好，故坚决不同意离婚。因双方各执己见，致调解不成。上海市嘉定区人民法院经审理后，判决对原告曾某要求与被告张某离婚的诉讼请求不予准予。

一审判决后，上诉人曾某不服，向上海市第二中级人民法院提起上诉称，不同意原审判决。理由是上诉人曾某与被上诉人张某的婚姻根本不能成立，是

---

〔1〕　上海市第二中级人民法院，(2014)嘉民一（民）初字第1568号、(2014)沪二中民一（民）终字第1257号，载 http://www.court.gov.cn/zgcpwsw/sh/shsdezjrmfy/ms/201408/t20140802__2346728.htm，访问日期：2015年11月18日。

无效婚姻，上诉人没有民事行为能力，结婚登记时上诉人的法定代理人也不在场，婚后双方的生活压力也很大，为了避免给双方本人及家属带来不必要的麻烦，应该解除双方的婚姻关系。故上诉要求撤销原审判决，改判支持上诉人的原审诉讼请求。

[法律问题]

1. 为避免疾病对婚姻及生育造成的不利影响，我国采取过什么制度措施？

2. 曾某与张某的婚姻是否是无效婚姻？

[参考结论与法理精析]

（一）法院意见

一审法院上海市嘉定区人民法院认为，我国《婚姻法》规定，婚前患有医学上认为不应当结婚的疾病，婚后尚未治愈的，婚姻无效。卫生部颁布的《异常情况的分类指导标准（试行）》规定，婚配双方均患有重症智力低下者，不许结婚；中度智力低下，智商在 25～50 范围内，培养教育后只会简单生活用语，词汇贫乏，连贯性差，教育后有简单数的概念和简单劳动，生活半自理，很难进行学习，可以结婚，不能生育。本案中，曾某经司法鉴定，智商 44，为中度智力低下者，属于可以结婚，但不能生育类型。虽然登记结婚时曾某的法定代理人未到场，但形式上的瑕疵并不导致婚姻无效，且曾某的法定代理人收受彩礼、参加婚礼等一系列行为亦表明其对曾某、张某结婚是同意的，故曾某、张某的婚姻应属有效。现曾某、张某夫妻关系和睦，双方间尚未出现夫妻感情彻底破裂的法定情形，因此曾某的法定代理人起诉离婚的理由不能成立。

原告曾某不服原审判决上诉后，上海市第二中级人民法院经审理后认为，上诉人虽身有残疾，但与被上诉人在婚后共同生活期间，并无感情破裂迹象，故原审判决未准许双方离婚并无不妥，本院予以维持。上诉人之法定代理人以上诉人名义提起诉讼，坚持要求离婚，然其所持离婚理由尚不符合法律所规定的解除婚姻关系的条件，故本院对其该主张亦难以支持。另，本院认为，上诉人之法定代理人对上诉人婚姻生活的担忧虽事出有因，然应以尊重儿女夫妻感情为先，采用长辈规劝、帮助、引导等方式解决儿女婚姻生活存在的实际问题，而不能简单地以干涉儿女婚姻作为解决问题的唯一出路。本院认为上诉人之法定代理人诉讼离婚的做法欠妥，亦不予提倡。综上所述，原审认定事实清楚，判决并无不当。据此，驳回上诉，维持原判。

（二）婚前健康检查制度

我国《婚姻法》规定，婚前患有医学上认为不应当结婚的疾病，婚后尚未治愈的，婚姻无效。在新《婚姻登记条例》于 2003 年 10 月 1 日实施之前，我国实行强制婚前检查制度。1986 年，卫生部和民政部共同下发了《关于婚前健康检查问题的通知》，建立了婚前健康检查的制度。1994 年颁布的《婚姻登记管理条例》第 9 条规定，男女双方结婚登记前，必须到指定的医疗保健机构进行婚前健康检查，向婚姻登记管理机关提交婚前检查证明；第 12 条第 5 项规定，患有法律禁止结婚或暂缓结婚疾病的，婚姻登记机关不予登记，将婚前健康检查制度写入法规。1995 年 6 月 1 日起实施、2009 年 8 月 27 日修订的《中华人民共和国母婴保健法》以立法的形式，强化了这一规定，其第 12 条规定，男女双方在结婚登记时，应当持有婚前医学检查证明或者医学鉴定证明。强制婚检制度自实行以来，一直伴随着侵犯个人隐私、婚检机关巧立名目胡乱收费等一系列争议。2003 年，新《婚姻登记条例》正式实施，其中第 5 条第 1 款规定，办理结婚登记的内地居民应当出具下列证件和证明材料：①本人的户口簿、身份证；②本人无配偶以及与对方当事人没有直系血亲和三代以内旁系血亲关系的签字声明。将婚前医学检查证明排除在外，强制婚检制度由此取消，当事人可以自愿选择是否进行婚前健康检查。

强制婚检制度的取消，是出于多方面原因的考量。首先，设立强制婚检制度，主要目的是实现优生优育。通过婚前健康检查，在婚前发现不适宜生育或应暂缓生育的疾病，避免把严重的遗传病与传染病带给下一代，或者提醒婚姻当事人及时治疗或采取相应措施阻断传染病或遗传病对下一代造成伤害。然而，随着社会观念的开放，很多女性都是在怀孕之后才进行登记结婚，进行婚前检查。强制婚检已经不能达到其设立时所欲实现的目的。其次，强制婚检制度在制度设计上，一直存在缺陷。《婚姻法》中虽然规定患有"医学上认为不应当结婚的疾病"的人不能结婚，但是却一直未能对"医学上认为不应当结婚的疾病"进行明确。由此带来了两方面的问题，一方面，婚姻登记机关对于是否应当进行结婚登记没有判断标准；另一方面，进行婚检的机构巧立名目胡乱收费，婚检机构人员权力寻租，急于进行婚姻登记的人们通过行贿等非法途径获取合格的检查结果。最后，取消强制婚检制度也体现了现代法治中公权力向私权利让位，政府角色转型的需要。婚姻具有强烈的私权属性，对于是否缔结婚姻、与谁缔结婚姻，法律不应当进行过度地干涉；同时，公民个人的身体状况是否良好，是否具有隐疾等完全属于个人隐私的范畴，公权力应该从个人隐私的领域退出。取消强制婚检制度，是公权力从私权领域的退出，是对人权的进一步尊重的体现。

（三）曾某与张某的婚姻是否为无效婚姻

对于曾某与张某的婚姻是否为无效婚姻，我们可以从以下两个方面进行考虑：

第一，曾某是否患有医学上认为不应当结婚的疾病。曾某系智残人员，上海市嘉定区人民法院在一审过程中委托复旦大学上海医学院司法鉴定中心做出的鉴定结论称，原告曾某智商44，患有精神发育迟滞（中度）。卫生部于1986年7月21日发布并开始实施的《异常情况的分类指导标准（试行）》中规定，婚配双方均患有重症智力低下者，不许结婚。同时，其中还规定，婚配的任何一方患有下列多基因病的高发家系患者：精神分裂症、躁狂抑郁症和其他精神病病情稳定者，先天性心脏病（注：高发家系指除患者本人外，其父母或兄弟姐妹中有1人或更多人患同样遗传疾病者）的可以结婚，但不许生育。根据上述规定，本案中原告曾某应当属于可以结婚，但不许生育者，且曾某在日常生活中，能够自己进行吃饭、穿衣、洗脸等行为，具有一定的自理能力，其丈夫张某认为曾某的疾病并没有影响两人正常的婚姻生活。因此可以认定曾某的智残疾病并未构成婚姻无效情形中的患有医学上认为不应当结婚的疾病。

第二，根据一审对曾某的鉴定结论，曾某在本案中被鉴定为无民事行为能力人，曾某的父亲在二审中主张，曾某作为无民事行为能力人，在进行结婚登记时其法定代理人不在场，因此其结婚登记行为无效。但是，曾某的法定代理人根据当地的习俗，接受了张某的彩礼1万元，并且参与了婚礼仪式，由此可以看出曾某的法定代理人对双方婚姻知情并认可。同时，即使法定代理人对双方进行婚姻登记的行为不同意，没有在无民事行为能力人曾某进行结婚登记时到场，这种形式瑕疵也并不构成婚姻的无效情形。

因此，我们认定曾某与张某的婚姻有效成立。

第三节　可撤销婚姻

经典案例

赵某诉郑某撤销婚姻纠纷案[1]

［基本案情］

2014年2月，原告赵某、被告郑某经人介绍相识，相识大约两周后，被告郑某约原告赵某到酒吧喝酒，原告赵某不胜酒力，双方在酒精的促使下到酒店

---

〔1〕　宁夏回族自治区银川市兴庆区人民法院，（2015）兴民初字第3390号，载http://www.pkulaw.cn/case/pfnl＿124599133.html？keywords＝撤销婚姻&match＝Exact，访问日期：2015年11月18日。

发生了两性关系，被告郑某趁原告赵某熟睡之际偷拍了原告赵某的裸照，随后被告郑某以公开原告赵某的裸照相威胁，要求与原告赵某办理结婚登记，原告赵某被迫于 2014 年 5 月 20 日与被告郑某办理了结婚登记。

婚姻关系存续期间，被告郑某仍多次以公开裸照相要挟，要求原告赵某听从被告郑某的各种吩咐和安排，原告赵某无奈，故在结婚登记不满一年时诉至宁夏回族自治区银川市兴庆区人民法院，请求依法判令撤销原、被告的婚姻关系。

被告郑某辩称，原告赵某所述属实，被告确实胁迫原告与其办理结婚登记，被告同意原告的诉讼请求。

[**法律问题**]

1. 我国《婚姻法》规定的可撤销婚姻的法定事由是什么？
2. 撤销婚姻的程序及法律后果是什么？

[**参考结论与法理精析**]

（一）法院意见

本院认为，结婚必须男女双方完全自愿，不许任何一方对他方加以胁迫或任何第三者加以干涉。被告以公开原告裸照等手段胁迫原告与其办理结婚登记，致使原告的结婚行为并非其真实意思表示，根据法律规定，因胁迫结婚的，受胁迫一方可以向婚姻登记机关或人民法院请求撤销该婚姻，原告在双方婚姻登记后 1 年内向本院提出撤销婚姻之诉，符合法律规定，本院予以支持。依照《婚姻法》第 5 条、第 11 条、第 12 条之规定，判决撤销原告赵某与被告郑某之间的婚姻关系。

（二）可撤销婚姻的法定事由

我国《婚姻法》第 11 条规定："因胁迫结婚的，受胁迫的一方可以向婚姻登记机关或人民法院请求撤销该婚姻。受胁迫的一方撤销婚姻的请求，应当自结婚登记之日起 1 年内提出。被非法限制人身自由的当事人请求撤销婚姻的，应当自恢复人身自由之日起 1 年内提出。"我国婚姻法将撤销婚姻的事由限定在被胁迫婚姻。同时，《婚姻法解释（一）》第 10 条第 1 款规定，婚姻法第 11 条所称的"胁迫"，是指行为人以给另一方当事人或者其近亲属的生命、身体健康、名誉、财产等方面造成损害为要挟，迫使另一方当事人违背真实意愿结婚的情况。一般而言，构成"胁迫"必须具备以下要件：其一，须有胁迫的故意，指胁迫行为人有通过胁迫行为使被胁迫人产生恐惧心理，因而被迫做出违心意思表示的故意；其二，须有胁迫行为，即胁迫行为人须有威胁被胁迫人的意思表示，并已达到让被胁迫人产生恐惧的程度；其三，胁迫需具有违法性，即非法的目的和非法的手段；其四，被胁迫人因恐惧心理而为同意结婚的意思表示与胁迫行为之间须有因果关系。

本案中，被告郑某以公开裸照为要挟条件，以损害原告赵某的名誉相威胁，强迫赵某与之结婚，赵某迫于无奈作出了不真实的意思表示。该婚姻并非在双方自愿的条件之下缔结，故属于可撤销婚姻。

被胁迫的婚姻当事人，出于恐惧心理做出了结婚的意思表示，该意思表示并非当事人真实的意思表示，违反了《婚姻法》第5条中"结婚必须男女双方完全自愿"的要求，因此法律赋予受胁迫方以撤销婚姻的权利。

（三）可撤销婚姻的程序及法律后果

按照我国《婚姻法》的规定，只有受胁迫一方的婚姻关系当事人本人才能申请撤销婚姻，其他人无权申请撤销婚姻。受胁迫方申请撤销婚姻的法定期限是1年，从登记结婚之日起算。如果被胁迫的当事人被非法限制人身自由，则上述期限从恢复人身自由之日起算。该1年日期不适用诉讼时效中止、中断或者延长的规定。

受胁迫方可以在法定期限内向婚姻登记机关申请撤销婚姻，同时也可以向人民法院提起诉讼，请求撤销该婚姻。《婚姻登记条例》第9条规定："因胁迫结婚的，受胁迫的当事人依据婚姻法第11条的规定向婚姻登记机关请求撤销其婚姻的，应当出具下列证明材料：①本人的身份证、结婚证；②能够证明受胁迫结婚的证明材料。婚姻登记机关经审查认为受胁迫结婚的情况属实且不涉及子女抚养、财产及债务问题的，应当撤销该婚姻，宣告结婚证作废。"如果涉及子女抚养、财产及债务等问题，则应当经由诉讼程序撤销婚姻。

我国《婚姻法》规定，无效或被撤销的婚姻，自始无效。当事人之间不具有夫妻的权利义务。同居期间所得的财产，由当事人协议处理；协议不成时，由人民法院根据照顾无过错方的原则判决。由此可见，婚姻被撤销的法律后果可以体现在以下两个方面：

对双方当事人来说，法律对被撤销的婚姻做出了根本否认，当事人之间不具有婚姻法中给予夫妻之间的权利义务，也就是说《婚姻法》中关于夫妻人身关系和夫妻财产关系的规定不适用于被撤销的婚姻关系双方当事人。例如当事人在同居关系期间的财产，并不适用夫妻间财产制的相关规定，而是由双方当事人协商，协商不成再由法院进行判决。

但是对于婚姻中的子女来说，法律赋予被撤销之婚姻关系中出生的子女以婚生子女相同的地位，因为父母子女关系是基于血缘联系的。在抚养、教育、保护、赡养、监护、代理、继承、送养等方面都适用与婚生子女相同的规定。

拓展案例

蔡某与徐某撤销婚姻登记纠纷上诉案[1]

［基本案情］

2013 年 8 月 20 日，原告蔡某向一审法院起诉称：原、被告于 2012 年 1 月经人介绍认识，认识后原告将被告介绍给原告的家人认识，原告的母亲感觉被告各方面的条件都很好，于是极力促使原、被告恋爱结婚。原告接触被告一段时间后感觉双方不合适于是向母亲提起，母亲坚决反对分手甚至扬言如分手便与原告脱离母女关系。2013 年 4 月末，原告正式告知家人要与被告分手，母亲去市场买回农药并扬言如原告与被告分手将自杀，原告被逼无奈与被告于 2013 年 5 月 21 日登记结婚，但双方没有同居生活。但由于婚姻不是出于原告自愿，在原告和家人的努力下原告终于做通了母亲的思想工作。现原告依法诉至法院，请求法院撤销与被告的婚姻关系，受理费由被告承担。

被告徐某一审辩称：同意原告的诉讼请求。

大连市甘井子区人民法院经开庭调查，认为原告以受到其母亲胁迫为由要求撤销婚姻登记机关的婚姻登记的诉讼请求不属于民事诉讼的受案范围，原告应该依法提起行政复议或行政诉讼。原告的起诉不符合《民事诉讼法》第 1 条规定，故依照《民事诉讼法》第 119 条、第 154 条、《最高人民法院关于适用〈中华人民共和国婚姻法〉若干问题的解释》（以下简称《婚姻法解释（三）》）第 1 条之规定，裁定如下：驳回原告蔡某的起诉，案件受理费 300 元退还给原告蔡某。

蔡某对该裁定不服，向大连市中级人民法院提起上诉。

［法律问题］

1. 一审法院驳回蔡某的起诉是否合法？

2. 蔡某与徐某的婚姻是否属于可撤销婚姻？

［重点提示］

我国《婚姻法》明确规定，因胁迫结婚的，受胁迫的一方既可以向婚姻登记机关申请撤销该婚姻，亦可以向人民法院诉讼请求撤销该婚姻。对蔡某进行威胁的行为人虽然并非婚姻关系的另一方当事人，但是依旧对蔡某进行了要挟，致使蔡某做出了不真实的意思表示。

---

〔1〕 辽宁省大连市中级人民法院，（2014）大民一终字第 258 号，载 http：//www. pkulaw. cn/case/pfn l ＿119921824. html？keywords ＝撤销婚姻 &match ＝Exact，访问日期：2015 年 11 月 18 日。

夫妻人身关系

知识概要

　　人身关系是自然人之间基于彼此的人格和身份而相互形成的关系，而夫妻间的人身关系则是指婚姻关系中的男女在家庭生活中的人格、身份、地位等方面的权利义务关系。一般而言，夫妻间的人身关系包括夫妻间平等、夫妻姓名权、夫妻人身自由权等人格权关系以及夫妻间同居之权利义务、夫妻间相互忠实、家事代理权等身份权的具体内容。夫妻间的人身关系不仅体现了法律在婚姻中的人权关怀，同时是夫妻间平等和谐生活的重要基础。本章分为五节，第一节论述的是夫妻平等原则，即夫妻双方在家庭生活中地位平等，应当相互尊重；第二节论述的是家事代理权，主要探讨在日常生活需要中，夫妻一方得代理另一方为一定法律行为，法律效果及于夫妻双方；第三节论述的是同居义务，即夫妻双方在婚姻存续期间应当共同生活；第四节论述的是忠实义务，主要指的是夫妻间的贞操义务；第五节论述的是夫妻间婚内侵权问题。

第一节　夫妻平等原则

经典案例

杨某某与张某某离婚纠纷案[1]

［基本案情］

　　杨某某（女）与张某某（男）经人介绍认识，相互了解半年后，于 2011 年 1 月 9 日在徽县大河乡人民政府登记结婚，婚后张某某入赘到杨某某家，与杨某

――――――――――

　　〔1〕　陇南市中级人民法院，（2014）陇民二终字第 79 号，载 http：//www. court. gov. cn/zgcpwsw/gs/gsslnszjrmfy/ms/201412/t20141224＿5539566. htm，访问日期：2015 年 11 月 18 日。

某及其父母等家人共同生活。婚后初期夫妻感情较好，杨某某于2012年农历二月六日生育一男孩取名杨某飞，后由于杨某某父母对于张某某入赘女方家中具有偏见，常因家庭生活琐事与张某某争吵，虽经杨某某多次劝说，但矛盾一直未能化解，导致杨某某、张某某夫妻感情出现裂痕。杨某某遂于2012年8月起诉离婚，同年10月15日，徽县人民法院作出（2012）徽民一初字第168号民事判决，驳回了杨某某的诉讼请求，但杨某某、张某某及其家人之间的关系未明显改善，张某某遂外出打工。2013年5月份，杨某某再次提起离婚诉讼，但因张某某外出打工，未提供准确的送达地址，徽县人民法院于2013年9月16日作出（2013）徽民一初字第186号民事裁定书，驳回了杨某某的起诉。2013年12月3日，张某某务工回家，杨某某及其父母对张某某不予理睬，并不让张某某进门，双方遂发生了争执、撕扯，致张某某受伤住院治疗。张某某亲戚张某等人闻讯后赶到杨某某家，与杨某某父亲李某理论时，再次发生争执，继而引发打架。后杨某某父亲李某、张某某亲戚张某均受到了公安机关的行政处罚。现杨某某再次提起诉讼，要求与张某某离婚。另查明：杨某某、张某某婚后与家庭成员共同修建房屋一间、购买农用三轮车一辆；共同生活期间无其他夫妻共同财产，亦无债务。一审法院徽县人民法院经审理后，认为夫妻感情尚未彻底破裂，判决驳回杨某某的诉讼请求。

宣判后，杨某某不服，向本院提起上诉称：首先，原审判决对"上诉人与被上诉人间的夫妻感情是否确已破裂"的事实情节认定不清，违反《婚姻法》第32条明确规定的准予离婚的三种法定情形。①上诉人三次对被上诉人起诉离婚，双方因感情不和已分居两年之久。上诉人因婚前对被上诉人缺乏了解，草率结婚，婚后并未建立起夫妻感情，性格不合，经常因家庭琐事争吵不休，被上诉人多次与上诉人家人发生暴力冲突，导致双方间关系恶化，2012年徽县法院草率地以双方并未走到夫妻感情彻底破裂的地步为由，判决不准离婚，作出判决的6个月过后，夫妻关系未见任何好转，相反，双方感情更加恶化，上诉人第二次向徽县法院提起离婚诉讼，但徽县法院却以无法向被上诉人送达有关应诉手续为由，驳回了上诉人要求离婚的请求，后上诉人第三次起诉要求离婚，原审法院对上诉人与被上诉人因感情不和分居两年多的法定离婚事实不闻不问，判决不准离婚，实属事实不清，适用法律不当。②被上诉人在家生活期间与上诉人及家人多次发生暴力冲突，存在足以认定夫妻感情确已破裂的法定情形。自被上诉人与上诉人结婚后到上诉人家生活至今，短短的一年时间，被上诉人就暴露出游手好闲、好吃懒做的本性，经常与上诉人及其家人因家庭琐事发生争吵打架。且于2013年12月3日发生了被上诉人及其亲属与上诉人及其亲属间的暴力群殴事件，致上诉人及上诉人之父母、祖父母严重受伤，上诉人父母住院治疗数日，公安机关也介入调查处理，并对被上诉人亲属作出了治安处罚，足以证实上诉人与被上诉人间存在多次极其严重的家庭暴力行为，夫妻感情已彻底破裂。③原审法院做出的（2012）徽民一初字第168号一审判决及（2013）徽民一初字第186号民事裁定，应当作为第三次离婚诉讼认定夫妻感情确已破裂的重要证据。虽然上诉人在一审中没能提供充分的证据证明符合《婚姻法》明确列明的准予离婚的法定情形，但并不能因此认定上诉人与被上诉人之间的夫妻感情没有破裂，《婚姻法》第32条的立法本意是：判断夫妻感情是否破裂的标准应符合该条所明确规定的情形之一，但并不限于该条的明确列明的情形。故一审法院以无充分证据证明存在法定解除事由为由而驳回上诉人的诉讼请求实为不当。其次，上诉人三次提起离婚诉讼，充分表明了上诉人誓死要求与被上诉人离婚的坚定信念和决心，双方夫妻关系已名存实亡。综上所述，请求①依法撤销原审判决；②解除上诉人与被上诉人张某某的婚姻关系；③婚生子杨某飞归上诉人抚养，由被上诉人每年负担孩子抚育费1500元；④案件受理费由被上诉人承担。

　　被上诉人张某某答辩称，①上诉人与被上诉人是相互了解后结婚的，双方没有矛盾和冲突，婚后双方共同购置三轮车一辆，修建房屋一间。②上诉人所述的家庭暴力，是上诉人全家对答辩人实施的，原审判决已审查清楚，答辩人不再赘述。③2013年12月3日，答辩人外出务工回家遭到上诉人和其父母的暴力殴打，上诉人被当场打中头部昏倒在地，幸亏答辩人亲属赶到才送到医院治疗。④引起双方感情不和的根本原因是上诉人父母对上诉人入赘有侠隘和偏见观念，认为答辩人不过是家中干活的奴隶。结婚后，答辩人在家里任劳任怨，承担起家里的一切责任，上诉人母亲因生活琐事随意辱骂答辩人，答辩人则忍气吞声，顾全家庭。尽管上诉人一家的看法和做法严重影响了家庭和睦，但答辩人却尽到了自己应尽的义务。上诉人为离婚而虚构的谎言，违背事实。⑤上诉人所说的分居两地，不符合客观实际，答辩人外出为生计奔波，并不是逃避婚姻现状。上诉人与答辩人离婚是受其父母挑拨和教唆。尽管上诉人提出了两次离婚，但客观上并不存在导致夫妻感情破裂的法定情形和理由，答辩人并不同意离婚，如果法院判决离婚，应将孩子抚养权判归答辩人，对其余要求答辩人可以放弃，如不能将孩子判归答辩人，答辩人决不答应。综上，原审判决认定事实清楚，适用法律正确，请二审法院作出公正判决。

　　[法律问题]

1. 什么是夫妻平等？

2. 夫妻平等的原则在立法上一般体现为哪些方面？

［参考结论与法理精析］

（一）法院意见

徽县人民法院认为，婚姻家庭是社会的细胞，是构建社会主义和谐社会的基础，合法的婚姻关系应受法律保护。结婚后，根据男女双方的约定，女方可以成为男方家庭的成员，男方也可以成为女方家庭的成员。不论男方到女方家生活，还是女方到男方家生活，夫妻双方在家庭生活中的地位平等，应当互相忠实，互相尊重，家庭成员间应当敬老爱幼，互相帮助，禁止实施家庭暴力，禁止家庭成员间的虐待和遗弃，以维护平等、和睦、文明的婚姻家庭关系。本案原、被告经人介绍相识，相互了解约半年后方登记结婚，婚姻基础牢固，双方婚后感情也较好，后虽因原告父母与被告之间经常因家庭生活琐事产生纠纷，致使双方夫妻感情产生裂痕，但原、被告双方之间并无大的原则性矛盾，仅此并不足以导致双方夫妻感情彻底破裂，仍有和好继续共同生活的可能，且双方生育一子现尚年幼，需要双方共同抚育；2012 年 10 月 15 日，本院判决不准原、被告离婚后，被告外出务工不能认定为是原、被告双方分居生活；另原告也未能举证证明其与被告夫妻感情已彻底破裂的事实，应承担举证不能的民事责任，故对原告要求与被告离婚的诉讼请求依法不予支持。被告辩称原告父母对其实施家庭暴力和虐待，与本案不属同一法律关系，如有必要可另案起诉。依照《婚姻法》第 3 条、第 4 条、第 9 条、第 32 条，《民事诉讼法》第 64 条、65 条、第 134 条、第 142 条及相关司法解释之规定，遂判决：驳回原告杨某某的诉讼请求。

二审法院陇南市中级人民法院经审理查明的事实与一审判决认定的事实一致，法院认为，夫妻应当相互忠实，互相尊重；家庭成员间应当敬老爱幼，互相帮助，维护平等。上诉人杨某某与被上诉人张某某经人介绍结婚，婚后夫妻感情较好，并生育一小孩，后上诉人父母与被上诉人因琐事发生争吵，产生矛盾，遂而影响到夫妻两人感情。在夫妻两人感情因外部干扰而受到影响时，作为妻子杨某某，应当在尊重老人的前提下，明辨是非，对错误的一方要提出批评，避免矛盾进一步激化，而影响夫妻感情。尽管上诉人杨某某已第三次起诉离婚，但导致离婚的原因是上诉人父母与被上诉人之间发生了矛盾，夫妻二人之间并无感情彻底破裂的情形，且被上诉人外出务工，不能认定为双方分居。上诉人提出家庭暴力，是因上诉人父母不让打工归来的答辩人进家门而发生争执，导致发生打架，后公安机关对双方参与打架的当事人均进行了处罚，该事实不能证明答辩人对上诉人实施了家庭暴力。综上所述，原审判决认定事实清楚，证据确实充分，判处并无不当。上诉人的上诉请求不能成立，本院不予支持。依据《民事诉讼法》第 170 条第 1 款第 1 项之规定，判决驳回上诉，维持原判。

（二）夫妻平等

《婚姻法》上的夫妻平等是指在婚姻家庭关系中男女双方的法律地位平等，权利义务等方面均衡，不存在因性别造成的歧视。夫妻平等原则的确认，是废除传统"男性优越地位"的法律确认，明确了女性在婚姻关系中的独立地位。法律对夫妻在婚姻关系中的活动的评价一视同仁，同时也为双方提供一致的保护方法、保护手段、保护内容以及保护力度。

我国现行《婚姻法》中，对夫妻间平等进行了明确的阐述，其第 13 条明确指出"夫妻在家庭中地位平等"，并且还规定了"登记结婚后，根据男女双方约定，女方可以成为男方家庭的成员，男方可以成为女方家庭的成员""夫妻双方都有各用自己姓名的权利""夫妻双方都有参加生产、工作、学习和社会活动的自由，一方不得对他方加以限制或干涉""夫妻双方都有实行计划生育的义务"等内容，充分体现了夫妻平等原则在《婚姻法》中的指导作用。

［衍生问题］

1. 冠夫姓问题，是否体现了夫妻不平等？
2. 男女双方在生育权领域，是否应当平等？

第二节　家事代理权

经典案例

蔡某某诉梁某某等民间借贷纠纷案[1]

［基本案情］

梁某某与唐某系夫妻，2008 年 7 月 23 日，两人离婚。在两人婚姻关系存续期间，梁某某以借款炒股、投资为由，先后三次向同事蔡某某借款共 34 万元，并以个人名义向蔡某某出具了借条。2008 年 7 月 23 日，梁某某与唐某离婚，并共同对婚姻关系存续期间所负债务进行了确认，协议明确梁某某因赌博和股票交易所负 49 万元债务由梁某某负责偿还（不含本案诉争借款）。在唐某要求下，梁某某还书面出具了没有其他债务的保证，但没有提出有欠蔡某某的借款。后

---

〔1〕湖南省长沙市中级人民法院，（2012）长中民再重终字第 0321 号，载 http：//www. pkulaw. cn/case/pfnl__118879554. html？keywords＝家事代理权 &match＝Exact%2C%20Piece，访问日期：2015 年 11 月 18 日。

蔡某某向法院提起诉讼，提出 34 万元借款系梁某某在与前夫唐某的婚姻关系存续期间所借，应由两人连带清偿。

该案原审一审、二审法院均判决诉争借款系夫妻共同债务。经唐某申诉，湖南省高级人民法院裁定发回宁乡县人民法院再审。

[**法律问题**]

1. 我国《婚姻法》对于家事代理权有怎样的规定？

2. 被告梁某某在婚姻关系存续期间向原告蔡某某所借债务属个人债务还是夫妻共同债务？

[**参考结论与法理精析**]

（一）法院意见

宁乡法院再审判决认为：①被告梁某某向原告借款事前未与唐某商量，事后也未告知，两被告无共同举债的合意；②梁某某未提供证据证明借款用于夫妻共同的家庭生活，且梁某某在诉讼中自认借款是炒股和打牌所用。综上，根据夫妻一方未经对方同意擅自筹资进行经营活动，而所得利益又未用于家庭共同生活的，该债务应视为个人债务之原则，本案讼争借款应认定为被告梁某某个人债务。宁乡法院判决：①被告梁某某偿还原告蔡某某借款本金 34 万元；②被告梁某某以借款本金 34 万元为基数，按月息 1% 的标准向原告蔡某某支付自 2008 年 10 月 1 日至生效文书确定的履行之日止的利息；③驳回原告蔡某某的其他诉讼请求。

原告蔡某某与被告梁某某不服该判决，向长沙市中级人民法院提起上诉。

长沙中院经审理认为，梁某某与唐某离婚时协议对夫妻共同债务进行了确认，没有表明欠蔡某某的债务，证明被告唐某对该借款并不知情，双方没有形成夫妻共同举债的合意。梁某某向蔡某某所借款项，没有用于家庭生活所需。且梁某某在诉讼中自认所借原告的借款用于炒股和打牌。长沙中院判决：驳回上诉，维持原判。

（二）家事代理权

家事代理权是婚姻法中配偶权中的一项重要内容，是指在日常生活家事范围内，夫妻一方得以代理另一方与他人为一定的法律行为，该行为的法律效果连带得及于夫妻双方。家事代理权是基于夫妻身份关系产生的当然权利，基于此制度，夫妻双方可以在日常事务范围内互为代理人，互为代理权。家事代理权的设立，方便了日常生活，降低了婚姻生活的成本。在夫妻日常生活中，吃穿住行诸多琐事，如果对于生活中的每一事项均需要夫妻双方协商一致，再由一方对另一方进行授权，在为任一法律行为时，均需出具授权委托的证明，则无疑会带来巨大的不便。同时，夫妻间的事务，第三人难以知晓，设立家事代理权，也可以在一定程度上避免夫妻中的一方以不知情为由，恶意逃避债务，从而保障交易安全。

《婚姻法解释（一）》第17条规定："婚姻法第17条关于'夫或妻对夫妻共同所有的财产、有平等的处理权'的规定，应当理解为：①夫或妻在处理夫妻共同财产上的权利是平等的。因日常生活需要而处理夫妻共同财产的，任何一方均有权决定。②夫或妻非因日常生活需要对夫妻共同财产做重要处理决定，夫妻双方应当平等协商，取得一致意见。他人有理由相信其为夫妻双方共同意思表示的，另一方不得以不同意或不知道为由对抗善意第三人。"一般认为，行使家事代理权需具备以下几个要件：①家事代理权的行使主体限于具有婚姻关系的夫妻；②一方所为的法律行为应限于日常家事生活需要；③第三人主观上须善意，无过失。

对于家事代理权的范围所要求的"日常生活需要"，我国法律上没有进行明确的规定。笔者认为，维持家庭生活中当事人正常的生存和发展的需要，都应当视为日常生活需要。日常生活需要一方面包括维持家庭生存基本的衣食住行的需求，另一方面包括家庭为保健和娱乐进行的适当的支出，如就医、锻炼、文化消费；其次还应该包括为家庭发展所进行的支出，比如子女教育、职业培训等。但是对于非出于日常生活需要对夫妻共同财产作重要决定的事务，不能适用家事代理权。例如，一方为个人的奢侈消费进行的举债、私自处分价值巨大的夫妻共同财产等行为。但是出于对交易安全和交易秩序的维护，法律规定保护善意第三人，如果第三人有理由相信一方的行为是出于夫妻双方的共同意思表示，则夫妻另一方不得以不同意或者不知道为由对抗善意第三人。

（三）梁某某在婚姻关系存续期间所借债务属个人债务还是夫妻共同债务？

本案中，债权人蔡某某向法院起诉，请求唐某与梁某某共同承担梁某某在婚姻存续期间的欠款，原审一审、二审法院均支持了原告的诉讼请求，判定该债务属于夫妻间共同债务，但是再审法院判决该债务属于梁某某个人债务。而这也正是本案争议的焦点，蔡某某可否以家事代理权为由请求唐某承担连带责任？

首先，从该借款行为的性质来分析。梁某某在诉讼中承认，其向蔡某某所借之款全部用于炒股以及打牌，没有用于其与唐某的婚姻家庭生活中，夫妻家庭生活没有因此而受益，属于为了个人原因进行的借款，因此不满足"日常生活需要"的要求。其次，梁某某借款数额巨大，属于在夫妻财产方面做出的重大决定，对此梁某某没有与唐某进行协商，甚至没有将该事情告知唐某，并且在离婚时将该债务刻意隐瞒，保证自己没有该笔借款。双方没有共同举债的合意，该借款不能认定为双方共同债务；同时，梁某某以赌博和炒股为由，向其同事蔡某某借款，蔡某某知晓该借款系在唐某不知情的情况下，用于梁某某个人不检点生活的个人消费，因此不能对蔡某某适用善意第三人保护。因此，再审、一审、二审法院均应判决该债务系梁某某个人债务，唐某不对该债务承担连带责任。

《最高人民法院关于适用〈中华人民共和国婚姻法〉若干问题的解释（二）》（以下简称《婚姻法解释（二）》）第24条规定，债权人就婚姻关系存续期间夫妻一方以个人名义所负债务主张权利的，应当按夫妻共同债务处理。人民法院报评析认为，应当将"为夫妻共同利益"作为该司法解释的逻辑前提。因为首先，把"为夫妻共同利益"作为适用该条的逻辑前提，符合婚姻法对夫妻共同债务的本质属性要求，具有充分的适法性。"为夫妻共同利益"应当是夫妻共同债务成立的法理基础和前提属性，因此适用《婚姻法解释（二）》第24条也应当以不违反该前提属性为前提，即只有债权人就婚姻关系存续期间夫妻一方以个人名义为夫妻共同利益所负债务主张权利的，且没有两种例外情形（夫妻一方能够证明债权人与债务人明确约定为个人债务、第三人对夫妻约定各自偿还对外所负债务的约定知情的）时，才能按夫妻共同债务处理。其次，将"为夫妻共同利益"作为适用《婚姻法解释（二）》第24条的逻辑前提，建立在正确的利益衡量基础上，具有充分的正当性。从风险防范的角度来考量，此类争议中具体实施借贷民事法律行为的当事人是出借人和夫妻一方中的举债人，夫妻另一方在借款行为发生时根本不知情，也无从介入、无从控制、无法防范此类风险。最后，此举符合诚实信用原则对民事法律行为和民事司法的要求，兼顾了善意第三人的正当权益，具有充分的必要性。必须强调，认定"为夫妻共同利益"，包括借款实际上用于夫妻共同利益，以及债权人有理由相信夫妻一方举债系"为夫妻共同利益"这两种情形。前一种情形，如有证据证明该借款事实上被用于为夫妻共同利益，则属共同债务毫无疑义；后一种情形，"有理由相信"来自《婚姻法解释（一）》第17条之规定，其认定标准也可依该规定：如果是小额借款，依该条第1项规定的夫妻日常家事代理权，出借人无须举证即可径行认定"有理由相信"；如果是超出日常家事需要的大额借款，债权人即负有举证责任，证明其为"有理由相信"。笔者认为，将出借人的主观认知要求界定为"有理由相信"，符合表见代理制度的要求，在婚姻法律制度中也被明确地规定作为依据，也能够兼顾善意第三人的正当权益。[1]

---

[1]　人民法院报原文。

拓展案例

李某与赵某房屋买卖合同案[1]

[基本案情]

赵某与杜某某系夫妻关系。涉诉的深圳市某某区某期某房产，建筑面积为249.73 平方米，登记价为人民币 580 万元，原系登记于赵某名下，于 2009 年 4 月 23 日转移登记至案外人谭某名下。2007 年 12 月 15 日，赵某与某某公司签订《中介服务协议书》约定赵某将其所有的位于深圳市某某区某期某房产委托某某公司进行出售（或出租），由某某公司为其提供中介服务，期限为协议书生效之日起至租售出止。2009 年 3 月 22 日，李某作为买方、杜某某作为卖方即赵某的代理人、某某公司作为居间人，三方签订了《深圳市二手房预约买卖及居间服务合同》，约定李某通过某某公司向赵某购买深圳市某某区某期某房产，转让成交价（全包）为人民币 680 万元；李某向赵某支付定金人民币 70 万元，分两次付清；合同签订时，李某向赵某支付定金 10 万元，合同签订后 8 日内，李某再向赵某支付定金 60 万元；该定金款项交由买卖双方约定的银行第三方账户监管，李某将定金在合同约定期限内存入监管账号，也就视为赵某收讫；该房产处于抵押状态，赵某需委托担保公司担保融资赎楼，赵某须于 2009 年 3 月 31 日前与担保公司签订服务合同，办理委托赎楼公证；同时约定合同任何一方不履行合同预订义务，致使合同目的不能实现时，守约方可选择定金罚则或要求对方支付该房地产总价款 10% 的违约金；及其他条款。杜某某作为卖方赵某的代理人在合同卖方落款处签字。同日，李某、杜某某作为卖方即赵某的代理人及某某公司又签订了《补充协议》，约定在房产抵押且赵某担保赎楼的情况下，在赵某与担保公司签订服务合同期限内，赵某要将生效的担保服务合同及其附件交由某某公司备案；将房地产交易定金人民币 70 万元交由某某公司客户交易结算资金专用监管账户监管，并按以下方式处置：①赵某已签收并向某某公司提交《银行欠款余额清单》原件，经审核确认后，某某公司将定金人民币 20 万元转交赵某；②待赵某赎出房产证并交给某某公司监管后由某某公司将定金人民币 43 万元转交赵某；③待买卖双方交楼且赵某结清所有费用后，由某某公司将

〔1〕　广东省深圳市中级人民法院，（2010）深中法民五终字第 953 号，载 http：//www.pkulaw.cn/case/pfnl__117824161.html? keywords = 李某与赵某房屋买卖合同纠纷上诉案 &match = Exact，访问日期：2015 年 11 月 18 日。

定金人民币 3 万元转交赵某；④剩余定金人民币 4 万元双方协商同意预留于某某公司，由某某公司代赵某缴纳部分税费。该《补充协议》在第 11 条明确约定：买卖双方均清楚知晓该交易物业的产权人为赵某，因其本人在外地，无法亲临签署该合同，故委托其合法丈夫杜某某代为签署该合同。赵某清楚知道该合同的所有内容并同意上述所有条款，杜某某承诺在 2009 年 3 月 31 日前由赵某在该合同上补签字并做好委托赎楼公证。杜某某作为卖方即赵某的代理人在合同卖方落款处签字。2009 年 3 月 22 日，杜某某签署了《代收定金委托书》，内容为：定金由某某公司代为收取；某某公司向李某开具定金收款收据，某某公司收到上述现金，视为赵某本人收到。同日，李某向某某公司支付了定金人民币 10 万元；2009 年 3 月 30 日，李某又向某某公司支付剩余定金人民币 60 万元。某某公司分别向李某开具了代收款收据。此后，该笔定金托管于某某公司处。2009 年 4 月 20 日，某某公司将定金人民币 70 万元返还给李某。2009 年 4 月 1 日，某某公司向赵某发出履约告知函表示，赵某至今仍未在合同上签字并做委托赎楼公证，也未能明示是否继续履行合同和如何履行合同，要求赵某在 2009 年 4 月 4 日前办理在合同上补签字和售楼委托事宜，或书面答复是否明确出售该物业，若赵某未按时回复，则视为拒绝履行合同。2009 年 4 月 3 日，李某向赵某发出《律师函》表示，要求赵某依约继续履行办理委托赎楼公证的合同义务，若赵某在 4 月 8 日前仍不做任何回复，则视为赵某拒绝履行合同。因赵某最终未能在《深圳市二手房预约买卖及居间服务合同》上签字，也未按时办理委托赎楼公证。李某遂于 2009 年 5 月 14 日起诉至原审法院，请求法院判令：①赵某承担违约责任，返还李某双倍定金中的一倍即 70 万元；②本案的诉讼费用由赵某承担。

原审法院经审理认为，没有代理权、超越代理权或者代理权终止后的行为，只有经过被代理人追认，被代理人才承担责任。未经追认的行为，由行为人承担责任。本案中，没有证据显示杜某某作为赵某的代理人以赵某的名义与李某及某某公司签订《深圳市二手房预约买卖及居间服务合同》及《补充协议》时，杜某某已经取得赵某的授权，故应当认定杜某某代为签约的行为系无权代理行为，该居间合同效力的确定取决于追认权人即赵某在签约后的意思表示。签约后，赵某拒绝补签上述合同，且将涉诉房屋另售他人的行为应视为表示拒绝追认杜某某代为签署上述合同的行为。因此，涉诉居间合同为无效合同，对赵某自始不发生法律效力。因《深圳市二手房预约买卖及居间服务合同》及《补充协议》系无效合同，其中的违约责任条款亦为无效条款，故李某依据该合同条款要求赵某承担违约责任，返还李某双倍定金中的一倍即人民币 70 万元的诉讼请求，没有法律依据，原审法院不予支持。原审庭审中，原审法院依法行使释明权，询问李某是否变更诉讼请求，李某明确表示不予变更，原审法院仅针对李某现有的诉讼请求进行裁判。据此，依照《民事诉讼法》第 64 条第 1 款，《民法通则》第 66 条，《合同法》第 48 条、第 56 条、第 58 条之规定，判决：驳回李某的全部诉讼请求。案件受理费人民币 10 800 元，保全费人民币 4020 元，由李某负担。

上诉人李某不服原审判决，上诉至广东省深圳市中级人民法院。

上诉法院对原审法院查明的事实予以了确认。另查，①2009 年 7 月 17 日，李某向原审法院申请要求追加杜某某为本案共同被告，就本案债务承担连带责任。原审法院对李某的申请未作处理；②赵某与杜某某于 1992 年 2 月 12 日结婚，涉案房产于 2008 年 8 月 25 日核准登记在赵某名下，赵某和杜某某就涉案房产的产权归属未作特别约定；③2007 年 12 月 15 日，赵某与某某公司签订《中介服务协议书（业主)》尚约定涉案房产的意向售价为 950 万元。

广东省深圳市中级人民法院经审理后认为，虽原审法院就李某提出的追加杜某某为本案共同被告的申请未作处理，程序存在瑕疵，但李某在提起上诉时仍只要求赵某承担责任，在李某未再要求杜某某在本案承担连带责任的情形下，原审法院的上述程序瑕疵对本案的审理结果并不构成影响，本案不需发回重审，本院就本案径作二审实体审理。关于杜某某就涉案合同所可能承担的民事责任，李某可另循法律途径解决。

法院补充查明的事实显示，涉案房产属赵某和杜某某在夫妻关系存续期间购买的房产，而两人对该房产的产权归属并未有特别约定，根据相关法律规定，涉案房产应属赵某和杜某某夫妻共同财产。原审判决将涉案房产认定为赵某个人财产，认定事实不清，本院不予认同。

赵某于 2007 年 12 月 15 日与某某公司签订的《中介服务协议书（业主)》显示赵某确有出卖涉案房产的意思表示，但该意思表示限定的出卖价格为 950 万元，而涉案合同约定的出卖价为 680 万元，远低于赵某的限定出卖价，李某以该《中介服务协议书（业主)》为据提出赵某授权杜某某签订涉案合同的上诉理由，依据不足，本院不予采信。根据涉案合同所约定的买卖双方均清楚知晓涉案房产的产权人为赵某，因其本人在外地，无法亲临签署该合同，故委托其合法丈夫杜某某代为签署该合同，赵某清楚知道该合同的所有内容并同意上述所有条款，杜某某承诺在 2009 年 3 月 31 日前由赵某在该合同上补签字并做好委托赎楼公证可知，李某对于涉案合同应有赵某签名是明知，亦清楚知道在签订合同当时杜某某并未持有赵某授权委托书，故李某与杜某某的签约并不符合构成表见代理的善意且有理由相信杜某某有代理权的情形，李某提出杜某某签订涉案合同的行为是表见代理行为的上诉理由不能成立，本院不予支持。李某未能举证证明赵某在涉案合同签订后对合同予以了追认，且涉案房产已于 2009 年 4 月 23 日转移登记给了他人足可认定赵某拒绝追认涉案合同。根据杜某某未经赵某授权、其行为不构成表见代理、赵某对杜某某的无权代理行为不予追认等事实，依据相关法律规定，涉案合同对赵某不发生法律效力。

因涉案房产属赵某与杜某某夫妻共同财产、涉案合同对赵某不发生法律效力，故杜某某签订涉案合同拟将涉案房产出卖给李某的行为属擅自处分共同财产的行为，而李某轻率相信杜某某有代理权签订涉案合同，存在过失，不属于善意第三人，杜某某签订涉案合同处分涉案房产的行为应认定无效。原审判决认定涉案合同无效并驳回李某要求赵某按合同约定双倍返还定金的诉请，认定正确，处理得当，广东省深圳市中级人民法院予以维持。

综上，李某的上诉请求理由不能成立，广东省深圳市中级人民法院予以驳回。原审判决除对涉案房产产权归属认定有误，广东省深圳市中级人民法院予以纠正外，对本案其他事实认定清楚，适用法律正确，处理得当，广东省深圳市中级人民法院予以维持。依照《民事诉讼法》第 153 条第 1 款第 1 项、最高人民法院《关于贯彻执行若干问题的意见（试行）》第 89 条之规定，判决驳回上诉，维持原判。

［法律问题］

1. 该案件是否能适用家事代理制度？
2. 杜某某是否构成表见代理？

［重点提示］

处理不动产，属于对夫妻间共同财产做出重大处理决定，应当由夫妻双方协商决定。该房产作为夫妻间共同财产，夫妻中一方擅自以另一方的名义将该房产出售，为无权处分，只有行为人具有足以使第三人相信其具有代理权的外观时，第三人才可以表见代理制度寻求到救济。

第三节　同居义务

张某某诉胡某甲离婚纠纷案[1]

[基本案情]

原告张某某诉称，其与被告胡某甲于 2006 年 2 月份经人介绍认识，同年农历二月二十六日按农村习俗举行了婚礼并共同生活，2007 年 4 月 19 日到婚姻登记机关办理了结婚证，婚后于 2008 年农历十一月九日生育一子胡某乙。由于其与被告婚前了解不够，婚后被告对其也不好，双方没有建立起夫妻感情。被告对其和孩子都不管，还经常动手打张某某。2012 年刚过完春节，被告将张某某赶出了家门。2012 年张某某曾向法院提起离婚诉讼，经法院调解和好。但其后被告也没有将其接回家，对张某某及孩子还是不闻不问，被告的行为已经导致双方感情完全破裂再无和好可能，故张某某再次依法起诉离婚，请求法院依法判决准予原、被告离婚；婚生子胡某乙由张某某抚养，由被告每月支付抚养费 500 元至孩子独立生活为止；依法分割夫妻共同财产。

被告胡某甲辩称，到明年二月份被告就同意离婚，被告现患有眼疾，无任何收入来源，也无力抚养孩子。

原告为支持其诉讼请求，提举了如下证据：①身份证复印件一份，欲证实其诉讼主体资格的事实；②结婚证一份，欲证实原、被告系合法夫妻关系的事实。被告未向法院提交证据。

针对原告提举的证据，被告均无异议。

云南省曲靖市麒麟区人民法院认为，原告提举的上述证据来源合法，对原、被告系合法夫妻的事实，法院予以采信。

根据庭审调查，法院确认以下法律事实：原、被告于 2006 年 2 月经人介绍认识，同年农历二月二十六日按农村习俗举行了婚礼，后于 2007 年 4 月 19 日到婚姻登记机关办理了结婚登记手续，婚后双方于 2008 年农历十一月九日生育一

---

[1]　云南省曲靖市麒麟区人民法院，（2015）麒民初字第 1138 号，载 http：//openlaw. cn/judge-ment/6bd8f568647347ca94e0c8677b9a9ff0？keyword = % E9% BA% 92% E6% B0% 91% E5% 88% 9D% E5% AD% 97% E7% AC% AC1138% E5% 8F% B7，访问日期：2015 年 11 月 18 日。

子胡某乙。原、被告之间的婚姻是被告的第四次婚姻，被告与前妻（已死亡）生育一女胡某丙，现年 20 岁。原、被告婚后感情一般，2012 年原告便离家至今，在此期间婚生子胡某乙一直跟随原告生活。原告于 2013 年曾起诉与被告离婚，后经调解和好，但夫妻感情一直未得到改善，现原告再次起诉要求与被告离婚。

另查明，原、被告在婚姻关系存续期间无夫妻共同财产，无共同债权、债务。

［法律问题］

1. 如果判决张某某与胡某甲离婚，法律依据为何？
2. 如何理解夫妻间的同居义务？

［参考结论与法理精析］

（一）法院意见

云南省曲靖市麒麟区人民法院认为，根据《婚姻法》第 32 条第 3 款规定：“有下列情形之一，调解无效的，应准予离婚：……④因感情不和分居满 2 年的……”本案中，经本院主持调解，原被告双方的调解意见无法达成一致，调解无效；原告因与被告感情不和，于 2012 年离家至今，已满两年，现原告起诉离婚，本院予以准许。原、被告于 2008 年农历十一月九日生育的儿子胡某乙，由于在原告离家期间一直跟随原告生活，故由原告抚养为宜。此外，由于被告患有眼疾，无经济来源，故被告不支付抚养费。

综上所述，依照《婚姻法》第 32 条第 3 款第 4 项、第 37 条之规定，判决准予原告张某某与被告胡某甲离婚。婚生子胡某乙由原告张某某抚养，被告胡某甲不支付抚养费。

（二）夫妻间同居义务

夫妻间的同居义务，是指在婚姻关系存续期间夫妻负有应当与对方一起共同生活的义务。一般认为夫妻间的同居义务包括两方面的内容，一方面是夫妻之间共同生活，共同寝食；另一方面包括夫妻之间的性生活。同时，夫妻间的同居义务内容还包括，只有在特定的条件下才可以暂时或部分终止同居。

我国《婚姻法》对于夫妻间的同居义务没有进行明确规定，但是《婚姻法》第 3 条第 2 款规定：“禁止重婚。禁止有配偶者与他人同居。禁止家庭暴力。禁止家庭成员间的虐待和遗弃”。第 4 条规定：“夫妻应当互相忠实，互相尊重；家庭成员间应当敬老爱幼，互相帮助，维护平等、和睦、文明的婚姻家庭关系。”以上条款中虽未明确指出夫妻间应尽到同居义务，但是可以体会到婚姻法对于和谐的夫妻共同生活持倡导态度。

同时，《婚姻法》第 32 条第 2 款、第 3 款又规定：“人民法院审理离婚案件，应当进行调解；如感情确已破裂，调解无效，应准予离婚。有下列情形之一，调解无效的，应准予离婚：①重婚或有配偶者与他人同居的；……④因感情不和分居满2年的……"由此可见，夫妻间长期没有履行同居义务，可以推定夫妻双方感情破裂的，法院在调解无效时，可据此判决双方当事人离婚。本案中，张某某自2012年春节期间被胡某甲赶出家门，在此之后张某某与胡某甲一直处于分居状态，因此云南省曲靖市麒麟区人民法院在调解不成的情况下根据《婚姻法》第32条的规定，判决两人离婚。

拓展案例

王某某与李某某离婚纠纷案[1]

[基本案情]

原告王某某诉至定边县人民法院称，原、被告于2010年5月7日在定边县民政局登记结婚，婚后双方未生育子女。结婚当天被告李某某便声称自己并非自愿与原告结婚，是被告父母包办的婚姻。原告起初以为是因为双方相识时间较短所致，夫妻感情可以在以后的共同生活中慢慢建立。然而，在夫妻共同生活中被告一直不履行同居义务，并声称只要原告为其开办棉布店，便和原告同居。于是原告和父母四处筹钱为被告开设了一棉布店铺，但被告仍以各种借口不与原告同居。只要棉布店铺需要补充货源，被告便向原告要钱，原、被告经常因此发生矛盾。2012年4月12日，被告用木棒击中原告头部，致头部裂伤缝合4针；同年8月29日，被告用铁炉盖将原告的头部砸伤，造成原告右颞部皮裂伤。被告心狠手辣，两次下狠手伤害原告，不履行同居义务。后来，被告将经营棉布店的收入挥霍，还将货物拉回了被告娘家中，致使棉布店负债关闭，被告也回到娘家居住。原告与被告建立感情的希望彻底破灭，三年的婚姻生活让原告痛苦不堪，无奈原告曾于2013年4月16日向定边县人民法院提起离婚诉讼，后被判决不准离婚。现原告再次提起诉讼，请求判决依法解除原、被告的婚姻关系；由原、被告共同偿还夫妻债务168 000元；由被告返还借婚姻索取原告财物包括金银首饰12 000元、衣服零花钱96 000元、彩礼15 000元，共计123 000元；由被告承担本案的诉讼费用。

原告向法庭提交了以下证据：①结婚证一本，证明原、被告系合法的夫妻

---

〔1〕　陕西省定边县人民法院，（2014）定民初字第02783号，载http：//www.court.gov.cn/zgcpwsw/shanxi/sxsylszjrmfy/dbxrmfy/ms/201501/t20150121__6371302.htm，访问日期：2015年11月18日。

关系。②（2013）定民初字第 02127 号民事判决书一份，证明原告王某某于 2013 年 4 月 16 日曾向定边县人民法院提起离婚诉讼，同年 7 月 10 日被判决不准离婚，现原告因夫妻感情破裂再次提起离婚之诉，同时证明还欠王某甲、张某某、王某乙三人债务共计 61 000 元，第一次的庭审笔录可以证实。③（2013）榆中民三终字第 00476 号民事判决书一份，证明一是原、被告夫妻共同债务 21 000 元；二是被告母亲曹某某诉原告王某某民间借贷纠纷，致使原、被告夫妻感情破裂。④（2013）定民初字第 02126 号民事判决书一份，证明被告舅舅李某甲诉原告父亲王某丙买卖合同纠纷一案经定边县人民法院判决驳回李某甲的诉讼请求，同时证明原、被告夫妻感情破裂。⑤日记三页、遗书二页共五页，警示牌一张，来源是被告结婚后自己所书写，证明婚前被告不愿与原告结婚的事实，还证明被告不愿与原告同居的事实。⑥定边县人民医院诊断证明和某某医院诊断证明各一份、照片三张，证明被告殴打原告及原告受伤的事实。⑦定边县农村最低生活保障救助证复印件一份，证明原告一家的生活困难；定边县农村信用联社某某信用社活期存款存折复印件一份，证明 2011 年 12 月 28 日原告一家还领取了农村最低生活救助金。⑧（2014）定民初字第 00545 号民事调解书一份，证明原、被告还欠李某甲 21 000 元的共同债务。⑨证人张某丙当庭证言，证明原、被告感情破裂，无法共同生活，同时证明 2010 年 8 月 10 日，原告到证人家中向证人借款 20 000 元用于开门市。⑩证人张某乙当庭证言，证明原告于 2010 年 8 月 10 日到证人家中向证人借款 20 000 元用于开门市，同时证人还是原告的邻居，能证明原、被告夫妻感情确已破裂，无法共同生活，经常发生争吵。⑪证人张某丁的当庭证言，证明原告于 2010 年 8 月 9 日到证人家中向证人借款 25 000 元用于开门市，当时家中还有证人妻子。

被告李某某辩称，原、被告于 2010 年 5 月 7 日在定边县民政局登记结婚，婚后感情尚好。在 2011 年农历十月二十六日夜晚，原告利用被告走亲戚之际，在未告知被告的情况下，私自撬门进入原、被告共同经营的棉布店，将店内的 32 万元货物及 18 000 元现金拉回并占为己有后，原、被告的感情就出现了问题。如果财产能正确分割，被告同意离婚。原告诉讼所称"被告在休息时枕头底下放刀子""2012 年 4 月 12 日被告用木棒击中原告头部，同年 8 月 29 日被告用铁炉盖将原告头部砸伤""原告和父母四处筹钱 10 万多""欠亲戚的 10 多万"均不属实。相反被告为了维持棉布店的生意，同原告一起向被告父母借了 80 000元，向被告舅舅李某甲借了 21 000 元，转让棉布店铺下欠 29 881.4 元，向李某乙借了 100 000 元。

原、被告成婚时，原告方给被告父母彩礼款及给被告衣服钱、零花钱等共计 96 000 元，其中彩礼 14 800 元，当时给原告方退回了 800 元，被告买衣服及零花花费 22 000 元，剩余 60 000 元。被告过门后，给原告父亲王某丙 5000 元让其偿还借款，剩下 55 000 元，原、被告一同存入了某某邮政储蓄所，此款中的 50 000 元后被被告三姐李某丁借走使用，被告三姐偿还后，原、被告将此款用于棉布店的进货款，剩余 5000 元用于日常生活开支。关于 14 000 元的彩礼，被告父母在原、被告成婚时陪嫁了冰箱一台、饮水机一台、电脑一台、银手镯一对、金镯子一个，总价值 20 000 元，被告认为可以与彩礼相抵。

被告李某某向法庭提交了以下证据：（2013）定民初字第 02127 号民事判决书一份，证明原、被告结婚时相互给付财物的情况。

证人贺某某当庭证言，证明原、被告所开的棉布店是从证人手中转让的，转让费及货物费用共计 29 881.4 元，费用现在还没有还清。同时证人还是原、被告的介绍人，原、被告结婚时被告要的财物一共 96 000 元，被告方给陪嫁了冰箱、电脑、饮水机各一台，黄金手镯一只、银手镯一对。证人李某丁当庭证言，证明原、被告结婚后，证人向原、被告借了 50 000 元，后因原、被告开棉布店用钱，就将本息全部还清了，还款时原、被告都在现场。屈某某当庭证言，证明 2010 年 10 月的一天凌晨 2 时左右，证人回家经过原、被告所开的棉布店时，看到原告和几个人在往车里搬店里的货物。证人杜某某当庭证言，证明 2010 年 10 月的一天，证人和屈某某在南环路装修金牛 KTV，凌晨 2 时左右路过棉布店时看到棉布店的老板和三四个人往皮卡里装东西，装什么没看见。证人李某乙（被告叔父）当庭证言，证明在 2010 年 9 月 2 日，被告因开门市向证人借款 100 000 元，月利息为 1.5%，王某某未在借据上签字。

经庭审双方充分之争，法院对原、被告所举的证据作出如下认定：

对原告所举的第一组证据，因被告无异议且为国家职能部门颁发，予以确认。对第二组证据的真实性予以确认，对证明的问题被告有异议，虽该证据为生效法律文书，但对王某甲、张某某、王某乙三人的债务并未予以确认，本次诉讼中对该三人的债务原告也未提供有效的证据证明，同时该证据也无法证明原、被告的夫妻感情破裂，故对所要证明的问题不予确认。对第三组证据的真实性予以确认，对证明的共同债务问题予以确认，因为该债务的性质已被生效法律文书所确认，应为夫妻共同债务；对证明夫妻感情破裂的问题不予确认，因该证据无法证明原、被告夫妻感情破裂。对第四组证据的真实性予以确认，对其证明的问题不予确认，因该证据同样无法证明夫妻感情破裂。对第五组证据，因被告对其真实性无异议，应予以确认。对第六组证据，被告对其证明的问题有异议，原告也未提供相关证据予以佐证，不予确认。对第七组证据，被告对救助证的真实性有异议，且该证也无法证明原告一家现在仍为最低生活保障救助对象，故不予确认。对存折的真实性被告无异议，应予以确认。对第八组证据，被告对其真实性无异议，对证明问题虽有异议，但其为原、被告共同生活期间的债务，应予以确认。对原告所提供证人张某丙、张某乙、张某丁三人的当庭证言，被告都有异议，且三位证人与原告均为亲戚关系，三人称原告向其借款并无相关证据加以支持，故对该三位证人的当庭证言不予确认。

对被告所举（2013）定民初字第02127号民事判决书，原告无异议，因该证据为生效法律文书，应予以确认。对证人贺某某当庭所作证言，因被告有异议，且证人与被告为亲戚关系，故对该证人证言不予确认。对证人李某丁的当庭证言，原告有异议，被告又无相应证据予以印证，不予确认。对证人屈某某、杜某某二人分别所作证言，原告虽有异议，但该二人证言相互印证，应予以确认。对证人李某乙当庭所作证言，原告有异议，且证人与被告有亲戚关系，并且被告无相关证据加以证明，不予确认。

对法院调取的两份谈话笔录及财产登记清单，法院依法予以确认。

法院根据当事人陈述、举证、质证及认证查明以下事实：

2010年5月7日，原、被告登记结婚，婚后未生育子女。由于原、被告婚前缺乏了解，导致婚后经常因家务琐事发生矛盾，矛盾发生后又互不谅解，致使矛盾加剧。2013年4月16日，原告曾因感情不和向定边县人民法院起诉离婚，后被判决不准离婚。原、被告成婚时被告向原告索要彩礼14 000元，首饰、衣服、零花钱共计82 000元，衣服、首饰和零花用去22 000元。剩余50 000元用于开设棉布店，10 000元用于家庭日常开支。婚后原、被告双方共同经营的棉布店铺，因夫妻感情不和及经营不善导致关闭歇业，原告于2011年农历十月二十六日夜，将店铺内所有货物拉回保管。经法院调查核实登记，棉布店铺有剩余财产若干。以上财产为夫妻共同财产，夫妻再无其他共同财产。同时根据法院调取的两份谈话笔录，可以证明原、被告双方的共同债务，即欠被告母亲曹某某的21 000元，欠被告舅舅李某甲的21 000元，欠某某货运部吴某某的5000元，均为婚姻存续期间所产生的债务，属于夫妻共同债务。

[法律问题]

1. 在婚姻合法有效存续期间，婚姻一方不履行同居义务，另一方当事人是否存在法律上的救济手段？

2. 对于李某某以履行同居义务为借口要求王某某赠与的财物等，王某某在离婚诉讼中是否有权主张返还？

[重点提示]

从比较法的角度来看，各个国家一般规定，一方违反夫妻同居义务，另一方有权提起诉讼，要求对方履行其同居义务。但是由于这类判决不可强制执行，因此对于拒不履行判决的，各国采取不同的应对方式，例如，免除另一方对于违反义务方的生活保障义务，构成对他方遗弃的，可作为他方提出离婚的理由或者对方可以请求侵权损害赔偿。在我国目前现行《婚姻法》中，当事人无权请求法院对拒绝履行同居义务的当事人判决履行。

第四节　忠实义务

经典案例

强某与孙某离婚纠纷案[1]

[基本案情]

孙某、强某于 2002 年经人介绍认识，×年×月×日登记结婚，双方均系再婚，未共同生育子女，婚后初期感情尚可，尤其在孙某患病期间，强某对孙某照顾周到。2010 年 12 月 31 日，孙某离家居住在外，2011 年 3 月 17 日回家居住，期间孙某曾多次发短信表达对强某的关心，强某亦发短信表示愿意原谅孙某之前做错的事。2011 年 5 月初孙某再次离家，夫妻双方分居至今。期间孙某曾两次起诉至法院要求离婚，均被判决不准离婚，但夫妻关系仍然未得到改善。2013 年 9 月，孙某再次诉至南京市鼓楼区人民法院，请求判决其与强某离婚。

在原审法院审理中，孙某表示同意归还婚前向强某借款 5.55 万元，但不同意支付其利息。夫妻共同财产有：孙某名下公积金 178 801.06 元，双方同意孙某于 2016 年 3 月 30 日前给付强某 89 400.8 元，并按同期银行存款利率给付利息；共同债权 1 万元。

一审法院认为，孙某、强某均有过一段不成功的婚姻，均在知天命之年，遇到彼此并重新组成家庭，理应分外珍惜，相互扶持。强某在孙某人生最低谷之时（患恶性肿瘤），对孙某不离不弃，悉心照料，孙某亦陈述其永远铭记在心，但其在夫妻遇到矛盾时，不是尽力去解决矛盾，而是离家外出居住，其处理方式过于草率，给强某造成了很大伤害。现双方已分居两年多，且强某亦陈述双方已无法生活到一起，应认定夫妻感情已经破裂，应判决准予双方离婚。虽然孙某的离家行为给强某造成了很大伤害，但强某提交的证人证言、银行消

---

〔1〕 南京市中级人民法院，（2014）宁民终字第 2141 号，载 http://www.court.gov.cn/zgcpwsw/jiangsu/jssnjszjrmfy/ms/201408/t20140828 __2729303.htm，访问日期：2015 年 11 月 18 日。

费记录、短信记录等证据，均不足以证明孙某存在与第三者同居在外的事实，不符合有配偶者与他人同居这一精神损害赔偿情形。

双方离婚后，夫妻共同财产、共同债务应当依法分割，各自专用的生活用品归各自所有。对于本案所涉财产问题，分析评判如下：①关于强某主张孙某归还借款问题：婚前借款 5.55 万元部分，孙某同意归还，但不同意给付利息，因其借款时未对利息进行约定，故对强某给付相应利息的辩称不予采信；婚后代还他人及信用卡欠款部分，孙某不予认可，强某亦无证据证明此系孙某向其借款，故不予采信。②关于孙某名下公积金部分，双方均同意孙某于 2016 年 3 月 30 日前给付强某 89 400.8 元，并按同期银行存款利率给付利息，予以确认。③关于共同债权 1 万元部分，双方各享有一半。

原审法院据此判决：①准予原告孙某与被告强某离婚；②原告孙某于本判决生效后 30 日内归还被告强某借款人民币 5.55 万元；③原告孙某名下公积金 178 801.06 元归孙某所有，孙某于 2016 年 3 月 30 日前给付被告强某补偿款人民币 89 400.8 元，并按同期银行存款利率给付利息；④共同债权人民币 1 万元，原告孙某与被告强某各享有 5000 元。

宣判后，强某不服该判决，向南京市中级人民法院提起上诉称，原审判决认定事实不清，双方分居不是因感情不和，而是孙某出轨在外与第三者同居。只有在法院认定因孙某出轨导致双方婚姻破裂的情况下，上诉人才同意离婚，并要求孙某对上诉人进行精神损害赔偿，具体赔偿数额由法院依法确定，否则上诉人不同意离婚。请求二审法院撤销原判，依法认定双方婚姻破裂的原因是孙某出轨，孙某赔偿其精神损失，并由孙某承担本案诉讼费用。

被上诉人孙某辩称，其不存在出轨的问题，也不应当对上诉人进行精神损害赔偿，一审法院认定事实清楚，适用法律正确，请求二审法院驳回上诉，维持原判。

经审理查明，原审法院查明的事实属实，本院依法予以确认。

二审中，强某申请证人张某某、唐某到庭作证。证人张某某到庭陈述，其和强某是同事关系，曾经在 2011 年 1 月 5 日找孙某协调孙某与强某的夫妻关系。孙某称其有个私生女，现在和私生女、小刘（私生女的母亲）住在一起生活。孙某称其和强某还是有感情的，如果不是私生女的出现，他是不会和强某离婚的。孙某称其现在和小刘在一起，小刘对其照顾地挺好，不用拖地、洗碗，而和强某在一起这些事情都是孙某做。

证人唐某到庭陈述，从其认识孙某以来，孙某与强某的关系一直好得不得了，其认为他们夫妻感情一直很好。强某曾经给唐某发短信，但当时唐某没有在意，后来听张某某说孙某出轨了，张某某说孙某因为有私生女所以才跑掉了。

后来唐某和强某打电话确认了此事，唐某没有见过私生女和第三者。经质证，强某认为证人所述都是事实。孙某对证人证言的真实性不予认可，称张某某陈述的内容与一审庭审陈述不一致，证言虚假，唐某陈述的内容与其无关。

以上事实，有双方当事人陈述、结婚证、借条、短信记录、银行账户明细、证人证言等证据予以证实。

［法律问题］

1. 夫妻间的忠实义务的具体内容是什么？

2. 如果孙某确有出轨行为，强某是否有权请求损害赔偿？

［参考结论与法理精析］

（一）法院意见

南京市中级人民法院认为，本案主要争议焦点为：孙某是否存在与第三者同居的行为，应否向强某承担精神损害赔偿责任。

《最高人民法院关于民事诉讼证据的若干规定》第2条规定："当事人对自己提出的诉讼请求所依据的事实或者反驳对方诉讼请求所依据的事实有责任提供证据加以证明。没有证据或者证据不足以证明当事人的事实主张的，由负有举证责任的当事人承担不利后果。"强某主张孙某在外与第三者同居，最终导致双方婚姻破裂，对此负有举证责任。强某虽提供了证人张某某和唐某的证言，但证人张某某与强某系同事关系，与强某存在一定的利害关系，且其在庭审中就孙某是否与私生女的母亲在一起生活的问题在一审、二审中陈述不一致，孙某对其证言亦不予认可，而证人唐某所述系听张某某和强某说孙某在外有私生女，孙某与私生女的母亲同居，其所述内容为传来证据，故上述两位证人的证言不足以证明孙某在外与第三者同居。强某另提供了其与孙某之间互发短信的记录，但上述短信中并无孙某认可其在外有私生女以及其与私生女母亲同居的内容，故上述短信亦不足以证明强某该项上诉主张。对于强某在一审中提交的银行消费记录，虽然其中部分消费非用于家庭共同生活，但上述消费记录无法证明孙某在外与第三者共同居住生活，故强某虽主张孙某在外与第三者同居，但其对此未能提供充分有效证据，其该项上诉主张，依据不足，南京市中级人民法院对此不予采纳。强某要求孙某对其进行精神损害赔偿，但其提供的现有证据尚不符合《婚姻法》规定的离婚损害赔偿的法定情形，故其要求孙某赔偿其精神损失的上诉请求，缺乏依据，南京市中级人民法院对此不予支持，判决驳回上诉，维持原判。

（二）夫妻间忠实义务

夫妻忠实义务，主要指贞操义务，即专一的夫妻性生活义务。广义的夫妻忠实义务还包括不得恶意遗弃配偶，以及不得为第三人的利益而损害或者牺牲配偶他方的利益。夫妻间的忠实义务存在于合法缔结婚姻关系的夫妻之间，相较于其他夫妻间的义务，夫妻间的忠实义务具有更强的伦理道德性，相较于夫妻间的其他权利义务，夫妻间的忠实义务具有平等性。在男尊女卑、夫权统治的时代，男女双方在婚姻家庭中的地位不平等，相应的忠实义务对于夫妻的要求也"夫从宽，妻从严"，如1804年《法国民法典》第229、230条规定，夫得以妻与他人通奸为由诉请离婚，而妻只能以夫与他人通奸并在婚姻住所姘居为由诉请离婚。日本旧民法规定妻子有通奸行为构成丈夫诉请离婚的法定理由，而丈夫有通奸行为则不构成妻子诉请离婚的法定理由。随着男女平等观念的普及，夫妻间平等地互负忠实义务已成为世界上绝大多数国家的共识。

我国《婚姻法》第4条规定，夫妻应当互相忠实，互相尊重；家庭成员间应当敬老爱幼，互相帮助，维护平等、和睦、文明的婚姻家庭关系。《婚姻法》第4条的规定，将夫妻间的忠实义务上升为法定义务，这也是一夫一妻制的必然要求。夫妻双方是否相互忠诚在相当大的程度上决定了婚姻的稳定与家庭的和谐，既然一夫一妻制是婚姻法的基本原则之一，那么已婚者即应当担负起对配偶忠实的义务。当然，《婚姻法》中虽然对夫妻间的忠实义务作了规定，但是该规定有很大程度的倡导性质。在婚姻关系存续期间，合法夫妻不能够单独以另一方违反《婚姻法》第4条的夫妻间的忠实义务为由诉请赔偿。

（三）违反忠实义务的损害赔偿责任

在现实婚姻关系中，人们常使用"出轨"来形容在婚姻关系中，一方当事人与婚外异性发生不正当男女关系。我国《婚姻法》中对于违反夫妻忠实义务没有进行明确的界定，结合我国婚姻家庭纠纷司法实践现实，违反夫妻忠实义务的行为主要有下述几种类型：①重婚。已经缔结有效婚姻的当事人再次缔结婚姻，或者有配偶者与第三人以夫妻名义共同生活的，均为重婚行为。这种行为无视婚姻法一夫一妻的基本原则，严重违反了忠实义务。②有配偶者与他人同居。是指有配偶者与婚姻关系之外的第三人，不以夫妻名义，持续、稳定地共同居住的行为。"不以夫妻名义"以及"持续稳定地共同居住"是司法实践中认定"有配偶者与他人同居"的重要关注点。③通奸。是指有配偶者与配偶之外的他人发生性行为，如一夜情、嫖娼。在此类行为中，当事人之间一般没有过多的感情与责任，也没有共同的生活，这是其与同居、重婚的区别。此外，实践中还存在少数有配偶者卖淫嫖娼或有配偶者进行性犯罪等行为，也被视为对夫妻忠实义务的违背。

由于以上这些行为严重地违反了夫妻间的忠实义务，挑战了传统道德的底线，常常导致夫妻间关系恶化甚至感情破裂，因此，在由于出轨而导致的离婚诉讼中，无过错方常以此为由主张损害赔偿，本案中的强某在离婚诉讼中向法院请求的损害赔偿即属此列。

针对离婚中的损害赔偿，我国《婚姻法》第46条有如下规定："有下列情形之一，导致离婚的，无过错方有权请求损害赔偿：①重婚的；②有配偶者与他人同居的；③实施家庭暴力的；④虐待、遗弃家庭成员的。"从该法条看来，只有在有配偶者存在重婚或者与他人同居的情况时，当事人才有可能在离婚时主张损害赔偿，对于通奸的情形，法律不给予离婚损害赔偿的救济方式。

行使《婚姻法》第46条规定的离婚损害赔偿请求权，在主体方面，首先要求请求主体必须是无过错的一方。夫妻双方均有《婚姻法》第46条规定的过错情形，一方或者双方向对方提出离婚损害赔偿请求的，人民法院不予支持。其次，要求被请求人主观上具有过错。再次，要求被请求方的行为导致了双方婚姻关系破裂。如果双方离婚并非由于一方对夫妻忠实义务的违反，那么无过错方不能据此请求损害赔偿。

还需要注意的是，目前在我国司法实践中，仅支持在离婚诉讼中请求《婚姻法》第46条规定的损害赔偿，在婚姻关系存续期间，当事人不起诉离婚而单独依据该条规定提起损害赔偿请求的，人民法院不予受理。对于人民法院判决不准离婚的案件，对于当事人提出的损害赔偿的诉讼请求同样不予支持。因此，这不是一项独立的诉求，而是一项附属性的诉权。

拓展案例

王某与章某侵权赔偿纠纷案[1]

[基本案情]

章某与罗某原为夫妻，在夫妻关系存续期间，共同开办并经营一家通讯经营部。2007年4月，王某被聘为该经营部的员工。到经营部上班不久，王某便知章某与罗某为夫妻关系。由于工作上的接触及其他原因，王某与罗某逐渐产生相互爱慕之情。2007年11月，王某与罗某以异性朋友关系相处，期待罗某和

---

〔1〕　江西省赣州市章贡区人民法院，（2008）章民三初字第580号、（2008）赣中民三终字第314号，载 http：//www. pkulaw. cn/case/pfnl __119202617. html？keywords＝学习和社会活动 &match ＝ Exact%2C%20Piece，访问日期：2015年11月18日。

章某离婚后与之结婚。2008 年 3 月，王某与罗某发生性关系。2008 年 4 月 2 日晚，罗某约王某在一家酒店客房相会。此事被章某及其家人知悉后向公安机关报警，公安机关派员到酒店将两人带回进行询问。在询问过程中，王某承认了与罗某有婚外性行为的事实。4 月 7 日，章某以夫妻感情破裂为由向人民法院起诉，请求与罗某离婚。法院受理该案后，章某与罗某于 4 月 17 日自行达成了离婚协议。4 月 18 日，两人到婚姻登记机关办理了离婚登记手续。之后，章某向法院申请撤回了离婚诉讼。2008 年 4 月 28 日，章某向章贡区人民法院起诉，认为王某在自己与罗某婚姻关系存续期间和罗某发生性关系的行为，侵犯了自己的配偶权并导致离婚的后果，请求责令王某向其赔礼道歉，并赔偿精神抚慰金 3 万元。

　　江西省赣州市章贡区人民法院经审理认为：《婚姻法》第 4 条明确规定了夫妻应当互相忠实。夫妻忠实义务是指夫妻性生活的排他专属义务，它要求夫妻在性生活上互守贞操，不得为婚外性行为。夫妻忠实义务是配偶权的一项基本内容，是配偶权派生出来的具体的身份权。配偶权具有绝对权的性质，配偶双方以外的任何人均负有不得侵犯的义务。王某明知章某与罗某系夫妻关系，仍和罗某发生性行为，其行为违反了法定的不作为义务，显属违法。由于王某的侵入，造成了章某精神和身心上的极大伤害并直接造成了其家庭破裂的后果，其侵权损害事实明显存在。王某明知章某是罗某的妻子仍与罗某处朋友并发生性行为，期待罗某和章某离婚后与之结婚。王某应当知道其行为的违法性并预见到行为后果，却不予控制，可见其主观上存在故意之过错。王某的违法行为使章某的身心遭受了极大摧残，精神上受到了严重损害，其行为严重侵害了章某的合法权益，特别是配偶身份利益。若受害人不能得到有效的法律救济和经济上的补偿，显然违反民法的公平原则，也与侵权法的保护公民合法权益的功能相悖。故王某不仅需要向章某书面赔礼道歉，还应赔偿精神抚慰金。依照《婚姻法》第 2 条、第 4 条，《民法通则》第 106 条第 2 款及最高人民法院《关于确定民事侵权精神损害赔偿责任若干问题的解释》第 2 条、第 8 条、第 10 条之规定，判决王某在判决生效后 10 日内向章某书面赔礼道歉并赔偿精神损害抚慰金人民币 1 万元。

　　宣判后，王某不服一审判决，向赣州市中级人民法院提起上诉。其上诉的主要理由是：一审判决认定上诉人的行为违法是错误的。章某夫妻离婚是因为双方感情破裂，是其夫妻之间的事，不能认为是上诉人的行为直接造成其夫妻离婚和家庭破裂的后果。我国法律并没有规定配偶权以及侵犯配偶权的法律责任，一审判决适用《婚姻法》第 4 条，认为配偶权是绝对权，上诉人侵犯被上诉人的配偶权应承担侵权责任缺乏法律依据。《婚姻法》规定的离婚损害赔偿制度有明确的范围，承担赔偿责任的主体为离婚诉讼中有过错的配偶一方，被上诉人无权追究配偶之外的第三人的民事责任。

[法律问题]

1. 章某能否以王某侵犯其配偶权为由请求侵权损害赔偿？

2. 你认为法律是否应当支持向"第三者"请求损害赔偿？

[重点提示]

《婚姻法解释（一）》第3条规定："当事人仅以婚姻法第4条为依据提起诉讼的，人民法院不予受理；已经受理的，裁定驳回起诉。"指明《婚姻法》第4条为倡导性条款，不得以此条款单独提起诉讼。《婚姻法解释（一）》第29条第1款亦明确规定："承担婚姻法第46条规定的损害赔偿责任的主体，为离婚诉讼当事人中无过错方的配偶。"据此，章某请求损害赔偿在目前尚无法律依据，欠缺请求权基础，即现行立法否认第三方"侵犯配偶权"的可能性。

第五节　婚内侵权的法律适用

经典案例

黄某与林某某离婚纠纷案[1]

[基本案情]

原告黄某（女）诉称：原、被告于2010年底经人介绍认识，后在双方父母催促之下于2014年2月14日登记结婚，双方未生育子女。婚后，被告无生活来源，与原告共同居住在原告父母家中，一切生活开销均来源于原告及原告父母。因原告父母不继续提供经济帮助，2014年4月27日，被告对原告实施暴力，甚至对原告母亲拳脚相向。2015年3月5日，被告再次对原告实施暴力，造成原告严重受伤，原告实在不堪忍受被告家庭暴力和精神折磨而报警。鉴于被告无休止的暴力导致夫妻感情彻底破裂，无和好可能，请求判令：①解除原、被告的婚姻关系；②被告向原告支付精神损害赔偿金5万元；③本案的诉讼费用由被告承担。

---

〔1〕 罗源县人民法院，（2015）罗民初字第694号，载 http：//www.fjcourt.gov.cn/Page/Court/News/ArticleTradition.aspx？nrid＝2a7602a6－c894－44e9－a465－30999fb26f22，访问日期：2015年11月18日。

被告林某某（男）答辩称：①因原、被告感情确已破裂，被告同意离婚。②原告的离婚损害赔偿没有法律依据。本次婚姻的破裂，原告具有巨大的过错，原告结婚的目的是索要大量的财物，未与被告真心实意过日子。双方之间只有家庭之间的争吵，原告动不动就报警，夸大事实，不应认定构成家庭暴力。《婚姻法》第46条规定，只有无过错方才能有权请求离婚损害赔偿，而夫妻间感情破裂往往并不是一方所致，存在多方原因互为因果。原告在结婚后经常三更半夜回家，在其工作单位隐瞒已经结婚的事实，接受他人追求，具有过错。③原告与被告结婚花费巨大，造成了被告家庭生活困难。原告母亲因急需十几万资金周转，催促原、被告结婚，被告为结婚共支付费用208 300元，包括：礼金133 000元，金银首饰20 000元，母亲孝顺钱10 000元，奶奶孝顺钱2300元，衣服化妆品钱8000元，女方办酒钱15 000元，订婚的饼、肉、面折现钱8000元，结婚前一天的答轿钱8000元、结婚当天的送酒钱4000元。虽被告家庭经济困难，但由于家乡风俗如此及为了面子，上述开销都是被告及父母从亲属处借来，包括从小姨处借的133 000元、从小姨两个邻居处借的80 000元，目前上述债务都还未偿还。被告认为原告未真心实意结婚，主要目的是索要巨额彩礼，因此请求法院判令原告返还被告彩礼208 300元。

原告向罗源县人民法院提供了以下证据材料：证据一：婚姻登记审查处理表，证明原、被告于2014年2月14日登记结婚。证据二：2014年5月27日报警回执单复印件一份。证据三：2015年3月5日报警回执单复印件一份。证据四：2015年3月5日门诊病历复印件一份。证据五：司法鉴定意见书复印件一份。证据六：鉴定费发票复印件一份。证据七：2015年3月8日门诊病历复印件一份。证据八：2015年3月8日住院记录复印件一份。证据九：2015年3月11日出院记录复印件一份。证据十：住院收费票据复印件一份。证据十一：关于请求保护人身安全的呼吁信复印件一份。证据二至证据十一共同证明婚后被告长期殴打原告，双方之间的夫妻感情确已破裂。证据十二：银行卡存款业务回单，证明原告于2010年6月6日出借给被告人民币10万元。证据十三：被告名片一份，证明被告在北京开办了石材公司，并非其所述的家庭经济十分困难，也证明原告将款项出借给被告做生意是事实。证据十四：账户交易明细。证据十五：信用卡已出账单明细。证据十四、十五证明被告以北京石材经营部要用钱的名义向原告告要走了78 325元。被告质证认为：对证据一的真实性和证明对象无异议。证据二、三，只是报警的记录，不能证明被告有殴打原告。证据四至十均为损害的结果，不能证明被告殴打原告。证据十一是自述材料，不能作为证据使用。证据十二，证明不了被告借款的事实，原告必须提供借条等凭据。其实际上是被告借款给原告10万元，原告返还的凭据。证据十三，名片是被告自己印发的，不能证明被告家庭经济情况。证据十四、十五，都是原告单方交易明细，没有任何指向被告，不能证明与本案的关联性。

被告向罗源县人民法院提交了以下证据：证据一：询问笔录6份、被询问人的身份证件复印件各一份。证据二：光盘一份。证据三：彩礼照片复印件一份。证据四：借条、银行明细对账单复印件一份。证据五：起步镇镇政府证明复印件一份。证据一至证据五共同证明：①被告因结婚按习俗支付原告彩礼共计人民币208 300元；②被告家庭困难，全部彩礼为借款。证据六：照片一份，证明2014年5月27日晚，被告被原告打伤。原告对被告提交的六份证据的真实性都有异议。

经罗源县人民法院审理查明：原、被告经人介绍认识，于2014年1月7日举行订婚仪式，被告于当天支付了原告礼金133 000元，母亲孝顺钱10 000元，女方置办酒席钱10 000元，订婚肉、饼、面钱8000元，以上共计161 000元。2014年2月14日双方在罗源县民政局登记结婚。2015年3月5日，被告殴打原告致其面部软组织挫伤、乳房擦挫伤，构成轻微伤。2014年5月27日始双方分居生活至今，双方未生育小孩。

［法律问题］

1. 本案中被告林某某是否构成家庭暴力？
2. 什么是婚内侵权？我国法律对婚内侵权责任有什么规定？

［参考结论与法理精析］

（一）法院意见

罗源县人民法院认为，本案的争议焦点是：①被告是否有对原告殴打并构成家庭暴力；②被告是否支付彩礼及具体金额。

法院对上述争议的事实认定如下：一是原告提交证据二、三、四、五、七、八、九证明被告对原告殴打构成家庭暴力，被告对上述证据的真实性无异议，但认为只是报警记录及损害结果，并不能证明有殴打原告。根据原告提交的证据五，该鉴定意见书案情摘要载明"根据罗源县公安局城关派出所法医学鉴定委托书介绍：2015年3月5日11时许，黄某在其工作处工商银行罗源支行大厅因家中琐事被其丈夫林某某殴打致伤"，该鉴定书认定被鉴定人因外伤致面部软组织挫伤、乳房擦挫伤，分别构成轻微伤。原告提交的以上证据具有真实性、合法性、关联性，并且相互印证，可以认定被告于2015年3月5日具有殴打原告的事实，应当认定构成家庭暴力。二是被告提交证据一、二、三、四、五，证明：①被告因结婚按习俗支付原告彩礼共计人民币208 300元；②被告家庭困难，全部彩礼为借款。原告对被告以上证据的真实性有异议。本院分析如下：被告申请出庭作证的尤某、雷某某、尤甲、高某均证实2014年1月7日订婚当天被告按罗源习俗支付礼金133 000元，母亲孝顺钱10 000元，女方置办酒席钱

10 000 元，订婚肉、饼、面钱 8000 元，以上共计 161 000 元。对该款项的来源，被告提交了其小姨尤甲 2014 年 1 月 6 日 129 000 元的支取凭证、方某出借 50 000 元的借据复印件、孟某某出借 30 000 元的借据复印件。尤甲、方某、孟某某均出庭作证证实被告因为结婚而向其举债的事实。本院依职权通知原告堂哥黄某、堂嫂黄某某出庭作证，其证实订婚当天确实支付了彩礼，但对具体金额不清楚。综上，本院认为，被告提交的上述证据具有真实性、合法性、关联性，可以作为认定本案事实的证据。被告申请出庭作证的尤某、雷某某、尤甲、高某全程参与了订婚当天彩礼的经办过程，其证言相互印证，同时被告举证证明了款项的来源，也符合罗源本地的习俗，形成了证据优势，可以证明原、被告于 2014 年 1 月 7 日举行了订婚仪式，被告支付了礼金 133 000 元，母亲孝顺钱 10 000 元，女方置办酒席钱 10 000 元，订婚肉、饼、面钱 8000 元，以上共计 161 000 元。

经审理查明：原、被告经人介绍认识，于 2014 年 1 月 7 日举行了订婚仪式，被告于当天支付了原告礼金 133 000 元，母亲孝顺钱 10 000 元，女方置办酒席钱 10 000 元，订婚肉、饼、面钱 8000 元，以上共计 161 000 元。2014 年 2 月 14 日，双方在罗源县民政局登记结婚。2015 年 3 月 5 日，被告殴打原告致其面部软组织挫伤、乳房擦挫伤，构成轻微伤。2014 年 5 月 27 日始双方分居生活至今，双方未生育小孩。

罗源县人民法院认为，原告诉请离婚，被告也认可双方感情破裂无和好可能，对原告该项诉请本院予以支持。原告诉请被告支付精神损害赔偿金 5 万元，因被告于 2015 年 3 月 5 日殴打原告致伤，构成家庭暴力，根据相关法律规定，对原告诉请精神损害赔偿本院予以支持，但诉请金额偏高，本院依法酌定精神损害赔偿金为 10 000 元。被告要求原告返还彩礼 208 300 元，因双方婚后不久即分居生活，被告因结婚花费对外举债，且提供了民政部门家庭经济困难的证明，原告对彩礼部分确实应适当返还。对于被告因结婚所花彩礼 133 000 元，本院根据原、被告在婚姻中的过错酌定按 50% 即 66 500 元予以返还。至于被告要求返还金银首饰钱、母亲孝顺钱、奶奶孝顺钱、衣服、化妆品钱，女方办酒钱，订婚的饼、肉、面折现钱，结婚前一天的答轿钱，结婚当天的送酒钱，以上钱款是被告为结婚而赠予的款项，已实际完成赠予或消费完毕，结婚目的达成后即不应予以返还，被告要求返还上述款项无法律依据，本院不予支持。据此，依照《婚姻法》第 32 条、第 46 条，《婚姻法解释（一）》第 1 条、第 28 条，《婚姻法解释（二）》第 10 条第 3 项的规定，判决：①准予原告黄某与被告林某某离婚；②被告林某某应于本判决生效之日起 10 日内赔偿原告黄某精神损害抚慰金人民币 10 000 元；③原告黄某应于本判决生效之日起 10 日内返还被告林某某彩礼款人民币 66 500 元。

（二）婚内侵权

广义的婚内侵权，是指婚姻关系中的夫妻，实施了危害配偶权、人格权、财产权的行为，导致对方人身、财产、精神等受到损害。由于我国并未正面承认配偶权，并且如上所述，司法解释确认了损害赔偿请求权的附属性质，因此严格意义上的婚内侵权限于对人格权、财产权的侵权。在我国民法的侵权理论中，并未对婚内侵权进行特殊对待。并且由于有"婚姻"这层关系的存在，夫妻间的侵权常常被人们定性为家庭内部矛盾，从而忽略了对婚内侵权的法律规制。

婚内侵犯人格权主要表现为侵犯配偶的生命权、身体权、健康权、姓名权、名誉权等，例如，婚内有暴力殴打对方的行为致使配偶伤残，捏造、散布有损配偶名誉的谣言等；侵犯身份权则包括侵犯配偶权、荣誉权等。侵犯财产权则一般表现为一方擅自隐匿、转移、毁灭共同财产，擅自将共同财产赠与他人，未经对方同意擅自对夫妻间共同财产做出重大处分行为等。根据民法中侵权的一般理论，侵权行为人需对被侵权人承担侵权责任，承担侵权责任的方式一般包括停止侵害、排除妨碍、消除危险、返还财产、恢复原状、赔礼道歉及损害赔偿等。

在我国现行《婚姻法》中，没有对婚内侵权进行专门规定，只是设置了离婚损害赔偿制度对婚内侵权行为进行规制。《婚姻法》第46条规定："有下列情形之一，导致离婚的，无过错方有权请求损害赔偿：①重婚的；②有配偶者与他人同居的；③实施家庭暴力的；④虐待、遗弃家庭成员的。"行使《婚姻法》第46条规定的离婚损害赔偿请求权，在主体方面，首先要求请求主体必须是夫妻中无过错的一方。夫妻双方均有《婚姻法》第46条规定的过错情形，一方或者双方向对方提出离婚损害赔偿请求的，人民法院不予支持。其次，要求被请求人主观上具有过错。最后，被请求方的行为与双方婚姻关系破裂之间存在因果关系。根据上述现行婚姻法的规定，只有在夫妻间的婚内侵权行为导致夫妻关系破裂、双方离婚的情形下，无过错方才可以请求侵权方承担侵权责任，且承担侵权行为责任仅包括损害赔偿一种方式。

拓展案例

李某诉妻子陈某某离婚期间偷拍捉奸侵犯婚内隐私权案[1]

[基本案情]

李某与陈某某系夫妻关系，因感情不和而诉讼离婚。在离婚过程中，陈某

---

〔1〕　四川省泸州市龙马潭区人民法院，（2002）龙马民初字第1599号，载http://www.pkulaw.cn/case/pfnl__117488158.html? keywords = 离婚 &match = Exact，访问日期：2015年11月18日。

某为了证明自己所主张的李某出轨的事实，于2002年9月1日晚，邀请张某某为其偷拍证据，并向张某某提供了DV格式数码录像带一盘，将张某某带到李某与陈某某的住所（龙马潭区水井坎西路11号1幢楼1单元6号）对面楼房的楼梯间，在未向张某某提供李某的照片及相貌特征的情况下，要求张某某偷拍李某在婚姻存续期间的不忠实行为。陈某某为防止过路人看见其偷拍，在该楼的楼梯间为张某某望风。赵某某系李某之母，自李某与陈某某结婚并育有小孩后一直随李某生活。李某某、李某甲系李某同胞兄长，2002年9月1日晚寄宿在李某住所。入夜后，李某某、赵某某、李某甲、李某依次到卫生间洗澡准备睡觉。轮到李某到卫生间洗澡时，发现对面楼梯间有异常情况，即叫上李某某、李某甲一道冲出楼去，将匆匆下楼的张某某截住。李某等人将被告张某某扭送到巡警岗亭，被告张某某供认是受陈某某指使，用微型摄像机偷拍李某家人洗澡的活动。巡警将此事交由龙马潭区红星派出所处理，李某、李某某、李某甲、陈某某、张某某到该派出所接受询问，派出所干警观看了录像带后告知是四人洗澡的内容，即当场收缴了张某某携带的索尼摄像机及录像带。张某某于同年9月2日到红星派出所领回索尼摄像机。

随后李某、李某某、李某甲、赵某某将陈某某、张某某诉至四川省泸州市龙马潭区人民法院，诉称：二被告的行为侵害了自己的隐私权，要求被告陈某某、张某某停止侵权，赔偿精神损失费20 000元。

被告陈某某辩称：其行为没有侵犯四原告的隐私权。其理由有五点：其一，原告李某在夫妻关系存续期间与他人非法同居，本人为了维护自己的合法权益，才通过这种途径搜集原告李某与他人非法同居的证据的。其二，摄影师张某某拍摄的处所是被告陈某某的住房，未侵害他人的权益。其三，被拍摄的房屋属原告李某与被告陈某某共有。其四，本人请被告张某某拍摄时反复打招呼只能拍摄原告李某与年轻女子张某，本人未在现场，只是在楼梯间给被告张某某望风。至于被告张某某拍摄到什么内容本人也不知晓，如果被告张某某拍摄到了四原告洗澡，也只能怪四原告在洗澡时自己没拉窗帘。其五，录像带的内容本人没看过，也没向外界散播，不存在社会恶劣影响。为此，被告陈某某否认自己的行为构成侵权，拒绝原告的诉讼请求。

被告张某某辩称：其行为虽侵犯四原告隐私权，但没有造成影响，不应进行精神损害赔偿。理由是：本人受被告陈某某的委托为其拍摄证据，并不知其需要摄制什么内容，被告陈某某未提供被拍摄对象的照片，也没告知被拍摄对象的相貌特征，且本人并不认识原告李某，自己只是盲目地按陈某某的要求去拍摄。直到被原告李某拦截后，本人才知道了事态的严重性，当场向原告李某家人表示道歉，并主动上缴其摄制的录像带。本人的偷拍行为虽然不当，但该录像带没向外扩散，未造成任何社会影响，故不应对四原告进行精神损害赔偿。

[**法律问题**]

1. 被告陈某某、张某某的行为是否构成对四原告的侵权？

2. 婚姻关系存续期间，夫妻中一方在未经另一方同意情况下偷拍另一方的不雅视频是否构成侵权行为？

[**重点提示**]

四原告在浴室内洗澡的行为，是公民在私有领域进行的私人活动，属四原告享有的受法律保护的隐私活动，二被告在未经四原告许可的情况下实施窥视、偷拍的行为，属非法侵入他人私人生活空间的行为，给四原告享有的隐私权益造成侵害，依法应承担侵权损害的民事责任。

第四章

夫妻财产关系之共同财产

知识概要

　　夫妻间财产关系是指婚姻存续期间与夫妻财产所有权相关的法律关系，包括夫妻婚前财产和婚后财产的归属、管理、使用、收益、处分以及家庭生活费用的负担，夫妻间债务的清偿，婚姻终止时夫妻间财产的清算和分割等问题。在实践中，夫妻间财产纠纷数量众多、情况复杂，始终是离婚诉讼中的焦点之一，我国不仅在《婚姻法》中对夫妻间财产关系进行了概括性规定，在相关司法解释中也多有涉及。本章分为三节，第一节论述的是夫妻共同财产与个人财产的区分；第二节论述的是夫妻一方擅自处分共同财产的效力问题；第三节论述的是夫妻共同债务的承担规则。

第一节　夫妻共同财产与个人财产的区别

经典案例

王甲与秦甲离婚纠纷案[1]

[基本案情]

　　上诉人秦甲为与被上诉人王甲离婚纠纷一案，不服杭州市中级人民法院（2006）杭民一初字第191号民事判决，向浙江省高级人民法院提起上诉。浙江省高级人民法院立案受理后，依法组成合议庭，于2007年12月24日公开开庭审理了本案。上诉人秦甲及其委托代理人秦乙、被上诉人王甲及其委托代理人俞某到庭参加诉讼。

――――――――――

　　〔1〕　浙江省高级人民法院，（2007）浙民一终字第323号，载 http://www.zjsfgkw.cn/document/JudgmentDetail/2578612，访问日期：2015年12月8日。

原审法院杭州市中级人民法院经审理查明以下事实：

1. 王甲与秦甲于 2003 年 12 月 22 日登记结婚，2006 年 3 月 29 日生育儿子秦丙。婚后，双方由于脾气性格差异，经常为家庭生活琐事发生争执，特别是 2006 年 4 月 26 日至 2006 年 10 月 15 日间多次发生激烈争吵，由 110 警察调解。

2. 王甲婚前在工商银行账户中有存款 20 万元，并于 2004 年 10 月 29 日从该账户中取出 29.2 万元。秦甲在婚前以 25 万元的价格购买了杭州紫金小区 7 幢 3 单元 501 室房屋一套，并向中国农业银行杭州之江某某抵押贷款 17.5 万元，于 2002 年 7 月 11 日取得了房屋产权证书。婚后，秦甲支付了 171 032.17 元银行按揭款，付清了全部银行贷款。随后，秦甲于 2004 年 10 月 8 日与其弟秦乙签订房屋转让合同，以 45 万元的价格将该房屋转让给秦乙。秦乙于同年 10 月 27 日取得该房屋产权证书，共有人为冯甲。

3. 王甲与秦甲于 2004 年 10 月购买杭州金都花园 8 幢 1 单元 102 室房屋一套，并于 2004 年 10 月 29 日支付房款 30 万元，2004 年 11 月 8 日支付房款 35 万元，该套房屋的现值为 718 000 元，其中装修附属物价值为 40 000 元。该房内还有三星冰箱一台、春兰空调四台、洗衣机一台、大小沙发各一套、桌子一张、椅子六张、写字台与椅子各一套、床两张。

4. 王甲的工资收入为每月 1000 元，秦甲的工资收入为每月 3500 元。秦甲从王甲的同一账户上于 2004 年 2 月 17 日、8 月 7 日、11 月 8 日共取款 47 万元。

5. 2005 年 7 月 13 日，秦甲出资 30 万元，与他人共同注册成立杭州华甲技术有限公司（以下简称华乙司），秦甲占 30% 的股份。

6. 截至 2006 年 10 月 26 日，秦甲的住房公积金余额为 12 734.40 元。

7. 王甲的父母在 2003 年 12 月 25 日至 2004 年 11 月 3 日期间，多次向王甲工商银行的账户上汇款，共计 41.6 万元。

［法律问题］

1. 我国《婚姻法》对夫妻间共同财产有哪些规定？

2. 本案涉案财产中，哪些属于夫妻间共同财产，哪些属于个人财产？

［参考结论与法理精析］

（一）法院意见

原审法院杭州市中级人民法院认为：

首先，关于共同财产问题，夫妻共同财产是指夫妻关系存续期间取得的合法收入。夫妻关系解除时应当依法分割仍然存在的夫妻共同财产。分割夫妻共同财产时应当充分考虑取得财产情况和今后子女生活的需要。

1. 杭州金都花园 8 幢 1 单元 102 室房屋系王甲、秦甲婚后购置，应属夫妻共同财产。考虑到王甲的经济收入状况和抚养婚生子秦丙的实际情况，确定该房屋归王甲所有。并考虑到王甲及其家人尽了较多义务，根据照顾子女和维护妇女合法权益的原则，确定由王甲补偿秦甲该房屋价值的40%。但王甲工商银行账户中，婚前有20万元存款，该存款应为王甲婚前个人财产，该款在婚后与夫妻共同财产发生了混同，并在2004年10月29日与其他夫妻共同财产一起被取出，用于支付金都花园8幢1单元102室房屋第一期房款。根据相关证据，足以使人相信王甲婚前20万元存款用于购买夫妻共同所有的房产，应在分割夫妻共同财产时予以抵扣；秦甲认为该款系其弟弟、父母打入的，没有事实依据，不予支持。因此，在分割该房屋前，应当扣除该20万元。即就该房屋价值71.8万元扣除20万元的余额进行分割，由王甲补偿秦甲207 200元。至于该房屋内的家具和家用电器等财产，秦甲表示放弃，而王甲主张归其所有，予以支持。

2. 杭州紫金小区7幢3单元501室房屋为秦甲婚前购买的房屋，于2002年7月11日取得该房屋的所有权证，应属婚前个人财产。但在婚后，王甲、秦甲共同归还了剩余银行按揭款171 032.17元，该行为属于双方用共同财产归还秦甲个人债务的行为，该部分款项应当作为夫妻共同财产进行分割，秦甲应当支付王甲85 516.09元。同时，鉴于秦甲用夫妻共同财产偿还了该房屋的银行按揭款，及时实现了该房屋的转让价值，故王甲对该房屋保值、增值也做出了一定贡献，酌情确定由秦甲补偿王甲1.6万元。

3. 华乙司中秦甲的股份系王甲、秦甲用共同财产投资而取得，应属于共同财产。但对该股份，王甲表示放弃，希望在分割其他财产时给予照顾，予以支持，确定该部分财产归秦甲所有。

4. 截至2006年10月26日，秦甲的住房公积金余额为12 734.40元，该款系双方婚姻关系存续期间取得，应属于夫妻共同财产。秦甲应支付王甲6367.20元。

其次，关于共同债务问题。夫妻的共同债务应当有明确的证据证明属于夫妻双方有共同举债的意愿，债务用于夫妻双方的共同生活。特别是夫妻双方对夫妻一方父母所负的债务，应当在债务产生时得到夫妻双方的确认，并应当对债务清偿事项作出明确的约定。

王甲认为夫妻共同债务有70.2万元。但根据法院调取证据及其提供的证据，只能认定王甲父母在双方当事人夫妻关系存续期间汇入王甲工商银行账户41.6万元和秦甲从该账户取走47万元的事实，并不能由此推定王甲、秦甲两人向王甲父母借款的事实，王甲提供的各类借条，没有秦甲的签字，部分借条显示的借款日期、出借人与银行汇款凭证的汇款日期、汇款人不一致，部分借条无银行汇款凭证相互印证，不能认定为当时夫妻双方有共同借款的意愿。王甲认为上述款项中有35万元用于支付杭州金都花园8幢1单元102室房屋第二期房款，并无有效证据证明。因此，对于王甲有关夫妻共同债务的主张，不予支持。秦甲主张夫妻共同债务为 784 600 元，但没有证据证明夫妻关系存续期间有上述债务存在，不予认定。

此外，王甲主张因其受秦甲的虐待，导致产后忧郁症，但其并没有充分证据证明秦甲实施了虐待行为以及其产后忧郁症完全由秦甲的原因导致的事实，其主张不能成立，王甲主张 1 万元精神损失费没有事实和法律依据，不予支持。王甲认为秦甲扣留了其身份证、大学毕业证、学位证、银行卡和社保证，缺乏证据，不予支持。

综上，依照《婚姻法》第 33 条、第 36 条、第 37 条、第 39 条，最高人民法院《关于民事诉讼证据的若干规定》第 2 条、第 34 条之规定，杭州市中级人民法院判决：①准予王甲和秦甲离婚。②王甲与秦甲的婚生子秦丙随王甲生活，秦甲自本判决生效之日起，每月支付其子秦丙的抚养费 700 元，至秦丙独立生活时止。③位于杭州市西湖区金都花园 8 幢 1 单元 102 室商品房一套及室内装修、家具、家用电器、卫生洁具等附属物归王甲所有。④秦甲在华乙司的 30% 股份归秦甲所有。⑤秦甲名下的住房归秦甲所有。⑥王甲于本判决生效之日起 10 日内支付给秦甲夫妻共同财产折价款 99 317 元。如果未按本判决指定的期间履行给付金钱义务，应当依照《民事诉讼法》第 232 条之规定，加倍支付迟延履行期间的债务利息。⑦驳回王甲的其他诉讼请求。

宣判后，秦甲不服，向浙江省高级人民法院上诉，浙江省高级人民法院经审理认为秦甲的上诉理由均缺乏事实和法律依据，不予采纳。原审判决认定事实清楚，实体处理得当，判决驳回上诉，维持原判。

（二）夫妻间共同财产与个人财产的区分

男女双方缔结婚姻关系之后共同起居生活，夫妻间具有相互扶持、相互帮助的权利和义务，因此与其他身份关系相比具有更加紧密的财产联系。一般而言，夫妻双方在婚姻关系存续期间所取得的财产，除特定的财产或者双方另有约定的情形外，均为夫妻共同财产。在我国，法定的夫妻间财产制是推定婚后所得共同制，即在婚姻关系存续期间，夫妻双方或者是其中一方所取得的财产，除法定情形外，均推定为夫妻共同所有，夫妻对于该共有财产享有平等的占有、使用、收益、处分的权利。如今，随着人们的生活水平不断地提高，市场经济不断地完善和发展，财产的内容和种类也越来越丰富，夫妻间共同财产不再仅限于货币、不动产等传统财产形式，更包括股票、知识产权、股权等财产形式。同时，涉案财产金额增大，所涉及利益关联方增加，都加大了对于夫妻间共同财产认定的难度。因此，有关该方面的立法也在不断地完善中。

我国《婚姻法》第 17 条第 1 款对于夫妻共有财产进行了列举："夫妻在婚

姻关系存续期间所得的下列财产，归夫妻共同所有：①工资、奖金；②生产、经营的收益；③知识产权的收益；④继承或赠与所得的财产，但本法第 18 条第 3 项规定的除外；⑤其他应当归共同所有的财产。"从原则上规定了夫或妻一方的收入直接划入夫妻间共同财产的范围。同时，对于与婚姻关系无关，或者专属于婚姻当事人一方的财产，不列入夫妻间共同财产的范围内。《婚姻法》第 18 条规定："有下列情形之一的，为夫妻一方的财产：①一方的婚前财产；②一方因身体受到伤害获得的医疗费、残疾人生活补助费等费用；③遗嘱或赠与合同中确定只归夫或妻一方的财产；④一方专用的生活用品；⑤其他应当归一方的财产。"婚姻法不仅对夫妻双方共同生活中的共同利益进行保护，还兼顾平衡个人的特殊需要，婚前财产作为一方在婚前独立取得的财产，所有人对其拥有专属权利。《婚姻法解释（一）》中第 19 条规定："婚姻法第 18 条规定为夫妻一方的所有的财产，不因婚姻关系的延续而转化为夫妻共同财产。但当事人另有约定的除外。"

在此之后，《婚姻法解释（二）》对于夫妻间共同财产的范围进行了细化，第 11 条规定："婚姻关系存续期间，下列财产属于婚姻法第 17 条规定的'其他应当归共同所有的财产'：①一方以个人财产投资取得的收益；②男女双方实际取得或者应当取得的住房补贴、住房公积金；③男女双方实际取得或者应当取得的养老保险金、破产安置补偿费。"同时还对军人名下的复员费、自主择业费，共同财产中的股票、债券、投资基金份额等有价证券以及未上市的股份有限公司股份，合伙企业中的出资在离婚纠纷中的分割问题进行了规定，为解决司法实践中的离婚财产问题提供了具体的解决方案，使婚姻法更具可操作性。

《婚姻法解释（三）》则对近年来作为焦点的房产问题做出了规定，其第 7 条规定："婚后由一方父母出资为子女购买的不动产，产权登记在出资人子女名下的，可按照婚姻法第 18 条第 3 项的规定，视为只对自己子女一方的赠与，该不动产应认定为夫妻一方的个人财产。由双方父母出资购买的不动产，产权登记在一方子女名下的，该不动产可认定为双方按照各自父母的出资份额按份共有，但当事人另有约定的除外。"同时还将在婚后生活中没有付出劳动价值即获得的个人财产收益从夫妻共同财产中排除，夫妻一方个人财产在婚后产生的收益，属于孳息和自然增值的，不认定为夫妻共同财产。

虽然法律对于夫妻间共同财产作出了越来越详尽的规定，但其缺乏体系化的规定，并且对于实践中的复杂情况缺乏兜底性条款来明确。夫妻间共同财产的认定不仅关系到家庭的稳定，同时还影响着整个社会对于婚姻的观念，在立法和实践方面，都应该以更严谨的态度对待。

拓展案例

王某某与卫某离婚纠纷案[1]

[基本案情]

卫某与王某某于 2004 年 11 月 30 日领取结婚证，2009 年 5 月 7 日，王某某诉至太原市杏花岭区人民法院，请求判令解除双方婚姻关系，婚后共同财产归双方所有，共同债务由双方承担。

根据 2004 年 11 月 22 日的股票交割单一份可以证明王某某婚前持有浙江东日股票（代码 600113）119 200 股，股票当日市值 699 704 元，资金账户余额为 517.76 元；王某某于 2004 年 9 月 13 日购买部分基金，期间始终未交易。王某某于 2007 年 7 月 10 日赎回该基金，赎回时的价值为 10 617.05 元。

对于王某某名下婚后股票价值，截至 2011 年 8 月 31 日，王某某名下资金账户内股票市值 445 642.88 元，账户可用资金 632.40 元，合计 445 642.88 元。一审法院依法进行了核实，依法调取了王某某海通证券资金账号 0760076528 的对账单明细，王某某自 2009 年 7 月 31 日至 2010 年 12 月 20 日期间从其开户的证券营业部的资金账户先后已支取资金 1 443 493.01 元，账户余额为 0.60 元。婚后财产中，王某某因许某某侵害一案获得的赔偿款 15 万元，在王某某支取的该资金中，包含王某某婚前财产 710 321.05 元及婚后因许某某侵害一案获得的赔偿款 15 万元。

2009 年 11 月 4 日，太原市杏花岭区人民法院作出（2009）杏民一初字第 537 号民事判决。认为：①双方均同意离婚，对王某某的离婚请求予以支持。②关于家庭共同财产。婚前财产，王某某提供证据能够证明的其婚前财产为 710 321.05 元。婚后财产中，王某某因许某某侵害一案获得赔偿款 15 万元，按照相关法律规定，应视为王某某个人财产，不应作为共同财产分割。根据双方提供的证据，能够证明的共同财产为王某某在股市上的财产 1 355 965.30 元（扣除王某某因许某某侵害一案获得的赔偿款 15 万元）。

卫某不服，向太原市中级人民法院上诉。太原市中级人民法院于 2010 年 11 月 14 日作出（2010）并民终字第 47 号民事裁定书。认为原判认定事实不清，证据不足，发回太原市杏花岭区人民法院重审。

---

[1]　山西省高级人民法院，（2014）晋民再字第 9 号，载 http：//www.court.gov.cn/zgcpwsw/sx/ms/201503/t20150316__6926838.htm，访问日期：2015 年 12 月 10 日。

2011 年 12 月 7 日，太原市杏花岭区人民法院作出（2011）杏民重字第 11 号民事判决。认为：①双方感情破裂，均同意离婚，应予准许。②根据 2004 年 11 月 22 日的股票交割单一份可以证明王某某婚前持有浙江东日股票（代码 600113）119 200 股，股票当日市值 699 704 元，资金账户余额为 517.76 元；王某某于 2004 年 9 月 13 日购买部分基金，期间始终未交易，是王某某婚前个人财产的自然增值，并非是夫妻共同经营行为而产生的增值，该基金王某某于 2007 年 7 月 10 日赎回，赎回时的价值为 10 617.05 元，应为其婚前财产，上述财产均已投入股市可以认定。由于上述股票库存数与王某某一方财产确处于王某某一方的控制和支配下，由王某某进行操作管理，故上述财产认定为王某某婚前财产。卫某陈述其婚前资金 18 000 元，证据不足，不予处理。③夫妻共同财产的分割期间和范围，在婚姻关系登记之日起至双方均认可夫妻感情破裂离婚时止，夫妻对共同所有的财产，有平等的处理权。王某某于 2009 年 5 月 7 日以夫妻感情确已破裂为由诉至法院，同年 6 月 3 日卫某答辩及在庭审中亦认可夫妻感情确已破裂，同意离婚，是双方解除婚姻关系意思的真实表示，故 2009 年 5 月至 2011 年 5 月系双方离婚诉讼期间，根据权利义务相一致和公平原则，双方婚姻关系一直未有所好转，关系始终未缓和，也未共同生活、居住，双方的收入由各自掌管和支配，夫妻间双方均未履行权利义务，故此期间双方的收入、公积金均不作为共同财产进行分割。④2009 年 5 月 19 日，卫某从基金账户中取出的全部余款 58 529 元属于夫妻共同财产，王某某亦有权分割。⑤王某某在证券公司同一资金账户里先后有王某某婚前财产和婚后共同财产两部分注入，其股票已经多次交易，产生混同，无法区分其是以一方个人婚前财产参与还是以夫妻共同财产购买的，且货币属于种类物，既无法区分是否已经在股市亏损，也不能认定先后购买的股票增值部分是哪一部分股金所产生的孳息，故根据最高人民法院《关于人民法院审理离婚案件处理财产分割问题的若干具体意见》第 7 条的规定，对个人财产还是夫妻共同财产难以确定的，主张权利的一方有责任举证。当事人举不出有力证据，人民法院又无法查实的，按夫妻共同财产处理。关于卫某要求分割王某某名下婚后股票价值，时间应截至 2011 年 8 月 31 日王某某名下资金账户内股票市值 445 642.88 元，账户可用资金 632.40 元，合计 445 642.88 元计算，鉴于股票投资存在的风险及目前股票市场的现状，应当以法院依职权最终查询的对账单作为分割的依据，按当日市值平均分割。⑥关于夫妻关系存续期间债权、债务的认定及处理：依据太原市中级人民法院发还意见，双方家庭共同财产中涉及股票、基金、债权债务、住房公积金等多项事由，争议很大，其中股票数额在二审中又有新的证据，说明股票数额变化，一审法院依法进行了核实，依法调取了王某某海通证券资金账号 0760076528 的对账单明细，王某某自 2009 年 7 月 31 日至 2010 年 12 月 20 日期间从其开户的证券营业部的资金账户先后已支取资金 1 443 493.01 元，账户余额为 0.60 元。在王某某支取的该资金中，王某某婚前财产 710 321.05 元及婚后因许某某侵害一案获得的赔偿款 15 万元，按照相关法律规定，应视为其个人财产，不应作为共同财产分割，应从支取款项中扣除。⑦夫妻关系存续期间，一方以个人财产投资取得的收益应为夫妻共同财产，在证券公司提供的对账清单中，记载账户资金又进又出，不能证明王某某此后支取的款项用于家庭生活开支。从该账户中王某某先后支取了 1 443 493.01 元，核减王某某的婚前财产、赔偿款，剩余部分 582 654.20 元应作为夫妻共同财产进行分割。一审法院依职权调取的证据，取得形式合法，能够证明本案有关案件事实，均可以作为有效证据使用，并作为定案依据。

综上，太原市杏花岭区人民法院依照相关法律规定判决：①准许王某某与卫某离婚；②王某某证券资金账户内转取的资金 582 654.20 元的一半即 291 327.10 元，由王某某支付卫某；③王某某证券公司名下股票市值价款 445 642.85 元的一半即 222 821.44 元，由王某某支付卫某；④卫某从基金账户中支取 58 529 元的一半即 29 264.50 元，由卫某支付王某某。

王某某、卫某均不服上述判决，向太原市中级人民法院上诉。太原市中级人民法院于 2012 年 8 月 10 日作出 (2012) 并民终字第 349 号民事判决。太原市中级人民法院经审判委员会研究认为，本案争议焦点为：

1. 原判认定王某某婚前、婚后股票资产收益为家庭共同财产是否正确。根据庭审查明的事实可知王某某曾在婚前的 2000 年 12 月 29 日玉泉营业部客户对账单、交割单说明其股票市值为 1 710 030.22 元。但经原审法院到海通证券股市查证王某某截止到婚前 2004 年 11 月 22 日的股票市值为 699 704 元，2004 年 11 月 30 日双方结婚，婚后王某某继续炒股，后从 2006 年开始至 2009 年 8 月以后，账户资金超过 144 万元后，其从资金账户取出 1 443 493.1 元。对此王某某认为其前期投入 184 万余元，虽在婚后涨至 1 443 493.1 元，但仍未达到先期投入的 184 万余元，故原判不该将婚前股票资产按 69 万元余元计算，应以 184 万元计算，不能按共同财产分割股票。庭审中卫某认可王某某婚前 2004 年 11 月 22 日股票数及市值，以及婚后发生的股票交易情况的事实，但不认可其投资 184 万余元。该院认为，首先王某某提出婚前投资 184 万余元的证据为股票交割单和通知单等交易证据，但该证据体现的是一种曾经的交易情况，而原审法院查证的事实是双方结婚前的 2004 年 11 月 22 日王某某名下股票市值仅为 699 704 元，故原判将王某某婚前股票市值 699 704 元以及资金账户余额 517.76 元认定为王某某婚前个人股票资产，并无不妥，王某某提出婚前的投资数额，不能证明截至婚前当时的个人资产数额，故该请求不予支持。

关于王某某婚前个人股票婚后收益能否作为家庭共同财产分割，我国《婚姻法解释（二）》第11条第1项规定，一方以个人财产投资取得的收益，属于婚姻法第17条规定的其他应当归共同所有的财产。《婚姻法解释（三）》第5条规定，夫妻一方个人财产在婚后产生的收益，除孳息和自然增值外，应认定为夫妻共同财产。本案中王某某婚前的股票市值及账户余额共计700 221.76元，婚后继续炒作股票，升值后其从该账户中取走1 443 493.1元，因此该1 443 493.1元款项并非婚前股票、婚后未经人为管理、运作的孳息和自然增值，故应属于家庭共同财产，原判对此认定合法有据，并无不妥。

2. 关于王某某提出的其他上诉请求是否成立：关于王某某婚后股票资产计算时间。王某某婚后从股市支取1 443 493.1元，原判对此认定扣除婚前其他资产和赔偿款后为余额582 654.2元，以及原判按照婚姻存续期间最终查询的2011年8月31日作为截止点，调取的王某某其他股票市值445 010.48元计算并分割，并无不妥。王某某提出，应当按照2009年5月卫某离家出走的时间市值计算，理由和依据不足，不予支持。

3. 关于卫某提出的诉求是否应予支持：卫某提出，请求改判分割证券资金账户的一半300 695.89元，认为原判认定2004年11月22日错误，应该按2004年11月29日浙江东日股票市值单价即5.76元计算。该院认为，股票市值是在不断波动中的，但本案判决需要确定一个时间截止点，原判以调取股票成交通知单时间即2004年11月22日作为截止点，以及卫某本人认可的数额即王某某婚前股票市值为699 704元认定，合法有据，并无不妥，对卫某的请求不予支持。

综上，经太原市中级人民法院审判委员会研究决定，判决：驳回上诉，维持原判。

王某某不服，向本院申请再审。2013年5月2日，本院作出（2012）晋民申字第730号民事裁定书。关于婚后取走的1 443 493.1元的性质问题，王某某婚后继续炒作股票，从账户取走的1 443 493.1元属于股票收益款，根据《婚姻法》相关规定，应认定为夫妻共同财产。综上，王某某的再审申请不符合《民事诉讼法》第200条规定的情形，依照《民事诉讼法》第204条第1款之规定，裁定驳回王某某的再审申请。

之后山西省人民检察院抗诉认为，太原市中级人民法院（2012）并民终字第349号民事判决认定的基本事实缺乏证据证明，山西省高级人民法院认为，原审认定的当事人夫妻一方个人财产和夫妻在婚姻关系存续期间的共同财产事实不清。为便于查明事实，化解纠纷，裁定发回太原市杏花岭区人民法院重审。

［**法律问题**］

1. 王某某婚前婚后都有炒股行为，其炒股的收益哪些属于婚前财产，哪些属于婚后财产？

2. 在离婚诉讼过程中，股票的价格始终处于变化过程中，应该怎样认定股票的价值？

［**重点提示**］

根据最高人民法院民事审判第一庭编：《民事审判指导与参考》总第 59 辑民事审判：一方婚前购买的股票婚后增值，另一方可否请求分割增值部分？回答本问题的关键是如何理解股票的增值。如果股票账户一直没动过，则为一方的婚前财产，另一方无权请求分割增值部分；如果股票账户一方在婚后进行过操作与管理，则其增值部分应当作为夫妻共同财产，另一方可以请求分割增值部分。

第二节　夫妻一方擅自处分共同财产的效力

经典案例

孙某某、王某某诉周某房屋买卖合同纠纷案[1]

［**基本案情**］

周某与杨某某于 1981 年 6 月 27 日登记结婚，系夫妻关系。孙某某与王某某系夫妻关系。2000 年 2 月 1 日，杨某某向南宁市教育委员会购买位于竹溪大道的新兴苑 5－1－7 杂物房一间，价款为 9792 元。2004 年 7 月 30 日，杨某某与孙某某在中间人梅某某见证下签订了一份《转让协议》，该协议内容为："我有新兴苑 5－1－7 杂物房一间，面积 10.08 平方米，价钱 9792 元整（玖仟柒佰玖拾贰元）现转让给 7－4－402 房主孙某某老师。原价转让后本人不再拥有使用权。其后，该房所发生的一切关系均由孙某某老师负责。"此后，周某认为杨某某未经其允许擅自买卖夫妻共有的杂物房不符合法律规定，并在多次找孙某某、王某某协调无果的情况下遂诉至法院，请求确认杨某某与孙某某签订的协议无

---

〔1〕　南宁市中级人民法院，（2011）南市民一终字第 2006 号，载 http：//www. itslaw. com/detail? judgementId＝7d24571a－5f0f－4476－9b5b－92ee4a875ce4&area＝1&index＝1&sortType＝1&count＝32&conditions＝searchWord%2B 孙某某，访问日期：2015 年 12 月 10 日。

效，要求孙某某、王某某夫妇退回周某杂物房。

一审法院经审理认为：关于转让协议的效力问题，最高人民法院《关于贯彻执行〈中华人民共和国民法通则〉若干问题的意见（试行）》第 89 条规定："共同共有人对共有财产享有共同的权利，承担共同的义务。在共同共有关系存续期间，部分共有人擅自处分共有财产的，一般认定无效。但第三人善意、有偿取得该财产的，应当维护第三人的合法权益；对其他共有人的损失，由擅自处分共有财产的人赔偿。"

此外，夫妻间的家事代理权限有效范围应是在日常家事处理之内，而不动产的处分价值较大，一方擅自处分会严重损害他方权益，不应属于日常家事的情形，故转让不动产应由配偶共同决定处理，任何一方不得独断专行。

本案中，杨某某单独处分杂物房的行为不属于夫妻间的家事代理，且其未经周某的同意，擅自出卖其与周某共有的财产，侵犯了周某的财产权，故杨某某与孙某某签订的转让协议应认定为无效，孙某某、王某某基于该协议取得的杂物房应当返还给周某及杨某某，周某及杨某某取得的对价也应当予以返还，对周某的诉讼请求予以支持。

关于时效的问题，本案周某主张的是合同的效力问题，并不是给付之诉，合同无效，为自始至终无效，不存在时效的问题，故孙某某以周某的诉讼请求超过诉讼时效作为抗辩理由不成立，不予支持。

综上所述，依照《婚姻法》第 17 条、《合同法》第 58 条、《婚姻法解释（一）》第 17 条、最高人民法院《关于贯彻执行〈中华人民共和国民法通则〉若干问题的意见》第 89 条、《民事诉讼法》第 130 条之规定，该院判决如下：①确认杨某某与孙某某于 2004 年 7 月 30 日签订的《转让协议》无效；②孙某某、王某某应于本案判决生效之日起 10 日内向周某与杨某某返还位于南宁市竹溪大道的新兴苑 5 - 1 - 7 杂物房；③周某与杨某某返还孙某某、王某某房款 9792 元。本案受理费 50 元，由被告杨某某、孙某某、王某某负担。

上诉人孙某某、王某某不服一审判决，上诉至南宁市中级人民法院称：①一审法院认定杨某某未经周某同意，擅自出卖其与周某共有的杂物房。这一认定与事实不符合。其一，杨某某转让杂物房的信息是预先发布一个月后，孙某某、王某某才在中间人梅某某的介绍下，到周某家中看房并签订转让协议的。其二，孙某某、王某某购买周某家的杂物房后，一直用于保姆的住房，该杂物房就在周某住房的楼下，杂物房里住了其他人长达几年，而房主却称不知情，这是强词夺理，企图钻法律的空子。其三，孙某某、王某某与杨某某签订杂物房转让协议是在周某家中签订的，杂物房的转让是处分一个家庭中价值较大的财产，在没有相反意见告知孙某某、王某某的情况下，孙某某、王某某有理由相信，转让杂物房是杨某某与周某夫妻的共同意思表示。尽管在协议上签字的只是杨某某。目前，周某也没有任何证据证明其当时不同意出卖杂物房。如前所述，当周某看到自己的杂物房住有其他人而不闻不问长达几年，而这几年该房的物业费均没有交纳，物业公司不来催收，周某称不知道杂物房转让不是事实。②《婚姻法解释（一）》第17条的规定："婚姻法第17条关于'夫或妻对夫妻共同所有的财产，有平等的处理权'，应当理解为：一是夫或妻在处理夫妻共同财产上的权利是平等的。因日常生活需要而处理夫妻共同财产的，任何一方均有权决定。二是夫或妻非因日常生活需要对夫妻共同财产做重要处理决定，夫妻双方应当平等协商，取得一致意见。他人有理由相信其为夫妻共同意思表示的。另一方不得以不同意或不知道为由对抗善意第三人。"又依据最高人民法院《关于贯彻执行〈中华人民共和国民法通则〉若干问题的意见（试行）》第89条的规定，基于本案的事实，孙某某、王某某有理由相信杨某某转让杂物房是其与周某夫妻的共同意思表示。且孙某某、王某某是善意、有偿取得该项财产，是善意第三人。所以，周某的诉讼请求及理由均不成立。对孙某某、王某某的合法权益应予以保护。综上所述，孙某某、王某某认为一审判决错误，请求二审法院依法撤销一审判决。驳回周某的诉讼请求。

被上诉人周某辩称：处分比较大的属于不动产的夫妻共有财产，必须经过夫妻双方同意。孙某某与杨某某所签订的房屋转让协议确是在周某家签订，但没有经过周某同意，所以应为无效合同。请求二审法院驳回孙某某、王某某的上诉请求，维持一审判决。

一审被告杨某某辩称：卖杂物房是杨某某自己想卖，刚好孙某某想买，双方就签订了转让协议。当时杨某某与孙某某都没有考虑到法律因素在内，无视了周某的权利，应等周某回来才卖更好，所以转让合同应为无效合同。

南宁市中级人民法院予以确认并补充查明以下事实：孙某某与杨某某签订转让协议后，杨某某便将杂物房交付给孙某某使用，孙某某将此杂物房给其家保姆居住，物业管理费由孙某某交纳至今。

［法律问题］

1. 孙某某与杨某某签订的房屋转让协议是否有效？

2. 实践中，夫妻一方擅自处分夫妻间共同财产的效力应该如何认定？

［参考结论与法理精析］

（一）法院意见

南宁市中级人民法院认为：孙某某与杨某某签订的房屋买卖合同，是双方当事人的真实意思表示，未违背法律法规的禁止性规定，尽管在该合同中没有房屋共有人周某的签字，但合同应当有效。理由如下：

1. 讼争杂物房的转让信息是向公众发布后,在第三人梅某某的介绍下,孙某某与杨某某经协商后达成的转让协议。达成杂物房转让协议后,孙某某向杨某某支付了 9792 元购房款。此款与杨某某购入讼争杂物房价格相同,应视为支付了合理的价格。杨某某也向孙某某交付了讼争杂物房。因此,孙某某应是善意第三人。

2. 杨某某将房屋交付给孙某某后,长达一年多时间后周某才提出异议,期间孙某某的保姆在讼争房屋居住,房屋的物业管理费由孙某某交纳,且讼争杂物房与周某、杨某某的房间同在一栋楼内,与杨某某系夫妻关系的周某认为对杨某某出售杂物房的行为不知情,明显不合常理,对该主张,本院不予支持。

3. 最高人民法院《关于贯彻执行〈中华人民共和国民法通则〉若干问题的意见(试行)》第89条规定:"共同共有人对共有财产享有共同的权利,承担共同的义务。在共同共有关系存续期间,部分共有人擅自处分共有财产的,一般认定无效。但第三人善意、有偿取得该财产的,应当维护第三人的合法权益;对其他共有人的损失,由擅自处分共有财产的人赔偿。"《婚姻法解释(一)》第17条规定:"婚姻法第17条关于'夫或妻对夫妻共同所有的财产,有平等的处理权'的规定,应当理解为:①夫或妻在处理夫妻共同财产上的权利是平等的。因日常生活需要而处理夫妻共同财产的,任何一方均有权决定。②夫或妻非因日常生活需要对夫妻共同财产做重要处理决定,夫妻双方应当平等协商,取得一致意见。他人有理由相信其为夫妻双方共同意思表示的,另一方不得以不同意或不知道为由对抗善意第三人。"依照上述最高人民法院的两个司法解释,孙某某作为善意第三人与杨某某所签订的杂物房转让合同应合法有效。

综上所述,周某主张房屋转让合同无效没有事实和法律依据,本院不予支持。一审判决实体处理不当,本院予以纠正。依照《合同法》第44条、最高人民法院《关于贯彻执行〈中华人民共和国民法通则〉若干问题的意见(试行)》第89条、《婚姻法解释(一)》第17条、《民事诉讼法》第153条第1款第2、3项、第158条的规定,判决撤销南宁市青秀区人民法院(2008)青民一初字第2334号民事判决;驳回被上诉人周某的诉讼请求。

(二)夫妻一方擅自处分夫妻共同财产的法律效力

我国《婚姻法》第17条中指出"夫妻对共同所有的财产,有平等的处理权",该条规定赋予了夫妻平等的财产处理权,但是这并不意味着夫妻一方能够对夫妻间共同财产进行任意处分,夫妻间共同财产作为夫妻共同生活的基础,夫妻任意一方,应当本着有利于双方共同利益的原则,在平等协商一致的基础上对财产进行处分。

《婚姻法解释(一)》对《婚姻法》第17条的规定进行了解释,认为夫或妻在处理夫妻共同财产上的权利是平等的，因日常生活需要而处理夫妻共同财产的，任何一方均有权决定，由此赋予夫妻一方对于夫妻间财产处理的家事代理权。行使家事代理权应满足出于日常生活需要处理夫妻共同财产的要求，同时对于该财产的处理应当是为了夫妻间共同利益，如此才能够使夫妻间另一方对行为人的处分行为负责。

但是在实践中，夫妻一方擅自处分夫妻共同财产的情形不仅限于家事代理权的适用范围，还包括非因生活需要，在配偶不知情或不同意的情况下对于夫妻间财产所做的重要处分。此种情形之下不仅涉及对于夫妻间内部不知情者的保护，还涉及对于交易相对第三人的保护。

对于不知情的交易相对人来说，夫妻关系不同于一般的共有关系，具有更强的身份性，因此如果交易相对人有理由相信处分财产的行为为夫妻双方的共同意思表示，那么该交易即有理由获得保护，这可以视为善意取得制度在婚姻财产处分领域的体现。在一般民事领域，善意第三人之善意表现为对于处分权人的无权处分不知情，在此情形下则表现为对夫妻共同作出意思表示的合理信赖。上述案例中，周某主张自己对于杨某某擅自将房屋出卖的情形不知情，但是受让人孙某某的保姆已经在该房屋中居住长达一年时间，且物业费用一直由受让人缴纳，受让人孙某某有理由相信周某对于房屋出卖的事实有清楚的认知，而且在这一年的期间内，周某未提出任何异议，由此可合理相信周某对于房屋的出卖持认可态度。

房产作为夫妻共同财产中重要的组成部分，一直是夫妻间财产纠纷关注的重点。《婚姻法解释（三）》中第 11 条第 1 款专门规定，一方未经另一方同意出售夫妻共同共有的房屋，第三人善意购买、支付合理对价并办理产权登记手续，另一方主张追回该房屋的，人民法院不予支持。同时该条第 2 款指出，夫妻一方擅自处分共同共有的房屋造成另一方损失，离婚时另一方请求赔偿损失的，人民法院应予支持。这样实现了对于夫妻间无过错方的保护，但是该请求赔偿的权利只能在离婚诉讼中进行请求，在婚姻有效存续期间，不能主张内部赔偿。

拓展案例

余某某、余某甲与夏某某赠与合同纠纷案[1]

[基本案情]

夏某某与余某某系夫妻关系，双方于 1995 年 1 月 25 日登记结婚，系再婚。

---

〔1〕　南京市中级人民法院，（2015）宁民终字第 3211 号，载 http：//www. court. gov. cn/zgcpwsw/jiangsu/jssnjszjrmfy/ms/201509/t20150901 _10659543. htm，访问日期：2015 年 12 月 10 日。

余某某与余某甲系父女关系，夏某某与余某甲系继母女关系。

1997年9月17日，余某某与南京铜加工厂签订《江浦县住房买卖协议书》一份，购买了铜加工厂坐落于上河街道73.03平方米的公房一套。2013年4月27日，该房屋办理了产权证，产权证号为宁房权证浦变字第号，房屋所有权人为余某某，房屋坐落于浦口区江浦街道上河街298号某幢204室，房屋性质为私有房产，建筑面积为72.04平方米，产权来源为房改购房。

2014年4月9日，余某某与余某甲签订《赠与合同》，余某甲将上述诉争房屋的1%份额赠与给余某甲，并向浦口区房地产交易中心递交了《南京市房屋权属登记申请书》。2014年4月16日，诉争房屋所有权人变更为余某某、余某甲，其中余某某占该房产份额99%、余某甲占该房产份额1%。2014年6月23日，余某某与余某甲再次签订《赠与合同》，余某某将本案诉争房屋的99%份额赠与给余某甲，并办理了房屋产权过户手续，房屋所有权人为余某甲，产权来源为赠与。

本案诉争房屋过户至余某甲名下后，余某甲与第三人浦口建设公司签订了《浦口区上河街地块房屋收购补偿协议》，该协议约定由浦口建设公司对该房屋进行收购，按照江苏天圣房地产土地造价咨询评估有限公司出具的房屋收购评估结果，确定被收购房屋的货币补偿金额。上述协议签订后，余某甲协助第三人将涉案房屋产权过户至第三人名下，第三人支付余某甲补偿款137 269元。

2014年7月，夏某某诉至原审法院，请求判令：①确认浦口区江浦街道上河街298号某幢204室房屋系夏某某和余某某的共同财产；②余某某和余某甲关于浦口区江浦街道上河街298号某幢204室房屋的赠与行为无效；③余某某、余某甲返还因南京市浦口区江浦街道上河街298号某幢204室房屋无法返还给夏某某造成的损失582 591元及拆迁补偿费137 269元中的50%。

[法律问题]

1. 诉争房屋是否为夏某某和余某某的夫妻共同财产？余某某与余某甲签署的赠与合同是否有效？

2. 若合同无效，夏某某是否能请求返还原物？

[重点提示]

《婚姻法解释（二）》第19条规定："由一方婚前承租、婚后用共同财产购买的房屋，房屋权属证书登记在一方名下的，应当认定为夫妻共同财产。"根据我国《婚姻法》规定，夫或妻非因日常生活需要对夫妻共同财产作重要处理决定的，夫妻双方应当平等协商，取得一致意见。余某某擅自将夫妻共同财产赠与余某甲，属无权处分。本案赠与合同无效后，余某甲应当将赠与房屋返还，因本案诉争房屋被第三人回购并办理了产权变更登记已无法返还，因此，余某甲应将该房屋被第三人收购后所取得的相关款项及利益返还夏某某。

第三节　夫妻共同债务的承担规则

经典案例

连某某诉盛某某、韦某某离婚后连带偿
还婚姻关系存续期间债务案[1]

[**基本案情**]

被告盛某某与被告韦某某原为夫妻。2003 年 9 月 25 日，韦某某向广州市东山区人民法院提起诉讼，要求与盛某某离婚。2003 年 12 月 25 日，广州市东山区人民法院作出 (2003) 东法民一初字第 2461 号民事判决书，判决：①准予韦某某与盛某某离婚；②离婚后，韦某甲 (两人之子) 由韦某某携带抚养，盛某某无须支付抚养费；③位于惠州市惠城区竹树新村 D 栋一单元 102 房及广州市天河区林和西路中泰广场主楼裙楼第三层 353 号铺位产权归韦某某和盛某某共同共有；④离婚后，海尔 1 匹分体空调、格兰仕微波炉、29 寸海尔彩电、扬琴、取暖器各一台，红木双人床一张，14 寸电视机一台归韦某某所有；29 寸彩电、TCL 数码相机、消毒碗柜、洗衣机各一台及书柜、办公桌椅各一张归盛某某所有；⑤盛某某支付 3921.05 元给韦某某。

后韦某某与盛某某均不服该判决，上诉至广州市中级人民法院。2004 年 10 月 15 日，广州市中级人民法院作出 (2004) 穗中法民一终字第 1363 号民事判决书，判决：①维持原审判决第 1、2、4 项判决；②变更原审判决第 3 项判决为：位于惠州市惠城区竹树新村 D 栋一单元 102 房归韦某某所有，位于广州市天河区林和西路中泰广场主楼裙楼第三层 353 号铺位归盛某某所有；③变更上述判决第 5 项为：盛某某支付 211 515.41 元给韦某某；④位于广州市天河区林和西路中泰广场主楼裙楼第三层 353 号铺位的债务由盛某某负担。另据广州市中级人民法院查明，盛某某在离婚诉讼中，先后提取了其名下的银行存款 31 万余元，广州市东山区人民法院对盛某某的账户余额冻结了 96 700.73 元。

2003 年 9 月 20 日，盛某某向原告连某某出具借条一张，内容为："今借到连某某人民币贰拾万元整，期限叁个月 (2003 年 9 月 20 日~12 月 20 日)，年

〔1〕　广州市中级人民法院，(2005) 穗中法民一终字第 3509 号，载 http://www.pkulaw.cn/case/pfnl＿117519642.html? keywords = 连某某诉盛某某、韦某某 &match = Exact，访问日期：2015 年 12 月 10 日。

利率 10%。"2003 年 10 月 13 日，广州市芳村区出具（2003）穗芳证字第 3373 号公证书，证明上述借条上盛某某的签名属实。因盛某某一直未清偿上述借款，原告连某某认为，盛某某与韦某某尽管已经离婚，仍应对上述债务承担连带清偿责任，遂于 2005 年 1 月 10 日诉至天河区人民法院，以盛某某与韦某某为共同被告，请求判令：①两被告连带清偿欠款本金贰拾万元；②两被告连带清偿利息；③本案诉讼费由被告承担。

被告盛某某辩称：借款属实，我同意还款。我在 2000 年 5 月向叶某根借款 10 万元，用于工作调动和结婚开支；2001 年国庆向叶某某借款 10 万元，用于还购房时欠亲戚的钱。后为了向上述两人还款，我向原告借款 20 万元。我认为上述款项是在我和韦某某婚姻存续期间借的，并且用于家庭开支，应双方共同还款。

被告韦某某辩称：我不同意原告的诉讼请求。我与盛某某离婚后，法院判令盛某某补偿我 20 多万元，由于盛某某不愿补偿我，所以才提出有共同债务。我认为，在我与盛某某婚姻存续期间根本不需要借款。我每月收入有几千元，不需要向别人借款。即使有债务，也属于盛某某的个人债务，与我无关。另在法院审理我们双方的离婚纠纷时，还查出盛某某转移财产几十万元。

[法律问题]

1. 对连某某的欠款属于盛某某个人债务还是夫妻间共同债务？
2. 对于夫妻间共同债务的认定，我国《婚姻法》有什么相关规定？

[参考结论与法理精析]

（一）法院意见

广州市天河区人民法院认为，债务应当清偿。现原告与被告盛某某均确认：盛某某向原告借款 20 万元逾期未能清偿。故原告与被告盛某某之间的债权债务关系成立，原告要求盛某某清偿借款有理，法院予以支持。原告与盛某某约定了还款期限和利息，现盛某某未能按期还款，原告要求盛某某支付利息有理，法院予以支持。民间借贷的利率可以适当高于银行的利率，但最高不得超过银行同类贷款利率的 4 倍。原告与盛某某双方约定年利率 10% 并未违反上述规定，法院予以支持。

夫妻共同债务，是指在婚姻关系存续期间，夫妻双方或一方为维持共同生活的需要，或出于共同生活的目的从事经营活动引起的债务，若与婚后的共同生活无关或为了个人的需要而负有的债务应属夫妻个人债务。盛某某称其向原告所借款项用于夫妻共同生活应属夫妻共同债务，被告韦某某认为属盛某某的个人债务，对此盛某某未提供证据证实。根据（2004）穗中法民一终字第 1363 号民事判决书所查明的盛某某在离婚时的财产状况，可以推断在本案所涉债务产生时，韦某某与盛某某不需要向他人借款以维持夫妻共同生活。故被告韦某某的抗辩有理，予以支持。根据《民事诉讼法》第 64 条第 1 款、《民法通则》第 84 条、第 106 条第 1 款、第 108 条、《婚姻法》第 41 条、最高人民法院《关于贯彻执行〈中华人民共和国民法通则〉若干意见（试行）》第 122 条的规定，判决如下：①自判决发生法律效力之日起 10 日内，被告盛某某清偿原告连某某借款人民币 20 万元及利息（利息按年利率 10% 自 2003 年 9 月 20 日起计至实际清偿时止）；②驳回原告连某某的其他诉讼请求。

连某某不服原判上诉，认为原审判决适用法律错误。根据《婚姻法解释（二）》第 24 条规定，被上诉人韦某某不能证明上诉人与被上诉人盛某某明确约定该债务为个人债务，亦不存在婚姻法第 19 条第 3 款规定的情形，因此一审法院应当判决两被上诉人对债务承担连带责任，至于两被上诉人关于该借款是否用于夫妻共同生活，与上诉人一审时的诉讼请求无关，不能对抗上诉人一审的诉讼请求。请求如下：支持上诉人一审诉讼请求，改判两被上诉人连带清偿欠款 20 万元及利息给上诉人，利息按年利率 10% 从 2003 年 9 月 20 日起计至付清为止；本案诉讼费由两被上诉人承担。

广州市中级人民法院认为，上诉人连某某与被上诉人盛某某之间的借贷关系有借条和公证书为证，双方也予以认可，法院对借款的事实予以确认。连某某上诉认为应当遵循《婚姻法解释（二）》第 24 条的规定，将此债务认定为盛某某与韦某某的共同债务。然而司法解释是对现行法律的解释，《婚姻法解释（二）》第 24 条是对《婚姻法》第 41 条的解释与细化。根据《婚姻法》第 41 条的规定，认定夫妻共同债务应具备两个条件：一是该债务是婚姻关系存续期间所发生；二是该借款是用于夫妻共同生活。所以对《婚姻法解释（二）》第 24 条所规定的"夫妻一方以个人名义所负债务"应理解为是夫妻一方以个人名义为夫妻双方谋取利益时所负的债务，债务人的配偶对债务是否为家庭共同利益所负应享有抗辩权，而举债的一方对该债务是否用于谋取家庭共同利益负有举证责任，否则不能认定为夫妻共同债务。

本案中，借款不是以盛某某与韦某某二人共同名义所借，盛某某未提供证据证实该借款是在与韦某某婚姻关系存续期间为夫妻双方的共同利益所借，在夫妻拥有巨额存款和财产的情况下，也不能合理解释借款是用于夫妻共同生活的开支，因此，盛某某向连某某所借的 20 万元款项应当认定为盛某某的个人欠款，由其个人承担清偿责任。连某某请求判令盛某某与韦某某对 20 万元借款及利息承担连带清偿责任，法院不予支持。综上所述，连某某上诉请求理由不充分，法院不予支持，原审判决并无不当，可予维持。依照《民事诉讼法》第 153 条第 1 款第 1 项之规定，该院判决驳回上诉，维持原判。

（二）夫妻间共同债务的认定

在夫妻间婚姻财产关系中，夫妻间共同债务的认定始终是司法实践中的一个难点。对于夫妻间共同债务的认定，我国立法与司法解释的相关规定也经历了一个渐进的过程。

我国《婚姻法》第41条规定："离婚时，原为夫妻共同生活所负的债务，应当共同偿还。共同财产不足清偿的，或财产归各自所有的，由双方协议清偿；协议不成时，由人民法院判决。"同时，最高人民法院《关于人民法院审理离婚案件处理财产分割问题的若干具体意见》第17条第1款指出：夫妻为共同生活或为履行抚养、赡养义务等所负债务，应认定为夫妻共同债务，离婚时应当以夫妻共同财产清偿。《婚姻法》第41条的规定，将需要夫妻共同清偿的债务限定于因为夫妻间共同生活所负之债务。但是对于该条的适用，在司法实践中也有不同的理解。有观点认为该规定只是针对夫妻之间偿还义务的划分，并不产生对外对抗第三人的效力，债务的债权人没有义务对其借款是否用于夫妻间共同生活进行审查举证；但是也有观点认为，该条款不仅仅对夫妻之间内部关系有效力，对夫妻之外的债权人同样具有效力，对于虽发生于婚姻关系存续期间但是却并未用于夫妻间共同生活的债务，债权人无权向债务人的配偶主张债权。《婚姻法》第41条的规定虽然简略，但是对夫妻间共同债务共同偿还设定了最基本的标准。

对于《婚姻法》中夫妻间财产关系规定的不详尽之处，《婚姻法解释（一）》进行了补充，其第17条第1款第2项规定，夫或妻非因日常生活需要对夫妻共同财产做重要处理决定，夫妻双方应当平等协商，取得一致意见。他人有理由相信其为夫妻双方共同意思表示的，另一方不得以不同意或不知道为由对抗善意第三人。本条规定指出了夫妻间合意对于夫妻间共同债务的承担的意义，如果夫妻有共同举债的合意或者债权人有合理的理由相信夫妻二人有共同举债的合意，那么该债务应该认定为夫妻间共同债务，债权人得以向夫妻二人中任意一方主张其债权。之后，《婚姻法解释（二）》对于夫妻间共同债务的认定范围做了扩充，其24条规定，债权人就婚姻关系存续期间夫妻一方以个人名义所负债务主张权利的，应当按夫妻共同债务处理。但夫妻一方能够证明债权人与债务人明确约定为个人债务，或者能够证明属于《婚姻法》第19条第3款规定情形的除外。该规定将夫妻间共同债务的认定标准放大至只要是夫妻婚姻关系存续期间产生的债务，除债权人与债务人明确约定为个人债务、债权人明知的夫妻存在约定财产制外，均应认定为夫妻共同债务。

在对上述立法及司法解释的相关条文进行理解时，不能对单个条文进行孤立的理解，尤其是对于《婚姻法解释（二）》中第24条规定的理解，应当从整个婚姻法律体系出发，联系相关条文进行理解，否则就会出现在婚姻法律实践中不公平的"一刀切"现象。正如本案中广州市中级人民法院所述，司法解释是对现行法律的解释，《婚姻法解释（二）》第24条是对《婚姻法》第41条的解释与细化。由于《婚姻法》41条已经明确夫妻共同债务应具备的两个条件为该债务是婚姻关系存续期间所发生及该借款是用于夫妻共同生活，所以对《婚姻法解释（二.)》第24条所规定的"夫妻一方以个人名义所负债务"应理解为是夫妻一方以个人名义为夫妻双方谋取利益时所负的债务。

在对夫妻间共同债务的认定中，存在着第三人即债权人利益保护与夫妻一方利益之间的冲突，将夫妻间共同债务标准设定的过于狭窄，可能会导致夫妻利用法律规定逃避债务，使债权人的利益得不到有效保护，但是对夫妻间债务采取过于宽泛的"一刀切"的认定方式，同样可能导致离婚双方当事人为争夺财产虚构债务等情形的发生。因此，如何在对夫妻共同债务的认定中平衡债权人与夫妻个人之间的利益冲突，是立法及司法实践中应着重考虑的方面。

拓展案例

黄某某与朱某某民间借贷纠纷案[1]

[基本案情]

陈某某因经营浙江甲混凝土有限公司（下称甲公司）向朱某某借款，截止到2012年12月13日，陈某某结欠朱某某90万元，双方约定借款推迟6个月归还。

2012年7月5日，陈某某承诺将其名下的朱某某持有的甲公司的6股原始股份在一个半月内转到朱某某名下，否则陈某某以每股42万元的价值支付给朱某某股金252万元。嗣后，陈某某未向朱某某转移股份。2012年12月12日，陈某某向朱某某妻子朱甲账户转款200万元，用于支付上述股金。还查明，陈某某与黄某某系夫妻关系，于1988年11月14日登记结婚。2012年12月25日，陈某某因故死亡。

朱某某向长兴县人民法院起诉请求判令：①黄某某偿还朱某某借款90万元；②本案诉讼费由黄某某承担。

黄某某在原审答辩称：①黄某某不是借款一方的当事人，借款双方的当事人系朱某某与陈某某，现陈某某已死亡，属因不可抗力而不能履行的合同，可

---

〔1〕浙江省湖州市中级人民法院，（2014）浙湖商终字第7号，载 http：//www. pkulaw. cn/Case/pfnl＿119574436. html？ match＝Exact，访问日期：2015年12月10日。

以免除责任。②朱某某出示的借条，不是黄某某所出具，与黄某某不具有关联性，黄某某不是本案适格的被告，故不应承担朱某某所主张的债务责任。③婚姻法及相关的司法解释是婚姻家庭关系的基本准则，而本案是民间借贷关系，不能适用上述法律，故该借款不能认定为夫妻共同债务。综上，为维护黄某某的合法权益请求，请求依法驳回朱某某的诉讼请求，并由朱某某对此承担全部责任。

[法律问题]

1. 陈某某所欠朱某某的借款是否属于夫妻间共同债务？

2. 夫或妻一方死亡的，婚姻关系存续期间的夫妻共同债务如何处理？

[重点提示]

陈某某在夫妻关系存续期间经营公司是使用夫妻间共同财产进行投资经营，为筹建公司所借贷款也应视为夫妻间共同债务。在婚姻关系存续期间，夫妻双方对于夫妻间共同债务即负有连带清偿责任，即使夫或妻一方死亡，另一方也应当对婚姻关系存续期间的夫妻共同债务承担连带责任。

对于民间借贷中夫妻共同债务的认定，各地规定的尺度不一，也值得研究探讨。

第五章

夫妻财产关系之约定财产制

知识概要

夫妻约定财产制指夫妻以契约形式决定婚姻关系存续期间所得财产所有关系的夫妻财产制度。本章分为五节，第一节论述的是婚前协议的效力；第二节论述的是约定财产制与物权变动，以及约定财产协议能否作为约定房屋物权变动的依据；第三节论述的是约定财产制与婚内赠与的区分，以及转移财产的约定是否可以撤销的问题；第四节论述的是婚内财产分割协议的效力；第五节论述的是离婚协议与物权变动，以及一方当事人可否撤销离婚协议中对于分割财产的约定。

第一节　婚前协议的效力

经典案例

张某某诉侯某离婚财产纠纷案[1]

[基本案情]

张某某、侯某于 2004 年 5、6 月份在上海相识并恋爱，2007 年 4 月 3 日在河南登记结婚。2007 年 10 月，双方因故产生矛盾，发生争吵。张某某自 2007 年 10 月起离开双方共同居住的房屋，双方分居至今。张某某以夫妻感情破裂为由起诉与侯某离婚。

双方曾于 2007 年 3 月 28 日签订了一份《财产约定协议书》，且由一名律师出具了见证意见书。该协议书第 1 款约定："甲方张某某自愿将自己所有的婚前

---

〔1〕　上海市第一中级人民法院，(2011) 沪一中民一（民）终字第 155 号，载 http：//www. pkulaw. cn/case/pfnl __120636857. html？ match = Exact，访问日期：2015 年 11 月 6 日。

财产人民币 2500 万元赠与乙方侯某。张某某承诺以婚后每年年底支付人民币 100 万元的方式支付给乙方侯某，直至 2500 万元付清。如果期间婚姻发生变故，自离婚之日起甲方不再支付乙方剩余款项……"第 2 款约定："甲方张某某自愿于婚后一个月内赠与乙方侯某结婚礼金人民币 200 万元……"

在庭审中，侯某表示，张某某自愿在婚前与其签订财产协议，同意在婚后每年支付人民币 100 万元，支付 25 年，直至 2500 万元付清，这是张某某真实意思的表示，目的是对其婚姻的一种保障，因而协议是有效的。但张某某仅按照协议书的第 2 款内容向其给付了结婚礼金人民币 200 万元，而对于第 1 款从未履行过。张某某对该份协议书的真实性无异议，但认为婚前财产协议的签署违反婚姻以感情为基础的根本宗旨，有违公序良俗，且协议书约定的金额远远高于正常婚姻中发生的财产关系的合理数额，侯某基于婚姻骗取张某某的财产，张某某已经给付侯某人民币 200 万元，故不同意继续履行该份协议书。

［法律问题］

1. 本案中，《财产约定协议书》是否有效？
2. 本案中对《财产约定协议书》的性质应如何认定？
3. 《财产约定协议书》是否必须继续履行？

［参考结论与法理精析］

（一）《财产约定协议书》的效力

本案中，判断该份婚前财产协议是否有效的关键在于：其一，协议的签署是否出于双方当事人的真实意思表示；其二，协议是否具有《合同法》关于无效合同规定的几类情形，比如以欺诈、胁迫手段订立合同损害国家利益；或恶意串通，损害国家、集体或者第三人利益；或损害社会公共利益；或违反法律、行政法规的强制性规定等。本案中，双方于婚前对财产的归属问题达成了一致意见，并将该意思表示以书面协议的形式固定下来，双方均签名，同时还邀请了一位律师作为见证人，由此可认定，该份协议是双方真实意思的表示。至于张某某认为"协议约定的金额过高，违背了婚姻宗旨和公序良俗"，审查协议内容，其中并不涉及国家、集体或者第三人的利益，也不违反法律、行政法规的强制性规定。张某某婚前自愿将高额财产赠与被告，现双方感情破裂，张某某却以约定金额过高、协议违反公序良俗为由否定协议的效力，理由并不充分。

（二）《财产约定协议书》的性质

认定《财产约定协议书》的性质是判断协议是否必须继续履行的前提。从财产协议的内容来看，其第 1 款约定："甲方张某某自愿将自己所有的婚前财产人民币 2500 万元赠与乙方侯某。张某某承诺以婚后每年年底支付人民币 100 万元的方式支付给乙方侯某，直至 2500 万元付清。如果期间婚姻发生变故，自离婚之日起甲方不再支付乙方剩余款项……"协议中处处可见"赠与"的字眼，这足以表示张某某赠与侯某财产的真实意思表示，由此可认定该协议本质上是一份财产赠与协议，而并非真正意义上的约定财产制。根据《婚姻法》第19条第1款关于夫妻约定财产制的规定，夫妻双方约定的财产为婚姻关系存续期间所得的财产及婚前财产，换言之，夫妻双方对财产的约定就是处分财产的一种表现方式，而处分的财产必须是既有的财产及可预期的财产，对于不能预期的或实际并不存在的财产则不得约定。本案中，对于张某某婚前是否确实拥有2500万元或者将有2500万元的财产预期，双方在庭审中均未明确表示。从这一点来判断，该双方婚前财产协议并不符合婚姻法约定财产制的基本要件。

（三）《财产约定协议书》是否必须继续履行

本案中，双方对财产协议的履行约定了期限和条件，比如：甲方将婚前财产2500万元赠与乙方，但甲方以每年100万元的方式予以支付，直至25年付清或者双方离婚之日起不再支付。可见，判断财产协议是否继续履行的根本在于，该协议是否存在可撤销或可终止履行的情况。经过前述分析，该婚前财产协议是一份有效的财产赠与协议，可适用《合同法》第186条第1款有关赠与合同的规定，赠与人在赠与财产的权利转移之前可以撤销赠与。具有救灾、扶贫等社会公益、道德义务性质的赠与合同或者经过公证的赠与合同，不适用前款规定。该规定赋予财产赠与人撤销赠与的权利，同时对撤销权的行使规定了适用条件，即必须在实际转移财产之前行使撤销权；并对撤销权的行使作了一定的限制，即具有救灾、扶贫等社会公益、道德义务性质的赠与合同或者经过公证的赠与合同除外。就本案而言，张某某在实际转移财产之前不愿再继续履行赠与协议，符合该条款撤销赠与的规定；该协议虽然经过律师见证，但并未经过公证，同时也并不存在张某某不得撤销赠与的其他法定情形，据此，张某某有权撤销该协议，本案一、二审法院对于侯某要求张某某继续履行协议的请求也均未予以支持。

拓展案例

尹某某与沙某离婚后财产纠纷案[1]

［基本案情］

沙某与尹某某于2011年2月14日登记结婚，婚前，尹某某于2007年出资

---

〔1〕　青海省高级人民法院，（2014）青民提字第22号，载 http://www.court.gov.cn/zgcpwsw/qh/ms/201411/t20141120_4243620.htm，访问日期：2015年11月7日。

购买涉案房屋。2011年1月21日,尹某某向沙某出具承诺书一份,内容为"婚后,房证(涉案房屋)写上女方姓名……承诺人:尹某某"。但婚后,尹某某仅将该房屋产权登记在自己名下,未在该房屋的产权证上加上沙某姓名。2013年1月9日,沙某向青海省西宁市城中区人民法院起诉与尹某某离婚并请求分割涉案房屋,尹某某则在庭审中提出,其在承诺书中承诺在涉案房屋产权证上写上女方名字属于一种赠与行为,该房屋产权登记尚未转移至沙某名下,尹某某作为赠与人有权撤销该房屋赠与的承诺,故请求法院认定该房屋为尹某某的婚前财产。

城中区法院经审理认为,尹某某出具的承诺书属于对其个人财产的赠与行为,虽然其婚后未在该房屋房产证上加上沙某姓名,但不影响承诺的成立,该房屋仍属于夫妻共同财产,不支持尹某某撤销赠与、认定该房屋为其婚前财产的请求,判决尹某某补偿沙某50%的房款。

尹某某对该判决不服,向青海省西宁市中级人民法院提起上诉。二审法院认为,公民有权对自己的财产进行处分,尹某某与沙某签订的《承诺书》属于双方将涉案房屋确定为婚后共同共有财产达成的约定,是双方的真实意思表示,对双方均有约束力,应当按照诚实信用原则认真履行,赠与人不适用《合同法》任意撤销权的规定,故维持原判,驳回了尹某某的诉讼请求。

尹某某又向青海省高级人民法院申请再审,再审法院认为,最高人民法院颁布的《婚姻法解释(三)》第6条明确规定:"婚前或者婚姻关系存续期间,当事人约定将一方所有的房产赠与另一方,赠与方在赠与房产变更登记之前撤销赠与,另一方请求判令继续履行的,人民法院可以按照合同法第186条的规定处理。"沙某与尹某某未办理涉案房屋的登记变更手续,房屋所有权未发生转移,尹某某依法可以行使赠与的任意撤销权,故纠正原审判决,驳回了沙某的诉讼请求。

[问题与思考]

1. 婚前财产协议是否属于赠与?

2. 婚前财产协议能否撤销?

[重点提示]

回答上述问题,需要明确当事人在婚前财产协议中是否有赠与的意思表示,若认定存在该意思表示,还需满足《合同法》第186条规定的行使撤销权的条件,方可撤销。

第二节　约定财产制与物权变动

经典案例

毛某与胡某离婚后财产纠纷案[1]

[基本案情]

毛某与胡某曾系夫妻，在 2015 年 2 月 3 日毛某提出的离婚诉讼中，双方经法院主持调解离婚，该民事调解中对财产未作分割。

2013 年 3 月 8 日，毛某与胡某签订《夫妻财产约定协议》一份，该协议载明位于诸暨市浣东街道苎萝东路 985 号福田花园温馨居 F19 幢 1 单元 301 室房屋、装修、家电及附属设施等归毛某所有，上述房屋登记在胡某名下，系胡某婚前购买，婚后双方共同还贷。该协议签订当日，毛某与胡某向诸暨市房地产管理处申请产权变更登记，毛某与胡某向登记部门出具变更报告一份，载明内容为："位于浙江省诸暨市浣东街道苎萝东路 985 号福田花园温馨居 F19 幢 1 单元 301 室房屋，建筑面积为 158.07 平方米，另有 14 号地下车库存 000070 地下车库存 20.40 平方米，F19 幢 002 架空层 17.35 平方米、14 号地下车库 000005 地下车库存 9.24 平方米，原房屋所有权为胡某独有，现夫妻已共同还贷还清，现房屋所有权变更为胡某、毛某共同所有权。"同时，诸暨市房地产管理处向毛某、胡某进行了询问，毛某、胡某明确陈述涉案房屋为胡某和毛某共同共有。房地产管理部门为毛某、胡某办理了权属变更登记手续，将原登记于胡某的房屋变更登记为毛某与被告胡某共同共有，并在诸暨市国土资源局办理了土地使用权变更登记手续。

毛某认为《夫妻财产约定协议》合法有效，在毛某、胡某双方已解除婚姻关系的情况下，对相关产权归属毛某有必要要求法院确认，故起诉要求法院判决确认《夫妻财产约定协议》有效；位于诸暨市浣东街道苎萝东路 985 号福田花园温馨居 F19 幢 1 单元 301 室房屋、装修、家电及附属设施等归毛某所有，并由胡某承担配合原告办理房产过户登记手续的义务等。

胡某答辩称：①毛某提供的《夫妻财产约定协议》系房产加名登记过程中

---

[1]　浙江省诸暨市人民法院，（2015）绍诸民初字第 1598 号，载 http：//www. court. gov. cn/zgcp-wsw/zj/zjssxszjrmfy/zjsrmfy/ms/201509/t20150918 _11090535. htm，访问日期：2015 年 11 月 8 日。

夹带形成，事实上双方从未协商过要把整套房屋全部过户到毛某名下，该协议系用违法手段取得，不是胡某的真实意思表示；②在房产加名之前，因毛某多次吵闹，且考虑到当时已有小孩，毛某自身对家庭也有贡献，为安抚毛某，经与胡某父母协商，同意在原属胡某独有的房产上加上毛某的名字，变更为共同共有，这是双方最终协商一致的结果。即使毛某告提供的协议真实存在，从同一天最终过户、共同共有的事实来看，实质上已经改变了这份夫妻财产约定协议的内容，这份协议因为没有实际履行而作废；③该夫妻财产约定协议从形式上看，实际上是把原属于胡某名下的财产无偿地赠与给毛某的赠与协议，按照合同法中有关赠与协议的规定及物权法关于不动产登记的相关规定，赠与人有权在赠与物未实际交付之前随时撤销赠与。本案实际上也没有变更登记到毛某名下。即使协议是真实的，胡某有权要求撤销。综上，请求驳回毛某要求确认争议房产归其所有的诉讼请求。

[法律问题]

1. 本案中，《夫妻财产约定协议》是否有效？

2. 该《夫妻财产约定协议》能否作为诉争房屋物权变动的依据？

[参考结论与法理精析]

（一）《夫妻财产约定协议》的效力

根据《婚姻法》第19条第1、2款的规定，夫妻可以约定婚姻关系存续期间所得的财产以及婚前财产归各自所有、共同所有或部分各自所有、部分共同所有。约定应当采用书面形式。没有约定或约定不明确的，适用法定共同财产制的规定。夫妻对婚姻关系存续期间所得的财产以及婚前财产的约定，对双方具有约束力。审理法院认为，本案所涉《夫妻财产约定协议》系胡某、毛某真实意思表示，内容不违反法律、行政法规的强制性规定，应属有效。胡某辩称，该夫妻财产约定非其真实意思表示，系毛某夹带在房产过户资料中非法取得，但胡某对其辩述意见并未提供证据予以证实，缺乏事实依据，法院不予采信。对毛某要求确认《夫妻财产约定协议》有效的诉讼请求，于法有据，法院予以支持。

（二）《夫妻财产约定协议》能否作为诉争房屋物权变动的依据

根据学界通说和司法实践，在婚姻关系存续期间，夫妻对婚前或婚后财产的约定对双方都有约束力。且在订约的夫妻双方内部而言，夫妻间的约定无须另行经过物权变动手续，否则，若确认婚后未变更登记的财产为非婚后共同财产或另一方财产，则违背了订约人的真实意思。对外部的交易第三人而言，应适用一般财产法的规定，未经登记的不动产共有人因不符合物权变动公示的规定，不得对抗善意第三人。

本案中，胡某、毛某在《夫妻财产约定协议》中明确约定涉案房屋归毛某所有，该约定对夫妻双方具有约束力，理应发生诉争房屋转移为毛某所有的物权变动效力。但胡某、毛某在之后办理产权变更登记手续时，又共同向产权登记部门出具了变更报告，明确诉争房屋所有权为胡某独有，现夫妻已共同还贷，房屋所有权变更为胡某、毛某共同所有。并且，接受产权登记部门询问时也明确表示为胡某、毛某共同共有。胡某、毛某办理产权变更登记时的意思表示真实、明确，显然将之前双方对涉案房屋权属归属的约定进行了变更。从毛某主动要求产权登记变更及签署夫妻财产约定的行为看，其对产权登记系确定物权归属的性质是明知的，也清楚应以书面协议明确相互之间的约定。而双方并未实际按《夫妻财产约定协议》履行产权变更登记的情况下，应重新作出书面约定。因此，审理法院认为，本案《夫妻财产约定协议》中关于涉案房屋权属归属的约定已经双方合意变更，不能作为诉争房屋分割的依据。

拓展案例

朱某与袁某夫妻财产约定纠纷案[1]

[基本案情]

朱某与袁某系夫妻，诉争房屋系婚后购买的经济适用房，房屋产权人登记为朱某，在夫妻关系存续期间，双方就诉争房屋达成《夫妻财产约定协议书》，协议书载明：该房屋产权归袁某单独所有，房屋所有权证登记在袁某名下；该房屋的土地使用权也归袁某所有，土地使用权证也登记在袁某名下，袁某对该房屋享有独自处分权，朱某无权干涉。同日，双方就前述协议书办理了公证。后朱某与袁某诉讼离婚，在离婚案件中对诉争房屋未作处理，双方离婚诉讼期间，袁某曾雇佣他人将朱某殴打致伤。朱某认为，其在婚姻关系存续期间，基于夫妻情分将唯一房屋的份额无偿赠与袁某，但袁某薄情寡义，主动提出与朱某离婚，且在诉讼离婚期间雇人殴打自己致伤，严重损害了自己的身心，故提起诉讼，请求行使法定撤销权，撤销《夫妻财产约定协议书》中对袁某诉争房屋的赠与。

法院认为，依照《婚姻法》的相关规定，夫妻可以对婚姻关系存续期间所

---

〔1〕　浙江省舟山区定海人民法院，（2014）舟定民初字第 1156 号，载 http：//www. court. gov. cn/zgcpwsw/zj/zjszsszjrmfy/zssdhqrmfy/ms/201507/t20150703 __9248812. htm，访问日期：2015 年 11 月 10 日。

得的财产进行书面约定，朱某与袁某签订的《夫妻财产约定协议书》系双方对夫妻财产的约定而非赠与，该约定出于双方自愿，意思表示真实，内容合法，依法对双方具有约束力。虽然双方之后感情破裂导致离婚，但该约定的效力并不因此受到影响，朱某请求撤销《夫妻财产约定协议书》的请求理由不足，于法无据，依法予以驳回。

[问题与思考]

对夫妻财产制约定能否行使法定撤销权？

[重点提示]

考虑上述问题，应把握夫妻财产约定与一般合同的效力区别。夫妻财产约定依法对双方具有法定约束力，一方当事人不得任意行使撤销权。

第三节 约定财产制与婚内赠与的区分

经典案例

惠某与侯某夫妻财产约定纠纷案[1]

[基本案情]

惠某婚前由其父母出资全款为其购买房屋一套，登记在其个人名下。惠某与侯某于 2012 年 5 月 9 日登记结婚，婚后居住在该房屋内。2013 年 1 月 14 日，惠某与侯某达成协议，约定将该房屋登记为双方共同共有。随后，双方办理了房屋所有权变更手续，该房屋登记在惠某、侯某名下，为共同共有。2013 年 7 月 4 日，惠某与侯某再次协议，约定该房屋登记到侯某一人名下，产权归其单独所有。随后，双方办理了房屋所有权变更手续，该房屋登记在侯某个人名下。

2012 年 11 月至 2013 年 3 月期间，侯某多次外出，与异性开房。

2013 年 10 月，惠某起诉至法院，要求撤销其将涉案房屋变更至侯某名下及双方共同名下的行为，将涉案房屋权属登记恢复至其个人名下。

[法律问题]

1. 本案中，协议变更涉案房屋权属的行为属于夫妻财产约定还是夫妻赠与？

2. 该协议变更涉案房屋权属的行为能否撤销？

---

〔1〕 "夫妻间赠与相关问题研究——惠某与侯某夫妻财产约定纠纷案"，载 http：//bjgy. chinacourt. org/article/detail/2015/06/id/1642596. shtml，访问日期：2015 年 11 月 10 日。

[参考结论与法理精析]

原审法院经审理认为：涉案房屋原系惠某婚前个人财产，两次协议变更涉案房屋权属的行为，从法律属性看应有所区别。第一次变更至夫妻共同名下，并未排除惠某本人对该房屋的所有权，故该行为应属夫妻约定财产属性，受婚姻法规范。第二次变更至侯某个人名下，系惠某将个人享有份额赠与侯某，自己不再享有该房屋所有权，该行为应属赠与行为，受合同法规范。侯某存在婚外情，考虑到涉案房屋系惠某父母为其出资购买，且惠某将个人享有的房屋份额赠与侯某系以维系双方健康婚姻关系为初衷，同时结合本案的具体情形，法院认为惠某依据合同法之规定，行使法定撤销权于法有据，故法院对惠某要求撤销第二次权属变更登记行为的诉讼请求，予以支持。因第一次权属变更登记行为系夫妻财产约定，侯某要求撤销无法律依据，法院对此不予支持。遂判决：①撤销惠某与侯某于 2013 年 7 月 4 日达成的房屋权属变更登记行为，将该房屋恢复至惠某与侯某共同共有状态；②驳回惠某的其他诉讼请求。

判决后，惠某、侯某均不服，提起上诉。惠某上诉请求撤销原判第二项，改判将该房屋权属登记恢复到惠某名下。侯某上诉请求撤销原判，改判驳回惠某的全部诉讼请求。

二审法院经审理认为：本案争议的焦点为两次房屋权属变更登记的性质以及惠某是否有权依据合同法的相关规定撤销两次变更登记行为。首先，两次变更登记行为均属于赠与行为。其次，两次赠与行为均可以依据合同法的相关规定予以调整。《婚姻法》第 19 条规定明确了夫妻约定的财产关系受法律保护，夫妻双方应当按照诚实信用原则认真履行。但是，该夫妻财产约定并不能排斥合同法的适用。就夫妻之间的赠与而言，一方赠与另一方动产已经交付的，依照合同法的相关规定，不能随便撤销。但赠与人可以按照《合同法》第 192 条的规定行使法定撤销权。因此，原判认定第一次变更登记行为受婚姻法的约束而不得适用合同法的规定予以撤销，属适用法律错误，法院予以纠正。侯某存在严重侵害惠某的行为，惠某根据《合同法》第 192 条之规定主张法定撤销权，具有事实与法律依据，法院予以支持。遂判决：①撤销原审判决；②撤销惠某与侯某于 2013 年 1 月 14 日及 2013 年 7 月 4 日达成的房屋权属变更登记行为。侯某协助惠某将上述房屋变更登记为惠某个人所有。

关于夫妻财产约定和夫妻财产赠与的区别，可从下述方面进行把握：

第一，从目的上看，夫妻财产约定是为实现共同的婚姻生活目的而协议约定共同财产范围，而赠与行为则不存在这个共同目的。根据《婚姻法》，夫妻共同财产的取得有两个合法途径，一是法律直接规定，二是通过夫妻双方的书面财产约定。这二者之间的关系是相互补充的关系，当夫妻双方对共同财产有约定时，从约定；无约定或约定不明确时，则根据法律的直接规定，这二者在确定共同财产方面具有同等的法律效力。

第二，从权利义务内容上看，夫妻财产约定是夫妻之间有关共同财产的范围与处分的约定，目的是为共同生活确定共同共有财产，而赠与则可发生于任何两个民事主体之间，目的是转移所有权，从原属于一个主体所有转移至另一个主体所有。当然，夫妻之间也会发生普通民事主体之间的赠与行为，但只发生于根据婚姻法律规定或约定的属于夫妻双方各自所有的财产之间，即赠与人赠与的标的应是赠与人已取得并有权处分的财产，对尚未取得的财产不能通过赠与行为处分，因此不应发生在共同财产内部。

第三，从协议效力上看，夫妻财产约定自生效时对夫妻双方有约束力，任何一方都无权单方反悔。而赠与协议除特殊情况外，赠与人在权利转移之前，受赠人有权单方撤销赠与行为（行使任意撤销权）。

拓展案例

赵某与刘某夫妻财产约定纠纷案[1]

［基本案情］

赵某与刘某于2004年3月18日登记结婚，婚后双方购买321号房屋一套，购房款62万余元，其中以赵某名义向中国工商银行贷款32万元，321号房屋登记在赵某名下。婚后由于赵某与他人存在不正当关系，导致夫妻双方产生矛盾，双方感情破裂。2009年11月1日，赵某作为甲方与刘某作为乙方签订《夫妻财产约定协议》，约定："一是不管离婚与不离婚，甲方（男方）自愿放弃此处房产，此房屋归乙方（女方）一人所有，以后属于乙方（女方）个人财产。二是倘若离婚，离婚后债务尚未还清，此房屋的所有贷款债务甲方（男方）愿无偿帮乙方（女方）还清。"2009年12月30日，赵某作为甲方，刘某作为乙方签订《离婚协议书》，约定："一是因男方再次走出家，视为与女方无法共同生活而选择离婚，自愿放弃房产，将现有住房一套321号房屋归女方所有……"《离婚协议书》签署后，赵某与刘某并未办理离婚手续。2011年3月，赵某以双方感情确已破裂为由起诉要求法院判决其与刘某离婚，依法分割夫妻共同财产321号房屋。刘某辩称，其与赵某有婚内财产约定，故要求321号房屋归其所有。

---

〔1〕 "夫妻财产协议约定相关法律问题分析"，载 http://www.360doc.com/content/13/1110/21/12424821__328227321.shtml，访问日期：2015年11月2日。

北京市通州区人民法院经审理认为，原告赵某虽对刘某主张的其与第三人有不正当关系予以否认，但根据刘某所举证据，可证实赵某与第三人来往密切，存在不正当关系，二人不恰当的行为严重伤害了夫妻感情，是导致夫妻感情破裂的主要原因，且对刘某造成了伤害，故法院考虑赵某的过错程度在分割财产时对刘某予以照顾，321号房屋归刘某所有，该房屋所欠银行剩余贷款由刘某自行偿还，刘某给付赵某321号房屋的财产折价款40万元。对于刘某主张应当按照《夫妻财产约定协议》与《离婚协议书》的约定将321号房屋归其所有，其不给付赵某折价款的答辩意见，法院认为刘某与赵某在婚姻关系存续期间虽签订了《夫妻财产约定协议》与《离婚协议书》，但二人并未实际办理离婚手续并分割财产，故《夫妻财产约定协议》与《离婚协议书》未发生效力，对刘某的该项答辩意见，法院不予采纳。故判决：①赵某与刘某离婚；②夫妻共同财产321号房屋归刘某所有，赵某于判决生效之日起30日内协助刘某办理完毕321号房屋产权登记手续；③刘某给付赵某321号房屋折价款人民币40万元，于判决生效之日起30日内执行清；④321房屋所欠银行剩余贷款由刘某自行偿还；⑤驳回赵某其他诉讼请求。

一审判决后，赵某和刘某均不服，赵某以原审法院判决诉争房产归刘某不妥为由提起上诉，请求依法改判。刘某以原审法院未认定《夫妻财产约定协议》效力为由提起上诉，请求依法改判。

二审法院经审理认为，本案争议的焦点是赵某与刘某所签署的《夫妻财产约定协议》《离婚协议书》之法律效力问题。关于《离婚协议书》之法律效力，根据《婚姻法解释（三）》第14条的规定，因赵某与刘某并未实际办理离婚手续并分割财产，故该《离婚协议书》没有生效。关于《夫妻财产约定协议》之法律效力，该协议有两个条款，其中，条款二以离婚为条件，依据法律规定该条款没有生效；条款一不以离婚为条件，故其有法律效力。根据《婚姻法》第19条的规定，该条款应当视为赵某与刘某就财产进行约定。关于赵某所称"该约定行为是赠与关系，因为没有办理房屋过户登记而不能发生房屋所有权转移的后果"的意见，需要指出的是，将一方所有的财产约定为另一方所有，即夫妻之间的赠与行为并不包含在《婚姻法》规定的夫妻财产约定的分别所有、共同所有和部分共同所有三种模式中，该约定行为并非赠与关系。对于刘某要求不给付赵某40万元房屋折价款的上诉请求，予以支持。诉争房屋所欠银行的剩余贷款应当由刘某自行偿还。对赵某所称诉争房屋应当归其所有的上诉请求，因缺乏事实和法律依据，不予支持。故二审法院判决：①维持一审判决第1、2、4项；②撤销一审判决第3、5项；③驳回赵某的其他诉讼请求。

[问题与思考]

对于夫妻婚内财产制约定与婚内赠与应从哪些方面进行区分？

[重点提示]

回答上述问题，需关注以下几个方面：①夫妻一方转移财产所有权的目的是改变特定物的归属还是排除法定财产制的适用？②夫妻一方约定转移所有权的财产限于夫妻一方的个人财产还是普遍适用于双方共同财产？

第四节　婚内财产分割协议的效力

经典案例

杨某与陈某离婚纠纷案[1]

[基本案情]

杨某与陈某经人介绍相识，2009 年 2 月 3 日登记结婚，婚后未生育子女。现杨某以双方婚前缺乏感情基础，婚后又感情不和，导致婚后在一起生活期间经常吵闹，无法建立感情，感情破裂为由诉至法院要求离婚，陈某同意离婚。

陈某主张位于陕西省西安市房屋一套及室内生活用品和家用电器为夫妻共同财产要求予以分割。杨某称其与陈某对财产进行了约定，该房屋为其个人财产，并提交夫妻财产约定协议书予以证明，上载"①双方自 2009 年 2 月 3 日登记结婚起，在夫妻婚姻关系存续期间，采取夫妻财产约定制：夫妻婚姻关系存续期间各自所得的财产收益归双方所有，在各自名下的债权和存款归各自所有，在各自名下的债务各自承担。②男女双方各自财产收益的范围包括以下方面：A 工资、奖金、福利；B 生产、经营的收益；C 知识产权收益；D 各自继承的财产；E 一方以个人财产投资取得的收益；F 实际取得或者应当取得的住房补贴、住房公积金；G 实际取得或者应当取得的养老保险金、公司满工龄取得的费用；H 受益人为自己的各项保险。③夫妻婚姻关系存续期间，所购置的房产所有权归女方所有。如男女双方都有工作时，平时的生活费用开支各自承担一半，一方没有工作时则由另一方承担家庭开支费用，男女方各自的礼尚往来和人情方面开支由各自承担；夫妻一方明确给付或赠与另一方的财物归接受方所有"。

陈某不认可该协议的真实性，经北京法源司法科学证据鉴定中心鉴定并出具（京）法源司鉴（2014）文鉴字第 35 号鉴定意见书，结论为夫妻财产约定协议书上的"陈某"签名字迹与样本上"陈某"签名字迹是同一人书写。陈某称购买该房屋时向其父母借款 55 万元，该 55 万元应为夫妻共同债务，并提交了银行交易记录、借条、转账凭证、陈某父亲书写的说明予以证明。双方就陕西省西安市房屋及室内生活用品和家用电器的分割产生争议。

[法律问题]

1. 婚内财产分割协议是否有效？

2. 婚内财产分割协议能否作为离婚财产分割的依据？

[参考结论与法理精析]

审理法院认为：夫妻感情是维系婚姻家庭的基础。原、被告虽系自主结婚，但在婚后的共同生活中产生分歧，现原告以夫妻感情破裂为由要求离婚，被告表示同意，本院准许。

根据《婚姻法》第 19 条第 1 款之规定，夫妻可以约定婚姻关系存续期间所得的财产以及婚前财产归各自所有、共同所有或部分各自所有、部分共同所有。约定应当采用书面形式。根据双方提供的证据及鉴定机构对协议签名的鉴定结果，法院认定原、被告所签夫妻财产约定协议书有效。被告主张位于陕西省西安市房屋一套及室内生活用品和家用电器为夫妻共同财产要求予以分割，根据夫妻财产约定协议书，该房屋归原告所有，同时考虑房屋购置于双方婚后，故房屋内生活用品及家用电器应视为夫妻共同财产，根据房屋的归属情况，法院认为房屋内物品归原告所有更为适宜，由原告给付被告折价款，具体数额由法院酌定。

拓展案例

孙某与刘某夫妻财产约定纠纷案[1]

[基本案情]

孙某与刘某于 2005 年 6 月 1 日登记结婚，生育一女刘某某。2011 年 9 月 29 日，双方签订《协议》一份，载明："夫妻双方本着平等、自愿、负责、互信的原则，经双方友好协商，现达成如下协议：①夫妻双方必须忠诚对待对方，不得有意欺骗对方。②遇到任何问题，夫妻双方都应冷静、坦诚地交流。……⑧现丈夫刘某名下北京市通州区××小区1402房屋，需在2011年10月15日之前将房产的所有权加上妻子孙某，房屋属夫妻双方共同财产。⑨丈夫刘某如违反以上协议的任何一条，其名下的所有财产归妻子孙某所有，其女刘某某的监护权、抚养权归孙某所有。此协议一式两份，夫妻双方各持一份，该协议经双方签字立即生效。"

涉案北京市通州区××小区1402号房屋（以下简称1402号房屋）的购房价是250 288元，由刘某婚前个人购买并支付首付款50 288元，余款20万元由刘某向中国工商银行股份有限公司北京大兴支行贷款支付。2005年6月刘某与孙某结婚登记前，1402号房屋仍有178 260.64元贷款本金未还。截至2012年2月刘某与孙某分居时，1402号房屋仍有122 781.78元贷款本金未还。二人婚后至分居共同偿还贷款108 003.98元，其中本金54 662.99元，利息53 340.99元。2010年6月11日，北京市住房和城乡建设委员会为刘某颁发了1402号房屋的房屋产权证书，但之后该房屋产权证上并未添加孙某的姓名。

2013年6月，孙某以夫妻感情已破裂为由，诉至北京市通州区人民法院要求离婚；请求确认1402号房屋为夫妻共同财产并判归其所有。

案件审理过程中，双方均认可1402号房屋现市场价值为180万元。

法院生效裁判认为：婚姻以感情为基础，现双方感情破裂，无和好可能，且双方均同意离婚，人民法院应予准许，并对子女抚养、财产分割等问题一并处理。

北京市通州区人民法院作出（2013）通民初字第9554号民事判决：①孙某与刘某离婚；②、③项（略）；④1402号房屋归刘某所有，该房屋剩余贷款由刘某负责偿还，刘某给付孙某房屋折价款人民币835 000元，于判决生效之日起15日内执行清；⑤、⑥项（略）。宣判后，刘某向北京市第三中级人民法院提起上诉。北京市第三中级人民法院于2014年6月19日作出（2014）三中民终字第5398号民事判决：驳回上诉，维持原判。

[问题与思考]

婚内财产分割协议能否作为离婚财产分割的依据？

[重点提示]

根据《婚姻法》第19条第2款的规定，夫妻对婚姻关系存续期间所得财产以及婚前财产的约定，该约定对男女双方具有约束力。同时《婚姻法解释（三）》第14条规定，当事人达成的以登记离婚或者到人民法院协议离婚为条件的财产分割协议，如果双方协议离婚未成，一方在离婚诉讼中反悔的，人民法院应当认定该财产分割协议没有生效，并根据实际情况依法对夫妻共同财产进行分割。对此应当结合这两个条文综合分析。

第五节　离婚协议与物权变动

经典案例

赵某某诉王某某离婚后财产纠纷案[1]

[基本案情]

原告赵某某与被告王某某于 2006 年 1 月 23 日在杞县民政局登记结婚，后于 2010 年 4 月 12 日达成了离婚协议，并于当日在杞县民政局登记离婚。原、被告在离婚协议中约定："①双方无子女；②双方共有的位于睢县威尼斯水岸 9 栋楼 2 单元 202 号的房屋一套归王某某所有，双方共有的位于郑州紫金山路康城小区 19 栋 2008 号的楼房一套归赵某某所有，购买的比亚迪汽车一辆归赵某某所有，双方各自其他私人财产各归各自所有；③双方债务由赵某某偿还。"睢县威尼斯水岸 9 栋楼 2 单元 202 号房屋的登记所有权人是王某某。协议离婚后，被告王某某于 2010 年 7 月 16 日给原告出具了"将位于睢县威尼斯水岸房屋一套无条件归赵某某所有，无条件负责过户手续"的证明一份。后被告王某某于 2011 年 1 月 19 日将该房屋以 157 900 元的价格卖给了第三人常某某。原告认为被告无权售房，在出售房屋后应该将房款交给原告，为此提起诉讼。

[法律问题]

1. 离婚协议中关于财产分割的条款是否具有物权变动效力？

2. 离婚后一方同意将离婚协议中归己一方所有的财产给另一方的，是否可以行使撤销权？

[参考结论与法理精析]

（一）离婚协议中财产分割条款的效力

对于离婚协议中关于财产分割的条款或者当事人因离婚就财产分割达成的协议的法律效力，最高人民法院在司法解释中予以肯定。《婚姻法解释（二）》第 8 条第 1 款明确规定："离婚协议中关于财产分割的条款或者当事人因离婚就

---

〔1〕 河南省睢县人民法院，（2013）睢民初字第 497 号民事判决书，载 http：//www. pkulaw. cn/case/pfnl＿122005501. html？ keywords ＝%E5%A4%AB%E5%A6%BB%20%20E8%B5%A0%E4%B8%8E%20%E8%B4%A2%E4%BA%A7&match ＝ Exact%2C%20Piece，访问日期：2015 年 11 月 15 日。

财产分割达成的协议，对男女双方具有法律约束力。"

离婚协议中关于财产分割的条款或者当事人因离婚就财产分割达成的协议，是男女双方当事人意思表示一致的结果，只要意思表示真实，就应当承认其效力。合同成立要满足一定的要件：①双方当事人意思表示一致；②具有合法的标的；③具有明确的协议；④合法的主体。依法成立的合同，受法律保护。离婚协议并非纯粹的财产分割协议，兼具人身性质，因此不能完全适用《合同法》的相关规定，但协议中关于财产分割的条款也好、协议也罢，此部分内容涉及的只是财产问题，因此，关于财产分割的协议应该适用《合同法》的相关规定。《婚姻法解释（二）》第9条规定："男女双方协议离婚后1年内就财产分割问题反悔，请求变更或者撤销财产分割协议的，人民法院应当受理。人民法院审理后，未发现订立财产分割协议时存在欺诈、胁迫等情形的，应当依法驳回当事人的诉讼请求。"本案原、被告所订立的离婚协议是双方的真实意思表示，并不存在欺诈、胁迫等情形，且原告在离婚后1年内也并未向人民法院提出变更或撤销财产分割协议，可见原、被告有关财产分割协议已无变更或撤销的可能，双方当事人均应当全面遵守协议约定。

本案中睢县威尼斯水岸房屋在原、被告离婚之前就已登记在被告王某某的名下，在原、被告协议离婚后，该离婚协议中关于财产分割的协议已经生效，在2010年4月12日，被告王某某依据离婚协议自然取得了位于睢县威尼斯水岸房屋的所有权。

（二）离婚后一方同意将离婚协议中归己一方所有的房产给另一方的行为撤销权

该问题涉及不动产赠与撤销权的行使问题。

第一，关于赠与合同的成立。根据《合同法》的规定，赠与合同自当事人意思表示一致时成立。现实中由于赠与人与被赠与人的亲密关系，常常不以书面合同的形式表示意思，但只要被赠与人实际占有并使用该不动产，赠与合同即以实际履行的方式而告成立。只有合同成立才可以考虑撤销问题。本案被告王某某于2010年7月16日给原告赵某某出具的"将位于睢县威尼斯水岸西户的房屋一套无条件归赵某某所有，无条件负责过户手续"的证明，不是对离婚协议中关于财产分割的变更，因为原、被告于2010年4月12日协议离婚时就已经将夫妻共有的财产分割完毕，在原、被告登记离婚后该协议已经生效，被告王某某已经取得了睢县威尼斯水岸房屋一套的所有权，被告王某某向原告赵某某出具的这份证明，实质上是一份无条件赠与的合同。对于原告诉称的被告于2010年7月16日给原告出具的"将位于睢县威尼斯水岸房屋一套无条件归赵某某所有，无条件负责过户手续"的证明，是对离婚协议的变更的理由，法院不予采信无疑是正确的。

第二，因不动产赠与的特殊性，《合同法》规定了不动产赠与合同的可撤销制度。《合同法》第 186 条第 1 款规定，赠与人在赠与财产的权利转移之前可以撤销赠与。此款为《合同法》对赠与合同任意撤销权的规定。赠与的任意撤销，是指赠与合同成立后，赠与人基于自己意思而撤销赠与。《合同法》对任意撤销权的行使以赠与财产的权利没有转移为条件，而没有规定赠与合同任意撤销权的行使以赠与物的交付为条件。并不否认，在多数情况下，赠与物的所有权是在赠与物交付时一并转移的。但生活中，基于当事人的约定或法律的规定，赠与物的权利与交付存在不同时转移的情况。有的是赠与物已为受赠人占有，但其所有权未转移；有的是赠与物未交付，权利已经转移。

《合同法》第 187 条规定，赠与的财产依法需要办理登记等手续的，应当办理有关手续。《物权法》第 9 条第 1 款规定，不动产物权的设立、变更、转让和消灭，经依法登记，发生效力；未经登记，不发生效力，但法律另有规定的除外。《城市房地产管理法》第 61 条第 3 款规定，房地产转让或者变更时，应当向县级以上地方人民政府房产管理部门申请房产变更登记。因此，不动产的权利转移是以过户登记为准，在没有过户登记之前，财产权利没有发生转移。在这之前，赠与人可依据《合同法》的规定，撤销赠与。从本案看，在被告王某某向原告赵某某出具证明之后，并没有到房产管理部门办理过户登记，因此，财产权利并未转移，此时，被告王某某依法享有撤销权。

第三，我国《合同法》第 55 条第 1 款第 1 项规定，具有撤销权的当事人自知道或者应当知道撤销事由之日起 1 年内没有行使撤销权，撤销权消灭。但从《合同法》第 55 条的规定看，此条规定的撤销权的行使必须具有可撤销的事由，而这些事由，仅限于《合同法》第 54 条规定的因重大误解订立合同或在订立合同时显失公平以及因欺诈、胁迫或乘人之危所订立的合同。从合同法对赠与合同撤销权的规定看，赠与合同撤销权的行使，无需任何理由，只需权利未转移即可。被告王某某向原告赵某某出具证明的日期是 2010 年 7 月 16 日，其出卖给第三人常某某该房的日期为 2011 年 1 月 19 日，不到 1 年时间，被告王某某虽然没有向原告赵某某明确表示行使撤销权，但用其行为表明了其在 1 年内行使了撤销权，其并未失权。

因此，本案中，法院认定被告王某某没有将房屋过户给原告赵某某，该房屋的所有权没有转移给原告赵某某，在此情况下被告王某某有权撤销赠与并以此为由驳回原告赵某某的诉讼请求是正确的。

拓展案例

刘某与卢某离婚纠纷案[1]

[基本案情]

刘某与卢某原系夫妻关系，后因双方感情破裂，于2013年去民政局办理了离婚手续。离婚时，双方签订有《离婚协议书》，如今，因履行《离婚协议书》双方发生纠纷，刘某将卢某诉至法院。

刘某称，双方离婚时约定，丰台区某处房产系双方婚后购得，属夫妻共同财产，产权归刘某所有。签订离婚协议后，于60天之内双方共同到有关部门办理了变更购房合同中的购房人姓名，由卢某变更为刘某；并办理了产权登记，变更到刘某名下。此外，协议另约定，自离婚协议生效后，男方卢某须搬出现住址。现双方已登记离婚，但卢某不讲诚信，至今以各种理由不搬出丰台区住房，还多次带着他的朋友、亲属及刘某不认识的人来此房屋内居住，严重扰乱了刘某的正常生活，给刘某造成很大的精神痛苦。故起诉请求法院判令卢某7日内从诉争房屋搬出。

卢某在诉讼中辩称，其不认可《离婚协议书》，《离婚协议书》是刘某通过偷梁换柱、欺骗的手段骗取卢某签订的，违背卢某的真实意思表示，而且显失公平，其有权申请变更或撤销。诉争房屋是2007年由卢某出资购买的，2004年、2005年双方已经分居，卢某不可能再将房屋给刘某。而且诉争房屋是属于军队建设的经济适用房，《离婚协议书》约定诉争房屋归刘某所有违反了军事法律法规，属部分无效。故请求法院驳回刘某的诉讼请求。法院经审理后认定，离婚协议中关于财产分割的条款或者当事人因离婚就财产分割达成的协议，对男女双方具有法律约束力。刘某与卢某签订的《离婚协议书》系双方当事人真实意思表示，内容未违反法律、行政法规的强制性规定，而且双方于签订《离婚协议书》当日办理了离婚登记手续，因此，《离婚协议书》属有效协议，对刘某、卢某双方均具有法律约束力。《离婚协议书》约定诉争房屋归刘某所有并居住，而且还约定卢某自《离婚协议书》生效后搬出，故现刘某要求卢某搬出之请求，符合合同约定，法院予以支持。具体的搬出时间，法院将根据查明的事实酌情判处。卢某关于《离婚协议书》违背其真实意思表示，系刘某采用欺诈

---

〔1〕 "签订离婚协议后反悔　法院判定要继续履行"，载 http：//www. famlaw. cn/article - detail. aspx? id =6802，访问日期：2015年10月23日。

方式骗其签订的，而且协议书内容违反法律规定，显失公平，其有权变更或撤销之相关抗辩主张，缺乏事实和法律依据，法院不予采信。法院最终判定卢某于判决生效后 60 日内从诉争房屋内搬出。

[问题与思考]

撤销离婚协议中关于财产分割条款的，需具备什么条件？

[重点提示]

根据《婚姻法解释（二）》第 9 条的规定，男女双方协议离婚后 1 年内就财产分割问题反悔，请求变更或者撤销财产分割协议的，人民法院应当受理。人民法院审理后，未发现订立财产分割协议时存在欺诈、胁迫等情形的，应当依法驳回当事人的诉讼请求。

第六章

夫妻财产关系之房屋的归属

知识概要

　　房屋是夫妻财产的重要内容，房屋的归属问题往往是夫妻离婚纠纷及离婚后财产纠纷中的争议焦点问题。本章分为三节，第一节论述的是婚前按揭商品房的归属；第二节论述的是登记对房屋归属的影响，主要探讨婚内房产登记的变更的效力；第三节论述的是婚后购房父母出资的房屋的归属。

第一节　婚前按揭商品房的归属

经典案例

崔某甲与李某离婚纠纷案[1]

[基本案情]

　　崔某甲、李某于 2010 年 9 月 8 日自愿登记结婚，婚后双方因生活琐事经常发生争吵，并于 2013 年 1 月分居至今。现崔某甲诉至法院请求离婚并分割夫妻共同财产，双方就双方居住的贺兰县某室的分割发生争议。

　　2009 年 9 月 10 日，崔某甲与宁夏建源房地产开发有限公司签订《银川市商品房买卖合同》，约定崔某甲购买建源公司开发的贺兰县某室，建筑面积 96.32 平方米，3036.04 元每平方米，房款总价 292 431 元。该房款分三次交纳，2009 年 9 月 3 日交纳购房定金 10 000 元，2009 年 9 月 9 日交纳首付款 78 431 元，余款 204 000 元原告以该室住房作抵押向中国农业银行股份有限公司贺兰县支行按

---

　　[1]　宁夏回族自治区银川市兴庆区人民法院，（2015）兴民初字第 2697 号，载 http：//www. court. gov. cn/zgcpwsw/nx/nxhzzzqycszjrmfy/ycsxqqrmfy/ms/201511/t20151116 _12583181. htm，访问日期：2015 年 11 月 16 日。

揭贷款 204 000 元交纳，其中贷款期限为 180 个月，还款方式为等额本息，还款周期为 1 个月，贷款利率为浮动利率。房贷 204 000 元，截至 2015 年 7 月 27 日，崔某甲、李某一致认可已偿还本息合计 99 156 元，其中崔某甲、李某登记结婚前即 2010 年 9 月 7 日前已还款 15 240 元，崔某甲、李某登记结婚后即 2010 年 9 月 8 日至 2015 年 7 月 27 日已还款 83916 元。截至 2015 年 7 月 27 日，崔某甲、李某一致认可尚有 143 600.55 元房贷本金未偿还。该室住房目前的价值，崔某甲、李某一致认可为 420 000 元。

庭审中崔某甲、李某均主张 10 000 元购房定金和 78 431 元首付款系自己出资。崔某甲向法庭提交其银行卡《活期历史明细清单》一份，证明 10 000 元系自己出资，并提交 78 431 元《收据》和《现金缴款单》各一张，证明 78 431 元系自己出资；对于 78 431 元款项来源，崔某甲称该款系从战友和姐姐处借款交纳。李某向法庭提交其工商银行卡《交易明细》一份、10 000 元《收据》一张、78 431 元《收据》和《现金缴款单》各一张，证明 10 000 元和 78 431 元均系自己出资。对于该款项来源，李某在 2015 年 5 月 12 日的庭审中称其于 2009 年 4 月 24 日从其账号 29××× 70 的工商银行工资卡中取款 100 150 元，并存到农行偿还房贷的卡里，交了 10 000 元定金和 78 431 元首付款；在 2015 年 6 月 10 日的庭审中李某又称 78 431 元系其从工商银行中山北街支行自己的理财产品中赎出并交纳。2015 年 7 月 27 日，李某自认 10 000 元定金系使用原告的卡刷卡交纳。

[法律问题]

本案中诉争房屋应当如何分割？

[参考结论与法理精析]

《婚姻法解释（三）》第 10 条规定：“夫妻一方婚前签订不动产买卖合同，以个人财产支付首付款并在银行贷款，婚后用夫妻共同财产还贷，不动产登记于首付款支付方名下的，离婚时该不动产由双方协议处理。依前款规定不能达成协议的，人民法院可以判决该不动产归产权登记一方，尚未归还的贷款为产权登记一方的个人债务。双方婚后共同还贷支付的款项及其相对应财产增值部分，离婚时应根据婚姻法第 39 条第 1 款规定的原则，由产权登记一方对另一方进行补偿。”

法院经审理认为，涉案房屋由崔某甲婚前签订购房合同，并由崔某甲出资交纳 10 000 元购房定金和按揭贷款交纳 204 000 元购房款，对此双方均无争议，争议的是首付款 78 431 元究竟由谁出资，崔某甲、李某均主张该款系自己出资。根据崔某甲、李某提交的证据和陈述，法院认定 78 431 元首付款系崔某甲出资，理由如下：首先，78 431 元出资的举证责任应由李某承担。78 431 元交款时间是 2009 年 9 月 9 日，而崔某甲、李某登记结婚时间是 2010 年 9 月 8 日，也就是说该款交款时崔某甲、李某尚未登记结婚，而该款根据购房合同的约定，交款义务人为崔某甲，现李某主张该款由其出资，应当由李某承担举证责任。其次，李某关于 78 431 元的资金来源，前后陈述不一。李某在 2015 年 5 月 12 日的庭审中陈述其于 2009 年 4 月 24 日从其账号 29×××70 的工商银行工资卡中取款100 150 元，并存到农行偿还房贷的卡里，交了 10 000 元定金和 78 431 元首付款，2015 年 6 月 10 日的庭审中又陈述 78 431 元首付款系其从工商银行中山北街支行自己的理财产品中赎出并交纳。李某的上述陈述，均未提供证据予以证明，且崔某甲亦不认可，对此法院不予采信。综上，李某主张 78 431 元首付款由自己出资的事实，因无证据证明，法院不予认定。据此，78 431 元首付款系崔某甲出资。根据《婚姻法解释（三）》第 10 条的规定，涉案住房产权应归崔某甲所有，尚未归还的贷款本息由崔某甲偿还，而崔某甲、李某婚后已归还的 83 916元贷款，属于夫妻共同还贷，对此崔某甲应支付李某补偿款 41 958 元（83 916元÷2）。截至 2015 年 7 月 27 日，该房已经支出 187 587 元（首付 88 431 元＋已还贷本息 99 156 元），此款加上未还贷本金 143 600 元，总额为 331 187 元。由于该房贷利率为浮动利率，今后需偿还的贷款利息目前无法确定，故该房总价暂按 331 187 元计算。双方婚后共同还贷 83 916 元，占该房总价的 25.34%（83 916 元÷331 187 元），该房现值 420 000 元，双方婚后共同还贷对应的财产增值为 106 428 元（420 000 元×25.34%），对此崔某甲应支付被告补偿款53 214 元（106 428 元÷2）。综上，贺兰县该涉案房屋归崔某甲所有，尚未归还的贷款本息由崔某甲偿还，同时崔某甲支付李某房屋补偿款 95 172 元（夫妻共同还贷补偿款 41 958 元＋对应财产增值补偿款 53 214 元）。

拓展案例

案例一：　　　　　　　谭某与余某离婚纠纷案[1]

［基本案情］

谭某与余某于 2004 年上半年经他人介绍认识，同年 10 月开始共同生活，后登记结婚，婚初双方感情尚可。2007 年以后双方聚少离多。从 2009 年 3、4 月开始，谭某离家与余某分居。分居期间，双方互不关心对方生活、互不履行夫妻义务。谭某于 2010 年 6 月起诉要求与余某离婚。

---

　〔1〕　浙江省淳安县人民法院，（2014）杭淳民初字第 259 号，载 http：//www. pkulaw. cn/case/pfnl__124157100. html？keywords＝%E6%88%BF%E6%94%B9%E6%88%BF%20%E5%88%86%E5%89%B2%20%E5%A4%AB%E5%A6%BB&match＝Exact%2C%20Piece，访问日期：2015 年 11 月 18 日。

2004 年 1 月 14 日，谭某购买了位于淳安县千岛湖镇明珠花园 42 幢 2 单元 104 室房屋一套，后谭某将该房出卖给蓝某某，蓝某某将余款 135 000 元于 2004 年 4 月 6 日汇至谭某中行的账户。谭某还曾签订商品房买卖合同，约定向出卖人购买位于湖北省恩施市民族东路 19 号民族苑 1 单元 302 号房屋。合同签订当日，原告一次性支付购房全款 142 820 元。2012 年 7 月，该房办理了产权证和土地使用证，均登记于原告一人名下。

余某原有位于淳安县千岛湖镇炉峰路 32 幢 602 室房改房一套，2004 年 6 月余某将该房转让。后为购买位于淳安县千岛湖镇明珠花园 39 幢 1 单元 301 室的住房，余某在自己的存折上取了 155 000 元交给谭某，谭某后又返还余某 30 000 元。当天，谭某即以该款向兴海公司支付了首付款 100 747 元。同日，谭某与兴海公司签订商品房买卖合同一份，约定：谭某向兴海公司购买明珠房屋一套，总房款为 240 747 元，已付首期款 100 747 元，余款 140 000 元买受人于 2004 年 7 月 8 日前在中国银行淳安县支行办理按揭手续。出卖人应在 2004 年 7 月 15 日前交付房屋。2004 年 7 月 12 日，谭某告以明珠房屋作抵押，与中国银行淳安县支行签订个人购房借款合同，约定：谭某借款 140 000 元，用于购买明珠房屋，期限 120 个月。二人于同日办理了抵押登记。2005 年 4 月 11 日，兴海公司向谭某开具购买明珠房屋的发票，金额为 238 249 元。2005 年 5 月 28 日，明珠房屋的产权证登记为谭某、余某各占 50% 共有。登记结婚前，该房贷款由余某归还，余某共归还了 8943.82 元。登记结婚后，每月贷款由谭某、余某共同偿还。谭某、余某共同出资对明珠房屋进行了装修，并在结婚登记之前入住。

关于明珠房屋的分割问题，法院经审理认为：明珠房屋属夫妻共同财产，但该房的首付款和婚前按揭贷款均由余某在婚前支付，婚后按揭贷款由双方共同归还，购房款余某出资较多，且谭某在湖北省恩施市已有一套房屋，故明珠房屋应归余某所有。在折价分割中，考虑余某出资、贡献较多的情况，余某可适当多分。据此，依照《婚姻法》第 32 条第 2 款、第 3 款第 5 项、第 39 条第 1 款的规定，判决位于淳安县千岛湖镇明珠花园 39 幢 1 单元 301 室住房一套归余某所有，余某支付谭某折价补偿款 343 000 元。

案例二： **王某与蒋某甲离婚纠纷案**[1]

[基本案情]

王某与蒋某甲系自由恋爱，并登记结婚。婚前，蒋某甲购买了曲阜市凯伦

---

[1]　山东省曲阜市人民法院，（2015）曲民初字第 951 号，载 http：//www. court. gov. cn/zgcpwsw/ sd/sdsjnszjrmfy ＿3614/qfsrmfy/ms/201511/t20151113 ＿12540483. htm，访问日期：2015 年 11 月 20 日。

小区 23 号楼 1 单元 502 室房屋，交纳了首付款 70 597 元。2010 年 1 月 13 日，蒋某甲补交房款 2455 元，交纳该房屋燃气开口费 3200 元、暖气开口费 2823 元、有线电视费 300 元。2009 年 12 月 23 日，蒋某甲与曲阜建设银行签订了借款合同，贷款 12 万元，期限 240 个月，自 2010 年 1 月 8 日起开始按月偿还贷款。自 2011 年 10 月 8 日至 2015 年 6 月 8 日，双方婚后共偿还贷款 34 533.48 元。

　　婚后，因性格差异及生活琐事双方经常吵架，现王某要求与蒋某甲离婚，依法分割夫妻共同财产。蒋某甲同意与王某离婚，但主张位于曲阜市凯伦小区 23 号楼 1 单元 502 室的房屋系其婚前购买，婚后产权办在双方名下，其对该房屋贡献较大，分割该房屋时应当多分，王某应当少分。王某表示放弃分割该房屋的婚后增值部分，但主张对该房屋还贷部分均等分割。双方对诉争房屋的分割产生争议。

　　法院经审理认为，诉争房屋系蒋某甲婚前购买，仅是婚后产权登记在双方名下，故该房屋由蒋某甲所有为宜。房屋归蒋某甲所有后，蒋某甲婚前为购买房屋的债务和为装修房屋的婚前债务，应由蒋某甲负责偿还，王某没有义务再偿还该部分债务；王某对该房屋婚后增值部分予以放弃分割，系其自愿放弃权利，本院予以支持；王某要求分割婚姻关系存续期间共同还贷的款项，系婚姻关系存续期间双方偿还的贷款，是双方共同的支出，得到房屋的蒋某甲应支付给王某偿还贷款 34 533.48 元的一半。依照《婚姻法》第 32 条、第 36 条、第 37 条、第 38 条、第 39 条之规定，判决诉争房屋归蒋某甲所有，由蒋某甲于本判决生效之日起 10 日内一次性付给王某应得婚后偿还房贷部分 17 266.74 元。

　　[问题与思考]

　　对婚前按揭商品房分割，需要考量的因素包括哪些？

　　[重点提示]

　　判断夫妻一方婚前购买的按揭商品房的归属，需要考虑以下两点：一是婚前双方对该房屋的出资情况；二是房屋产权登记情况。

第二节　登记对房屋归属的影响

经典案例

彭某与何某离婚纠纷案[1]

［基本案情］

彭某与何某经自由恋爱，在南山区民政部门办理了结婚登记手续，婚后双方因家庭琐事发生争吵感情不和，何某于 2010 年离家后就再未与彭某共同生活。彭某向法院起诉要求与何某离婚，并请求分割深圳市南山区龙辉花园 26 栋 6 单元 211 房等双方的夫妻共同财产。

彭某于 1998 年 1 月 4 日购买了深圳市南山区龙辉花园 26 栋 6 单元 211 房，该房屋为微利商品房，房款为 213 086 元，彭某支付首期款并向中国建设银行深圳市分行住房城市建设支行申请按揭贷款 12 万元，贷款期限为 10 年（1998 年 1 月 6 日至 2008 年 1 月 6 日），现 12 万元按揭贷款已如期偿还完毕。根据彭某提供的涉案房屋房产证记载，涉案房屋于 2007 年 12 月 14 日登记在彭某与何某名下，产权份额为各占 50%；在"他项权利摘要及附记"中记载："市场商品房，使用权来源：安居房换证；购房日期为 1998 年 1 月 4 日；2008 年 8 月 28 日抵押给深圳平安银行股份有限公司深圳五洲支行"。彭某主张，虽然房产证上登记的权利人为彭某与何某，但涉案房屋系由彭某婚前购买，彭某与何某结婚后因闹矛盾，彭某为了缓和家庭气氛，遂将涉案房屋的 50% 产权赠予何某，将该房屋登记于双方名下。彭某对该主张提交了深圳市住房基金售房收款收据、微利房售价计算表、深圳经济特区微利商品房买卖合同、楼宇按揭（抵押）贷款合同作为证据，何某对上述证据的真实性均无异议。

庭审中，彭某与何某均表示要涉案房屋，经过竞价，彭某最后出价 255 万元，高于何某的最后出价 250 万元，何某表示其不再出价，同意彭某以 255 万元的价格取得涉案房屋并以该价格为基础分割涉案房屋。

---

[1]　广东省深圳市南山区人民法院，（2015）深南法西民初字第 569 号书，载 http://www.court.gov.cn/zgcpwsw/gd/gdsszszjrmfy/szsnsqrmfy/ms/201511/t20151110 __ 12434051.htm，访问时期：2015 年 11 月 24 日。

[法律问题]

本案中涉案房屋应当如何分割？

[参考结论与法理精析]

法院认为，关于涉案房屋深圳市南山区龙辉花园 26 栋 6 单元 211 房的分割问题。虽然涉案房屋系由彭某婚前购买，但在婚后其自愿将该房屋的 50% 产权赠予被告，且涉案房屋的产权登记于彭某与何某双方名下，属于夫妻共同财产，依法应予分割。根据双方的竞价结果，该房归彭某所有，由彭某补偿何某。彭某在该房屋的竞价中出价 255 万元，故彭某应补偿何某 127.5 万元（255 万元 × 50%）。另，何某须协助彭某办理该房的产权变更手续，因办理产权变更所产生的相关税费由彭某自行负担。

拓展案例

金某诉李某离婚纠纷案[1]

[基本案情]

金某、李某于 2010 年 12 月 20 日在吉林省延吉市民政局登记结婚（系再婚）。婚后，双方因家庭琐事产生纠纷，李某提起了离婚诉讼。

金某、李某结婚前，李某在吉林省延房置业集团有限公司购买了一幢 85.77 平方米的房屋，该房屋归属李某个人所有。金某、李某结婚登记前，金某要求将该房屋登记在自己名下。结婚登记后，2010 年 12 月 23 日，双方到吉林省延房置业集团有限公司处将房屋买卖合同更换为金某名下。该房屋登记簿显示，金某登记该房屋时间是 2011 年 10 月 28 日，发证时间是 2011 年 11 月 7 日，产权证号为：延房权证字第 503882 号。对于该房屋价值，双方均认可在 350 000 元左右。对该财产处分，李某同意在保留 120 000 元购买价的前提下，房屋可以处分给金某。婚后，该房屋一直由金某以每年 6000 元收取租金。另查，李某公积金收入自 2011 年 1 月至 2013 年 12 月，计 36 个月，每月 2096.50 元；自 2014 年 1 月至 11 月，计 11 个月，每月 2212 元。以上合计 99 806 元。2011 年 7 月期间，李某因婚前房屋公积金贷款，扣减了部分公积金。

李某一审要求与金某离婚，并分割 87 平方米的房屋。金某一审辩称诉争房

---

〔1〕　吉林省延边朝鲜族自治州中级人民法院，（2015）延中民一终字第 232 号，载 http://www.court.gov.cn/zgcpwsw/jl/jlsybcxzzzzjrmfy/ms/201511/t20151110 __12448463.htm，访问日期：2015 年 11 月 22 日。

屋是其与李某登记前，李某答应赠与自己的房屋，该房屋归金某个人所有，李某无权分割。

一审法院认为：延房权证字第503882号房屋原属于李某婚前个人财产，在与金某结婚登记前，李某应金某要求，将房屋变更登记在金某名下，双方不具有赠与的合意。双方登记成为夫妻后，房屋变更登记在金某名下，只能表明李某对个人财产变为共有财产的意思表示，财产性质由个人转变为共有。因为，金某不与李某结婚登记，李某也不会将房屋登记在金某名下。故金某主张该房屋完全归属自己的理由，没有事实依据，本院不予支持。该房屋按共有财产予以分割。李某对该房屋主张分割的份额120 000元，未超出房屋价款总额的50%，本院对李某主张的份额予以认定。李某自2011年1月至2014年11月期间的公积金收入（99 806元）属于夫妻共同财产，依法应予分割。李某在2011年7月用公积金偿还房贷的事实，不影响被告对公积金额度的分割。依照《婚姻法》第32条、第17条，《最高人民法院关于民事诉讼证据的若干规定》第2条的规定，判决延房权证字第503882号房屋归金某所有，金某给付李某房屋折价款120 000元；李某公积金收入99 806元（未包括2014年12月以后至离婚生效时的收入）归李某所有，李某给付金某折价款49 903元。

金某不服一审判决提起上诉，二审法院驳回上诉，维持原判。

[问题与思考]

夫妻一方于婚后在其婚前个人所有的房屋上为另一方加名的，应视为是对另一方的房屋赠与还是将房屋变为共有财产的意思表示？

[重点提示]

在无其他证据证明夫妻一方存在将房屋全部赠与另一方的明确意思表示的情况下，应推定该行为是夫妻一方将房屋变为共有财产的意思表示。

第三节　婚后购房父母出资的房屋的归属

经典案例

邱某与杨某离婚纠纷[1]

[基本案情]

邱某与杨某于 2006 年 3 月 10 日登记结婚。双方婚生一女杨某甲，于 2007 年 1 月 31 日出生，现已入学，并随被告共同生活。

邱某与杨某结婚后，邱某购买了坐落于大连市甘井子区吉祥街 115 号 3 单元 9 层 2 号房屋。购买该房屋时，邱某的父亲邱某甲于 2006 年 5 月 9 日向邱某的中国建设银行账户汇款 60 000 元，邱某的母亲金某于 2006 年 6 月 28 日向邱某的中国建设银行账户汇款 230 000 元。杨某于 2006 年 12 月 3 日向邱某出具《房产证明》，内容为："兴达－福山居 7#－3－9－2 的房子系邱某母亲金某出资购买，总价值 343 440 元。房产全部由金某购买，跟杨某一点关系没有。如果有任何财产上的分割与杨某没有任何关系"，杨某在该证明下部签名并书写日期。邱某于 2007 年 5 月 23 日取得该房屋的房地产权证，登记房地产权利人为邱某。

后邱某与杨某婚后性格不合，经常因家庭琐事吵架，邱某因此诉至法院，请求判令与杨某离婚并分割夫妻共同财产。杨某在庭审中请求分割登记在邱某名下的位于大连市甘井子区吉祥街 115 号 1 区 7 号 3－9－2 号房屋，邱某给付杨某一半的房屋折价款；邱某认为该房屋系邱某的父母出资购买，登记在邱某名下，系邱某的个人财产，不同意作为共同财产分割。

[法律问题]

本案中涉案房屋是否属于夫妻共同财产？

[参考结论与法理精析]

审理法院认为，邱某主张涉案房屋为邱某父母出资，并登记在邱某名下，应视为邱某父母对邱某个人的赠与，所以该房屋为邱某个人财产。对此，邱某提供证据证明其购买房屋前父亲邱某甲及母亲金某曾向其账户汇款合计 290 000 元，同时提交杨某签字的房产证明材料 1 份，该房产证明材料载明上述房屋系

---

〔1〕　辽宁省大连市中级人民法院，（2015）大民一终字第 01389 号，载 http://www.court.gov.cn/zgcpwsw/ln/lnsdlszjrmfy/ms/201509/t20150929 __11405287.htm，访问日期：2015 年 11 月 18 日。

邱某父母出资,与杨某没有关系。杨某主张涉案房屋虽登记在邱某名下,但系双方婚后取得,应为邱某、杨某双方的夫妻共同财产。《婚姻法解释(三)》第7条第1款规定:"婚后由一方父母出资为子女购买的不动产,产权登记在出资人子女名下的,可按照婚姻法第18条第3项的规定,视为只对自己子女一方的赠与,该不动产应认定为夫妻一方的个人财产。"

本案中,邱某已提交证据证明涉案房屋系邱某的父母出资为邱某购买,产权亦登记在邱某名下,且杨某亦书写房产证明材料表明该房屋系邱某父母出资,与其没有关系。因此,上述房屋应认定为邱某的个人财产。故邱某主张上述房屋系原告个人财产,法院予以支持。而杨某主张涉案房屋系夫妻共同财产,要求予以分割,法院不予支持。

拓展案例

伊某与张某离婚纠纷案[1]

[基本案情]

伊某与张某于1995年经人介绍相识,同年确立恋爱关系,于1998年10月18日登记结婚。双方于2003年7月6日购买了北京市朝阳区××1410号房屋,购房款316 894元,首付款221 894元,贷款100 000元(已全部还清)。张某父母出资支付涉诉房屋首付款200 000元,伊某父母出资支付涉诉房屋首付款10 000元,该房屋登记在伊某名下。

婚初伊某与张某夫妻感情尚可,但因张某一直不愿生育子女,致使双方产生较大矛盾,并正式分居。伊某向法院起诉请求判令与张某离婚;判令涉诉房屋归伊某所有,由伊某适当给付张某折价款。张某在庭审中提出同意离婚,但对涉诉房屋要求按出资比例进行分割,即伊某按房屋价值的80%给付其折价款。

原审法院经审理认为:关于涉诉房屋,结合双方陈述及所提供证据,法院对张某父母在购房首付款中出资200 000元事实予以采信,但因该房屋系婚后购买且登记在伊某名下,张某未能证明出资时其父母曾明确表示赠与张某一人,故该出资应当认定为对夫妻双方的赠与。根据本案实际情况及双方意见,法院判定涉诉房屋归伊某所有,伊某给付张某房屋折价款1 100 000元整。

判决后,张某不服原审法院判决提起上诉。张某认为涉诉房屋首付款由其

〔1〕 北京市第三中级人民法院,(2015)三中民终字第10308号,载 http://www.court.gov.cn/zgcpwsw/bj/bjsdszjrmfy/ms/201509/t20150925__11286748.htm,访问日期:2015年11月18日。

父母出资 200 000 元，由伊某父母出资 10 000 元，依据《婚姻法解释（三）》第 7 条第 2 款的规定，应按照张某及其父母出资额占总出资 80% 的比例对涉诉房屋进行分割，请求二审法院依法改判伊某给付张某房屋折价款 1 600 000 元。

二审法院认为，本案中，张某主张其父母出资支付涉诉房屋首付款 200 000 元，并提交了银行交易明细等证据予以证明，张某同时认可伊某的父母出资支付涉诉房屋首付款 10 000 元；根据双方当事人的陈述及在案证据，可以认定涉诉房屋首付款中的 200 000 元系由张某父母出资支付，原审对此认定正确。最高人民法院《婚姻法解释（三）》第 7 条第 2 款规定，由双方父母出资购买的不动产，产权登记在一方子女名下的，该不动产可认定为双方按照各自父母的出资份额按份共有，但当事人另有约定的除外。该条规定所适用的情形应为双方父母出全资所购得的不动产，而本案涉诉房屋系由双方父母出资支付了绝大部分首付款，剩余购房款由双方贷款并由双方夫妻共同财产偿还，故本案所属情形并不适用《婚姻法解释（三）》第 7 条第 2 款之规定。根据相关司法解释的规定，涉诉房屋系双方婚后购买并登记在伊某名下，未有证据证明张某的父母出资支付首付款时明确表示单方赠与张某，故张某的父母出资支付的首付款应认定为对夫妻双方的赠与。根据全案案情及双方当事人的陈述意见，原审法院判定涉诉房屋归伊某所有，由伊某给付张某房屋折价款，并无不当，所酌定之房屋折价款数额亦属适当。张某主张应按照张某及其父母出资额占总出资 80% 的比例对涉诉房屋进行分割，于法无据，法院不予采纳。

[问题与思考]

父母为其子女婚后购房出资，房屋登记在夫妻另一方名下的，应如何认定一方当事人父母的赠与或者借贷性质？

[重点提示]

父母为其子女婚后购房出资，且将该房屋仅登记在其子女名下的，仅视为对其子女的赠与；若该房屋同时或仅登记在夫妻另一方名下的，应视为对夫妻双方的共同赠与。

第七章

离　婚

知识概要

　　离婚是夫妻人为终止婚姻关系的法律行为。我国目前存在行政离婚[1]和诉讼离婚两种程序。行政离婚在《婚姻法》上的标准是"自愿"，法律准许婚姻当事人双方协议解决离婚的有关事务。诉讼离婚则是指，婚姻当事人双方无法对离婚相关事务达成协议，并诉至法院的，法院依据"感情确已破裂"的标准及相关规定进行调解和判决。本章共分为五节。第一节论述的是行政离婚，主要探讨行政离婚的条件和具体程序。第二节论述的是离婚协议，主要探讨离婚协议的性质与效力，以及其中关于履行财产分割内容的纠纷处理。第三节论述的是诉讼离婚，主要探讨诉讼离婚的程序及法院判决离婚的法定理由。第四节论述的是对军人的特殊保护，这是诉讼离婚的特别规定之一，主要探讨在离婚时保护军人一定条件下的胜诉权及其适用问题。第五节论述的是对女方的特殊保护，这是诉讼离婚的特别规定之二，主要探讨离婚时法律对女方的特殊保护内容及其适用。

第一节　行政离婚

经典案例

孙某某诉盐城市亭湖区民政局要求撤销离婚登记案[2]

[基本案情]

　　孙某某与孟某某于2005年4月25日登记结婚，2006年10月14日，生一子

---

　　[1]　协议离婚因其办理机构，常被称作行政离婚。而我国在司法实务中也常将法院调解离婚称作协议离婚，为区别之，此处以行政离婚代之。

　　[2]　江苏省盐城市亭湖区人民法院行政一审判决书，(2010) 亭行初字第068号，载 http://www. pkulaw. cn/case/pfnl __119227831. html? keywords = % E5% A9% 9A% E5% A7% BB% E7% 99% BB% E8% AE% B0% E6% 9D% A1% E4% BE% 8B&match = Exact%2C%20Piece，访问日期：2015年11月25日。

孟某杰。2006 年 12 月，孙某某患精神疾病在盐城市第四人民医院诊治，一直未愈。2009 年 9 月，孟某某以孙某某患精神病经常发作，导致家庭生活难以维持为由，向法院起诉要求离婚，法院经审理后依法判决驳回孟某某的离婚请求。2010 年 7 月 5 日，孟某某带着孙某某到江苏省盐城市亭湖区民政局（以下简称亭湖民政局）处申请离婚，并提供了双方的身份证、户口簿、结婚证。亭湖民政局的工作人员对两人进行了询问并审查了双方签署的离婚协议、离婚登记声明书后，当场向二人发放了 L320902 - 2010 - 000709 号离婚证。2010 年 7 月 15 日，孙某某的母亲仇某某（监护人）在她包中发现了孟某某与孙某某办理的离婚证复印件。2010 年 7 月 23 日，仇某某到亭湖民政局处要求其纠正错误的离婚登记，亭湖民政局拒绝纠正。

孙某某的母亲仇某某认为孙某某患有精神病，是一个无民事行为能力或者限制民事行为能力的人，亭湖民政局为其办理离婚登记的行为，违反了《婚姻登记条例》第 12 条之规定。因此，2010 年 8 月 10 日，仇某某以孙某某的名义向法院提起行政诉讼，请求撤销亭湖民政局的离婚登记，并在庭审中提出申请要求对孙某某进行司法精神病医学鉴定［鉴定结果：认定孙某某患×××症（衰退型），病呈持续性，在办理离婚登记时仍处于疾病过程中，受精神病性症状的影响，不能辨认自己的权利和义务，不能作出正确的意思表示，不能保护自己的合法权益，综合评定为无民事行为能力］。

被告亭湖民政局答辩称：①我局办理离婚登记的程序是符合法律规定的。②我局当场向原告和孟某某发放离婚证的行为，也是符合国家法律规定的。③原告要求撤销离婚登记无任何事实依据和法律依据。综上所述，我局认为，原告要求撤销离婚登记，显然是有悖于事实和法律的，恳请人民法院依法驳回原告的诉讼请求。

第三人孟某某答辩称：被告无过错。第三人与原告的自愿离婚行为符合我国《婚姻法》中有关离婚的规定，请求法院驳回原告的诉讼请求。

[法律问题]

1. 我国行政离婚需要满足哪些条件？

2. 我国行政离婚的具体程序如何？

[参考结论与法理精析]

（一）法院意见

法院认为：被告亭湖民政局是依法履行婚姻登记行政职能的婚姻登记机关，具有办理结婚登记、离婚登记的法定职权。《婚姻登记条例》第 12 条规定："办理离婚登记的当事人有下列情形之一的，婚姻登记机关不予受理：①未达成离婚协议的；②属于无民事行为能力人或者限制民事行为能力人的；③其结婚登记不是在中国内地办理的。"因此，婚姻登记机关对无民事行为能力人或者限制民事行为能力人申请办理离婚登记的应不予受理。本案中，原告孙某某经盐城市第四人民医院司法鉴定所鉴定，其离婚时患×××症（衰退型），为无民事行为能力人。故其向亭湖民政局申请离婚登记时所签的《申请离婚登记声明书》《离婚协议书》《离婚登记审查处理表》等文件均应为无效文件，亭湖民政局根据无效文件作出的准予孙某某与第三人孟某某离婚的登记行为，缺乏合法性基础。故亭湖民政局对于孙某某不能表达其真实意思的情况下发生的离婚协议行为，按照行政程序进行受理并批准登记，违反了法定程序，依法应予撤销。依照国务院《婚姻登记条例》第 12 条第 2 项、《行政诉讼法》第 54 条第 2 项第 3 目的规定，判决撤销被告盐城市亭湖区民政局于 2010 年 7 月 5 日对原告孙某某、第三人孟某某作出的 L320902－2010－000709 号离婚登记。

（二）我国行政离婚的条件

《婚姻法》第 31 条规定："男女双方自愿离婚的，准予离婚。双方必须到婚姻登记机关申请离婚。婚姻登记机关查明双方确实是自愿并对子女和财产问题已有适当处理时，发给离婚证。"为此，国务院 2003 年公布的《婚姻登记条例》第三章离婚登记对行政离婚条件作了具体要求。

拓展案例

杨某与方某婚姻登记纠纷上诉案[1]

［基本案情］

原告方某与第三人杨某系夫妻关系。杨某与方某因家庭琐事发生矛盾，于 2008 年 2 月 15 日晚上，两人到重庆市巫山县民政局婚姻登记处要求办理离婚登记。双方签署了申请离婚登记声明书，在申请离婚登记声明书中载明："双方自愿离婚，对子女抚养、财产、债务等事项已达成一致处理意见并共同签署了离婚协议书，对此项离婚民事行为无任何隐瞒事项"。由于巫山县民政局婚姻登记处干部陈某与方某、杨某双方均是熟人，陈某未按婚姻登记条例的规定收集原告与第三人共同签署的书面离婚协议，也未注销双方的结婚证，即于 2008 年 2 月 15 日向双方颁发了渝巫离字№：010800035 号离婚登记证。2008 年 2 月 20

---

〔1〕　重庆市第二中级人民法院行政一审判决书，（2008）渝二中法行初字第 32 号；重庆市高级人民法院行政二审判决书，（2008）渝高法行终字第 118 号，载 http：//www.pkulaw.cn/Case/pfnl＿119202532.html？match＝Exact，访问日期：2015 年 11 月 25 日。

日，杨某与案外人肖某办理了结婚登记。方某以离婚不是其真实意思表示且离婚登记违反法定程序为由，于 2008 年 7 月 17 日向重庆市第二中级人民法院提起诉讼，请求法院撤销巫山县人民政府作出的渝巫离字 No：010800035 号离婚证。

一审法院认为：《婚姻登记条例》第 11 条第 1 款规定："办理离婚登记的内地居民应当出具下列证件和证明材料：①本人的户口簿、身份证；②本人的结婚证；③双方当事人共同签署的离婚协议书。"离婚协议书应当载明双方当事人自愿离婚的意思表示以及对子女抚养、财产及债务处理等事项协商一致的意见。第 12 条中规定："办理离婚登记的当事人有下列情形之一的，婚姻登记机关不予受理：①未达成离婚协议的……"第 13 条规定："婚姻登记机关应当对离婚登记当事人出具的证件、证明材料进行审查并询问相关情况"。上述规定表明夫妻双方申请离婚登记的，必须提交载明相关内容的书面离婚协议供婚姻登记机关审查，不能以无详细内容的离婚声明替代离婚协议。《婚姻登记工作暂行规范》第 52 条第 4 项规定："颁发离婚证，在当事人的结婚证上加盖条型印章，其中注明'双方离婚，证件失效。某某婚姻登记处'。注销后的结婚证退还当事人。"由此可见，在进行离婚登记后还应将原结婚证注销。而婚姻登记机关在办理离婚登记时，未收集方某与杨某的书面离婚协议，而以申请离婚声明书代替，对其结婚证也未注销，因此本次离婚登记行为程序违法。根据《行政诉讼法》第 54 条第 2 项第 3 目之规定，一审法院判决：撤销巫山县人民政府颁发的渝巫离字 No：010800035 号离婚证。

宣判后，杨某不服一审判决，向重庆市高级人民法院提起上诉。

二审法院认为：本案的婚姻登记机关虽然没有确凿的证据证明其办理离婚证时收集了方某与杨某的书面离婚协议，这属于行政机关的过错，但是这一过错并不足以导致离婚证的失效。因为行政机关在办理离婚登记时，有经双方当事人签字认可的申请离婚登记声明书。在该申请离婚登记声明书中，双方声明："自愿离婚，对子女抚养、财产、债务等事项已达成一致处理意见并签署了离婚协议书，对此项离婚民事行为无任何隐瞒事项"。同时，杨某与方某 2008 年 2 月 15 日离婚后，已于 2008 年 2 月 20 日与肖某结婚，一旦撤销本案所诉的离婚登记行为，将会导致上诉人杨某在形式上存在两个婚姻，明显违背我国《婚姻法》的基本精神。本次离婚登记行为虽然程序存在瑕疵，但不应予以撤销。颁发离婚证后，行政机关应当及时注销结婚证。离婚证是对结婚证的否定，本案结婚证未及时注销，属于离婚登记行政行为完成后的一个完善手续的问题，不会影响离婚登记行政行为的效力。被上诉人方某认为此次离婚是受上诉人杨某的欺骗而为，但方某作为 40 多岁的成年人且是国家公务员，应当知道自己行为的后果，即使方某向婚姻登记机关作出离婚的意思表示与其内心的真实想法不一致，但是婚姻登记机关是无法审查其内心的真实想法的，而只能依据其表达于外部的意思表示而作出行政行为。离婚登记已经生效，方某应当为自己所作出的行为承担法律责任。判决：撤销重庆市第二中级人民法院（2008）渝二中法行初字第 32 号行政判决并驳回方某的诉讼请求。

[问题与思考]

违反登记程序能否否定行政离婚登记行为的法律效力？为什么？

[重点提示]

回答前述问题，需关注以下几个方面：①行政离婚的实质条件；②离婚登记行为的特点；③离婚登记行为的法律效力的判断标准。

第二节　离婚协议

经典案例

李某诉孙某离婚后财产纠纷案[1]

[基本案情]

孙某和李某原本是夫妻，两人于 2004 年因感情不和协议离婚，双方在协议中约定：婚生子孙小某离婚后由女方抚养，孙某定期给付李某抚养费和教育费；现住公房及房屋内所有物品归女方所有；现金、存款上双方不存在共同财产，离婚时互不干涉，不需再分割；男方经营的公司、所有的汽车等财产，离婚后属男方。2014 年，李某在作为孙小某的法定代理人依据离婚协议要求孙某付抚养费时，发现孙某现住房是其与李某婚姻关系存续期间购买，孙某在离婚时对该房屋进行了隐瞒。故李某以此为由起诉到法院要求判决涉案房屋全部归自己所有。

被告孙某辩称，李某的起诉期早已以超过两年的诉讼时效，而且当时双方因为感情不和，从 2001 年便已经开始分居。涉案的房屋是其在分居期间完全用个人的财产购买的，应属于个人财产。同时，离婚协议中的公房在离婚时已经取得完全产权，与公房相比，现住房在离婚时价值较小，而且购买此房也告诉过李某，故对于该房屋完全没有隐藏的动机和必要。况且，双方在离婚协议中

---

〔1〕　最高法院公布婚姻家庭纠纷典型案例（北京）之八，载 http：//www.court.gov.cn/zixun－xiangqing－16035.html，访问日期：2015 年 11 月 25 日。

明确约定"所有的汽车等财产，离婚后属男方"，自己的现住房理应属于个人财产，因此不同意李某的诉讼请求。

一审法院判决房屋归孙某所有，孙某给付李某房屋折价款140万。判决后，孙某、李某均不服，向北京市第一中级人民法院提起上诉，后均被驳回上诉，维持原判。

［法律问题］

1. 简述诉前离婚协议的涵义。

2. 履行财产分割协议时发生纠纷应如何处理？

［参考结论与法理精析］

（一）法院意见

一审法院认为，涉案房屋系在双方婚姻关系存续期间购买，为夫妻共同财产，应当予以分割，判决房屋归孙某所有，孙某给付李某房屋折价款140万。

二审法院认为，虽然双方在离婚协议中有"男方经营的公司，所有的汽车等财产，离婚后属男方"的约定，但在房产价值远大于汽车的常识背景下，以"等"字涵盖房屋，违背常理，故该房为双方婚姻关系存续期间购买，应属于双方共同财产。对于孙某所提的李某诉讼已过诉讼时效的上诉理由，因孙某未能提供证据证明李某在诉讼时效结束之前已经知道该套房屋的存在，故李某表示其作为孙小某的法定代理人在2014年起诉孙某给付抚养费的案件中才知道有该套房屋的解释较为合理。对于房屋的分割问题，原审法院参照李某提出的市场价格及周边地区房屋的市场价格酌情确定房屋的市场价格并无不妥，同时原审法院结合孙某隐匿财产存在过错、涉案房屋登记在孙某名下等因素，判决房屋归孙某所有，孙某给付李某折价款140万，并无不当。

（二）诉前离婚协议概述

我国目前存在行政离婚和诉讼离婚两种程序，离婚协议既可以通过离婚登记的方式实现，也可以通过离婚诉讼中调解的方式实现，为区别于离婚诉讼中调解达成的离婚协议，常把通过行政离婚达成的离婚协议称作诉前离婚协议。诉前离婚协议，是指夫妻双方在登记离婚之前，自愿签订的离婚协议，其对子女问题、财产问题及债务问题等都达成了一致的意见。签订诉前离婚协议的主体必须是办理了婚姻登记的合法夫妻，事实婚姻双方签订的离婚协议不受法律的保护；签订时双方需要具备完全的民事行为能力。

诉前离婚协议的内容在上一节中已有提及，其规定在《婚姻登记条例》第11条第3款："离婚协议书应当载明双方当事人自愿离婚的意思表示以及对子女抚养、财产及债务处理等事项协商一致的意见。"而关于诉前离婚协议的性质与效力问题，学界与实务界存在不同的看法，尚未达成一致的观点，主要存在两种观点：①认为诉前离婚协议虽然包括身份关系的解除以及财产分割、子女抚养等多方面的内容，但实质上只是一个涉及人身关系的行为，该行为以登记为生效要件，未经离婚登记的诉前离婚协议不具有约束力。[1] ②认为诉前离婚协议的性质是一种混合合同，关于自愿离婚和子女抚养的内容属于人身关系的性质，而财产及债务处理属于财产关系的性质；离婚协议中的自愿离婚条款自取得离婚证之日起生效，而关于子女抚养及财产分割的条款则在当事人意思表示一致时即行生效，不以婚姻登记机关办理相应手续，或者婚姻登记机关颁发离婚证为生效要件。[2] 对此，法律并未明确规定，仅在司法解释中有所涉及，如《婚姻法解释（二）》第 8 条第 1 款规定："离婚协议中关于财产分割的条款或者当事人因离婚就财产分割达成的协议，对男女双方具有法律约束力。"

（三）因履行财产分割协议产生纠纷的处理

离婚后，双方当事人因为履行财产分割协议产生纠纷的，可以按照司法解释的规定处理。关于该内容有以下规定：《婚姻法解释（二）》第 8 条规定："离婚协议中关于财产分割的条款或者当事人因离婚就财产分割达成的协议，对男女双方具有法律约束力。当事人因履行上述财产分割协议发生纠纷提起诉讼的，人民法院应当受理。"《婚姻法解释（二）》第 9 条："男女双方协议离婚后 1 年内就财产分割问题反悔，请求变更或者撤销财产分割协议的，人民法院应当受理。人民法院审理后，未发现订立财产分割协议时存在欺诈、胁迫等情形的，应当依法驳回当事人的诉讼请求。"对此，最高人民法院的相关释义指出：①适用本条司法解释的前提条件是当事人在婚姻登记机关协议离婚，并就财产分割问题达成了协议；②明确规定在当事人向婚姻登记机关提交的离婚协议中有关财产分割问题的条款及作为离婚协议组成部分或附件的财产分割协议，对离婚的双方当事人都具有法律约束力；③离婚后 1 年内，男女双方因履行上述协议发生纠纷向人民法院起诉的，人民法院应当作为民事案件受理。人民法院审理后，如果没有发现订立财产分割协议时存在欺诈、胁迫等情形的，原协议不得变更或撤销。《婚姻法解释（三）》第 18 条规定："离婚后，一方以尚有夫妻共同财产未处理为由向人民法院起诉请求分割的，经审查该财产确属离婚时未涉及的夫妻共同财产，人民法院应当依法予以分割。"行政离婚后，尚有夫妻共同财产未处理，一方可向人民法院起诉请求分割。

---

[1] 杨晓林："诉前离婚协议的性质及效力的探讨"，载贾明军主编：《婚姻家庭纠纷案件律师业务》，法律出版社 2013 年版，第 173 页。

[2] 孙瑞玺：《离婚协议的性质及效力》，载 http://article. chinalawinfo. com/ArticleHtml/Article 32513. shtml，访问日期：2015 年 11 月 20 日。

拓展案例

于某某诉高某某离婚后财产纠纷案[1]

[基本案情]

于某某与高某某于 2001 年 11 月 11 日登记结婚，婚后于 2003 年 9 月生育一子高某。因感情不和，双方于 2009 年 9 月 2 日在法院调解离婚。双方离婚时对于共同共有的位于北京市某小区 59 号房屋未予以分割，而是通过协议约定该房屋所有权在高某某付清贷款后归双方之子高某所有。2013 年 1 月，于某某起诉至北京市东城区人民法院称：59 号房屋贷款尚未还清，房屋产权亦未变更至高某名下，即还未实际赠与高某，目前还处于于某某、高某某共有财产状态，故不计划再将该房屋属于自己的部分赠给高某，主张撤销之前的赠与行为，由法院依法分割 59 号房屋。

高某某则认为：离婚时双方已经将房屋协议赠与高某，正是因为于某某同意将房屋赠与高某，我才同意离婚协议中其他加重我义务的条款，例如在离婚后单独偿还夫妻共同债务 4.5 万元。我认为离婚已经对孩子造成了巨大伤害，出于对未成年人的考虑，不应该支持于某某的诉讼请求。

北京市东城区人民法院认为：双方在婚姻关系存续期间均知悉 59 号房屋系夫妻共同财产，对于诉争房屋的处理，于某某与高某某早已达成约定，且该约定系双方在离婚时达成，即双方约定将 59 号房屋赠与其子是建立在夫妻双方身份关系解除的基础之上。在于某某与高某某离婚后，于某某不同意履行对诉争房屋的处理约定，并要求分割诉争房屋，其诉讼请求法律依据不足，亦有违诚信。故对于某某的诉讼请求，法院不予支持。法院于 2013 年 4 月 24 日作出 (2013) 东民初字第 02551 号民事判决：驳回于某某的诉讼请求。宣判后，于某某向北京市第二中级人民法院提起上诉，北京市第二中级人民法院于 2013 年 7 月 11 日作出 (2013) 二中民终字第 09734 号判决：驳回上诉，维持原判。

[问题与思考]

离婚协议中的赠与行为是否能够撤销，为什么？

[重点提示]

回答前述问题，需关注到离婚协议的性质及效力方面，此外也需要考虑离

---

〔1〕 最高法院公布婚姻家庭纠纷典型案例（北京）之一，载 http://www.court.gov.cn/zixun–xiangqing–16035.html，访问日期：2015 年 11 月 25 日。

婚协议中权利、义务的整体性。

第三节　诉讼离婚

经典案例

谭某诉宋某离婚纠纷案[1]

[**基本案情**]

宋某与谭某于 2012 年 8 月自行相识，2013 年 6 月登记结婚，双方均系再婚，未生育子女。2014 年 7 月，宋某向法院提起离婚诉讼被驳回，经半年调解，矛盾仍未缓解，故 2015 年 3 月宋某再次起诉至法院要求离婚，经法院调解未达成一致。

宋某诉称：2013 年 6 月，为了照顾生病卧床的母亲草率结婚，婚姻基础较差，婚后谭某对家庭不负责任，未尽妻子孝顺老人的义务，更让宋某无法忍受的是，结婚半年谭某就要求分宋某的廉租房，并要求宋某变更廉租房申请人为谭某本人。因与谭某未达成一致，不出具相关申请材料，使得街道取消了廉租房申请。家庭矛盾不可和解，现再次诉至法院，要求与谭某解除婚姻关系。

谭某辩称：谭某对宋某很好，对宋某家庭、子女都做了很多工作。宋某的子女与宋某不说话 20 多年，是谭某做工作，他们之间的关系才缓和了。谭某婚后得知宋某是为了分房才与谭某结婚的，宋某分不到房子也不是因为谭某不提供材料。夫妻感情很好，愿意与宋某继续生活下去，不同意离婚。

一审法院 2015 年 3 月判决准许宋某与谭某离婚。判决后，谭某不服，上诉请求撤销原审判决，改判驳回宋某关于离婚的诉讼请求，二审法院驳回了上诉，维持原判。

[**法律问题**]

1. 离婚程序中法院调解有何作用？

2. 如何理解法院调解与诉讼外调解的关系？我国判决离婚的法定理由有哪些？

3. 如何认定感情确已破裂？

---

〔1〕　参考北京市第二中级人民法院，（2015）二中民终字第 07046 号，载 http://www.court.gov.cn/zgcpwsw/bj/bjsdezjrmfy/ms/201507/t20150731＿9912552.htm，访问日期：2015 年 11 月 25 日。

[参考结论与法理精析]

(一) 法院意见

一审法院认为：夫妻感情是维系婚姻关系的基础。宋某、谭某的婚姻基础较弱，且婚后在生活中发生矛盾，双方未能有效化解，导致矛盾加剧。宋某第二次起诉要求离婚，谭某虽表示不同意离婚，但从法院第一次判决不准离婚至今，双方感情未见好转，故认为夫妻双方感情已经破裂，且经调解无效，判决准予离婚。

二审法院认为：夫妻感情是维系婚姻关系的基础。宋某与谭某于2012年8月自行相识，于2013年6月25日登记结婚。从二人相识到结婚的时间来看，婚姻基础较弱，且婚后在生活中发生矛盾，双方未能有效化解，导致矛盾加剧，大打出手。现宋某第二次起诉要求离婚，谭某虽表示不同意离婚，但从法院第一次判决不准离婚至今，双方感情未见好转，原审法院综合考虑双方婚姻基础薄弱以及宋某第二次起诉离婚的情况，认定宋某和谭某感情破裂，并无明显不当。

(二) 法院调解与诉讼外调解

根据《婚姻法》第32条第1款、第2款规定："男女一方要求离婚的，可由有关部门进行调解或直接向人民法院提出离婚诉讼。人民法院审理离婚案件，应当进行调解；如感情确已破裂，调解无效，应准予离婚。"本案中当事人经历了半年调解和法院调解均告无效，最终法院判决了离婚。

此处规定中的有关部门是指法院以外的部门，包括当事人所在单位、妇联、基层调解组织和行政主管部门，亦被称作诉讼外调解。诉讼外调解不是离婚的必经程序，没有法律强制性。法院的调解是其审判离婚案件的前置程序，由于其发生在诉讼过程中，也被称作诉讼内调解。立法将之作为前置程序是为了妥善慎重地解决离婚案件，同时避免诉讼资源的浪费。

(三) 我国判决离婚的法定理由

判决离婚的法定理由也叫判决离婚的法定原因、标准，是人民法院裁判离婚案件的依据，根据我国《婚姻法》的规定，有争议的诉讼离婚结果不取决于当事人的意志而是取决于法院的判决。根据《婚姻法》第32条的规定，我国法律对离婚的法定理由采取的是示例主义的立法方式。首先规定了概括性的标准即"感情确已破裂，调解无效"，它的含义有两层：一是感情确已破裂，调解无效的准予离婚；二是感情没有破裂或没有完全破裂的，即使调解无效也不准予离婚。除此之外还列举了五种具体的判断感情破裂的情形，前三种情形属于有过错而推定感情已经破裂，第四种以婚姻当事人分居达到一定的期限推定感情破裂，第五种实际上是一个事实行为。具体言之，即[1]：

1. 重婚或有配偶者与他人同居；

2. 实施家庭暴力或虐待、遗弃家庭成员；

3. 有赌博、吸毒等恶习屡教不改；

4. 因感情不和分居满 2 年；

5. 一方被宣告失踪，另一方提出离婚诉讼的，应准予离婚。

（四）认定感情确已破裂的方法

我国《婚姻法》采取的是"感情确已破裂"的离婚标准，法院判决离婚应当考虑夫妻感情是否破裂，感情破裂就应当准予离婚，感情没有破裂就不应当准予离婚。实践中通常从婚姻基础、婚后感情、离婚原因、夫妻关系的现状及有无和好的可能性等层面综合认定，但是这毕竟是一个较为抽象的标准，在实践中也常常出现尺度不一、适用任意的情况。

2011 年 8 月 13 日起施行的《婚姻法解释（三）》第 9 条规定："夫以妻擅自中止妊娠侵犯其生育权为由请求损害赔偿的，人民法院不予支持；夫妻双方因是否生育发生纠纷，致使感情确已破裂，一方请求离婚的，人民法院经调解无效，应依照婚姻法第 32 条第 3 款第 5 项的规定处理。"这是把"夫妻因为是否生育产生矛盾致使感情破裂"作为可以判决离婚的法定理由。

除此之外，最高人民法院在 1989 年曾发布过一份《最高人民法院关于人民法院审理离婚案件如何认定夫妻感情确已破裂的若干具体意见》，其中所列举的方法只要与《婚姻法》的司法解释没有冲突的，仍然可以参考适用。

拓展案例

案例一： **郭某诉田某离婚纠纷案**[2]

［基本案情］

郭某与田某于 2008 年 3 月经人介绍相识，于 2008 年 5 月 6 日登记结婚，双方均系再婚，且婚后未生育子女。婚后郭某于 2011 年、2012 年、2013 年曾三次到法院起诉离婚，均被驳回。2014 年郭某再次诉至法院要求解除婚姻关系。

郭某诉称：我与田某于 2008 年 3 月经人介绍相识，2008 年 5 月 16 日登记

---

〔1〕 何俊萍、郑小川、陈汉：《亲属法与继承法》，高等教育出版社 2013 年版，第 248～249 页。

〔2〕 北京市朝阳区人民法院，（2014）朝民初字第 02074 号，载 http：//www. court. gov. cn/zgcpwsw/bj/bjsdszjrmfy/bjscyqrmfy/ms/201402/t20140228 __408598. htm，访问日期：2015 年 11 月 25 日。

结婚，双方均系再婚。因双方婚前相处时间短，对对方性格并不了解，导致我们婚后经常因为家庭生活琐事发生争执。结婚后，我希望尽快生育子女，但因田某在前次婚姻中已有一子，故其一直不同意生育。此前，我已经三次到法院起诉离婚，但均驳回了我的诉讼请求。现夫妻双方感情已经破裂，且无和好可能，故我再次起诉，要求解除我与田某的婚姻关系。

田某辩称：我和郭某均是再婚，因此我们对于此次婚姻都很慎重和珍惜，并不存在婚前缺乏了解、草率结婚的情况。婚后，我曾发现郭某与其他女性存在不正当关系，但即便这样我也愿意原谅他，并和他好好生活。我认为夫妻之间发生争执是正常的，并不足以导致感情破裂。夫妻之间具有扶助义务，现我右髋关节半脱位，且伴有骨性关节炎，正是需要郭某的时候，因此我坚决不同意离婚。

法院认为夫妻间有互相扶助的义务。郭某与田某经人介绍相识，自由恋爱、自主结婚，应当具备了婚姻生活的感情基础。婚后双方虽产生一定矛盾，但并不必然导致夫妻感情破裂。加之田某现身患疾病，郭某作为丈夫，应尽到夫妻互相扶助的义务，积极配合对田某的治疗，加强家庭感情的交流与沟通，妥善处理家庭生活关系，尽力帮助田某身体康复。现郭某要求与田某离婚，理由不足，本院不予支持，遂驳回了郭某的第四次离婚诉讼请求。

案例二：　　　　　　　乔某诉郝某离婚纠纷案[1]

[基本案情]

郝某与乔某系中学同学，于2011年5月登记结婚，婚后未生育子女。双方共同生活期间因家庭生活问题产生矛盾，于2013年10月分房居住至今。2011年9月5日，郝某签订了《搬迁腾退补偿安置协议书》《回迁安置交房协议书》，以郝某父亲郝某某的名义购买了安置房屋，房屋的所有权证未办理。2015年郝某以夫妻感情破裂为由起诉至人民法院要求解除婚姻关系。

郝某诉称：我与乔某婚后因对生活追求不同，经常因家庭琐事吵架。乔某于2013年9月起诉过离婚，当时我考虑婚姻不是儿戏，就想再用实际行动来感化她，可她根本不给我和好机会，撤诉之后经常早出晚归，从2013年10月起二人分居至今。我认为我们的感情已经破裂，无和好可能，故要求离婚。我们没

---

〔1〕　北京市第一中级人民法院，（2015）一中民终字第 03763 号，载 http：//www. pkulaw. cn/case/pfnl＿124121113. html？keywords＝% E6% B3% 95% E9% 99% A2% E8% B0% 83% E8% A7% A3&match＝Exact% 2C% 20Piece，访问日期：2015 年 11 月 25 日。

有夫妻共同财产，虽然我父母的房子拆迁后购买了安置房屋，且其中一份拆迁协议写了我的名字，但在购买安置房时我父母已经又收回去了，现这些房子的房产证尚未办理，目前无法分割，可以待下发后另行解决。

乔某辩称：我和郝某婚后感情尚可，后因生育子女和选择工作的问题与公婆产生分歧。开始郝某还维护我们的感情，但随着时间的推移，我们之间也发生了分歧。我确实起诉过离婚，但经法院调解已获得谅解。我一直为家庭付出，没有不正当行为。郝某一直坚称没有夫妻共同财产，明显与事实相悖，也未顾及我的感受，故在未保障我的生活的前提下，我不同意离婚。

一审法院认为：郝某与乔某虽系自由恋爱、自主结婚，但婚后发生矛盾后未能妥善解决以致不堪同居，夫妻关系名存实亡，这样的婚姻关系继续维持下去对双方均无益处，现郝某坚持离婚，法院准许。双方现居住的房屋因尚未取得所有权且双方对房屋归属及居住使用不能达成协议，故在本案中对该房屋暂不予处理，待房屋所有权确定后再另行通过合法途径解决。判决准予解除婚姻关系，判决后乔某不服，以下列几点理由上诉：①双方还有感情不应判决离婚；②房屋问题法院未予处理，没有保护上诉人的居住权，被上诉人有恶意转移财产的行为；③原审法院未对拆迁补偿款进行分配，也没有保障上诉人基本生存的权利。

二审法院经过审理后认为：婚姻关系应以双方的感情为基础，人民法院审理离婚案件，如果夫妻感情确已破裂，经调解无效的，应准予离婚。本案中乔某与郝某虽系自由恋爱、自主结婚但在共同生活中未能妥善处理家庭纠纷，影响了夫妻感情，导致双方分居。乔某在本次诉讼期间虽表示不同意离婚，但郝某坚持与乔某离婚，且无事实表明双方有和好的可能，故综合本案案情，原审法院认定双方感情已破裂，判决双方离婚，符合法律规定，本院予以维持。

[问题与思考]

1. 如何评价案例一中法院的判决，为什么？
2. 我国判决离婚的法定理由有何特点？

第四节　对军人的特殊保护

李某某诉张某某离婚纠纷案[1]

[基本案情]

李某某与张某某于 2008 年 6 月相识并自由恋爱，2009 年 2 月 10 日登记结婚，同年 12 月 23 日生下一女，取名张某。婚后两人经常因为家庭琐事发生争吵。2012 年 5 月，李某某以双方感情破裂无法共同生活为由诉至人民法院，要求判决：①解除双方的婚姻关系；②婚生女张某由自己抚养；③张某某支付抚养费每月 1000 元。

李某某认为：两人相识不到一年结婚，婚姻基础较差，婚后双方相处时间较少，即使见面，双方因性格不合经常发生争吵。特别是女儿出生后，双方矛盾加剧，张某某对家庭不管不顾，对女儿也不尽抚养义务，未尽到丈夫和父亲的责任。双方于 2010 年 6 月起分居，至今已长达两年，至此双方感情已完全破裂，无法再共同生活。

张某某则认为李某某所诉与事实不符，两人感情尚未破裂，不同意离婚。因为：①双方系自由恋爱，经一年充分认识及了解才登记结婚，婚姻基础较好，婚后感情也很好，自己在部队工作，婚后又贷款买房，经济压力大，为此两人偶尔发生口角是避免不了的，并非李某某所诉的双方性格不合而经常吵架。②双方婚后的贷款一直由自己偿还，至今还有十余万元未还清，在部队工资有限，每月还完贷款及用于正常生活支出后所剩无几，但一直为家庭付出，对孩子也是疼爱有加，李某某所称对家庭不管不顾，完全与事实不符。③在部队工作，离家较远，但经常回家，根本不存在与李某某分居的事实。④双方感情未破裂，李某某起诉离婚是一时冲动，况且孩子还小，为了女儿不失去父爱，自己有信心和能力去感化原告，通过交流沟通消除双方的误会，希望法院维持两人的婚姻关系，驳回原告诉讼请求。

被告张某某系现役军人。中国某地某分部直属工作科出具了《关于我部士

---

〔1〕　济南市市中区人民法院，（2012）市民初字第 1241 号，载 http：//www. pkulaw. cn/Case/pfnl＿119236176. html？match＝Exact，访问日期：2015 年 11 月 23 日。

官张某某和李某某离婚问题的处理意见》，内容称："张某某同志是部队骨干，专业技能过硬，工作认真负责，是部队不可多得的人才，在部队工作 15 年来，工作勤勤恳恳、任劳任怨，为单位建设做出了很大贡献。我部领导与张某某同志谈话了解到，该同志本人不愿离婚，对子女和妻子感情很深，正多方努力，竭力挽回这段婚姻。考虑到张某某作为一名军人，为维护军人合法权益，令张某某同志安心服役，确保部队高度安全稳定，按照《婚姻法》有关维护军婚的条款，我部不予办理离婚，请市中区法院予以考虑斟酌。"

［法律问题］

1. 我国法律中关于诉讼离婚时对军人特殊保护的内容是如何规定的？

2. 适用保护军婚时应当注意哪些问题？

［参考结论与法理精析］

（一）法院意见

山东省济南市市中区人民法院经审理认定，原、被告于 2008 年 6 月相识并自由恋爱，恋爱期间感情较好。双方于 2008 年 2 月 10 日登记结婚，于 2008 年 12 月 23 日生女儿张某。原、被告婚后初期感情尚可，后双方经常为家庭琐事发生争吵。原告主张因被告不满其生育女孩，对其和女儿未尽到做丈夫和父亲的责任，导致双方经常发生争吵，感情破裂。被告对此不予认可，称双方婚后感情很好，其从未有重男轻女的思想，对原告及孩子尽职尽责，只是平时在部队较忙，回家时间少一些，有时照顾不周。

法院认为：根据我国《婚姻法》第 33 条规定："现役军人的配偶要求离婚，须得军人同意，但军人一方有重大过错的除外。"现被告张某某系现役军人，其明确表示与原告夫妻感情尚未破裂，不同意离婚，且其所在部队亦出具书面证明，同意被告张某某对婚姻问题的态度，原告亦未举证证实被告张某某存在重大过错。原、被告自愿登记结婚，并生育了女儿，应当说有一定的感情基础，在婚姻出现问题时，希望双方都能冷静理智地解决问题，化解矛盾，积极寻找解决婚姻问题的途径。双方现均年轻，希望能多从孩子和对方的角度出发考虑和处理问题，给自己也给对方一个机会。现原告主张夫妻双方感情破裂，证据不足，且被告明确表示不同意离婚，因此对原告要求离婚的诉讼请求，本院不予支持。案经调解，不能成立。依照《婚姻法》第 32 条、第 33 条之规定，判决不准原告李某某与被告张某某离婚。

（二）我国婚姻法中关于诉讼离婚时对军人特殊保护的内容是如何规定的？

《婚姻法》第 33 条规定："现役军人的配偶要求离婚，须得军人同意，但军人一方有重大过错的除外。"这是我国婚姻法对军人进行保护的一项特别规定，也即常说的保护军婚。在军人没有重大过错的前提下，没有军人的同意，法院不得判决解除军人婚姻，这是在诉讼离婚中一定条件地保护军人的胜诉权。

对军婚实行特殊保护是对婚姻自由原则的例外规定。对现役军人婚姻实行特殊保护符合我国的国情和军情，是维护军队稳定的需要，有利于维护部队广大官兵的切身利益，有利于维护军队的稳定。

（三）适用保护军婚时应当注意哪些问题？

关于适用情形。对军婚的特殊保护，只适用于非军人配偶向现役军人提出离婚的情形。对于现役军人向非军人配偶主动提出离婚的，按一般离婚纠纷处理；如果双方都是军人的，也不适用此项规定。

军人一方有重大过错的情形不适用特殊保护的规定，所谓"重大过错"，可以根据《婚姻法解释（一）》第23条的规定理解为：重婚或有配偶者与他人同居的；实施家庭暴力或虐待、遗弃家庭成员的；有赌博、吸毒等恶习屡教不改的；军人有其他重大过错导致夫妻感情破裂的。

拓展案例

赵某某诉齐某某离婚纠纷案[1]

[基本案情]

赵某某诉称其与齐某某于2008年8月8日登记结婚，婚后双方感情不和，经常生气，且齐某某在婚后与他人有不正当男女关系，给赵某某精神上造成了极大的伤害，这也是造成双方感情破裂的主要原因。故赵某某于2009年10月10日诉至法院，请求依法判决：①原、被告离婚；②婚前财产各归各有；③被告赔偿原告精神抚慰金15 000元。齐某某未答辩，经法院传票传唤，拒不到庭参加诉讼。

后经审理查明：2008年8月8日原、被告双方登记结婚，婚后双方感情不和，经常生气。被告齐某某曾向原告写有保证书，内容为："我齐某某与某某某发生不正当关系，给赵某某造成极大的创伤，现决定痛改前非，保证今后不再与某某某发生任何关系，如再犯，愿不要任何物资补偿，提出离婚。齐某某，2009年10月1日"。双方另达成一份离婚协议，内容为："男方赵某某，女方齐某某，因男女双方婚后感情不和，矛盾不断，女方主动提出离婚，特立下协议：①离婚后男女双方不存在任何债务问题；②离婚后，房屋及房内一切家电归男

---

〔1〕 河南省漯河市召陵区人民法院，（2009）召民一初字第656号，载 http：//www.pkulaw.cn/Case/pfnl _117692179.html? match = Exact，访问日期：2015年11月23日。

方所有，房子的银行按揭贷款由男方一人负责；③离婚后，男女双方不再有任何关系，互不干扰"。

法院认为：原、被告双方结婚时间不长，婚姻基础薄弱，因被告有过错，双方因此经常生气，均同意离婚，说明原、被告感情已经破裂，应准予离婚。因被告给原告精神上造成了一定的伤害，原告要求精神赔偿，本院予以支持，酌定精神赔偿 10 000 元。依照《婚姻法》第 33 条、第 46 条和《最高人民法院〈关于确定民事侵权精神损害赔偿责任若干问题的解释〉》第 6 条第 2 款之规定，判决：准予原告赵某某与被告齐某某离婚；原告赵某某与被告齐某某离婚后的债权、债务均由原告赵某某承担；被告齐某某赔偿原告赵某某精神抚慰金 10 000 元。

[问题与思考]

1. 现行的军婚保护制度存在哪些缺陷？

2. 如何完善非军人一方在军婚中的合法权益？

第五节　对女方的特殊保护

经典案例

高某诉郭某离婚纠纷案[1]

[基本案情]

高某因与郭某的离婚纠纷诉至法院，请求判令解除他与郭某的婚姻关系。

高某主张：两人于 2014 年 5 月认识，同年 6 月确定恋爱关系，后登记结婚。自己是初婚，郭某是第二次婚姻。双方恋爱期间发现性格方面存在较大差异，为日常小事经常发生争吵，郭某总是对高某进行说教，高某根本无法接受烦心的生活。后在郭某的一再要求之下，高某才同意与其办理婚姻登记手续。但是，婚姻登记后，双方感情仍无任何改善，且双方隔阂日渐加大。此前，双方曾多次协商解除婚姻关系，但从未能达成一致意见。2015 年春节过后，郭某对高某采取强制、威胁等各种手段，开出高某无法接受的离婚条件，致使双方之间矛盾不断升级，夫妻感情已经完全破裂。

---

[1] 浙江省杭州市拱墅区人民法院，（2015）杭拱民初字第 619 号，载 http：//www. court. gov. cn/zgcpwsw/zj/zjshzszjrmfy/hzsgsqrmfy/ms/201508/t20150828 __10577635. htm，访问日期：2015 年 11 月 22 日。

郭某则称：①两人实际认识于 2014 年 3 月，同年 4 月确定恋爱关系，8 月登记结婚，与高某诉称情况不一致。虽双方认识时间不长，但他出生于 1973 年，系香港上市公司财务总监，具有丰富社会阅历及社会经验，对婚姻的态度应该是考虑成熟的，故双方确定婚姻关系是深思熟虑的结果。②高某称基于郭某的纠缠才办理登记手续，不符合常理。高某生活阅历丰富，也无证据证明郭某采取强制威胁等手段逼迫高某与郭某结婚。③郭某有证据证明在原告提起离婚诉讼后，双方仍发生关系，导致郭某受孕。故高某所诉是基于双方感情破裂而提出离婚不是事实。④郭某在 2015 年 2 月怀孕，3 月 30 日终止妊娠，根据我国《婚姻法》第 34 条规定，在中止妊娠后 6 个月内，男方不得提出离婚，法院不应受理本次诉讼。⑤双方感情上没有问题。

［法律问题］

我国法律中关于诉讼离婚时对女方特殊保护的内容是如何规定及适用的？

［参考结论与法理精析］

（一）法院意见

杭州市拱墅区人民法院经审理认为，原、被告双方于 2014 年 2 月相识，于 2014 年 8 月登记结婚，婚后未生育子女。2015 年 3 月 30 日，被告到深圳市第六人民医院（南山医院）就诊，诊断为自然流产。根据《婚姻法》第 34 条的规定，女方在中止妊娠后 6 个月内，男方不得提出离婚。被告郭某中止妊娠至今尚不满 6 个月，故原告高某不得提出离婚。综上，依据《婚姻法》第 34 条之规定，裁定驳回了原告高某的起诉。

（二）我国法律中关于诉讼离婚时对女方特殊保护的内容是如何规定及适用的？

《婚姻法》第 34 条规定："女方在怀孕期间、分娩后 1 年内或中止妊娠后 6 个月内，男方不得提出离婚。女方提出离婚的，或人民法院认为确有必要受理男方离婚请求的，不在此限。"同样的内容也规定在《中华人民共和国妇女权益保障法》第 45 条中。这条规定不仅是保护女方利益的体现，同时也是保护胎儿及婴儿利益的体现，在一定条件下限制了男方的离婚诉权。

但是此项限制性规定存在两种例外情况：其一，女方提出离婚，即女方主动放弃法律对其的特别保护；其二，法院在"确有必要"时可以受理男方的离婚请求。所谓"确有必要"，在审判实践中一般指以下两种情形：

1. 男方有确凿证据证明女方婚后主动与他人发生性关系而怀孕的，如女方婚后卖淫、与他人通奸、姘居或重婚而怀孕等。

2. 男方有重大紧迫的事由，如在限制期间内，男方生命受到女方威胁或其合法权益受到女方严重侵害等。

妊娠期间及分娩后女方的身体、精神都有一定的负担，需要特殊的照顾，如果允许男方提出离婚，女方陷入离婚诉讼中势必会影响到身心的健康，这也不利于胎儿、婴儿的发育成长，因此在这段时间内限制男方的诉讼权利是有必要的。

拓展案例

李某某诉刘某某离婚纠纷案[1]

[基本案情]

李某某是现役军人，与刘某某经人介绍相识后于 2011 年 2 月 22 日（即农历正月二十一日）按农村习俗举行了订婚仪式。在订婚时李某某给予刘某某彩礼。2012 年 8 月 5 日，李某某与刘某某办理结婚登记。刘某某于 2012 年 9 月 1 日随李某某到辽宁，即李某某所服役的部队共同生活。同年 9 月 24 日，刘某某返回老家仙游，回仙游后，刘某某持续、稳定地与其他男子同居并致怀孕。2012 年 12 月 19 日，刘某某经医生检查发现怀孕已有 36 天至 40 天。李某某获悉后即怀疑该胎儿与其没有血缘关系，遂质问刘某某，提起双方争吵。之后刘某某独自到医疗机构进行人工流产。李某某遂于 2013 年 5 月 23 日以双方夫妻感情已破裂请求离婚为由诉至法院，提起诉讼，要求法院判令准予离婚，刘某某支付其精神损害赔偿。

人民法院经审理认为，审理离婚案件时应以夫妻双方感情是否确已破裂作为是否准许离婚的标准。原告李某某与被告刘某某系经媒人介绍，且在相识时间不久后即办理结婚登记，双方婚姻基础差。被告作为军属，婚后与他人同居并致怀孕，原告对此无法原谅而致引发矛盾，经调解无法和好，故可认定夫妻双方感情确已破裂，故对原告的离婚诉讼请求，予以支持。被告在与具有现役军人身份的原告的婚姻关系存续期间与他人同居并致怀孕，向原告隐瞒实情，在原告质问下才去堕胎，具有明显的过错，且在一定程度上有损原告的人格尊严，给原告造成了精神损害，应予赔偿。

人民法院为了维护军人的合法权益及遵循照顾无过错方的原则，依照《婚姻法》第 32 条第 1 款、第 2 款、第 3 款第 5 项、第 46 条第 2 项、《婚姻法解释

---

〔1〕 福建省仙游县人民法院，（2013）仙民初字第 4117 号，载 http：//www. pkulaw. cn/case/pfnl＿121352200. html？keywords＝％E5％A6％8A％E5％A8％A0&match＝Exact％2C％20Piece，访问日期：2015 年 11 月 22 日。

（一）》第 28 条、《最高人民法院关于确定民事侵权精神损害赔偿责任若干问题的解释》第 8 条第 2 款、第 10 条之规定，判决准予原告李某某与被告刘某某离婚，被告刘某某支付原告李某某精神损害抚慰金人民币 2 万元。

[问题与思考]

1. 如何评价法院的判决？
2. 对女方的特殊保护与男女平等的宪法原则是否相悖？

第八章

离婚效力之对当事人的财产效力

知识概要

夫妻双方离婚时，财产分割往往成为争议焦点，如何确定夫妻财产的范围、内部财产的分割及外部债权债务的处理成为解决争议的重点。本章共四节，第一节为礼金与彩礼，主要探讨礼金与彩礼的性质问题；第二节论述的是房产分割，主要探讨涉及婚前按揭房产分割的大体原则；第三节论述的是投资、有价证券、股权的分割，主要探讨有限责任公司股权的分割原则；第四节论述的是侵占共同财产责任，主要探讨对一方隐匿、转移财产等行为的处理。

第一节　礼金与彩礼

经典案例

周某峰诉黄某珍、黄某领婚约财产案[1]

[基本案情]

原告周某峰（男）与被告黄某珍（女）于 2015 年 2 月 24 日经人介绍相识，同年 3 月 6 日，原告到被告家下彩礼 20 000 元，购买黄金首饰价值 2400 元（被告黄某珍出资 500 元，原告实际出资 1900 元）。2015 年 3 月 12 日，双方举行结婚仪式并同居生活，但未办理结婚登记手续。后原、被告为家庭琐事生气，为此原告诉至法院，要求二被告黄某珍、黄某领返还彩礼 20 000 元及 3000 元黄金首饰，并承担本案诉讼费。

---

〔1〕 河南省项城市人民法院，（2015）项民初字第 02140 号，载 http：//openlaw. cn/judgement/3fe1b1a24ac948a5b176a8e503051aa8？keyword = % E5% BD% A9% E7% A4% BC，访问日期：2015 年 11 月 18 日。

[法律问题]

1. 如何界定彩礼的性质？
2. 我国关于"返还彩礼"是如何规定的？

[参考结论与法理精析]

（一）法院意见

法院认为，本案中原告周某峰与被告黄某珍举行了结婚仪式后同居生活，并未办理结婚登记，符合法定返还彩礼的情形，对于彩礼现金 20 000 元以及原告给被告送的黄金首饰价值 1900 元，双方当事人均认可，应当予以认定。鉴于原告周某峰与被告黄某珍已同居生活，酌情认定返还彩礼款 10 950 元为宜。被告黄某领、黄某珍要求原告返还嫁妆的请求符合法律规定，予以支持。依照相关法律，判决被告黄某珍、黄某领返还原告周某峰婚约彩礼款 10 950 元，二被告负连带清偿责任。

（二）如何界定彩礼的性质？

彩礼又称为财礼、聘礼等，是我国民间习俗中的重要产物，由来已久。其作为一种约定俗成的习惯，在我国部分地区仍然盛行。我国现行法律采取了不提倡也不禁止的立法态度。对于彩礼返还的纠纷，在司法解释中做了专门规定，但只限于对返还请求权的个别规定，并未对何为彩礼等基础性问题进行回应。

1. 区分彩礼与普通的赠与。赠送彩礼这一行为必然包涵了试图与对方缔结婚姻关系这一目的，而这一目的也将其与普通的赠与行为区别开来。作为收受彩礼的对价，对受赠方来说，接受赠与也暗含着答应与对方缔结婚姻的含义。因此，在恋爱关系中的赠与不同于彩礼。

2. 彩礼的给付对象。根据传统观点，男方家庭进行彩礼馈赠是为了感谢女方家庭对于女方的养育及弥补其失去一个劳动力而造成的损失。这不仅是发生在男女双方之间的赠送，而且是涉及两个家庭之间的行为。因此，无论是由男方本人或其近亲属赠送，或是由女方本人或其近亲属接受，都不影响彩礼的认定。

3. 对彩礼的认定应当结合风俗人情。由于风俗的差异，彩礼的额度及表现形式有相应的不同。因此，针对非金钱类的财务，应当结合当地风俗进行认定。同时，由于地区的差异，在认定彩礼是否合理，是否属于借婚礼勒索财物时，应当结合一般情况进行分析。

（三）我国关于"返还彩礼"是如何规定的？

在我国，对于离婚时彩礼是否应当返还的问题，有如下三处规定：

《婚姻法》第 3 条第 1 款规定，禁止包办、买卖婚姻和其他干涉婚姻自由的行为。禁止借婚姻索取财物。

《最高人民法院关于人民法院审理离婚案件处理财产分割问题的若干具体意见》第19条规定，借婚姻关系索取的财物，离婚时，如结婚时间不长，或者因索要财物造成对方生活困难的，可酌情返还。对取得财物的性质是索取还是赠与难以认定的，可按赠与处理。

《婚姻法解释（二）》第10条规定，当事人请求返还按照习俗给付的彩礼的，如果查明属于以下情形，人民法院应当予以支持：①双方未办理结婚登记手续的；②双方办理结婚登记手续但确未共同生活的；③婚前给付并导致给付人生活困难的。适用前款第2、3项的规定，应当以双方离婚为条件。

由此可见，在解决彩礼返还问题之前，首先应当对争议财务的性质进行认定，确定其究竟属于借婚姻勒索财物还是属于赠与，若属于前者则应当适用《具体意见》进行返还。反之，对于符合彩礼规定的，则要考虑婚姻状况，若是未办理结婚登记手续，则需当返还；否则，只有当符合《婚姻法解释（二）》第10条2、3项规定时，其返还请求方能被支持。

拓展案例

马某甲诉马某乙离婚纠纷民事判决书[1]

[基本案情]

马某乙（女）、马某甲（男）经人介绍于2011年农历十一月六日举行仪式同居生活，2012年2月1日补办了结婚证。婚后未生育。马某乙、马某甲婚前缺乏了解，婚后经常因家庭琐事闹矛盾，2013年7月份夫妻闹矛盾后分居生活至今。2014年6月30日，马某乙起诉离婚，虽经调解撤诉，但并未改变夫妻双方的婚姻现状，仍然分居生活。婚前马某甲送马某乙彩礼4万元，黄金首饰60克。马某乙陪嫁物品有洗衣机一台、冰箱一台、125型摩托车一辆、鞋柜一件、手摇压面机一台、被褥两床，以上财产现均由马某甲保管使用。婚后双方无共同财产及债权、债务。马某乙以其与马某甲夫妻感情已经彻底破裂，无法继续共同生活为由，诉至一审法院，请求：①解除马某乙、马某甲婚姻关系；②位于海原县七营镇南堡村南平居民点院落一处，价值5万元平均分割；③本案诉讼费由马某甲承担。而在一审中，马某甲诉请由马某乙返还其彩礼及其他损失

---

〔1〕　宁夏回族自治区中卫市中级人民法院，（2015）卫民终字第246号，载 http://openlaw.cn/judgement/8ed7052dd2a94060b5e5fd5204499598? keyword =% E5% BD% A9% E7% A4% BC，访问日期：2015年11月18日。

15 万元。原审判决：①马某乙提出与马某甲离婚，准予离婚；②驳回马某乙的其他诉讼请求。案件受理费 200 元，减半收取 100 元，由马某乙负担。

宣判后，上诉人马某甲不服一审法院上述判决，提起上诉称：①一审法院认定事实清楚，但没有对认定的事实作出实体判决。②一审法院适用法律错误，违反法定程序。故请求：①撤销一审判决，改判被上诉人向上诉人返还彩礼 4 万元，黄金首饰 60 克；②一、二审案件受理费由被上诉人负担。

[问题与思考]

1. 赠送彩礼的行为是否属于附条件的法律行为？

2. 涉案财物应当如何处理？

[重点提示]

回答上述问题需注意这样几个方面：①按财物性质如何界定？②涉案彩礼是否符合适用上述法律规定之条件？③如何认定"婚前给付并导致给付人生活困难"？

第二节　房产分割

经典案例

王某诉汤某离婚纠纷案[1]

[基本案情]

原告王某（女）与被告汤某（男）于 2008 年 8 月 6 日登记结婚，无婚生子女。因婚后矛盾无法调和，原告诉请与被告离婚。被告婚前贷款购买私有住房一处，坐落于沈阳市皇姑区，建筑面积 161.51 平方米，房屋所有权人登记为被告汤某。原告要求分割该房产婚后共同还贷部分及增值部分；被告辩称该房产为婚前贷款购买，不同意其分割要求。经查明：该房于 2007 年贷款购买，首付款 155 000 元，贷款 350 000 元，贷款期限 324 个月，从 2007 年 11 月开始还款；截止到 2015 年 9 月该房共还贷款本息合计 200 060.82 元（共 95 期），其中原、被告婚后共还贷款本息合计 179 097.12 元。依据目前每月还款 2034.96 元计算，

---

[1] 沈阳市皇姑区人民法院，（2015）皇民四初字第 339 号，载 http://openlaw.cn/judgement/e13bee1727f24acc805aa5ec381e0029? keyword = % E5% A9% 9A% E5% 89% 8D% E8% B4% B7% E6% AC% BE + % E6% 88% BF% E5% 88% 8B，访问日期：2015 年 11 月 19 日。

该房尚欠贷款本息合计 466 005.84 元（共 229 期）。经原告申请，法院委托沈阳实诚房产评估事务所对该房现值进行评估鉴定，鉴定结果为：该房总价为1 154 473 元。原被告就该房产的分割产生争议。

[法律问题]

1. 涉案房产是否属于夫妻共同财产？

2. 婚后还贷及增值部分应当如何处理？

[参考结论与法理精析]

（一）法院意见

法院认为：原、被告虽系自主婚姻，但婚后未建立起真挚的夫妻感情，常因家庭琐事产生矛盾，原告曾于 2014 年 9 月向法院起诉要求离婚，被法院判决驳回后，夫妻关系仍未得到改善，现原告坚决要求与被告离婚，应准予。

关于坐落于沈阳市皇姑区私有住房的分割问题，因该房系被告婚前贷款购买，故应归被告所有，婚后共同还贷及相应的增值部分应作为夫妻共同财产予以分割。关于被告应给付原告的房屋共同还贷及相应增值部分折价款的数额，依据该房的房屋现值及首付款、共同还款、未还贷款情况，被告应给付原告房屋婚后还贷及相应增值部分折价款的数额为 125 911 元［179 097.12 元 ÷（155 000 元 + 200 060.82 元 + 466 005.84 元）× 1 154 473 元 ÷ 2］。关于原告主张该房自 2010 年 5 月 1 日至 2011 年 6 月之间共 14 个月贷款由原告父母偿还问题，被告辩称原告父母仅偿还三四个月贷款。本院认为，本案纠纷房在被告汤某名下，原告父母在原、被告共同生活期间为该房偿还贷款的行为应视为赠与行为，故本院认定原告父母代为偿还的贷款视为对原、被告双方的赠与。

（二）涉案房产是否属于夫妻共同财产？

《婚姻法解释（三）》第 10 条规定：夫妻一方婚前签订不动产买卖合同，以个人财产支付首付款并在银行贷款，婚后用夫妻共同财产还贷，不动产登记于首付款支付方名下，离婚时该不动产由双方协议处理。依前款规定不能达成协议的，人民法院可以判决该不动产归产权登记一方，尚未归还的贷款为产权登记一方的个人债务。双方婚后共同还贷支付的款项及其相对应财产增值部分，离婚时应根据《婚姻法》第 39 条第 1 款规定的原则，由产权登记一方对另一方进行补偿。

据上述规定，涉案房产应被判决归被告所有。

《婚姻法解释（三）》以不动产买卖合同的签订时间确认房产所有权的归属，具有相当的合理性：因为一旦签署了合同，取得了债权，而后期的交付并登记，是债权转化为物权的行为，这对当事人来说，只是财产形式的转变而已。并且在实践中，签订买卖合同之人、支付首付、贷款按揭之人以及未来房屋所有权登记之人通常为一人，将房屋判决归其所有，从而判定给予另一方一定补偿，在简化判决、提高执行可行性上有一定的正面效果。并且，中国的实践是：从签署购房合同到取得房屋所有权证书需要少则半年多者 3～4 年的时间，具体取得的时间具有一定的偶然性。

《婚姻法解释（三）》并没有对该房产及其增值部分的属性予以明确的界定：将婚前按揭购买婚后还贷的房产认定为共同财产，则往往可能会增加裁判的复杂性，且与第 10 条的规定不相符合。因此司法解释倾向于认定为个人财产，而对于婚后用夫妻共同财产进行还贷的部分及其对应的增值则进行债权模式处理即予以补偿。

因此，就对外按揭关系而言，由于购房人取得了房屋的权属登记，对该房屋有名义上的排他性权利；同时，以夫妻共同财产进行还贷并不改变对外承担债务的主体。在此种前提之下，将房屋归属于该购房人具有一定的合理性，符合行为人的预期，也符合购房合同的相对性。

拓展案例

牛某诉张某离婚纠纷案[1]

[基本案情]

牛某与张某于 2008 年 9 月登记结婚，婚后于 2009 年 4 月生育一女牛某 1。婚后双方因家庭矛盾导致分居。2013 年 9 月，牛某曾经将张某诉至法院要求离婚，法院判决予以驳回。2014 年 6 月。牛某再次起诉要求离婚。在庭审中，双方就不动产发生纠纷：

张某主张牛某名下有位于北京市昌平区院落一处，并主张属夫妻共同财产，并提交牛某之父牛某某名下集体土地建设用地使用证一份及村民建房用地申请审批表一份，该建房用地申请审批表中载明申请人为牛某，同住人员为牛某某，建房申请理由为"孩子已到结婚年龄，急需用房"，该申请村委会审批时间为 2008 年 5 月，镇政府审批为同年 12 月。庭审中，牛某认可其婚姻关系存续期间该院落内进行过翻建，但否认为夫妻共同财产。另，张某主张牛某之父已经过世，牛某为其独子。牛某对此不持异议，但主张其父、母未离婚，而母亲走失

---

〔1〕 北京市第一中级人民法院，（2015）一中民终字第 06159 号，载 http：//openlaw. cn/judgement/88db1f7fdab845a593eace621651c8ad? keyword = % E7% BB% 8F% E6% B5% 8E% E9% 80% 82% E7% 94% A8% E6% 88% BF，访问日期：2015 年 11 月 18 日。

多年，不知下落。

张某主张牛某于婚姻关系存续期间购买了位于北京市石景山区房屋，并提交该房屋预售合同一份，对此牛某不持异议，但主张该房屋系贷款购买，首付款及每月按揭贷款均由其实际支付。该房屋中有大卧室一间及小屋室两间，现已经交付但尚未取得产权登记，双方均未实际使用，该房屋有剩余贷款未偿还完毕。张某主张于 2010 年借款 20 000 元，其中 10 000 元尚未偿还，对此牛某不予认可，张某就此未提交相关证据。牛某另主张于 2013 年 3 月向其亲友借款总计 62 000 元，后将该款打至张某名下账户内用于交纳房屋首付，并提交了张某名下工商银行交易明细，其中显示 2013 年 3 月 19 日至 2013 年 3 月 26 日期间共收入 7 笔款项，合计 62 000 元。另张某提交债权人张某某 15 000 元借款凭证，张某 127 000 元借款凭证，张某 220 000 元借款凭证，以及张某 2013 年 3 月 26日 20 000 元汇款单复印件，赵某某（张某某之亲属）2013 年 3 月 21 日汇款单复印件，张某某 2013 年 3 月 19 日 5000 元汇款凭证。牛某对取得该款不持异议，但认为部分用于交付经济适用房首付款，部分用于生活消费。同时，牛某对该款系借款性质不予认可。牛某另主张因支付经济适用房首付借款 50 000 元，并提交向学某还款银行回单 10 000 元；向李某借款 10 000 元借条；牛某个人40 000 元取款业务回单；向某某借款 20 000 元，以及向某某打款 15 000 元汇款凭证。牛某另主张 2015 年年初，牛某以小额受信贷款方式向北京银行贷款50 000元，并以该款将上述欠款清偿，并按月偿还该笔贷款。另，张某主张牛某名下有住房公积金约 100 000 元，存款 50 000 元，要求进行分割。经查牛某名下住房公积金中其婚后存缴余额至 2015 年 6 月约为 110 000 元。对于牛某名下存款，牛某不予认可，张某对此未予举证。另，庭审中牛某主张对婚生女牛某 1进行亲子关系鉴定，张某对此不予认可，并拒绝配合相关鉴定程序。

[问题与思考]

1. 涉案宅基地及相关房产该如何处置？

2. 经济适用房如何处置？

[重点提示]

要解决以上问题，必须回归宅基地、经济适用房对比普通商品房的特殊之处，进而探究其是否适用一般性质的房产分割规定。

第三节 投资、有价证券、股权的分割

经典案例

赵某诉于某甲离婚纠纷民事判决书[1]

[基本案情]

2015年4月，上诉人赵某（原审被告）因与被上诉人（原审原告）于某甲离婚纠纷一案，向法院提起上诉。经查明：

于某甲与赵某于1982年认识，1984年举行婚礼并同居生活，××××年××月××日生一女于某乙，××××年××月××日生一子于某丙。1990年初期，因家庭经济困难，于某甲离家外出做生意，赵某在家种地、照顾公婆、子女，平时生活费用由于某甲支付，直至双方的子女独立生活为止。于某甲以夫妻感情破裂为由，于2009年4月、2010年1月及2010年10月起诉要求离婚，法院均判决不准予离婚。现双方已分居多年，其子女均已独立生活。

于某甲与案外人刘某甲在上海注册成立上海振友国际物流有限公司（以下简称振友公司），工商登记注册资本2 000 000元，于某甲出资800 000元，刘某甲出资1 200 000元，于某甲为法定代表人，且该公司办公地点位于上海市宝山区真陈路868号3号楼1022室，系租用办公用房。赵某要求依法分割公司财产，于某甲同意赵某成为该公司股东，享有股东权益，股东刘某甲对于某甲怎么处理他的股权均无意见，但不同意购买于某甲的股权。

原审判决认定夫妻感情已破裂，准予离婚。针对上述争议财产，因于某甲与案外人刘某甲均同意赵某可以成为该公司股东。故确认赵某为振友公司的股东，并享有该公司33.3%的股权。

上诉人赵某不服，提起上诉，称一审判决其享有振友公司33.3%的股权仅是一张空头支票，要求法院判决被上诉人支付33.3%的股权现金。

[法律问题]

1. 股权作为夫妻共同财产有无特殊性？

---

〔1〕 江苏省徐州市中级人民法院，（2015）徐民终字第01852号，载http：//openlaw. cn/judgement/8c872c373e41429eb5997f41abe8813a? keyword=%E6%9C%89%E9%99%90%E8%B4%A3%E4%BB%BB%E5%85%AC%E5%8F%B8+%E8%82%A1%E4%BB%BD，访问日期：2015年11月19日。

2. 法律对于股权的处理是如何规定的？

[参考结论与法理精析]

（一）法院意见

根据《婚姻法解释（二）》第 16 条第 1 款规定，人民法院审理离婚案件，涉及分割夫妻共同财产中以一方名义在有限责任公司的出资额，另一方不是该公司股东的，按以下情形分别处理：①夫妻双方协商一致将出资额部分或者全部转让给该股东的配偶，过半数股东同意、其他股东明确表示放弃优先购买权的，该股东的配偶可以成为该公司股东；②夫妻双方就出资额转让份额和转让价格等事项协商一致后，过半数股东不同意转让，但愿意以同等价格购买该出资额的，人民法院可以对转让出资所得财产进行分割。过半数股东不同意转让，也不愿意以同等价格购买该出资额的，视为其同意转让，该股东的配偶可以成为该公司股东。本案中，振友公司包括于某甲和刘某甲两股东，均同意赵某为该公司股东，且刘某甲不同意购买于某甲股权，故一审法院认定赵某享有振友公司 33.3% 的股权并无不当。因公司财产的独立性，与个人财产不能混同，因此赵某要求判决相应股权的变现现金，无法律依据，本院不予支持。

（二）股权作为夫妻共同财产的特殊性

股权不同于一般的财产表现形式，其作为夫妻共同财产之时具有相当的特殊性。由于股份有限公司的股票具有完全的自由流通性，转让、分割不受任何限制，在此不作讨论。而在有限责任公司中，股东之间的人合性不能被忽视，股权的转让、分割依据《公司法》都受一定的限制，因此，在进行夫妻财产分割时，股权往往不能作为一般性财产进行分割，必须考虑到可能的其他的股东的利益和公司的人合性。

（三）法律对于股权的处理是如何规定的？

在离婚进行股权价值分割时，一方面应当遵循协商一致原则，另一方面也要对公司的生产经营进行考虑。

在实践中，双方可以通过协商一致，达成将股权价值折现并进行分割的合意，从公司的角度上考量，通过折现的方法使股权由实际经营者持有也有利于公司的稳定。然而，法律并没有强制要求进行变现。因此，赵某要求法院判决将股权折现显然缺乏合理依据。

涉案股权属于夫妻一方以共同财产进行出资与他人共同设立有限责任公司，且该股权登记在夫妻一方名下。若要分割该股权，则在效果上等同于有限公司的股权转让。由于有限公司的人合性特征，其在进行股权转让时应当遵循《公司法》的限制：对内夫妻间可以自由协商，对外应当征得其他股东同意，其他股东享有优先购买权。

根据《婚姻法解释（二）》第16条规定，人民法院审理离婚案件，涉及分割夫妻共同财产中以一方名义在有限责任公司的出资额，另一方不是该公司股东的，按以下情形分别处理：①夫妻双方协商一致将出资额部分或者全部转让给该股东的配偶，过半数股东同意、其他股东明确表示放弃优先购买权的，该股东的配偶可以成为该公司股东；②夫妻双方就出资额转让份额和转让价格等事项协商一致后，过半数股东不同意转让，但愿意以同等价格购买该出资额的，人民法院可以对转让出资所得财产进行分割。过半数股东不同意转让，也不愿意以同等价格购买该出资额的，视为其同意转让，该股东的配偶可以成为该公司股东。

因此，二审法院认为：原、被告协商一致，且股东刘某甲对其处置并无异议的情况下，赵某可以依法获得该公司33.3%的股权，对于赵某上诉要求将股权价值变现之诉求不予支持，有相应的法律依据。

拓展案例

陶某甲与佘某某离婚纠纷案[1]

[基本案情]

原、被告于2005年1月21日登记结婚，2006年11月20日生育一子名陶某乙。恋爱期间，双方沟通尚可。但婚后共同生活期间矛盾渐生，且日益加深，经常发生争吵。自2009年9月起，双方分居至今。期间，被告于2011年11月8日将孩子从幼儿园带走。原、被告多次就探望孩子事宜协商，均未果。原告认为夫妻感情已破裂，于2012年初起诉要求与被告离婚，但未获准许。之后，双方夫妻关系并未改善。现原告提起诉讼，再次要求与被告离婚，并要求分割夫妻财产。

原告就职于腾讯科技（上海）有限公司，该公司于2010年3月24日授予原告限制性股票3500股，全部股票在合同规定期限内（6年）分5次授予完毕，截至2013年11月14日，共2批合计1171股限制性股票记入原告名下。目前腾讯控股市值为每股港币535元（2014年3月28日收盘价）。被告就职于瑞安房地产有限公司，该公司董事会为奖励雇员于2009年9月4日推出购股权交换计

---

〔1〕　上海市徐汇区人民法院，（2013）徐民一（民）初字第3657号，载 http：//openlaw.cn/judge-ment/4c6849486e814490a84fa8bad1863d55？keyword=%E8%82%A1%E7%A5%A8%E6%9C%9F%E6%9D%83，访问日期：2015年11月19日。

划，向雇员授出可认购的公司新股份以替代原购股权（被告已接受），授出购股权之行使价为每股港币 4.90 元，购股权之行使期限为 2010 年 11 月 3 日至 2017 年 11 月 2 日。被告被授予股份数目为 280 373 股（每批 40 053 股，末批为 40 055 股，共 7 批），每股股份认购价为港币 4.90 元，总金额为港币 150 万元。目前瑞安房地产市值为每股港币 2.120 元（2014 年 3 月 28 日收盘价）。审理中，原告确认其被授予的腾讯控股股票已可以按现时股价行权；被告确认其被授予的瑞安房地产股票，需现时股价大于设定之认购价时方可行权。

[问题与思考]

1. 涉案股票期权应当如何处理？

2. 有价证券的财产性质如何？分割时间与分割方法有何特殊之处？

[重点提示]

对于此问题的回答应当基于股票期权的特殊性，由于其波动性，其更多地体现了所有人的期待利益。因此，有价证券究竟属于孳息还是投资收益需要进一步解读其性质。而由于市场价格的波动性，不同分割时间点会导致有价证券市场价格的不同。

第四节　侵占共同财产责任

经典案例

李某某与陶某甲离婚后财产纠纷案[1]

[基本案情]

原告李某某诉称，原、被告于 1986 年 4 月 30 日登记结婚，同年 10 月 18 日生育一女陶某乙。在共同生活的二十几年里，原告辛苦操持家务、耕种承包地、抚育小孩，与被告共同修建砖房，并有一定积蓄，最后落下一身病痛。被告几次以夫妻感情破裂为由诉至法院请求离婚，但有意隐藏其在九龙坡区陶家镇工业园百可阳光星座第 11 层 E21 号房屋一套，致使法院判决原、被告离婚时，未对该房屋进行分割。根据法律规定，离婚时，一方隐藏、转移、变卖、损毁夫

---

〔1〕 重庆市九龙坡区人民法院，（2015）九法民初字第 00858 号，载 http：//openlaw. cn/judgement/c0387acc41bf42428b5785983ed33452? keyword = % E9% 9A% 90% E8% 97% 8F% E3% 80% 81% E8% BD% AC% E7% A7% BB% E3% 80% 81% E5% 8F% 98% E5% 8D% 96% E3% 80% 81% E6% 8D% 9F% E6% AF% 81，访问日期：2015 年 11 月 21 日。

妻共同财产，或伪造债务企图侵占另一方财产的，分割夫妻共同财产时，对隐藏、转移、变卖、毁损夫妻共同财产或伪造债务的一方，可以不分或少分。此外，被告于2011年2月13日向原告作出书面承诺，"2月底搬出位于九龙坡区西彭镇树民村14社砖房，每月支付800元给原告李某某作为生活费，每月底付清，从2月份起，人情和水电费全付"。据此，原告认为被告已自愿放弃上述砖房，故原告遂诉至法院，请求：①依法分割夫妻共同财产位于九龙坡区陶家镇都市工业园百可阳光星座房屋，并要求被告不分或少分；②判决登记在被告名下的位于九龙坡区西彭镇树民村14社砖房的权属归原告；③本案诉讼费由被告承担。

被告陶某甲辩称，原告所述两套房屋属实，但是要求平均分割，被告在陶家镇购买的房屋是借钱买的，一共借了18万元，要把债务还清了再分割。

经审理查明，原、被告原系夫妻关系，1986年4月30日登记结婚，婚后于同年10月18日生育一女陶某乙。2014年9月25日，重庆市九龙坡区人民法院（2014）九法民初字第01122号民事判决书判决原、被告离婚，该判决书现已发生法律效力。原、被告婚姻关系存续期间，二人于2008年在九龙坡区西彭镇树民村14社申请获批宅基地一处，并修建三层砖混结构房屋一栋，该房屋未办理产权登记，现由原告实际居住。2013年11月25日，被告以其个人名义与重庆陶家都市工业园管理委员会签订《百可·阳光星座房屋买卖合同》，购买了位于九龙坡区陶家镇阳光星座11-21号房屋一套，合同约定的房屋建筑面积为47.9平方米，该房屋未办理产权登记，现由被告实际居住。因在判决原、被告二人离婚时，未对上述房屋予以处理，故原告以上述房屋系夫妻共同财产为由诉至本院请求分割。

庭审中，被告申请证人杨某全出庭作证并出具借条两张，拟证明被告向其借款人民币18万元用于购买陶家镇百可阳光星座房屋的事实。杨某全陈述其从事装修工作，每天两三百元，被告分别于2012年10月28日、2013年12月20日，向其和陶某平借款10万元和8万元用于购买房屋。原告对于被告主张的18万元夫妻共同债务的事实不予认可。

[法律问题]

夫妻一方在离婚时隐匿共同财产需承担什么法律后果？

[参考结论与法理精析]

（一）法院意见

法院认为，根据《婚姻法》第47条第1款的规定，离婚时，一方隐藏夫妻共同财产，离婚后一方发现有上述行为的，可以向人民法院提起诉讼，请求再次分割夫妻共同财产。本案中，原告主张的夫妻共同财产即位于九龙坡区西彭镇树民村 14 社、九龙坡区陶家镇工业园百可·阳光星座 11－21 号的房屋均未取得所有权，原、被告对于上述房屋的分割也无法达成一致，故不宜判决房屋所有权的归属，结合本案原、被告的生活和居住情况，本院认为位于九龙坡区西彭镇树民村 14 社的房屋由原告居住，九龙坡区陶家镇工业园百可·阳光星座 11－21 号的房屋由被告居住为宜，待上述房屋取得所有权后，由原、被告自行协商或另案处理。

关于被告主张的 18 万元夫妻共同债务的问题。庭审中，被告为证明其夫妻共同债务的事实主张，提供了借条和证人证言，原告均不予认可。由于原、被告双方对于上述债务的存在与否争议较大，且该争议涉及第三人利益，本院认为不宜在本案中予以认定。

据此，依照相关法律规定，判决如下：①原告李某某与被告陶某甲夫妻共同财产位于九龙坡区西彭镇树民村 14 社的房屋（乡村建设规划许可证号：乡字第建 500107 西 200900285 号）由原告李某某使用；②原告李某某与被告陶某甲夫妻共同财产位于九龙坡区工业园百可·阳光星座 11－21 号的房屋由被告陶某甲使用；③驳回原告李某某的其他诉讼请求。

（二）夫妻一方在离婚时隐匿共同财产需承担什么法律后果？

我国《婚姻法》第 47 条第 1 款规定，离婚时，一方隐藏、转移、变卖、毁损夫妻共同财产，或伪造债务企图侵占另一方财产的，分割夫妻共同财产时，对隐藏、转移、变卖、毁损夫妻共同财产或伪造债务的一方，可以少分或不分。离婚后，另一方发现有上述行为的，可以向人民法院提起诉讼，请求再次分割夫妻共同财产。

对于夫妻关系存续期间所取得的共同财产，夫妻具有平等的权利。在未进行分割之前，一方隐藏、转移、变卖、损毁夫妻共同财产，或伪造债务企图侵占另一方财产的行为，本质上是对另一方配偶的侵权。其不同于一般家事代理制度中的处置，一方侵占共同财产的行为违反了另一方明示或可得推知的意思表示，也不是为了共同生活之考量，因此，不具有合法性。当事人主观上属于故意，通过一定手段实现了对共同财产之侵占，且实际上造成了另一方的财产损失。在符合侵权行为构成要件的情况下，应当承担相应的责任。在《婚姻法》上，侵占共同财产之责任的承担形式为：该行为人在离婚进行分家析产时，应当少分或不分。

如果当事人一方在诉讼中或者诉讼前已经实施了该行为，但对方当事人不知道或者无法提供相应的证据时，为了保护相对方，法律赋予其再次分割共同财产的权利，且该权利的行使期限是发现对方有前述行为之后的两年内。

值得一提的是，根据《婚姻法解释（三）》第 4 条之规定，在婚姻关系存续期间，夫妻一方有隐藏、转移、变卖、毁损、挥霍夫妻共同财产或者伪造夫妻共同债务等严重损害夫妻共同财产利益行为的，夫妻一方可以在婚姻关系存续期间请求分割财产，即在不解除婚姻关系的前提下，进行分家析产。这一规定进一步地保障了夫妻双方，尤其是保障了对共同财产掌控地位较弱的一方，在享有共同财产之利益时的平等地位。

拓展案例

袁某诉张某甲分家析产纠纷民事判决书[1]

［基本案情］

上诉人袁某因与被上诉人张某甲、原审被告王某甲分家析产纠纷一案，不服四川省资阳市雁江区人民法院（2015）雁江民初字第 118 号民事判决，向本院提起上诉。

原判认定，王某乙、袁某夫妻于 1996 年左右在户口所在地雁江区宝台镇黄泥村 5 组建有一处 156.70 平方米的房屋，房主登记为王某乙。该房屋修建不久，王某乙、袁某在房屋后面搭建了 66.22 平方米的砖木结构的房屋，没有办理产权手续。原告张某甲与被告王某甲 2001 年 12 月结婚，婚后于 2004 年 3 月 4 日原告张某甲将户口迁移到王某甲父母王某乙、袁某所在的雁江区宝台镇黄泥村 5 组，于 2008 年 12 月生育一子张某乙。原告岳父王某乙 2010 年 1 月 11 日去世后十多天，原、被告在王某乙、袁某原房屋基础上搭建一层房屋 117.54 平方米，并在房前院坝内搭建 55.85 平方米的砖木结构房屋，该搭建的房屋没有办理产权手续。2011 年 4 月 1 日，王某乙名下的宝台镇黄泥村 5 组的原房屋 156.7 平方米因字库山路项目建设被拆迁，王某乙死后由原告张某甲和被告袁某、王某甲在王某乙老房上共同搭建的房屋作为可视为合法房屋一同被拆迁，面积为 117.54 平方米。王某乙老房后 66.22 平方米的砖木结构的房屋和房前院坝内于 2010 年搭建的 55.85 平方米的砖木结构房屋按照无证房屋进行残值收购，金额分别为 15 230.60 元和 5585 元，附属物补偿费为 8679 元。合法房屋 156.7 平方米的住房补偿金额为 241 722.80 元，可视为合法房屋的住房补偿费为 102 259.80 元。安置房位于城东新区泥河风光安置小区内 13 栋 3 单元 4 层右侧（面积约

---

〔1〕 四川省资阳市中级人民法院，（2015）资民终字第 348 号，载 http：//openlaw.cn/judgement/7e4dc522e3de4764ba65bb54e654036d？keyword＝% E9% 9A% 90% E8% 97% 8F% E3% 80% 81% E8% BD% AC% E7% A7% BB，访问日期：2015 年 11 月 21 日。

90.12 平方米)、19 栋 6 单元 1 层左侧(面积约 74.88 平方米)、19 栋 6 单元 1 层右侧(面积约 74.88 平方米)和 1 栋 1 单元 19 层右侧(面积约 90.54 平方米)共四套。安置房现已建成,尚未办理产权登记手续。另查明,张某甲、王某甲系夫妻关系,张某甲、王某甲以及婚生子张某乙和王某丁、袁某原来同在王某乙宝台镇黄泥村 5 组户口上,王某丁于 2009 年 10 月 13 日迁出,王某甲于 2011 年 9 月 22 日迁出,张某甲户口至今仍在王某乙、袁某宝台镇黄泥村 5 组户口上。又查明,2009 年 9 月 1 日,王某乙一户共 6 人共分配土地补偿费 96 658.34 元,其中张某甲分配 13 922.44 元,此款全部由王某乙签字领取。2009 年 10 月 25 日,王某乙一户共 5 人共分配征地费 11 500 元,其中原告张某甲应分配 2300 元,此款全部由王某乙签字领取。2011 年 4 月 30 日,袁某一户共 4.5 人(其中张某乙按 1.5 人分配)共分配征地补偿费 261 106.47 元,其中张某甲分配 48 000 元,此款全部由袁某签字领取。前述张某甲共应分得征地补偿费 64 222.44 元。

宣判后,原告袁某不服一审判决,提起上诉,请求撤销原判,改判驳回张某甲的诉讼请求。其事实和理由为:①在王某乙、袁某原房屋基础上搭建一层房屋 117.54 平方米、在房前院坝内搭建 55.85 平方米的砖木结构房屋均是由袁某出资修建的,张某甲是协助建房。原判认定为张某甲、袁某、王某甲共同修建错误。②数次征地补偿费、生产生活补助费均是由王某甲签署王某乙、袁某名字领取的,王某甲没有证据证实将款项全部交给袁某,原审认定为王某乙、袁某领取的这些款项与事实不符。

被上诉人张某甲答辩称,袁某所述无事实根据,也无证据支持。讼争房屋是在原房屋之上搭建的一层,张某甲没有对另外原既有房屋主张分割。在一审中张某甲的陈述、证人证言及证据证明房屋是张某甲和王某甲共同出资建房,没有证据证明是袁某出资。征地赔偿款是袁某、王某乙签字收取的,袁某在一审中也是认可了收取赔偿款的,只是给了王某甲,现又称是王某甲领取的,前后矛盾。原审查明事实清楚,证据充分,适用法律正确,请求二审法院驳回上诉,维持原判。

原审被告王某甲答辩称,在原房屋基础上加盖的房屋、院坝 55.85 平方米的砖木结构房屋均是袁某出资搭建的,土地赔偿款是王某甲去领回的,领回后妹妹、父母的都给他们了,余下的王某甲夫妻及孩子的赔偿款是由王某甲领取的,用于了家庭生活开支、孩子的生活费、学费、医疗费以及给张某甲做工程开支。

二审诉讼中,袁某提交了四川省农村信用社存款回单、利息清单两份证据材料,称在利息清单上是王某甲签的"袁某"二字,拟证明王某甲以袁某名义到银行领取土地赔偿款的情况。

张某甲质证称，该两份证据材料达不到证明土地款由王某甲取走并掌握的目的，相反，说明了此款不仅属于本案各当事人共同所有，并且证明的确是由袁某掌握此款。其存款户名以及袁某在原审笔录最后一页中的陈述均可证明该款是由袁某持有，其中含张某甲应得部分。至于袁某委托谁去存、取款项，与该款所有权的享有并不矛盾，不能改变该款性质。对取款凭证中"袁某"签名为王某甲所为无异议。

王某甲质证称，证据材料所涉款项包括附着物款，所有的钱都在里面，钱是王某甲取走的，是王某甲在取款单上签的袁某的名字。取出钱后，是袁某的就给她了，剩下的用于学费、生活费等。王某甲一家三口是按 48 000 元/人的标准领取了 144 000 元。

各方当事人对袁某提交的四川省农村信用社存款回单、利息清单两份证据材料的真实性无异议，对王某甲代签袁某名字领取土地款事实无异议，本院予以采信。张某甲对该款此后由谁掌控及分配提出异议，在王某甲曾经收土地款的情况下，其取出自己一家三口应享有的土地款份额符合常理，王某甲也认可已领取其一家三口应得份额，故对袁某提出的证明目的本院予以采信。

本院二审审理查明，2011 年 5 月 13 日，袁某在四川省农村信用社账号为 8820011044416×××的账户内存入 261 106.47 元。2011 年 5 月 17 日，王某甲在四川省农村信用社利息清单上签署"袁某"字样，取走存款本息计 261 120.98元。王某甲取回该款后，将袁某应得部分交给了袁某。王某甲已经收取其夫妻及孩子三人应收的全部征地补偿费用。

本院二审审理查明的其他事实与一审判决认定的事实一致。

[问题与思考]

1. 在王某乙、袁某夫妻原房屋基础上搭建的一层房屋以及在房前院坝内搭建的砖木结构房屋是否属于张某甲、王某甲夫妻共同财产？

2. 张某甲提出的在案涉拆迁安置房屋、征地补偿款中分割出其应当享有部分财产的诉讼请求是否应当得到支持？

[重点提示]

上述问题的解答要点为：在婚姻关系存续期间，是否能够要求分家析产？需要满足哪些条件？此外，农村宅基地上翻建的房屋是否有特殊之处？

第九章

离婚效力之对子女的效力

知识概要

　　婚姻关系的解除，虽然只是夫妻双方基于婚姻而存在的人身关系和财产关系归于消灭，父母与子女之间存有的血亲关系不因父母离婚而消除，但却会使得子女的生活环境发生很大的变化，随之产生诸如抚养关系、抚养费、探望权等很多问题。本章内容主要分为四节：第一节论述的是抚养方的确定，阐述了离婚案件中未成年子女的抚养方应该如何确定的问题；第二节论述的是离婚后抚养费的承担与变更，阐述了离婚后子女抚养费数额的确定标准问题；第三节论述的是离婚后子女探望权、姓名权的变更，阐述了不直接抚养子女的父或母如何行使探望权的问题；第四节论述的是抚养关系变更，阐述了父或母可以变更现有抚养关系的几种情形。

第一节　子女直接抚养权归属

经典案例

盛某与陈某甲离婚纠纷一案[1]

[**基本案情**]

　　盛某与陈某甲经人介绍相识，后办理结婚登记手续，婚姻关系存续期间内生育一女孩名陈某乙。婚后夫妻感情一度尚可，后因家庭琐事，双方之间经常

---

　　[1]　江苏省南通市中级人民法院，（2015）通中民终字第 2224 号，载 http：//m. itslaw. com/mobile/detail/detail？ id = cbc4a41d － 8f81 － 4c1e － b0e6 － 477b14472abe&conditions = searchWord% 2B% E7% 9B% 9B% E6% 9F% 90% E4% B8% 8E% E9% 99% 88% E6% 9F% 90% E7% 94% B2% 2B1% 2B% E7% 9B% 9B% E6% 9F% 90% E4% B8% 8E% E9% 99% 88% E6% 9F% 90% E7% 94% B2&sortType = 1&area = 1&pageIndex = 2&totalCount = 5，访问日期：2015 年 10 月 20 日。

发生争吵，逐步导致夫妻矛盾激化。2013 年 10 月 30 日，盛某以夫妻感情破裂为由起诉要求离婚，经法院判决双方不准离婚。2014 年 7 月 3 日，盛某又第二次起诉离婚，后于同年 8 月 27 日申请撤回起诉，法院于当日裁定准许撤诉。此后夫妻双方关系仍未得到改善。2015 年盛某再次以夫妻感情破裂为由诉至法院要求离婚，一审法院审理后作出判决准予两人离婚。判决作出后，双方对财产分割部分均无异议，但就女儿陈某乙的抚养权问题存在争议。

陈某甲提起上诉称，"女儿至今已满两周岁，原审法院认定女儿随母亲抚育更有利于孩子的身心缺乏事实和法律依据。盛某自 2013 年起诉离婚起，未考虑幼小的女儿亟须照顾，放弃了照顾关爱子女这一庄严的职责。孩子一直随陈某甲生活，重担全部压在陈某甲身上，说明由陈某甲抚育更有利于孩子成长。从抚养条件看，盛某重度残疾，不但不能照顾他人，相反还需旁人照顾，靠每月370 元的重残补助维持基本生活，并没有能力抚养子女。陈某甲有固定工作、收入可观，完全具备抚养子女的能力"。

被上诉人盛某辩称，"孩子自幼由盛某抚养，2015 年年初被陈某甲抢走，盛某患病已经不能生育，符合《最高人民法院审理离婚案件处理子女抚养问题的若干具体意见》中优先考虑子女随其生活的情形。盛某虽有残疾，但有固定的工作单位，每月工资近 3000 元，完全有能力抚养子女。孩子刚过两周岁，且是女孩，由母亲抚养更符合情理"。

二审中，双方确认孩子出生后与盛某、陈某甲一起生活，夫妻产生矛盾后，2012 年底至 2013 年初盛某带孩子回娘家生活。后因双方争抢抚养孩子，目前孩子在陈某甲家生活一年多。盛某在企业做门卫兼保洁，有固定收入。

[法律问题]

离婚案件中，未成年子女直接抚养方应如何确定？

[参考结论与法理精析]

（一）法院意见

一审法院认为，孩子由谁抚育，应从有利于孩子学习、生活的角度出发。双方的孩子系女孩，且未满 3 岁，由其母亲抚育更有利于孩子的身心。陈某甲应配合好盛某抚育孩子，多从心理上、经济上关心、爱护孩子，共同将孩子抚养长大。

二审法院认为，本案中上诉人陈某甲与被上诉人盛某均具备抚养双方之女陈某乙的客观条件，且双方在诉讼中均愿意抚养女儿，相较而言，陈某甲的经济收入、身体程度确实优于盛某，但经济条件及身体程度并不是判断子女抚养权归属的绝对条件和标准。盛某虽有残疾，但仍可从事相应工作并具有一定的经济收入。原审法院综合考虑陈某乙系女儿、一审时尚未满 3 岁等实际状况，判决陈某乙由其母亲盛某抚养并无不当。而上诉人陈某甲以孩子目前随其生活、盛某有残疾，其收入高于盛某等为由要求改判由其抚养，理由并不充分。

（二）离婚案件中未成年子女直接抚养方的确定

我国《婚姻法》第36条第1款规定："父母与子女间的关系，不因父母离婚而消除。离婚后，子女无论由父或母直接抚养，仍是父母双方的子女。"离婚虽然不能消除父母与子女之间的关系，但抚养方式却会因离婚而发生变化，即由父母双方共同抚养子女变成由父或母一方直接抚养子女。同时，该条第2、3款还规定："离婚后，父母对于子女仍有抚养和教育的权利和义务。""离婚后，哺乳期内的子女，以随哺乳的母亲抚养为原则。哺乳期后的子女，如双方因抚养问题发生争执不能达成协议时，由人民法院根据子女的权益和双方的具体情况判决。"虽然《婚姻法》对子女抚养问题作了原则性规定，但现实中，离婚时"争养"或"推养"子女的抚养纠纷仍旧比较多。有的夫或妻把子女作为命根子，非要抚养子女不可，并以此作为离婚的前提条件；有的则把抚养子女作为包袱或再婚的障碍，都不愿抚养，由此而闹得你死我活，甚至出现有的当事人把子女丢在法院里或留在双方的组织暂时代养等情况。[1] 为了进一步更好地解决这一问题，从有利于子女身心健康，保障子女的合法权益出发，结合父母双方的抚养能力和抚养条件等具体情况，结合审判实践，最高人民法院对审理离婚案件的子女抚养问题作出了相关司法解释[2]，对离婚后的子女抚养问题作出了具体规定："对两周岁以上未成年的子女，父方和母方均要求随其生活，一方有下列情形之一的，可予优先考虑：①已做绝育手术或因其他原因丧失生育能力的；②子女随其生活时间较长，改变生活环境对子女健康成长明显不利的……④子女随其生活，对子女成长有利，而另一方患有久治不愈的传染性疾病或其他严重疾病，或者有其他不利于子女身心健康的情形，不宜与子女共同生活的。"

本案中，陈某甲与盛某两人的婚生女陈某乙已满两周岁，自出生后与盛某、陈某甲一起生活。陈、盛二人产生矛盾后，2012年底至2013年初盛某带孩子回娘家生活。后因双方争抢抚养孩子，目前孩子在陈某甲家生活一年多。盛某虽有残疾，但其仍旧能够从事相应劳动，且有固定收入，不属于患有久治不愈的传染性疾病或其他严重疾病的情形，也不属于无能力抚养女儿的情形。陈某甲的身体状况和经济能力较强于盛某。因此，陈某甲与盛某均具备抚养陈某乙的客观条件。法院综合考虑陈某乙一审时尚未满3岁等实际状况，判决陈某乙由其母亲盛某抚养并无不当。而上诉人陈某甲以孩子目前随其生活、盛某有残疾，

---

〔1〕《婚姻法》第36条条文释义，载：http：//www.pkulaw.cn/CLink＿form.aspx？Gid＝35339&tiao＝36&subkm＝0&km＝siy，访问日期：2015年10月20日。

〔2〕《关于人民法院审理离婚案件处理子女抚养问题的若干具体意见》，下文简称《若干具体意见》。

其收入高于盛某等为由要求改判由其抚养，理由并不充分。

拓展案例

曾某诉徐某某离婚案[1]

［基本案情］

曾某与徐某某于 2000 年经他人介绍认识，2001 年 11 月 21 日登记结婚，婚后感情尚好。2004 年 8 月 14 日生育女儿徐某某 1。2004 年开始，由于双方性格不合，志趣不同，沟通不畅，导致夫妻感情不和。后曾某向湛江市赤坎区人民法院起诉离婚。

原告曾某诉称：由于女儿未满 2 周岁，根据《最高人民法院关于审理离婚案件处理子女抚养问题的若干具体意见》有关"两周岁以下的子女，一般随母方生活"的规定，请求法院判决女儿归原告抚养，被告按月收入的 30% 支付女儿抚养费。

被告徐某某辩称：如果女儿由被告抚养，被告同意与原告离婚，也不需要其支付女儿抚养费。原告的工作时间不规律，经常是三更半夜才回家，且她的收入也不高，女儿由被告抚养更有利于其成长。

一审法院查明：曾某的月平均工资收入为 1989 元，徐某某的月平均工资收入为 7457 元。

法院经审理后认为：由于徐某某的收入较高，且工作稳定，结合徐某某不需要曾某支付抚养费的情况，女儿徐某某 1 随徐某某生活更有利于其健康成长。曾某认为应适用《最高人民法院关于人民法院审理离婚案件处理子女抚养问题的若干具体意见》第 1 条关于"两周岁以下的子女，一般随母方生活"的规定，并主张女儿徐某某 1 应由其抚养，但是，2001 年修订后的《婚姻法》第 36 条第 3 款规定："离婚后，哺乳期内的子女，以随哺乳的母亲抚养为原则。哺乳期后的子女，如双方因抚养问题发生争执不能达成协议时，由人民法院根据子女的权益和双方的具体情况判决。"因徐某某 1 已过了哺乳期，故抚养权问题应本着有利于子女权益的原则，结合双方的具体情况决定。故此判决：女儿徐某某 1 由徐某某抚养，抚养费由徐某某独自承担。

曾某不服该判决，提出上诉。

---

〔1〕 广东省湛江市中级人民法院，（2006）湛中法民一终字第 262 号，载 http：//www. pkulaw. cn/case/pfnl ＿117620027. html? keywords ＝% E6% 9B% BE% E6% 9F% 90% E8% AF% 89% E5% BE% 90% E6% 9F% 90% E6% 9F% 90% E7% A6% BB% E5% A9% 9A% E6% A1% 88&match ＝ Exact ，访问日期：2015 年 10 月 25 日。因原、被告双方对于离婚及财产分割问题无异议，案情未摘录该部分内容。

　　二审法院另查明：2005 年 10 月 12 日，徐某某写了一份《保证书》，保证以后不再参与赌博。2006 年 1 月 21 日，徐某某因赌球欠下巨额赌债而被他人追债，在没有告诉家人和单位的情况下突然出走。上诉人与其他亲属四处寻找无果，于同年 2 月 6 日向公安机关报警求助。同年 2 月 8 日，徐某某所在单位在《湛江日报》上登载声明，要求徐某某自声明登报之日起 15 天内返回工作岗位，否则按照有关规定处理。同年 2 月 22 日，徐某某在写给单位的《检讨书》中承认其因赌球欠下赌债 25 万多元，并表示悔过自新。徐某某在原审中曾承认其有赌博行为，并承认以上《保证书》和《检讨书》是他书写的。

　　婚生女儿徐某某 1 原来一直跟随曾某与徐某某共同生活。2006 年 4 月 26 日，徐某某接到原审判决书后，在没有与曾某协商的情况下，把女儿徐某某 1 送回其原籍四川省绵竹市的父母家。

　　二审法院认为：原审没有考虑徐某某 1 当时未满 2 周岁，更加需要母亲抚养和照顾，而且没有认定和考虑徐某某因赌博欠债和离家出走等事实，仅考虑徐某某的工资收入较高且不需要曾某支付抚养费，判决徐某某 1 由徐某某抚养的依据不足，应予以纠正。故依法改判：徐某某 1 由曾某抚养，徐某某每月给付抚养费 1400 元至徐某某 1 能独立生活时止。

　　［问题与思考］

　　在离婚案件中决定子女直接抚养权归属时，收入较高和不要求对方承担抚养费，是否能作为一方获得子女抚养权的决定性因素或法院优先考虑的因素？

　　［重点提示］

　　在离婚案件中处理子女直接抚养问题时，双方的经济条件仅是一个较为重要的因素，而不是决定性因素。确定抚养方应当从有利于子女身心健康，保障子女的合法权益出发，结合父母双方综合的抚养能力以及家庭观念等情况妥善解决。

第二节　离婚后抚养费的承担及变更

经典案例

小陆诉陆某某抚养费纠纷案[1]

［基本案情］

2011 年陆某某（33 岁）经法院判决与其妻离婚，其于 2009 年出生之女小陆被判决随母亲生活，陆某某每月给付抚养费人民币 260 元。2012 年 6 月，小陆向法院起诉陆某某，要求增加抚养费至每月 1000 元。

原告小陆诉称：被告系原告之父，2012 年至今被告一直拖欠抚养费。被告没有丧失劳动力，也非残疾，理应承担抚养子女的责任，并且随着物价不断上涨，被告所给付的 260 元抚养费已不能满足原告日常生活所需，故要求被告增加抚养费至每月 1000 元。

被告陆某某辩称，因被告目前无工作，无力增加原告抚养费，要求维持原来判定的每月 260 元抚养费。

一审法院经审理认为，现被告处于失业状态，原告又未能提供被告目前有工作及收入的证据，而抚养费的数额是根据被告的收入和原告的实际需要确定的，故对原告要求增加抚养费的诉请，法院不予支持。

小陆不服，提起上诉称：其成长过程中各种费用必不可少，加上物价因素，每月 260 元连基本的正常生活都无法保证，所以要求陆某某承担起父亲的责任和义务，增加抚养费，但陆某某却以无工作无收入为由推卸责任。陆某某并未丧失劳动能力，其逃避父亲应尽的责任和义务，是对小陆权利的侵害。故上诉要求撤销原判，改判陆某某每月支付小陆抚养费 600 元。

二审法院认定事实与一审认定一致。

二审法院经审理认为，陆某某与其妻离婚时法院确认的抚养费标准在现今社会生活中属较低水平，无法满足小陆健康成长之合理需求。陆某某正值青壮年，并未丧失劳动能力，却长期失业，系其主观原因所致。陆某某应积极就业

---

　〔1〕　案例来源于北大法宝，载 http：//www. pkulaw. cn/case/pfnl＿123673910. html？keywords＝%E5%B0%8F%E9%99%86%E8%AF%89%E9%99%86%E6%9F%90%E6%9F%90%E6%8A%9A%E5%85%BB%E8%B4%B9&match＝Exact ，访问日期：2015 年 10 月 23 日。

并履行满足其女健康成长之合理需求的抚养义务。依据儿童利益最大化原则，依法判决撤销原判，改判陆某某自 2012 年 6 月起每月向小陆给付抚养费 500 元。

[法律问题]

1. 父母离婚后，子女可否要求增加抚养费？

2. 抚养费的数额如何确定？

[参考结论和法理精析]

（一）法院意见

二审法院经审理认为，父母离婚后，非直接抚养方给付抚养费为其法定义务，也是未成年子女应当享有的权利。陆某某与其妻离婚时法院确认的抚养费标准在现今社会生活中属较低水平，无法满足小陆健康成长之合理需求。陆某某正值青壮年，并未丧失劳动能力，却长期失业，系其主观原因所致。陆某某应积极就业并履行满足其女健康成长之合理需求的抚养义务。依据儿童利益最大化原则来理解《关于人民法院审理离婚案件处理子女抚养问题的若干具体意见》中的作为增加抚养费的必备条件的给付能力，将其合理扩大解释为劳动能力，并综合考虑家长负担能力、本地实际生活水平及子女生活之所需来确定抚养费数额。据此，二审法院作出判决：撤销原判，改判陆某某自 2012 年 6 月起每月向小陆给付抚养费 500 元。

（二）父母离婚后，子女可否要求增加抚养费？

关于子女生活费和教育费的协议或判决，不妨碍子女在必要时向父母任何一方提出超过协议或判决原定数额的合理要求。根据上述规定，父母离婚后，在必要时，子女可向父母任何一方要求增加抚养费。

（三）抚养费数额的确定

抚养费是父母或其他对未成年人负有抚养义务的人，为未成年人承担的生活、教育等费用。根据《若干具体意见》的规定，子女抚育费的数额，可根据子女的实际需要、父母双方的负担能力和当地的实际生活水平确定。

离婚后，不和子女一起生活的父/母一方，根据收入状况和子女的需求状况，支付抚养费。

抚育费的给付期限，一般至子女 18 周岁为止。但如果子女 16 周岁以上不满 18 周岁，以其劳动收入为主要生活来源，并能维持当地一般生活水平的，父母可停止给付抚育费。

尚未独立生活的成年子女有下列情形之一，父母又有给付能力的，仍应负担必要的抚育费：

1. 丧失劳动能力或虽未完全丧失劳动能力，但其收入不足以维持生活的；

2. 尚在校就读的；

3. 确无独立生活能力和条件的。

拓展案例

陈某诉许小某抚养费纠纷案[1]

[基本案情]

2005 年 8 月 3 日，陈某与许某登记结婚，2006 年 1 月 31 日婚生一子许小某。2012 年 2 月 29 日，陈某和许某经法院判决离婚，许小某由许某抚养，陈某每月支付抚养费 700 元。此后，许小某一直跟随父亲许某生活。

2013 年 5 月，陈某以没有稳定工作，且身体患有疾病等理由，起诉至法院，要求降低抚养费数额，判令每月给付被告许小某抚养费 300 元，诉讼费由被告承担。案件审理中，原告陈某还向法庭提交了村委会书面证明、医院诊断证明、出住院记录及收费单据等证据材料。

北京市房山区人民法院经审理认为：原告应付子女抚养费数额，已经法院生效判决确定，现原告请求降低抚养费的数额，应提供充分证据证明该费用的支付对其本人生活产生了严重影响或该数额超出被告当前实际需要。原告向法院提交的诊断证明书、出住院记录、村委会书面证明等证据，可以证明原告曾患有疾病，但不足以证明原告丧失劳动能力或必然因此严重影响生活水平。被告年仅 7 岁，没有任何独立生活的能力，抚养费是其生活的物质基础，应该得到切实的法律保障。因此，对原告的诉讼请求法院不予支持。

[问题与思考]

被判决给付抚养费的一方可否要求降低抚养费？在什么情况下可以降低抚养费？

[重点提示]

我国《婚姻法》第 37 条第 2 款规定，关于子女生活费和教育费的协议或判决，不妨碍子女在必要时向父母任何一方提出超过协议或判决原定数额的合理要求。

---

〔1〕 案例来源于北大法宝，载 http：//www. pkulaw. cn/case/pfnl ＿ 121783978. html？ keywords ＝ %E9%99%88% E6%9F%90% E8% AF%89% E8% AE% B8% E5% B0% 8F% E6%9F%90% E6% 8A%9A% E5%85% BB% E8% B4% B9&match ＝ Exact，访问日期：2015 年 10 月 23 日。

第三节　离婚后子女探望权、姓名权的变更

经典案例

毛甲诉丁离婚纠纷案[1]

[基本案情]

毛甲、丁于 2004 年经人介绍认识，2005 年 3 月 3 日登记结婚，2006 年 11 月 16 日生育女儿毛乙。2007 年 9 月 1 日，因家庭发生纠纷，双方开始分居生活；11 月，丁将女儿毛乙送至嘉善县魏塘镇其父母处抚养。2008 年 6 月 20 日，因毛甲认为丁长期拒绝其抚养、探望女儿，毛甲曾提起婚姻存续期间的抚养纠纷诉讼；7 月 2 日，丁随即向杭州市西湖区人民法院提起离婚诉讼；后两案均被驳回诉讼请求。此后，双方夫妻关系未能好转。

2009 年 1 月 19 日，毛甲提起离婚诉讼，请求判决："①毛甲、丁解除婚姻关系；②婚生女儿毛乙由毛甲抚养，丁每月支付抚养费 1000 元……"丁请求判决："①丁与毛甲离婚。②婚生女毛乙由丁抚养，毛甲每月支付抚养费 1500 元……"

一审法院经审理后认为：毛甲、丁均表示愿意离婚，依法应予支持。婚生女儿毛乙目前还年幼，现双方均有抚养能力，从有利于毛乙成长及本案的实际情况考虑，由丁抚育更为适宜，故毛甲主张由其抚养女儿毛乙的请求，不予支持。故此作出判决：①准予毛甲与丁离婚。②婚生女儿毛乙由丁负责抚养教育，毛甲自 2009 年 6 月起每月负担毛乙的抚育费 1000 元，至毛乙独立生活止。③毛甲自本判决生效后起，有权每月探视毛乙 2 次。探视方法：丁在每月的第一、三周的周六上午 8 时前将毛乙送至毛甲处，毛甲则于次日上午 8 时前将毛乙送还丁处。

毛甲、丁均不服一审判决，分别向杭州市中级人民法院提起上诉。

二审查明事实与一审查明事实一致。

杭州市中级人民法院经审理后认为：①关于子女抚养等问题。根据双方的

─────────

〔1〕　浙江省高级人民法院，（2010）浙民提字第 94 号，载 http：//m. itslaw. com/mobile/detail/detail？id = d006804b − b39a − 4cb0 − 9ae4 − a03d84e91202&conditions = searchWord% 2B% E4% B8% 81% E4% B8% 8E% E6% AF% 9B% E7% 94% B2% 2B1% 2B% E4% B8% 81% E4% B8% 8E% E6% AF% 9B% E7% 94% B2&sortType = 1&area = 1&pageIndex = 1&totalCount = 13，访问日期：2015 年 10 月 25 日。毛甲与丁对于财产分割问题存在争议，笔者认为该部分内容与子女探望权主题无关，故未摘录该部分案情。

工作、生活等条件，以及毛乙年幼且一直与丁父母共同生活的事实，从有利于毛乙的生活环境、习惯等方面考虑，毛乙由丁抚养更有利于其健康成长，原审判决毛乙由丁抚养，当属合理。对于毛甲上诉请求改判由其抚养，不予支持。②关于毛甲的探视权行使的问题。一审判决的具体探视起止时间确实未能充分考虑未成年人的作息时间，毛甲就此提出的上诉理由成立。为了充分保障毛甲的探视权，同时考虑毛乙的年龄和起居特点，不影响毛乙的健康成长，确定由毛甲于每月第一、三周的周五晚上7点之前到丁处将毛乙接走，并于次日晚上7点之前将毛乙送还至丁处。

毛甲不服二审判决，向浙江省高级人民法院申请再审。其在再审庭审时宣读的申请再审请求为："……②撤销二审判决第2、3项，判令：①每月第一、三周某六上午8点前由丁将毛乙送至毛甲处（杭州市西湖区府苑新村11幢3单元502室，以下均同），次日下午5点前由毛甲将毛乙送回丁处（杭州市江干区单室，以下均同）。遇恶劣天气等原因无法探望的顺延至下周。②元旦、五一、中秋、国庆等法定假日第一天上午8点前由丁将毛乙送至毛甲处，次日下午5时前由毛甲将毛乙送回丁处。若元旦、五一、中秋、国庆等法定假日与探望时间发生重复交叉的，可延长在毛甲处逗留，假期结束前一天下午5时前由毛甲将毛乙送回丁处。③寒暑假探望：暑假可在毛甲处居住15天，寒假可在毛甲处居住7天。分别由丁在暑假后、寒假结束前一周由丁将毛乙送至毛甲处。探望结束后由毛甲送回丁处。④孩子生病期间丁应通知毛甲，毛甲有权探望女儿。

[**法律问题**]

夫妻离婚后，关于子女探望权的方式、时间应如何确定？

[**参考结论与法理精析**]

（一）法院意见

浙江省高院经审理后认为：本案中双方离婚后，毛甲有探望女儿毛乙的权利，丁有协助的义务。毛甲探望毛乙的方式、时间，先由双方协商确定，在双方不能协商确定的情况下，由人民法院根据有利于子女身心健康成长的原则酌定。毛甲作为探望权人，应当主动行使，且从毛甲的个人情况看，毛甲行动方便，有接送孩子的能力。因此，毛甲探望女儿毛乙，应由其负责接送。关于探望时间，应根据有利于子女生活稳定、学习成长等因素确定。原一、二审酌定毛甲探望女儿毛乙每月两次，合情合理，应予维持。综上，原二审判决酌定的探望方式、时间，是可行的，唯对双方交接孩子的地点表述不准，应予进一步明确。根据本案实际情况，双方交接孩子的地点可确定为丁住所的单元入口处。并据此作出判决：变更杭州市中级人民法院（2009）浙杭民终字第1343号民事判决第3项为：毛甲对毛乙享有探望权，丁负有协助义务。

具体探望方式、时间为：自本判决生效之次月起，每月第一、三周的周五晚上 7 时前在杭州市江干区闸弄口新村 56 幢 2 单元入口处丁将毛乙交给毛甲接走，次日晚上 7 时前在杭州市江干区闸弄口新村 56 幢 2 单元入口处毛甲将毛乙送回给丁。

（二）探望权

《婚姻法》第 38 条第 1、2 款规定："离婚后，不直接抚养子女的父或母，有探望子女的权利，另一方有协助的义务。行使探望权利的方式、时间由当事人协议；协议不成时，由人民法院判决。"

《婚姻法》第 36 条第 1、2 款明确规定，父母与子女间的关系，不因父母离婚而消除。离婚后，子女无论由父或母直接抚养，仍是父母双方的子女。离婚后，父母对于子女仍有抚养和教育的权利与义务。因此，在将监护权判给一方的情况下，法律赋予不直接抚养子女的另一方以探望的权利。

法律设置探望权的目的有二：其一，减少子女的家庭破裂感，让其有机会经常能看到不再共同生活的家人，满足双方的情感需求；其二，监督直接抚养权人是否履行了妥善抚养的义务。

（三）行使探望权的时间、方式

在发生探望权利纠纷时，首要的救济方式是双方当事人的协商。双方不应囿于夫妻离异后的冲突纷争上，应从有利子女健康成长的角度出发，对探望的时间、探望的方式，探望期间双方对子女的安排等作出协商。当双方无法就诸上事宜达成一致时，尤其在享有监护权的一方无故拒绝不直接抚养子女的一方探望子女时，享有探望权的一方可依《民事诉讼法》的有关规定提起诉讼，请求人民法院作出判决。

拓展案例

案例一： **上诉人曹某甲因探望权纠纷案**[1]

［基本案情］

曹某甲、蔡某婚后于 2009 年 12 月 1 日生育女儿曹某乙。2014 年 4 月 15 日，双方协议离婚，约定女儿曹某乙由曹某甲携带抚养，抚养费全部由曹某甲负责，

---

〔1〕　广东省广州市中级人民法院，（2015）穗中法少民终字第 147 号，载 http：//www.pkulaw.cn/case/pfnl __124099170.html? keywords = % E4 % B8 % 8A % E8 % AF % 89 % E4 % BA % BA % E6 % 9B % B9 % E6 % 9F % 90 % E7 % 94 % B2 % E5 % 9B % A0 % E6 % 8E % A2 % E6 % 9C % 9B % E6 % 9D % 83&match = Exact，访问日期：2015 年 10 月 25 日。

蔡某不承担。蔡某每3个月可探望女儿一次，探望具体时间由蔡某提前一天以上通知被告，蔡某保证每次探望的时间不超过3小时，具体地点是女儿经常居住的地方，探望方式是蔡某到女儿居住的地方探望，探望人仅限于蔡某本人及蔡某的父母或兄弟姐妹，如蔡某要求带女儿外出游玩，则必须事先通知曹某甲，并在征得曹某甲同意后，由曹某甲亲自或委托他人陪同的情况下方可外出游玩。特殊情况下，由双方另行协商；蔡某保证在探望女儿时，不会出现不利于女儿身心健康的言行，否则曹某甲有权暂停蔡某的探视。双方离婚后，曹某乙随曹某甲共同生活至今，蔡某已探望曹某乙两次，双方在协议曹某乙的具体探望时间时曾发生矛盾。

后蔡某向人民法院起诉，要求行使对曹某乙的探望权，每月可以探视两次；寒假、暑假期间能够与曹某乙共同生活。

一审法院经审理后认为：本案双方在《离婚协议书》中约定的探望时间不合理，不利于曹某乙的健康成长。并作出如下判决：①蔡某每月可探视曹某乙两次，每次一天，由蔡某于晚上7点至曹某甲处将曹某乙接走，次日晚上7点将曹某乙送回曹某甲处（具体日期由双方另行协商）。②寒假期间，蔡某可与曹某乙共同生活10天（具体日期另行协商）。③暑假期间，蔡某可与曹某乙共同生活15天。

曹某甲不服该判决，提起上诉称：原审判决变更探望权行使时间、方式、内容等无事实和法律根据，违背当事人协议行使探望权的方式、时间以协商为主，判决为辅的原则精神。

二审法院经审理后认为：在本案中，曹某甲与蔡某离婚时，约定了母亲蔡某对当时年仅5岁的女儿曹某乙探视的时间和地点，从常人的角度来理解，确实不甚合理。原审法院在充分考虑双方的情况及探望方式的可行性及合理性后，重新判定蔡某探望女儿曹某乙的次数、时间和方式，具有合法依据，应予维持。故此作出判决：驳回上诉，维持原判。

[问题与思考]

人民法院能否对父母双方在离婚协议中约定的子女探望权行使的时间、方式、内容等进行变更？

[重点提示]

探望权的利益主体，是否限于父或者母？是否也包括被探望的未成年子女？法院是否可以直接为未成年子女利益考虑而确定探望的时间与方式？

案例二: 江某1诉江某2抚养纠纷案[1]

［基本案情］

江某1母亲胡某1与江某2于2007年2月6日登记结婚,于2007年4月18日生育一女江某1,于2007年7月9日在深圳市福田区民政局登记离婚,双方在离婚协议书中关于子女安排部分明确载明:"两人育有一女儿江某1,出生日期2007年4月18日,归母亲胡某1抚养。父亲江某2每月支付600元抚养费,钱每月从银行转账到胡某1账户上。父亲有探望女儿的权利,母亲必须配合。母亲可以更改女儿姓名"。离婚后,江某2依照约定按时支付抚养费,其中2007年7月至2008年3月期间每月转账人民币600元,2008年4月至2011年12月期间每月转账人民币1000元。双方确认最后一期抚养费支付至2011年12月份。现江某1诉至人民法院。

原告诉称,原告母亲与被告于2007年2月6日结婚,2007年4月18日生育原告,2007年7月9日协议离婚,原告由母亲抚养,被告每月支付抚养费600元,但被告于2012年1月至2013年4月至今没有支付抚养费。被告拖欠抚养费(借读费,6年累计实际医院诊疗费)长达一年及原告面临小学就读等生活状况,被告现有自购物业金地梅陇镇1栋二单元20A房和私车(车牌WF629号牌)1辆,完全有能力增加每月抚养费并一次性支付至原告18周岁,离婚协议书上被告亲笔白纸黑字承诺母亲可以更改女儿姓名,但被告都不予以履行承诺更改女儿姓名,原告母亲多次要求被告支付抚养费和履行更改女儿姓名无果,特向法院提起诉讼,请求法院判令:①判决被告支付2012年1月至2013年4月拖欠的抚养费共计人民币9600元整;②判决被告提高抚养费至每月人民币2000元,并且要求一次性支付共计人民币288000元(从2013年5月至孩子满18周岁);③离婚协议书上被告承诺原告母亲可以更改女儿姓名,判决被告履行更改姓名的义务;④本案诉讼费由被告承担。

被告答辩称:①原告在民事起诉状中要求支付9600元所述事实与实际不符。客观事实如下:2007年7月9号原告母亲与被告离婚,离婚协议规定每月支付600元抚养费,按月支付。离婚过了两天,原告母亲说自己资金紧张要求提前多支付,于是被告当月就提前支付了3800元。后又多次要求,2007年短短几个月被告更是多支付了10000元。2008年初原告母亲提出按每月1000元支付抚养费,说每月600元总共就是18年,现在多付了以后就会少付的。虽然被告

当时不同意，但是原告母亲多次要求而且那个时候被告经济比较好一些，也就默认了她的无理要求。原告母亲手头紧张时更向被告借钱，被告基本上都答应了她，但原告母亲只还了一小部分。当被告给她要欠款时她就一句"没钱了把它当以后的抚养费吧"。从2007年7月9日离婚到现在，被告已支付给代理人84 500元（包括应该支付、提前支付和借款），但原告母亲只向被告归还了10 400元，实际已支付抚养费74 100元。而从2007年7月9日至2013年9月9日总共6年2个月，被告总共应该支付74个月×600元＝44 400元。到目前为止被告已支付29 700元，不存在原告母亲说的2012年1月至2013年4月抚养费未给的情况。因此，原告在民事起诉状中所述事实与实际不符，要求支付9600元属无理要求，应予驳回。②原告要求被告每月抚养费提高至2000元并且一次性支付，于法无据，与事实不符。被告房子只交了两成首付款，其余的房款都是给银行贷款的，每月需要还贷近4000元，车子是2007年购买的，现在故障频发，基本上快报废了。而且被告父亲已经70多岁，患有脑中风，现在已半身瘫痪需要赡养，被告按月支付600元抚养费已相当有困难，其他的完全无力负担。根据上述事实和法律规定，被告应支付原告的抚养费数额，属于有特殊情况且比例应当适当降低。相反的是原告母亲在南昌梵顿公馆有130平方的房一套，在深圳龙华锦绣江南有48平方的房一套，月工资近万元，并且父母年轻健康，完全具备独立抚养被告的能力。因此，原告要求被告每月抚养费提高至2000元并且一次性支付，于法无据、与事实不符。③原告要求更改姓名请求无法无据，与道德有违，应予驳回。《最高人民法院关于子女姓氏问题的批复》规定，有相关具体问题发生而父母双方不能达成协议时，则应以子女自己表示的意志为主。子女年幼尚未表示其自己意志的能力时，应从民间习惯，其出生时所用的姓氏不宜改变（将来户籍法有规定后从其规定）。如因离婚而引起对原生子女的姓氏争执，则父母与子女的血亲关系并不因父母离婚而消灭；在离婚后无论子女随父或随母抚养，均不应改变父母对原生子女依法律所应负担的抚养责任。父母所负的责任虽可因双方经济情况不同或子女年岁的不同而有所不同，但并不能因此说明抚养责任主要地属于哪一方。被告认为父母离婚，除因协议变更子女姓氏或子女年已长成得以自己意志决定其从父姓或母姓外，并无使其子女改变原用姓氏的必要。本案中，虽然被告在2007年离婚的时候同意更改原告的姓名，但是原告母亲当年在孩子不懂事时未行使这项权利。现在原告已上完幼儿园了，而且现在已经上小学一年级了，同学和老师还有小伙伴都知道"江某1"这个人，这个时候更改名字只能让她周围的人都知道她父母离婚了，对她的成长和学习都会造成破坏性的影响，更会给她幼小的心灵蒙上一层阴影。原告母亲之所以过了6年之后才要求改名是因为现在想嫁个富人，男方要求改孩子的名字。为了取悦男人就牺牲自己女儿，于道德有违。因此，原告要求更改姓名无法无据，于道德有违，应予驳回。④鉴于原告的上述 3 项要求都无法无据、更与事实不符，本次诉讼费由原告承担。综上所述，请求人民法院在查清事实的基础上，在被告能正常探望原告的前提下，按照每月 600 元的抚养费按月支付，并应扣除多支付的抚养费，驳回其他请求。

法院另查明，被告现月收入为 3500 元至 3800 元。

法院经审理后认为，根据法律的相关规定，离婚后一方抚养的子女，另一方应负担必要的生活费和教育费，直至子女能独立生活为止。对于抚养费的数额，可按子女的实际需要、父母双方负担能力和当地的实际生活水平确定。2007 年 7 月原告母亲与被告离婚时协议确定每月抚养费为 600 元，现原告主张增加每月抚养费至 2000 元。结合本案的实际情况，本院酌定被告向原告每月支付抚养费人民币 1000 元，从被告停付原告抚养费的 2012 年 1 月开始支付，至原告年满 18 周岁（2025 年 4 月）止。对于本案判决前产生的抚养费，被告在本判决生效后 5 日内一次性向原告支付，其余的抚养费在每月 15 日前支付。原告主张被告应当一次性支付全部抚养费的请求，因缺乏事实依据及必要性，原告应承担举证不能的法律后果。根据《婚姻法》的规定，子女可以随父姓，可以随母姓。本案原告母亲与被告在离婚协议书中明确约定，母亲可以更改女儿姓名，且原告母亲当庭要求原告改名之后跟随母亲姓胡，叫胡欣悦。原告的该项请求，于法有据，本院予以支持。

［问题与思考］

江某 2 与胡某 1 在离婚协议中约定的"母亲可以更改女儿姓名"的条款是否有效？

［重点提示］

建议从有利于子女健康成长的角度进行思考。

第四节　抚养关系变更

经典案例

折某与蔡某变更抚养关系纠纷一案[1]

[基本案情]

蔡某与折某于 2010 年 12 月 30 日在上海市杨浦区人民法院调解离婚，确定双方的小孩蔡某甲由折某抚养，蔡某每月支付抚养费 500 元。在调解离婚前，双方于 2010 年 12 月 28 日先签订了一份《离婚协议书》，双方在协议书中约定蔡某甲与折某共同生活。另外，双方在协议书中第二项关于子女抚养条款的第 2.5 条还作出如下约定："若乙方（即折某）违背 2.1、2.2、2.3、2.4 等 4 条约定或有下列情形之一的，则应视为乙方自动将婚生子蔡某甲的抚养关系变更，即自动变更为孩子与甲方（即蔡某）共同生活，经甲方同意接受后生效；不论任何原因，乙方就业于非上海地区（不包括离上海 100 公里范围内当天上下班可往返上海的周边地带）或移居非上海地区（含中华人民共和国境内或境外其他国家）的；不论任何原因，乙方离开上海连续时间超过 40 天或一年内累计超过 60 天的；乙方不能亲自抚养而由非本人代为抚养或借口本人亲自抚养实际变相由非本人抚养的（本人不和孩子共同居住，由非本人代为抚养孩子连续时间超过 40 天或一年内累计超过 60 天的，应视为非本人代为抚养）；乙方自愿提出将直接抚养关系变更为甲方，而且甲方同意接受的"。

离婚后，折某与蔡某甲继续在上海生活，居住在离婚时未处分的一处房产内。2012 年 1 月份，蔡某到海南工作、生活，随后在海南与林某再婚。2012 年 11 月 22 日，折某与挪威籍人 FOSSGARD 再婚。FOSSGARD 系在深圳工作，曾经离异，与前妻有两个小孩，小孩在挪威跟随其前妻生活。折某于 2013 年 5 月份在挪威又生育一个男孩，小孩国籍为挪威籍。之后，因蔡某甲将到入学年龄，

---

〔1〕 深圳市中级人民法院，（2014）深中法民终字第 1024 号，载 http：//m. itslaw. com/mobile/detail/detail? id = f93af2a2 - a434 - 4088 - acec - 2dbb6e39d2c3&conditions = searchWord%2B%E6%8A%98%E6%9F%90%E4%B8%8E%E8%94%A1%E6%9F%90%2B1%2B%E6%8A%98%E6%9F%90%E4%B8%8E%E8%94%A1%E6%9F%90&sortType = 1&area = 1&pageIndex = 1&totalCount = 10，访问日期：2015 年 10 月 28 日。

考虑到蔡某甲的户口系在深圳福田，为了方便蔡某甲读书、生活，被告与蔡某甲一起搬到深圳居住，目前蔡某甲与被告及继父 FOSSGARD 及新生的小孩居住在深圳市福田区。

基于以上情况，蔡某向人民法院提起诉讼，要求：①原、被告小孩蔡某甲跟随原告共同生活，由原告直接抚养；②被告每月给付小孩蔡某甲抚养费 500 元，至小孩年满 18 周岁。

在案件审理过程中，原告提交了一份海南医学院附属医院疾病证明，显示其妻子林某患有不孕症。林某亦出具了一份《承诺书》，表示愿意与蔡某甲一起生活，其将视蔡某甲为亲生子。被告提交了蔡某甲与继父 FOSSGARD 的合照，证明两人相处状况良好，FOSSGARD 亦当庭表示很喜欢蔡某甲，希望能与被告继续抚养蔡某甲。另外，被告还提交了蔡某甲在深圳幼儿园获得的奖状及国际象棋比赛三等奖荣誉证书，证明蔡某甲在同龄儿童中表现优秀。

一审法院认为，双方离婚后，小孩蔡某甲由被告抚养，现被告已组织新的家庭，其家庭经济状况良好，足以给予蔡某甲优良的成长环境，并且被告现任丈夫与蔡某甲亦相处良好，并未出现法定的变更情形。并据此作出判决：驳回原告蔡某的诉讼请求。

上诉蔡某不服原审判决，提起上诉。

二审法院经审理查明，原审法院查明的事实属实，予以确认。

法院认为，抚养关系的确定，应从有利于小孩身心健康、保障小孩的合法权益出发，综合各类情况统筹考量。本案中，综合各类情况来看，不宜变更抚养关系。故此作出判决如下：驳回上诉，维持原判。

[法律问题]

本案中，双方经法院调解确定由被上诉人抚养婚生子蔡某甲后，是否存在法定事由变更抚养关系？

[参考结论与法理精析]

（一）法院意见

一审法院认为：本案中，双方离婚后，小孩蔡某甲由被告抚养，现被告已组织新的家庭，其家庭经济状况良好，足以给予蔡某甲优良的成长环境，并且被告现任丈夫与蔡某甲亦相处良好，并未出现法定的变更情形。

二审法院认为：①蔡某甲自 2010 年 12 月 28 日起即由被上诉人抚养，随被上诉人生活，之后又随被上诉人从上海搬迁至深圳居住学习，被上诉人目前家庭稳定，经济状况良好，蔡某甲的生活、学习状况较好，与被上诉人家人关系融洽，其成长环境不宜有较大变动。现上诉人定居海南，蔡某甲与上诉人的家人并无共同生活经历，若变更蔡某甲的抚养关系，其生活、学习环境变动剧烈，对其成长影响较大。此外，关于上诉人现任妻子患有不孕症的问题，如前所述，判定蔡某甲抚养关系的关键，系是否利于蔡某甲的健康成长，上诉人现任妻子的情况，应予以考虑，但这一情况并非判定是否对蔡某甲成长有利的主要因素，上诉人以此为由申请变更抚养关系，本院不予采信。②关于双方抚养关系变更的约定。双方在离婚前曾约定，被上诉人不在上海地区工作居住的、被上诉人超过60天不亲自抚养孩子，应将蔡某甲变更为由上诉人抚养，现被上诉人移居深圳，上诉人主张依照约定，应变更抚养关系。对此，本院认为，双方签订前述条款时，上诉人与被上诉人均在上海生活、工作，如此约定的目的亦为了便于探视，保障小孩的健康成长，后上诉人移居海南工作生活，被上诉人亦移居深圳，双方当事人的具体情况较协议签订时已发生重大的情势变更，若依照之前约定仍留蔡某甲于上海，反而不利于其健康成长，现被上诉人带蔡某甲在深圳居住，系情势变更的结果，此情况亦有利于蔡某甲的健康成长。同时，前述协议一定程度限制了被上诉人和蔡某甲的人身自由，有关限制蔡某甲生活区域的约定不利于其身心健康，原审法院不以前述约定变更抚养关系并无不当，上诉人以前述约定申请变更抚养关系，本院不予支持。

（二）变更抚养关系的事由

父母离婚后，在一定条件下，可以根据父母双方或子女的实际情况的变化，依法予以变更。抚养归属的变更，有两种形式：一是双方协议变更。父母双方协议变更子女抚养关系的，只要有利于子女身心健康和保障子女合法权益，则应予准予。二是一方要求变更。凡一方要求变更子女抚养关系的，有下列情形之一的，应予支持：①与子女共同生活的一方因患严重疾病或因伤残无力继续抚养子女的；②与子女共同生活的一方不尽抚养义务或有虐待子女行为，或其与子女共同生活对子女身心健康确有不利影响的；③10周岁以上未成年子女，愿随另一方生活，该方又有抚养能力的；④有其他正当理由需要变更的。

父母双方协议变更子女抚养关系的，应予准许。另外，对于在离婚诉讼期间，双方均拒绝抚养子女的，可先行裁定暂由一方抚养。[1]

---

〔1〕《婚姻法》第36条条文释义，载 http：//www.pkulaw.cn/CLink__form.aspx？Gid=35339&tiao=36&subkm=0&km=siy，访问日期：2015年10月28日。

拓展案例

案例一： 张某诉王某变更抚养关系纠纷案[1]

[基本案情]

张某与王某于 1999 年登记结婚，2006 年协议离婚，2003 年生下一女张某 1，2005 年 12 月 6 日生下另一女王甲。离婚协议书约定，女儿张某 1 由被告王某抚养教育，原告张某每月负担抚养费 5000 元至孩子 18 周岁为止。双方未对另一女王甲的抚养权归属及抚养费的支付进行明确约定。后张某向人民法院起诉，要求变更女儿张某 1 的抚养关系。

张某诉称：①原、被告离婚时考虑到两个女儿均年幼，暂由被告照料更为合适，遂同意被告的请求，每月支付 5000 元作为抚养费。因次女年仅半岁未取名且未报户口，双方为尽快办妥离婚手续，遂在《离婚协议书》中仅约定长女由被告抚养，原告每月支付 5000 元的抚养费至小孩 18 周岁为止。实际上双方均口头同意和认可每月 5000 元是两个女儿共同享有的，并非长女独享。②离婚时，被告向其隐瞒次女系被告与第三者所生，其对此完全不知情，导致作出同意长女由被告抚养的错误的意思表示。现被告明确承认次女系与第三者所生，导致原来双方一致同意由被告来抚养长女的前提条件已经变更。按当时福州市的生活水平，抚养一个 2 岁多的小孩，每月 1500 元已足够，显然原告每月支付 5000 元系抚养两个小孩的费用。③被告违反《婚姻法》第 4 条夫妻互相忠实的义务规定及社会道德，婚姻存续期间与他人私生子女，给其造成严重的精神伤害，且其也没有义务抚养被告与他人私生的子女，因此，自 2006 年 11 月起其只向被告支付长女的抚养费 1500 元。于是被告阻挠其探视长女，使女儿享受不到父爱，损害了孩子的身心健康和原告的合法权益。④被告已承认其与第三者私生小孩，现在被告与两个女儿生活在一起，而自己未再婚，已年届 45 岁，以后难再生育子女。被告经济收入良好，有大学文化，完全能够有能力抚养婚生女。综上，无论从法律和社会公德出发，还是从有利于子女身心健康、保障子女的合法权益，以及维护原告的人格尊严出发，请求法院变更婚生女张某 1 的抚养权给原告，被告每月支付抚养费 1500 元到小孩 18 周岁为止。

---

[1] 福州市中级人民法院，(2010) 榕民终字第 1907 号，载：http://www.pkulaw.cn/case/pfnl＿118276716.html? keywords ＝%E6%8A%9A%E5%85%BB%E5%85%B3%E7%B3%BB&match ＝ Exact，访问日期：2015 年 10 月 28 日。

　　福建省仓山区人民法院认为：本案被告生育两个女儿，原告无其他子女，结合现有原、被告双方的抚养能力和抚养条件等具体情况，从有利于子女身心健康，保障子女的合法权益出发，婚生女张某1由原告抚养，更有利于其健康成长。故原告的诉讼请求，一审法院予以支持。至于原告提出抚养费的问题，与本案系不同的法律关系，应另案处理。

　　一审宣判后，被告王某不服提出上诉，称：上诉人王某与被上诉人张某于2006年协议离婚至今已4年，根据离婚协议，婚生女张某1一直随其生活，受到良好的抚养和教育，被上诉人张某极少主动要求探视，更长期拖欠抚养费。一审法院忽视上述事实，在没有任何事实依据证明张某1存在需要变更抚养权才有利于其身心健康、保障其合法权益的情况下，仅凭被上诉人张某无其他子女判令变更抚养权，不仅不利于孩子的健康成长，而且有悖于法律规定。

　　除一审法院查明的事实外，福州市中级人民法院另查明：上诉人王某离婚后即带着张某1搬出原、被告共同居住处；张某1户籍登记于王某父亲王某（父）户内，现就读于福州阳光国际学校。

　　福州市中级人民法院认为：被上诉人张某离婚时，与上诉人王某就婚生女张某1抚养权问题达成协议，同意张某1由王某携带抚养，合情、合理、合法，无论其当时是否知道王甲非其亲生，对张某1抚养权的安排都是其真实意思的表示。张某1自小由王某照看，离婚后抚养至今，已经适应现有的生活环境、生活条件，现正接受小学教育，在其生活环境、生活条件没有发生重大恶化的情况下，维持其现有生活的稳定性和连续性，对其健康成长最为有利。上诉人王某的上诉理由成立，二审法院予以支持。被上诉人张某没有证据证明王某抚养能力下降、抚养条件恶化，不具备法律规定变更抚养关系的条件，其相关辩称缺乏事实和法律依据。据此作出判决如下：①撤销仓山区人民法院（2010）仓民初字第224号民事判决；②驳回原审原告张某的诉讼请求。

　　[问题与思考]

　　夫妻离婚后，与未成年子女共同生活的一方抚养子女并无不当行为，另一方仍要求变更抚养权，法院是否准许变更？

　　[重点提示]

　　无论是协议离婚还是司法判决离婚，原抚养关系是对父母双方抚养条件、孩子基本状况等因素综合考量的结果。因此，抚养条件是否发生不利于被抚养人的重大变化是判断抚养关系是否需要变更的重要标准。

案例二：　　　　**屈某诉刘某某变更抚养关系纠纷案**[1]

[基本案情]

屈某、刘某某于 1998 年 12 月登记结婚，于 1999 年 1 月 14 日生一女刘某郁，于 2000 年 10 月 27 日生一子刘某泓。2007 年 3 月 7 日，双方在北京市东城区人民法院调解离婚时约定：婚生子女均由刘某某抚养，屈某每月给付每个子女抚养费 300 元；屈某对子女享有探视权，节假日期间刘某郁、刘某泓随屈某一起居住生活，如出现特殊情况，双方另行商议解决等。同日，刘某某写有承诺："我刘某某郑重承诺在两年内负责把我儿刘某泓的户口落到北京，如未办到，屈某（刘某泓之母）可以无条件收回两个孩子的抚养权。"现屈某以刘某某未按约定将刘某泓户口迁至北京等为由，诉至法院要求两个子女由其抚养。刘某某表示因为北京市有规定，儿子的户口不能迁至北京，且应从孩子的角度考虑问题，故不同意屈某的诉请。

一审法院另查明，现刘某郁及刘某泓均在左家庄小学就读，屈某名下现无住房，其在该小学附近租房居住。

经法院询问，刘某郁表示愿意和爸爸在一起生活，不想离开爸爸，也想经常见到妈妈；刘某泓表示想和爸爸、妈妈及姐姐在一起生活。

一审法院经审理后认为：屈某、刘某某于 2007 年 3 月离婚时，双方就刘某郁、刘某泓的抚养问题已达成协议，该协议对双方均有法律约束力，双方均应自觉履行。刘某某于 2007 年离婚至今，其抚养能力及抚养条件均未发生明显改变，且刘某某明确表示不同意变更两子女的抚养关系。屈某亦未提供有力证据证明刘某某抚养两子女有不利于子女身心健康成长之法定情形。刘某郁亦表示仍愿与刘某某共同生活。现屈某以刘某某未按承诺将刘某泓户口迁至北京为由，要求变更两个子女由其抚养的诉请，无事实及法律依据，不予支持。

随后屈某提起上诉，称："按离婚时刘某某书写的承诺书，在两年内，刘某某未把我儿子的户口办到北京，我可以无条件收回两个孩子的抚养权。"

北京市第二中级人民法院经审理，确认一审法院认定的事实和证据。

法院经审理认为：对于屈某以刘某某所书写的承诺书为由，要求变更两个子女的抚养关系的上诉主张，应当指出，首先，刘某某单方承诺变更子女的抚养权系以在限定的期限内能否把刘某泓的户口落户北京为前提，此二者并不能

[1]　北京市第二中级人民法院，（2009）京二中少民终字第 12678 号，载 http：//www.pkulaw.cn/case/pfnl＿118280788.html? keywords＝% E6% 8A% 9A% E5% 85% BB% E5% 85% B3% E7% B3% BB&match＝Exact，访问日期：2015 年 10 月 28 日。

相提并论，其所承诺变更抚养关系的前提与我国现行法律中有关变更子女抚养关系问题的立法本意相违背；其次，刘某某的单方承诺并不能替代有表达能力的未成年子女意见，故屈某依此为据，坚持其上诉主张，本院不予支持。

[问题与思考]

夫妻离婚时自行约定的可变更子女抚养关系的情况出现时，法院是否应当判决变更子女抚养关系？

[重点提示]

有关子女抚养问题应从有利于子女身心健康，保障子女的合法权益出发，并结合父母双方的抚养能力和抚养条件综合确定。

第十章

离婚救济

知识概要

　　离婚救济制度是法律为离婚过程中权利受到损害的一方提供的权利救济方式，或者是为弱势一方提供的法律救助制度。目前我国离婚救济方式包括经济帮助请求权、经济补偿请求权和离婚损害赔偿请求权。本章共三节，第一节主要论述的是家务补偿，阐述了离婚时一方可以向另一方主张家务补偿的情形；第二节论述的是对生活困难方的经济帮助，阐述了进行经济帮助的情形及经济帮助的方式；第三节论述的是离婚时的损害赔偿，阐述了离婚时过错赔偿制度的适用。

第一节　家务补偿

经典案例

汪某与罗某离婚纠纷案[1]

[基本案情]

　　汪某、罗某于 2011 年 7 月 20 日经人介绍相识，同年 9 月 19 日登记结婚，婚后未曾生育子女。婚姻关系存续期间，汪某曾流产两次，一次系自然流产，一次因胎儿发育不良由医生建议终止妊娠。双方共同生活期间没有建立起真正的夫妻感情，长期争吵打架，并多次报警。汪某于 2013 年 7 月 3 日起与罗某分居。2013 年 7 月 6 日，双方发生矛盾，在打架过程中罗某被汪某所用的钥匙圈

―――――――――――
　　〔1〕　武汉市中级人民法院，（2014）鄂武汉中民终字第 00378 号，载：http：//ww. court. gov. cn/cp-wsw/hub/hbswhszjrmfy/ms/201406/t20140603_1325444. htm，访问日期：2015 年 10 月 29 日。涉及财产分割部分内容，此处未摘录。

上的小刀割伤，左前臂被汪某咬伤，其伤情经武汉普爱法医司法鉴定所出具的武普（2013）中鉴字第 485 号法医司法鉴定意见书鉴定，已构成轻微伤（重型）。

汪某诉至一审法院，请求判令："①解除汪某、罗某的婚姻关系；②罗某应就其及其家人言行欺骗和家庭暴力对汪某造成的精神伤害向汪某赔偿人民币 5 万元；③罗某赔偿汪某因流产造成的身体损害人民币 5 万元……⑥罗某赔偿汪某离婚前因无处居住而产生的租房费用"。

一审法院认为，汪某、罗某经短暂的认识即草率结婚，婚前缺乏了解，感情基础薄弱，婚后双方长期争吵打架，未能培养起夫妻感情，导致共同生活难以为继，现罗某同意离婚，故汪某要求与罗某离婚的诉请予以支持。双方均基于家庭暴力提出了损害赔偿请求，双方提供的证据能证实双方在婚后存在争吵打架的事实，但是否构成家庭暴力，应结合行为人的主观过错、行为后果及行为与后果的因果关系等加以认定：汪某用以证实家庭暴力的证据虽然有照片、2013 年 7 月 6 日及 10 日的门诊病历以及派出所的证明，但在罗某否认其本人对汪某使用过暴力而汪某自认当天曾受到罗某的兄弟对其使用暴力的情况下，汪某的证据不足以证实其受伤的结果必然是罗某使用暴力所致，因此，汪某所主张的罗某对其实施家庭暴力从而请求损害赔偿的主张缺乏充分的证据予以证实，不予支持；罗某提供的证据，在汪某否认罗某手指的伤系其所为的情况下同样无法直接证实汪某存在家庭暴力行为，但根据汪某在诉状中自认罗某系在与其打斗的过程中手指受伤的陈述、当庭自认咬伤罗某的陈述以及罗某对整个事情的当庭陈述，再结合法医鉴定对伤情的描述和伤残程度的认定，汪某的行为已达到法院认定家庭暴力的程度，故家庭暴力的存在亦是法院判决准予双方离婚的理由之一，罗某基于此提出损害赔偿的请求予以支持，至于损害赔偿金的具体金额，结合本次家庭暴力给罗某所造成的伤害程度、发生次数以及对罗某的生活所造成的影响，本院酌情认定人民币 1 万元。汪某基于婚姻关系存续期间流产而主张的损害赔偿请求以及外出居住的租房损失请求，无法律依据，不予支持。罗某基于手指受伤所提的人身损害赔偿请求，与本案不是同一法律关系，不予支持，罗某可以另行主张。综上，法院作出判决如下："①准予汪某与罗某离婚；②汪某于本判决生效之日起 30 日内支付罗某家庭暴力损害赔偿金人民币 1 万元……"

汪某不服上述判决，提出上诉称："①一审判决以汪某与罗某在家庭纠纷争执过程中罗某仅有的一次伤情就认定汪某对罗某存在家庭暴力与事实不符，也不符合法律的规定。汪某在一审开庭时提交的门诊病历，双方都认可的在婚姻关系存续期间经常发生纠纷且多次报警，表明罗某经常对汪某实施殴打。2013

年 6 月 24 日、6 月 26 日，罗某及其家人与汪某再次发生争执且报警，经警方调解劝告汪某暂时在其上班的宿舍居住以缓和双方的矛盾。2013 年 7 月 6 日，汪某回家拿自己的衣物，罗某与汪某再次发生争执，双方在打斗的过程中罗某的手指受伤。可见，罗某的伤情并不是汪某对罗某实施家庭暴力所造成的，罗某也没有相应的证据证明汪某对其实施过家庭暴力。……④根据《婚姻法》第 40 条相关的规定，罗某应当给予汪某适当的家务补偿款"。

被上诉人罗某答辩称，汪某与罗某结婚后一直没有做家务，不符合补偿条件。

二审法院经审理后认为：汪某、罗某于 2013 年 7 月 6 日发生矛盾，在打架过程中罗某被汪某所用的钥匙圈上的小刀割伤，左前臂被汪某咬伤，经武汉普爱法医司法鉴定所出具的武普（2013）中鉴字第 485 号法医司法鉴定意见书鉴定，已构成轻微伤（重型），根据相关法律的规定，汪某的行为造成罗某的身体损伤，一审认定汪某对罗某实施家庭暴力，并判令汪某赔偿罗某 1 万元，于法有据。关于汪某称罗某在婚姻关系存续期间多次对其实施殴打，罗某也对其实施过家庭暴力的上诉理由，因汪某无证据证明罗某对其身体、精神等方面造成一定伤害后果，故其此项上诉理由不成立，本院不予支持。

[法律问题]

夫妻离婚时，在什么情况下，一方可以向另一方请求对其进行家务补偿？

[参考结论与法理精析]

（一）法院意见

二审法院经审理后认为，汪某根据《婚姻法》第 40 条的规定，要求罗某给予其适当的家务补偿款，然而该项规定的前提条件是"夫妻书面约定婚姻关系存续期间所得的财产归各自所有"，汪某、罗某对婚后各自所得财产归各自所有未予约定，不适用上述法律规定，故汪某的此项上诉请求，亦不予支持。

（二）家务补偿

《婚姻法》第 40 条规定："夫妻书面约定婚姻关系存续期间所得的财产归各自所有，一方因抚育子女、照料老人、协助另一方工作等付出较多义务的，离婚时有权向另一方请求补偿，另一方应当予以补偿。"本条是对分别财产制下承担较多家务劳动的一方在离婚时享有经济补偿的权利的规定，实质上是对家务劳动价值的认可，使经济地位较弱而承担较多家务劳动的一方（大多为女性）在离婚时享有经济上的补偿。

最后需要强调的是，其一，本条的适用范围仅为约定的分别财产制，婚后所得共同制或约定一般共同制下不存在此类补偿问题；其二，权利和义务应遵循对等的原则。只有在一方为婚姻共同体尽了较多义务，如抚养子女、照料老人、协助另一方工作的情况下才可向对方请求补偿；其三，此种补偿并非离婚分割共同财产时的考虑因素，而是一种独立的诉讼请求权。[1]

从合理性角度看，如果夫妻之间适用的是共同财产制，为婚姻共同体尽了较多义务的一方，能从另一方所取得的经济收入中分得一半，因此得到了间接的补偿，无需法院再授予一项单独的诉权。

第二节　对生活困难方的经济帮助

经典案例

赖某某某诉蔡某某因其离婚经济困难应予经济帮助案[2]

［基本案情］

蔡某某与赖某某某系同村人，自小认识。1992 年 12 月 27 日双方办理了结婚登记手续（登记时男方未达法定婚龄），并领取了结婚证，婚后感情一般。1993 年 5 月 16 日生育一女，取名小凤（先天性弱智）。1998 年 11 月 13 日生育一男，取名蔡某，1998 年 6 月蔡某某外出广东打工。1999 年至 2000 年 12 月期间，蔡某某与赖某某某均到广东打工。赖某某某怀疑蔡某某有第三者，双方因此争吵、打架。蔡某某于 1998 年 12 月 12 日因赌博被长汀县公安局罚款 2500 元。1998 年 12 月 22 日赖某某某落实结扎措施。夫妻关系存续期间双方共同财产有 20 寸彩电一台、VCD 一台、功放机一台。蔡某某称有共同债务 7.5 万余元，无共同债权，赖某某某称有共同债权 30 余万元，无共同债务。

后蔡某某向法院起诉请求与赖某某某离婚，理由为被告赖某某某殴打原告，夫妻双方经常争吵，被告还怀疑原告有第三者，导致夫妻感情破裂。并请求婚生二小孩由原告带领抚养；夫妻共同财产依法分割；共同债务共同承担。被告赖某某某表示不同意离婚。若原告一定要离婚，则要求原告给付被告 10 万元补偿金。

案件审理过程中，双方当事人提供以下证据：①原告提供长汀县童坊镇人民政府婚姻登记办证明一份，证明双方登记结婚，证号为 209 号；②被告提供

---

〔1〕《婚姻法》第 40 条条文释义，载 http：//www. pkulaw. cn/CLink_form. aspx？Gid = 35339&tiao = 40&subkm = 0&km = siy. 访问日期：2015 年 10 月 29 日。

〔2〕福建省龙岩市中级人民法院，载 http：//www. pkulaw. cn/Case/pfnl_117465446. html？match = Exact，访问日期：2015 年 10 月 30 日。

户籍证明一份；原告与一女子照片一张，证明原告有第三者；长汀县公安局对原告的处罚裁决书，证明原告有赌博行为；节育证明一份，证明被告已做结扎手术；黄某某证人证言一份，证明双方有夫妻感情。但双方对债权债务的主张均未提供证据。

一审法院经审理后认为，原、被告双方1992年12月27日登记结婚，虽然原告在登记结婚时未达法定婚龄，但现已达法定结婚年龄，符合结婚条件，可认定婚姻关系有效。原告有赌博行为，且与其他女子关系暧昧。因此，双方常争吵、打架，导致夫妻感情破裂，经调解无效应准予离婚。子女抚育问题应根据子女的权益和双方的情况解决。财产分割以照顾子女及无过错方为原则。对于双方称有债权、债务，因双方未提供证据，本院不予采信。故此作出判决如下：①准予原告蔡某某与被告赖某某某离婚；②婚生女孩蔡小凤由原告带领抚养，婚生男孩蔡某由被告带领抚养，抚育费各自负担；③夫妻共同财产：20寸彩电一台、VCD一台、功放机一台归被告赖某某某所有。一审宣判后，赖某某某不服，向福建省龙岩市中级人民法院提出上诉。

赖某某某上诉称，①判决男孩蔡某由上诉人带领抚养时由被上诉人承担抚养费；②被上诉人在外做生意，有经济负担能力，请求判决夫妻共同财产归上诉人所有的同时，判决被上诉人一次性支付经济帮助15 000元人民币。

被上诉人答辩称，①上诉人要求被上诉人负担小孩的抚养费没有理由，上诉人是一个正常的强劳动力，承包经营责任田，有一定的经济来源；②上诉人要求经济帮助缺乏事实和法律依据，不属于没有生活来源、一方生活困难的情况，不符合经济帮助的法定条件，被上诉人做生意负债累累无能力给予经济帮助。

二审法院查明，上诉人赖某某某对原审认定的事实，除夫妻共同财产功放机一台有异议外，其余事实没有异议，本院对没有争议的事实予以确认。庭审中，上诉人陈述现两个孩子都由其带领，没有房子住，只好和父母一起住。被上诉人在外做生意有经济负担能力。上诉人在一审时因不同意离婚，没有提到财产和经济帮助问题，现同意离婚，要求经济帮助人民币15 000元，并要求分割夫妻共同债权。

［法律问题］

夫妻离婚时，在什么情形下一方可以向另一方要求经济帮助？

［参考结论与法理精析］

（一）法院意见

二审法院经审理后认为，上诉人与被上诉人登记结婚，并领取了结婚证，虽然被上诉人在登记时未达法定婚龄，但现已达法定婚龄，符合结婚条件，应认定上诉人与被上诉人婚姻关系有效。被上诉人有赌博行为，且与其他女子关系暧昧，双方常争吵、打架，导致夫妻感情破裂。上诉人在一审中不同意离婚，二审中明确表示同意离婚，应准予离婚。原审判决双方各带领抚养一个婚生孩子，抚育费各自负担并无不当，本院应予维持。上诉人在一审中不同意离婚，并未涉及夫妻共同财产分割问题，被上诉人在一审中陈述夫妻共同财产中有一台功放机，原审未予以核实，且二审中，上诉人否认，本院对有争议的夫妻共同财产不予确认。上诉人因经济困难，又无房居住，符合《婚姻法》规定的属于经济帮助的情形，上诉人主张要求被上诉人经济帮助 15 000 元理由充分，二审法院应予支持。

（二）对生活困难方的经济帮助

《婚姻法》第 42 条规定："离婚时，如一方生活困难，另一方应从其住房等个人财产中给予适当帮助。具体办法由双方协议；协议不成时，由人民法院判决。"本条是有关离婚后，一方对生活困难的另一方给予适当经济帮助的规定。关于"生活困难"的界定：一般认为，若一方依靠个人财产和离婚后分得的财产不足以维持其合理的生活需要，或者不能通过从事适当的工作维持其生活需要等，或者一方离婚后没有住处的[1]，均可认为是生活困难的体现。综合而言，是指绝对贫困。

给予帮助的方式，除了一次性的直接经济补足之外，也可以住房形式帮助，可以是房屋的居住权或者房屋的所有权。

拓展案例

赵某某诉邱某某离婚纠纷案[2]

[基本案情]

赵某某与邱某某于 1987 年年底经人介绍相识，1988 年 4 月 11 日登记结婚，1989 年 10 月 23 日生育婚生子赵某（赵某现为邵武市闽北职业技术中专 2008 届高三学生，即将于 2008 年 6 月底毕业）。2002 年邱某某自第三次人流手术后，

---

〔1〕《最高人民法院关于适用 < 中华人民共和国婚姻法 > 若干问题的解释（一）》第 27 条："婚姻法第 42 条所称'一方生活困难'，是指依靠个人财产和离婚时分得的财产无法维持当地基本生活水平。一方离婚后没有住处的，属于生活困难。离婚时，一方以个人财产中的住房对生活困难者进行帮助的形式，可以是房屋的居住权或者房屋的所有权。"

〔2〕 福建省邵武市人民法院，（2007）邵民初字第 886 号，载 http：//www. pkulaw. cn/Case/pfn_117533510. html？match＝Exact，访问日期：2015 年 10 月 31 日。

因身体状况和心理疾病未再工作，没有料理家务。2004 年 11 月因感情不和，赵某某从居住的邵武市水北保利大厦 D 幢 305 室家中搬离到单位宿舍居住，双方分居至今。此后赵某某每月给付和邱某某共同生活的婚生子赵某 500 元生活费，并负担赵某每年学习开支 2000 元，但赵某某未支付被告生活费，也未照顾邱某某的生活。邱某某日常生活均由其亲属照顾。邱某某于 2004 年 12 月 15 日在邵武市立医院住院治疗，诊断为：①支气管炎；②尿路感染；③抑郁症；④神经性尿频；⑤腰椎骨质增生，并于 2007 年 2 月被邵武市精神病防治院诊断为躯体形式化障碍。同年 12 月福州神经精神防治院对其进行精神医学司法鉴定，鉴定分析认为邱某某患有躯体化障碍、强迫症，受疾病影响，其社会功能受损，不能胜任工作，不能正常地料理自己的生活及家务，但意识清晰，智能正常，自知力完整，具有民事行为能力。

赵某于 2004 年 11 月向人民法院提出离婚起诉，2005 年 3 月 11 日被法院以（2005）邵民初字第 85 号民事判决书判决驳回了其诉讼请求。2005 年 11 月，赵某某再次起诉离婚，法院以（2006）邵民初字第 58 号民事判决书判决驳回了其诉讼请求。后赵某某不服一审判决提起上诉，被法院判决驳回上诉，维持原判。2007 年 9 月 10 日，赵某某第三次向人民法院起诉，要求与被告离婚。

法院另查明：原告具有汽车维修工职业资格，长期从事汽车维修工作。2004 年 5 月 28 日原告与原工作单位南平市汽车运输总公司邵武公司终止劳动关系，领取了经济补偿金 26 796 元。此后，原告一直在福建武夷交通运输股份有限公司邵武分公司汽车修理厂做修理工。2007 年 1～5 月，原告月工资平均收入为 2388.5 元。

原、被告夫妻关系存续期间共同财产有：邵武市水北机坪路保利商场 D 幢 305 室房屋（房屋所有权证号：邵城公字第 0852 号）一套，彩电、电风扇各 1 台，价值 350 元，家具 1 组，价值 300 元。

法院经审理后认为：①原告赵某某与被告邱某某自 2004 年 11 月起感情不和，分居生活。在此后长达数年的时间里，双方相互间均未履行夫妻义务，没有经济上的往来和感情的交流，夫妻关系名存实亡，并且原告多次提起离婚诉讼，离婚意愿强烈，经本院调解，双方已无和好可能，可以认定原、被告夫妻感情确已破裂。原告要求与被告离婚的请求于法有据，本院予以支持；②原、被告婚生子赵某虽已年满 18 周岁，但尚在接受高中学历教育，属于相关法律规定的"不能独立生活的子女"，原、被告离婚后，仍应对其尽到抚养教育义务；③鉴于被告不能胜任工作，生活无法自理，又无经济来源，赵某的抚养责任应由原告单独负担。原、被告夫妻关系存续期间共同财产有邵武市水北机坪路保利商场 D 幢 305 室房屋一套，由双方各自享有 50% 的份额。考虑被告离婚后，没有住处，也无经济来源，生活困难，而原告已有单位提供的住房可供居住，又有职业技能和固定收入，该房屋暂不予分割，由被告居住使用。该室内彩色电视机、电风扇各 1 台，家具 1 组归被告所有。2004 年原告与原工作单位终止劳动关系后，领取了经济补偿金 26 796 元。该款应属于夫妻共同财产。庭审中，原告自认该款由其持有，未用于夫妻共同生活，故该款应由原、被告各自分得一半；④根据《婚姻法》第 42 条的规定，原告离婚后，应给予被告邱某某适当经济帮助。参照原告赵某某 2007 年 1 月至 5 月的月平均工资标准，以及 2007 年度福建省交通运输行业平均工资 25 987 元/年，本院酌定原告赵某某自离婚判决生效之日起至 2012 年 12 月止应每月给付被告邱某某经济帮助费 500 元。

[问题与思考]

本案中，赵某某对邱某某进行经济帮助的方式和数额应如何确定？

[重点提示]

《婚姻法》第 42 条仅为原则性规定，人民法院在审理具体案件时应考虑双方的收入和财产，双方就业能力、子女抚养，婚姻期间的生活水平等因素，合理确定扶助的数额和方式。

第三节　离婚时的损害赔偿

经典案例

陈某某与冯某某离婚纠纷案[1]

[基本案情]

冯某某与陈某某于 1979 年经他人介绍认识，同年农历十月按农村习俗举行婚礼后即以夫妻名义共同生活。双方在共同生活的多年时间里，感情较好。双方共同生育了三男二女，分别是 1979 年 9 月 9 日生育长子陈某发（陈某荣）、1981 年 11 月 24 日生育次子陈某华、1985 年 3 月 18 日生育三子陈某富、1988 年 8 月 2 日生育长女陈某明、1990 年 4 月 8 日生育次女陈某亮。经过双方多年的共同努力，逐步积累了较多的家庭财产。期间，双方因家庭琐事、经济权归属管理及相互间产生怀疑等问题常有争吵。陈某某从事建筑、中介等多种职业，近

---

〔1〕 广东省湛江市中级人民法院，（2013）湛中法民一终字第 742 号，载 http://www.court.gov.cn/zgcpwsw/gd/gdszjszjrmfy/ms/201404/t20140430_933293.htm，访问日期：2015 年 11 月 1 日。

年来常因故在外工作生活。2011 年 4 月期间，冯某某发现陈某某在外面与多名女性生育多名孩子，双方关系更加恶化。2012 年 4 月初，因冯某某、陈某某名下的房地产需向中国建设银行徐闻支行办理抵押贷款，双方遂于同年 4 月 12 日到民政部门补办了结婚登记手续。

陈某某与雷州妇女庄某某先后于 2007 年和 2009 年下半年共同生育女孩陈某鸾和男孩陈某礼；陈某某与雷州女青年陈某某先后于 2011 年 1 月和 2012 年 4 月共同生育男孩陈某义和陈某仁。

2012 年 9 月 10 日，冯某某以夫妻关系已名存实亡、陈某某多次做出违背伦理道德和法律道义的行为为由，向人民法院提起诉讼，请求判决准予离婚，依法对冯某某、陈某某共同财产进行分割等多项诉求。经庭审审理，双方均认为已无和好、共同生活的可能，均表示同意离婚，但双方对夫妻关系存续期间的部分房产和土地使用权的权属、夫妻关系存续期间的债权、债务金额多少的确定、夫妻财产是否已作处置以及夫妻财产涉及赠与等问题存在较大争议，故本案经庭审调解未果。

［法律问题］

夫妻离婚时，在什么情形下可以要求损害赔偿？

［参考结论与法理精析］

（一）法院意见

法院认为，冯某某、陈某某婚姻关系存续期间，客观事实是陈某某因发生了婚外情，与雷州妇女庄某某共同生育女孩陈某鸾、男孩陈某礼，与雷州女青年陈某某共同生育两名男孩陈某义、陈某仁，陈某某的行为显然违背婚姻法的基本原则，即夫妻应当互相忠实的义务，陈某某是造成冯某某、陈某某婚姻家庭及夫妻感情破裂的过错方，应承担损害赔偿责任。本地区精神损害的赔偿数额的最高金额为 5 万元，冯某某现作为婚姻无过错的一方提出离婚并同时主张陈某某赔偿精神损害抚慰金 10 万元，数额过高；根据陈某某的过错程度、侵权行为所造成的后果以及陈某某承担责任的经济能力，判决陈某某赔偿冯某某精神损害抚慰金 5 万元。

（二）离婚时的过错赔偿制度

《婚姻法》第 46 条规定："有下列情形之一，导致离婚的，无过错方有权请求损害赔偿：①重婚的；②有配偶者与他人同居的；③实施家庭暴力的；④虐待、遗弃家庭成员的。"

本条是关于离婚时过错赔偿制度的规定。确立过错赔偿制度有利于制裁实施重婚、姘居、家庭暴力等行为的有过错当事人，保护无过错方的权益。最高人民法院的司法解释中规定有离婚分割财产时应当照顾无过错方的内容。国外也有类似的规定，如《法国民法典》规定，如果离婚的过错全在夫或妻的一方，则该方得被判赔偿损害，以补偿他方因解除婚姻而遭受的物质或精神损失。

值得注意的是：其一，本条规定并无兜底条款，因此在适用中不能扩充解释，法官也不能创设新的适用类型；其二，这是一条独立于《侵权责任法》的规定，并不是普通的精神损害赔偿之诉。

拓展案例

王某与张某离婚纠纷案[1]

[基本案情]

原、被告于 1997 年 3 月登记结婚，原告王某（女方）诉称，1998 年"因原告未怀上孩子的事及其他琐事，双方频繁地发生争吵，夫妻感情越来越少，趋于破裂。1999 年 10 月 8 日，孩子出生后原告一直在娘家居住。从 2000 年 2 月开始，被告张某对原告和孩子很冷淡，即使孩子病了，被告也不会来照看。原告和被告已分居两年多，夫妻感情已完全破裂"，故提出离婚。其诉讼请求之一是，请求法院判令"婚生儿子由原告携带抚养，跟随原告生活"。

被告张某（男方）辩称，原告所称的"婚生儿子"不是被告的亲生儿子，是原告与第三人生的。导致双方感情破裂的原因是原告违背了夫妻之间的忠贞义务，原告对此应负完全责任。被告并向原告提出离婚损害赔偿。

法院审理查明，原告王某于小孩出生后，一直带着小孩在娘家居住至起诉之日。2001 年 1 月份，被告张某父母察觉孙子不像其儿子，因此对孙子的身份产生怀疑，其后让儿子向媳妇提出作亲子鉴定，经多方周折，原告才同意作亲子鉴定。鉴定结果表明，小孩不是被告的亲生儿子。之后女方提出离婚。法院判决：同意原告与被告离婚，小孩由原告抚养；并判令原告赔偿被告为小孩支付的出生费、医疗费、保姆费、抚养费和亲子鉴定费等 3 万余元，赔偿被告离婚精神损害费 15 000 元。

一审判决后被告上诉，二审维持原判。

[问题与思考]

本案中，被告张某（男方）主张损害赔偿的请求能否得到支持？

---

〔1〕 案例来源于网络："本地宝律师"，载 http：//lvshi.gz.bendibao.com/news/2009630/24903.shtm，访问日期：2015 年 11 月 7 日。

[**重点提示**]

回答上述问题，需关注这样几个方面：①原告与他人通奸致生有一子，其过错是否属于能引起无过错方提出离婚损害赔偿的情形？②离婚损害赔偿与《侵权责任法》的精神损害赔偿制度有无关联性？

第十一章

父母子女关系

知识概要

父母子女关系，又称为亲子关系，在法律上是指父母子女之间的权利、义务关系，主要包括人身权利义务关系及财产权利义务关系。本章共四节，第一节论述的是监护，主要探讨父母对于未成年子女的监护权的行使、监护权的撤销以及监护人责任等问题；第二节论述的是赡养义务，主要探讨成年子女对于父母的赡养义务的内容、精神赡养的实现以及分别赡养协议的效力等问题；第三节论述的是父母处分未成年子女财产的效力问题，主要探讨父母将未成年子女的财产进行抵押的效力问题；第四节论述的是对子女赠与财产的可撤销性。

第一节 监 护

经典案例

林丽某被撤销监护权案[1]

[基本案情]

福建省仙游县榜头镇梧店村村民林丽某（女）多次用菜刀割伤其年仅 9 岁的亲生儿子林某的后背、双臂，用火钳鞭打林某的双腿，还经常让林某挨饿。自 2013 年 8 月开始，榜头镇人民政府、梧店村民委员会的干部及榜头派出所的民警，多次对林丽某进行批评教育，但林丽某拒不悔改。2014 年 1 月，福建省莆田市共青团市委、市妇联以及榜头镇人民政府、榜头派出所等部门联合对林

---

〔1〕 "最高人民法院发布的八起典型案例三：林丽某被撤销监护权案"，案例来源《人民法院报》，2014 年 7 月 24 日，载 http：//rmfyb. chinacourt. org/paper/html/2014 - 07/24 content_85400. htm？div = - 1，访问日期：2015 年 9 月 20 日。

丽某进行教育。林丽某写下了不再殴打林某的书面保证，但仍不思悔改。5月29日凌晨，林丽某再次用菜刀割伤林某的后背、双臂。为此，仙游县公安局对林丽某作出行政拘留15日，并处罚款人民币1000元的行政处罚决定。莆田市共青团市委、市妇联等有关部门采取应急措施，将林某送入市救助站予以临时安置。6月13日，申请人梧店村民委员会以被申请人林丽某长期对林某实施虐待行为，严重影响林某的身心健康为由，向仙游县人民法院请求依法撤销林丽某对林某的监护人资格，指定梧店村民委员会作为林某的监护人。仙游县人民法院在审理期间，征求林某的意见。林某表示不愿意随其母林丽某共同生活，也不愿意追究林丽某的刑事责任。

［法律问题］

1. 我国法律关于未成年人的监护制度是如何规定的？

2. 在何种情况下法院可以撤销父母的监护权？

［参考结论与法理精析］

（一）法院意见

仙游县人民法院经审理认为，监护人应当履行监护职责，保护被监护人的身体健康，照顾被监护人的生活，对被监护人进行管理和教育。被申请人林丽某作为林某的监护人，未采取正确的方法对林某进行教育引导，因认为林某不听话，即采取打骂等手段对林某长期虐待，经有关单位教育后仍拒不悔改，再次用菜刀割伤林某，其行为已经严重损害了林某的身心健康，故其不宜再担任林某的监护人。依照民法有关规定，判决撤销被申请人林丽某对林某的监护人资格；指定申请人梧店村民委员会担任林某的监护人。

（二）法院可以撤销父母的监护权的情形

本案是福建省首例因母亲长期对未成年子女进行虐待而被撤销监护人资格的案件，对于依法保护未成年人合法权益具有重要意义。

2014年12月18日，最高人民法院、最高人民检察院、公安部、民政部四部门联合颁布的《关于依法处理监护人侵害未成年人权益行为若干问题的意见》已于2015年1月1日起实施。其中规定，被申请人性侵害、出卖、遗弃、虐待、暴力伤害未成年人，严重损害未成年人身心健康的；将未成年人置于无人监管和照看的状态，导致未成年人面临死亡或者严重伤害危险，经教育不改的；拒不履行监护职责长达6个月以上，导致未成年人流离失所或者生活无着的等七种情形之一，人民法院可以判决撤销其监护人资格。对有权提起申请撤销监护人资格的单位和个人，则规定为：未成年人的其他监护人、关系密切的其他亲属、未成年人住所地的村（居）民委员会、民政部门及其设立的未成年人救助保护机构、妇联、关工委等。

拓展案例

赵1与汪1等生命权、健康权、身体权纠纷案[1]

汪1、赵1均系北京市大兴区安定镇完全小学的一年级学生。安定完全小学隶属于安定中心小学，并非独立法人。2013年9月18日13时45分左右，汪1、赵1等学生在安定完全小学操场上玩耍时，赵1所投掷的尺子将汪1的右眼扎伤。汪1受伤后，汪1所在班级班主任及其他教职员工通知汪1、赵1的家属，并将汪1送往安定完全小学附近的大兴区安定镇中心卫生院救治，后又将汪1送往北京同仁医院救治。此后，2013年10月14日至2013年10月24日期间，汪1在北京市普仁医院住院治疗10日；2014年2月15日至2014年2月21日期间，汪1又在北京市普仁医院住院治疗6日。原审法院审理期间，法大法庭科学技术鉴定研究所于2014年4月23日出具司法鉴定意见书，认定：①被鉴定人汪1的伤残等级为八级（伤残率30%）；②被鉴定人汪1的伤后护理期限可考虑60~90日，护理人数为1人，具体请结合实际发生情况使用。为此汪1支付鉴定费4200元。

法院认为：行为人因过错侵害他人民事权益，应当承担侵权责任。无民事行为能力人、限制民事行为能力人造成他人损害的，由监护人承担侵权责任。无民事行为能力人在幼儿园、学校或者其他教育机构学习、生活期间受到人身损害的，幼儿园、学校或者其他教育机构应当承担责任，但能够证明尽到教育、管理职责的，不承担责任。本案发生时，赵1、汪1均系无民事行为能力人，赵1在课前玩耍过程中投掷尺子将汪1右眼扎伤，其行为对汪1身体损害结果的发生具有过错，赵1监护人赵2、刘依法应当承担赔偿责任。赵1、汪1均系安定完全小学学生，本案虽事发于课前时间，但赵1、汪1于事发前都已到校，安定完全小学应当承担起相应的教育、管理职责。因安定完全小学未能尽到监管职责，导致学生在安定完全小学操场玩耍期间受伤，而安定完全小学隶属于安定中心小学，故安定中心小学应当承担相应的责任。此外，因赵1、汪1均系小学一年级学生，且在本案发生前刚入学不久，其二人对自己行为的认识能力及从事活动的风险预知能力不但明显低于成年人，亦应当与高年级学生有所区别，故学校应当对其承担相较于高年级学生更为全面、深入的监管责任，对于赵1、

汪 1 及其他同学在校内的活动给予更多的关注。安定完全小学对存在潜在危险的游戏未能及时制止和纠正，是导致本案发生的原因之一。综上，法院确定赵 1 的监护人赵 2、刘承担 60% 责任，安定中心小学承担 40% 责任。

[问题与思考]

1. 在本案中，监护人责任如何确定？

2. 幼儿园、学校等教育机构的责任如何确定？

[重点提示]

回答上述问题，需关注这样几个方面：①监护人责任是过错责任还是无过错责任？②监护人的责任是否是一种补充责任？③如何认定幼儿园、学校等教育机构是否已经尽到了监管职责？

第二节　赡养义务

经典案例

付某与王某甲、王某乙等赡养费纠纷案[1]

[基本案情]

原告付某（时年 79 岁）与丈夫王某均系陈山村 3 组农民，王某甲等 6 名被告均系原告之子女。付某与王某因家庭琐事产生矛盾，付某不愿意继续在陈山村居住，由于与丈夫及儿女未达成一致意见，于 2012 年 7 月自行到夏桥托老院生活。

2013 年 1 月，付某起诉要求 6 名子女每人每月给付赡养费 200 元，原审法院于 2013 年 4 月判决 6 名子女每人每月支付付某赡养费 100 元。付某提出上诉，二审法院维持原判。该判决生效后，6 名子女均未按判决书主动履行，付某亦未向申请强制执行。现付某再次诉至原审法院，请求人民法院判决 6 名子女每人每月给付其赡养费 400 元并给付其拖欠托老院的生活费。

该托老院收费标准为每月 650 元，夏季 3 个月每月另收空调费 50 元，冬季 3 个月每月另收空调费 100 元。因物价上涨等诸多因素的影响，自 2014 年 2 月起，托老费每月上调 100 元。

---

〔1〕　徐州市中级人民法院，（2014）徐民终字第 1422 号，载 http://www.court.gov.cn/zgcpwsw/jiangsu/jssxzszjrmfy/ms/201408/t20140818 _2548804.htm，访问日期：2015 年 10 月 3 日。

付某本人仅享受农村新型养老保险待遇每月 80 元。据双方当庭陈述和认可，付某有孙子、孙女、外孙、外孙女计 13 人，大多成年和结婚生子。2013 年全年，付某累计欠夏桥托老院托老费 8100 元，另因看病等日常支出的需要，向夏桥托老院借支 1600 元。

[法律问题]

1. 子女对父母的赡养义务的内容和方式都包括哪些？

2. 精神赡养是否具有可执行性？

[参考结论与法理精析]

（一）法院意见

一审法院认为：赡养人应当履行对老年人经济上供养、生活上照料和精神上慰藉的法定义务，照顾老年人的特殊需要。本案中，付某不愿在陈山老家与老伴共同生活，作为儿女不能认同，从主观上分析，心情可以理解，但客观上，付某已年近 80 岁的高龄，思维和行动与社会大众的普遍认识存在偏差正是部分老年人的重要心理特征之一，作为儿女应当有清醒的认识。6 名被告作为付某最亲近的人，应主动与付某进行心灵上的沟通，分析问题的根源，尝试解决问题的办法，比如分析付某宁可在离家较远且远不比陈山老家居住条件优越的托老院生活的真实原因，针对原因共同协商解决的办法。在付某思想认识尚不能与老伴、子女达成一致的情况下，其选择到居住生活条件一般、收费标准偏低的夏桥托老院生活，根据其 6 名子女经济条件可以分担的实际情况，社会能够给予理解，法律应该予以支持，同时亦应该得到 6 名子女的尊重。鉴于目前经济、生活条件的变化，付某要求增加赡养费的请求，予以支持，目前以每人每月 200元为宜，其要求每人每月 400 元，不予支持。因付某所欠的托老费及借款，系付某日常生活所必需，应作为 6 名子女支付的赡养费，首先由 6 名子女自觉履行原一审判决来解决，其次由 6 名子女各一次性支付予以解决。欠款按 9700 元计算，扣除 2013 年 4 月至 12 月的赡养费 5400 元，尚应偿还 4300 元，酌定由 6 名被告各自偿还 717 元。

一审法院遂判决：①王某甲、王某乙、王某丙、王某丁、王某戊、王某己从 2014 年 1 月份起，每月 20 日前分别给付付某赡养费 200 元；②王某甲、王某乙、王某丙、王某丁、王某戊、王某己自本判决生效后 10 日内分别给付付某717 元，合计 4302 元，由付某用以偿还债务。

二审法院维持原判。

（二）子女对父母的赡养义务的内容和方式

《老年人权益保障法》第 14 条第 1 款规定："赡养人应当履行对老年人经济上供养、生活上照料和精神上慰藉的义务，照顾老年人的特殊需要。"经济上供养是指物质和金钱上的供给，用以保障老年人的物质生活条件，基本满足老年人的日常生活需求。生活上照料是指对老年人的起居、饮食、睡眠、活动、安全、居住条件以及卫生条件、心理状况等诸多方面的策划、安排与照顾，使老年人的生活无现实上的障碍亦无后顾之忧。精神上慰藉是指与老年人进行思想沟通和交流，听取老年人的心声，减轻老年人的思想负担和精神压力，让老年人感受到天伦之乐和生活踏实，保持老年人的愉悦心情，提高老年人的生活质量。

赡养人的赡养义务具有法律强制性，赡养人不得以放弃继承或其他理由拒绝履行赡养义务。

《老年人权益保障法》首次以立法的形式确认了精神赡养义务。精神赡养既是满足被赡养人自尊的需要，亦是满足被赡养人对子女期待和亲情的需要。本案两审判决均以情理交融的方式告诫赡养人，被赡养人入住托老院固然有其自身的原因，但赡养人精神赡养义务做得不够亦是被赡养人入住托老院的重要原因之一。要维持被赡养人的生活质量，保持被赡养人的身心健康，适当增加赡养人的经济支出，法律是支持的，赡养人应予以理解和自觉履行。

（三）精神赡养的性质

精神赡养被写进了《老年人权益保障法》，并不意味着其具有法律强制性：因为精神赡养无法强制执行，是一道难以逾越的难题。

《老年人权益保障法》的此项规定，最大的功能是它的宣示和导向作用，该条款时时告诫赡养人，赡养老人是法定义务，精神赡养是法定赡养义务的重要内容，不履行精神赡养义务即是违法，不仅受到社会的否定评价，还要承担相应的法律责任。

精神赡养无法直接进行强制执行，并且怠于履行精神赡养义务是否承担不利的惩罚性后果，在现行法下是不明确的。因此，至少在现阶段精神赡养还停留在道德义务的层面。

拓展案例

陈某某诉姜某红、姜某年、姜某三赡养纠纷案[1]

[基本案情]

陈某某与丈夫姜某某（现已去世）共生育三子，长子姜某红、次子姜某年、

---

〔1〕　江苏省扬州市中级人民法院，（2013）扬民终字第 1090 号，载 http：//www. pkulaw. cn/fulltext _form. aspx？ Gid = 1510143248EncodingName = ，访问日期：2016 年 1 月 17 日。

三子姜某三，三人均已成家并独立生活，姜某三因招婿入赘成为女方家庭成员。2011 年 2 月 13 日，在亲友见证下，姜某红与姜某年就赡养陈某某达成主要由姜某年赡养的协议（此前已有协议约定父亲主要由姜某红赡养），之后，姜某年拒绝履行该协议。陈某某因生活无着，向扬州市江都区法院起诉，请求判决：①姜某红、姜某年负责安排其住所及吃饭问题；②姜某红、姜某年、姜某三人共同负担医疗费、护理费以及每年生活日用费 4000 元；③姜某红、姜某年每人每年给付大米 150 斤、面粉 50 斤；④由姜某红、姜某年承担日后丧葬费用；⑤案件受理费由姜某红、姜某年负担。

江苏省扬州市江都区人民法院经审理认为，原告生育并抚养了三被告，三被告对原告具有法定的赡养义务。三被告以不同借口拒绝履行各自应尽的赡养义务，有悖法律规定。原告要求三被告履行赡养义务的诉讼请求符合法律规定，依法应予支持。但原告对三被告提出不同赡养要求，与法不合，依法不予采纳。

江都区人民法院判决：①姜某红负责安排陈某某每年 8 月 1 日至 11 月 30 日的居住，姜某年负责安排陈某某每年 12 月 1 日至次年 3 月 31 日的居住，姜某三负责安排陈某某每年 4 月 1 日至 7 月 31 日的居住。陈某某能自理生活时，由安排居住的子女负责提供炊具和其他日常生活用品。陈某某不能自理生活时，由安排居住的子女负责餐饮和其他日常生活照料；②从 2013 年 8 月 1 日起，姜某红、姜某年、姜某三每人每年给付陈某某 100 斤米、34 斤面粉、1335 元生活费，姜某红在每年 8 月底前履行完毕，姜某年在每年 12 月底前履行完毕，姜某三在每年 4 月底前履行完毕；③姜某红、姜某年、姜某三各承担陈某某医疗费用（凭发票）的 1/3，此费用由三被告在原告需要治疗时各预付 1/3；④陈某某日后的护理费、丧葬费由三被告各负担 1/3；⑤驳回陈某某的其他诉讼请求。宣判后，姜某三、姜某红不服一审判决，提起上诉。

江苏省扬州市中级人民法院经审理认为，子女赡养父母既是道德上应该实施的孝敬行为，也是法律上规定的法定义务，子女因赡养父母订立的各自分别承担赡养一方父母协议，因该协议免除了单个子女对父或母一方的赡养义务，应当认定无效，姜某红不承担陈某某日常吃、住照料义务的理由不能成立。姜某三系招婿入赘，庭审中，陈某某表示不去姜某三家里吃、住，姜某红、姜某年也均明确表示放弃要求姜某红承担对陈某某的照料义务。鉴于当事人一致同意姜某红不负担照料陈某某的义务，法院予以准许。姜某红虽未能举证证明其承担过父亲生前全部医疗费用，但从其单独承担父亲的全部丧葬费用及其与姜某年订立的赡养协议内容看，可以认定姜某红相比姜某年、姜某三，对父亲尽过较多赡养义务。对父亲尽过相较于其他兄弟较多赡养义务，虽不能就此免除其对母亲陈某某的赡养义务，但可以在以金钱为内容的赡养义务方面减轻姜某红应负担数额。姜某年庭审中明确表示愿意单独承担陈某某的丧葬费用，符合法律规定，予以确认。

扬州市中级人民法院判决：①撤销一审判决；②姜某年、姜某红每年各自轮流承担陈某某的日常吃、住照料义务，自2013年12月25日至2014年6月24日由姜某年负责承担；2014年6月25日2014年12月24日由姜某红负责承担。某后每年姜某年、姜某红以此顺序轮流各承担陈某某半年的日常吃、住照料义务；③姜某红、姜某年、姜某三各自按20%、40%、40%的比例负担陈某某日后的医疗费、护理费；姜某红、姜某年、姜某三每年各自负担陈某某的日常生活零用费800元、1600元、1600元，于每年1月1日前给付；陈某某日后因病难以生活自理时，姜某红、姜某年、姜某三应轮流承担护理义务；④陈某某的日后丧葬费用由姜某年承担；⑤驳回陈某某的其他诉讼请求。

[问题与思考]

子女间签订的分别赡养协议是否具有法律效力？

[重点提示]

回答上述问题，需关注这样几个方面：①法律关于子女对父母的赡养义务是如何规定的？②从民法的角度来看，分别赡养协议应如何定性？赡养协议对被赡养人是否具有约束力？③如何确定各子女间的赡养义务？

第三节　父母处分未成年子女财产的效力问题

经典案例

原告徽商银行股份有限公司南京分行与被告顾某、
陈某某等金融借款合同纠纷案[1]

[基本案情]

被告王某某、吴某系夫妻关系。2011年2月1日，原告与被告王某某签订《个人循环借款合同》，借款额度为70万元，借款额度有效期间为2011年1月27日至2014年1月27日。被告吴某作为共同借款人在上述合同上签名。被告顾某某、陈某某系夫妻关系，顾某系顾某某、陈某某之子。2010年12月13日，

被告陈某某向原告出具说明，内容为：我们同意将坐落于本市鼓楼区某新村9号104室抵押作为王某某贷款的担保，我们保证抵押上述房产绝不会损害到顾某的利益，其一切后果均由我们承担。陈某某、顾某、顾某某并向原告出具抵押房地产承诺书，内容为：陈某某、顾某、顾某某同意将坐落于本市鼓楼区某新村9号104室抵押作为王某某贷款的担保，若借款人不能履行贷款合同时，同意贷款银行处置抵押物用于优先偿还贷款本息。陈某某、顾某某在该承诺书上签名，顾某的名字由其母陈某某代签。2011年2月1日，原告与被告陈某某、顾某某签订《个人借款最高额抵押合同》，约定：被告陈某某、顾某某以位于本市鼓楼区某某新村9号104室的房产，为债务人王某某与原告自2011年1月27日至2014年1月27日期间签订的借款合同提供担保。同日，被告陈某某、顾某与原告签订《南京市房地产抵押合同》，约定：抵押担保的主债权为原告与债务人王某某签订的《个人循环借款合同》等。2011年3月4日，上述房产设立抵押登记，原告并取得房屋他项权证，登记的债权数额为70万元。2013年3月29日，原告向被告王某某发放贷款70万元，借款凭证上载明：贷款开始日为2013年3月29日，贷款到期日为2013年12月29日。截至2014年3月14日，被告王某某尚欠原告借款本金人民币696 260.54元、利息15 387.04元。

[法律问题]

1. 父母是否可以处分未成年子女的财产？

2. 父母擅自将未成年子女名下的财产抵押的效力如何？

[参考意见与法理精析]

（一）法院意见

法院认为，原告与被告王某某、吴某所签订的《个人循环借款合同》系各方当事人真实意思表示，合法有效。被告王某某、吴某作为借款人应当按约履行还款义务，其未能按约足额归还贷款本息，应当向原告承担相应的违约责任。故原告要求被告王某某、吴某立即偿还借款本金696 260.54元、利息15 387.04元，并自2014年3月15日起继续支付利息、罚息的诉讼请求，本院予以支持。

顾某辩称涉案房产设立抵押担保，损害未成年人权益，《南京市房地产抵押合同》应为无效。对此法院认为，法律并未对抵押人的资格作出限制，顾某虽然是未成年人，但其母陈某某作为顾某的法定监护人在合同上签字，该签字行为应视为代表顾某；原告提供的说明、抵押房地产承诺书并可证实，顾某的父母顾某某、陈某某在签订上述合同之前，已经注意到法律对未成年人合法权益的保护，并保证不会损害到顾某的利益；原告基于对顾某法定监护人所作说明的信赖，完全有理由相信接受涉案房产做抵押担保，不会损害未成年人的合法权益；现顾某以抵押担保损害未成年人合法权益为由，认为抵押合同无效，有违诚实信用原则，亦缺乏充分的法律依据，本院不予支持。若顾某认为其母陈某某将涉案房产设立抵押担保的行为侵害其合法权益，顾某可另行要求其母陈某某承担责任。故原告要求对被告陈某某、顾某名下涉案房产以折价或拍卖、变卖所得价款优先受偿的诉讼请求，于法有据，本院予以支持。陈某某、顾某承担担保责任后，有权就其实际清偿部分向被告王某某、吴某追偿。

综上，法院判决抵押有效，如被告王某某、吴某不履行债务，原告徽商银行股份有限公司南京分行有权以被告陈某某、顾某名下位于南京市鼓楼区某新村9号104室的房产折价或拍卖、变卖所得价款在登记的债权数额70万元内优先受偿。陈某某、顾某承担担保责任后，有权就其实际清偿部分向被告王某某、吴某追偿。

(二) 父母处分未成年子女的财产的问题

《民法通则》第18条第1款规定，监护人应当履行监护职责，保护被监护人的人身、财产及其他合法权益，除为被监护人的利益外，不得处理被监护人的财产。该条规定了父母对未成年子女财产的处分权及其限制条件。

根据该条规定，父母作为未成年子女的监护人，只有在"为被监护人的利益"的情况下，才能处分子女的财产，否则构成监护权的滥用。该种立法例为多数国家和地区所采纳，如我国台湾地区"民法"第1088条第2项规定，父母对于子女之特有财产，有使用、收益之权，但非为子女利益不得处分。[1] 抵押作为法律上的处分之一种，应受到该种条件的限制。台湾地区民法学者史尚宽先生认为，"其是否有利，应斟酌当时之情形定之。故亲权人与子女间的行为，为子女对于他人为赠与、为继承之抛弃或承认或为限定继承，均应以子女之利益为准。父母若陷于穷困，为子女适当及教养之费用相反之行为，例如亲权人放弃子女之债权以获自己债务免除之契约，以子女之财产为亲权人债务代物清偿之契约，为亲权人之债务于子女之财产设定抵押权之契约，明为不利于子女之处分"。[2] 该观点殊值赞同。

结合我国司法实践，就抵押而言，是否"为被监护人的利益"的情况主要分为三类：其一，纯为子女利益的抵押行为，如为筹集未成年子女的教育、抚养等费用而将子女的财产抵押，或为子女购房而将所购房屋用于抵押贷款；其二，明确的非为子女利益的行为，如父母为偿还赌债而抵押，或为第三人债务提供担保；其三，间接目的是为子女利益的抵押行为，如父母为所经营的企业进行抵押借贷或者进行其他方面的经营投资等，抵押的直接目的并非是为了子

---

〔1〕 王泽鉴：《民法学说与判例研究》（第三册），北京大学出版社2009年版，第119页。

〔2〕 史尚宽：《亲属法论》，中国政法大学出版社2000年版，第676～677页。

女的利益，但其间接目的可能是为了子女将来财富的增加，生活、学习条件的改善等，该种行为的效力如何认定？有观点认为："由于监护人与未成年人具有利益上的一致性，因而对于未成年人而言，监护人如能够获得更多利益，将有利于保障未成年人生存权、发展权等权益。因此，此种情形也可认定为符合为了未成年人的利益的标准。"[1] 该种观点似有一定道理。但是，应当指出，父母行为的直接目的是为自己的利益，而其间接目的能否达到实难保证，即使父母出具了为子女利益的承诺书，仍很难预料父母日后经营所得收益的实际用途，父母的抵押行为极有可能演变为擅自消费子女财产的滥权行为；且经营行为存在很大风险，一旦相对人主张实现其抵押权，子女即面临丧失财产权的风险。因此，"为被监护人的利益"应作限缩性解释，即只有前述第一种情形才符合该标准。

（三）父母擅自将未成年子女名下的财产抵押的效力认定

父母抵押未成年子女财产是基于其享有的法定代理权，因此其行为的性质应认定为代理。父母的代理权是直接根据法律的规定而产生的，因此有观点认为：父母若以法定代理人的身份以子女名义处分未成年子女的财产的，是有权代理而非无权代理。[2] 但是，任何权利都应在法律允许的范围内行使，父母的法定代理权也应受到限制。

1. 尽管法律没有明确规定父母行使法定代理权的结果归属，但依代理的一般原理，被代理人即未成年子女应当是合同的当事人，父母行为的结果应由子女承担。代理人只能在为被代理人利益的范围内为法律行为，因此，如果父母滥用法定代理权签订抵押合同致使子女财产权受损，法律应当为子女的利益提供救济。

2. 父母行使法定代理权抵押子女财产的结果即是导致子女财产权受限，在抵押权人行使抵押权时则直接导致子女财产权的丧失，即法定代理权的行使直接与处分行为相关。因此，父母的法定代理权应在为子女利益的范围内才具有合法性。

因此，为保护未成年子女的财产权利，父母的法定代理权应受到"为被监护人的利益"的限制，否则该代理行为即构成无权代理，相对人仅在符合表见代理的要件的情况下才能获得保护。对此，史尚宽先生曾论述："父母为不利于子女之处分，其效力如何，依余所见，除可认为表见代理外（"民法"第169

---

〔1〕　郝伟盛："浅析涉及未成年人利益的抵押贷款公正"，载《司法》2011 年第 00 期。

〔2〕　余延满：《亲属法原论》，法律出版社 2007 年版，第 461 页。

条)[1]，其明显的不利于子女之行为，应认为无权代理，子女成年后得追认之（参照日本昭和十一年八月七日大判，我妻 345 页、343 页）。亲权人与子女间之行为，依民法第 106 条之规定，自亦构成无权代理。亲权人逾越管理范围之行为，对于子女负损害赔偿义务。"[2]

在本案中，尽管被告顾某的父母顾某某、陈某某已经出具了说明，仅依该种说明不能认定银行履行了注意义务，因为虽然父母声明不损害子女利益，但事实上，一旦银行行使抵押权处分抵押财产，未成年人的利益必然受损，该行为明显的不利于未成年人的利益，银行对此应当明知，主观上不构成善意。因此，父母的行为构成无权代理，银行无法有效取得抵押权。

拓展案例

上海浦东发展银行股份有限公司温州分行与温州汇美国际贸易有限公司、蒋某某等金融借款合同纠纷案[3]

[基本案情]

被告蒋某某、姜某于 2010 年 3 月 17 日与原告浦发银行温州分行签订《房地产最高额抵押合同》，约定以其所有的房屋为汇美公司与原告在 2010 年 3 月 17 日至 2015 年 3 月 17 日期间内签订的一系列合同提供最高额为 400 万元的抵押，并办理了抵押登记。另有蒋某某配偶即被告姜甲在《房地产最高额抵押合同》的第 16 页中签署"关于同意执行共同财产的承诺函"中约定其知晓蒋某某、姜某签署前述之抵押合同，并同意执行共同财产承担抵押责任。被告汇美公司于 2011 年 11 月 25 日与原告签订《流动资金借款合同》，约定借款金额为 400 万元整，期限为 2011 年 11 月 25 日至 2012 年 11 月 25 日。原告已于 2011 年 11 月 25 日依约发放贷款 400 万元整。贷款发放后，被告汇美公司无力归还本金，利息仅足额还至 2011 年 12 月 20 日。浦发银行温州分行请求法院判令：被告汇美公司立即偿还贷款本金 400 万元及利息、逾期息、复利至实际履行完毕之日止；蒋某某、姜某、姜甲提供的抵押合法有效，由原告依法对拍卖、变卖其所有的坐落于上海市黄浦区汉口路 689 弄 1 号 801 室的房屋所得价款优先受偿；

---

〔1〕 此"民法"为我国台湾地区的"民法"。

〔2〕 史尚宽：《亲属法论》，中国政法大学出版社 2000 年版，第 677 页。

〔3〕 温州市中级人民法院，浙温商外初字第 308 号（2012），载 http://www.court.gov.cn/zgcpwsw/zj/zjswzszjrmfy/ms/201405/t20140508_1009669.htm，访问日期：2015 年 10 月 5 日。

另查明，汇美公司法定代表人姜某某与姜甲系父子，蒋某某与姜甲系夫妻，姜某系蒋某某与姜甲之子。现被告尚欠贷款本金 3 946 619.48 元，期内利息 358 835.70元，期内复利 16 889.78 元，截至 2013 年 5 月 2 日的逾期利息为 236 010.61元。

对于抵押合同的效力，法院认为：姜某辩称自己系未成年人，依《民法通则》第 18 条规定，蒋某某、姜甲作为其父母即监护人非为被监护人即姜某的利益，不得处理姜某的财产，而本案中房产抵押并非为姜某的利益，所以以姜某名下的房产作抵押所签订的抵押合同无效。本院认为《民法通则》第 18 条的规定并非属于效力性强制性规定，蒋某某、姜甲在本案中将姜某与蒋某某共有的房产为汇美公司的债务作抵押，虽然违反了该条规定，但不符合《合同法》第 52 条第 5 项规定的合同无效情形。由于蒋某某、姜甲作为姜某的法定代理人已在抵押合同上签字，且已依法办理抵押登记，至于抵押合同上"姜某"三字是否姜某本人所签，并不影响抵押合同的有效成立。若姜某认为蒋某某、姜甲将其财产抵押的行为侵犯了其合法利益，可另行主张权利。张某某辩称未收到款项，与事实不符，本院不予采信。

因此法院认定抵押有效，如被告温州汇美国际贸易有限公司到期未履行债务的，原告浦发银行股份有限公司温州分行有权以拍卖、变卖被告蒋某某、姜某名下的坐落于上海市黄浦区汉口路 689 弄 1 号 801 室的房屋所得价款优先受偿，但其对包括上述债务在内 ZD9011201000000094 的《房地产最高额抵押合同》项下所有主债务的优先受偿总额以最高抵押担保金额人民币 400 万元为限。

[问题与思考]

《民法通则》第 18 条规定的性质及违反该条的结果是什么？

[重点提示]

回答上述问题，需关注这样几个方面：①如何认定某个法律规定是否属于效力性强制性规定？②未违反效力性强制性规定是否说明该行为就是有效的？③《民法通则》第 18 条规定的立法原意是什么？

第四节　父母对子女赠与财产的可撤销性

经典案例

付某扬与付某东、鞠某艳赠与合同纠纷案[1]

[基本案情]

二被告付某东、鞠某艳原系夫妻关系，原告付某扬系付某东、鞠某艳之女。二被告于2012年9月26日协议离婚，并签有离婚协议书，约定二人离婚后，登记在原、被告三人名下的楼房一套归原告付某扬所有，在付某扬年满18周岁后双方配合办理产权变更登记手续。现原告起诉要求确认上述房产归原告所有、二被告配合办理过户手续，被告鞠某艳同意原告的诉请，被告付某东要求撤销离婚协议中的赠与，将上述房产由原、被告均等分割。

一审法院认为，离婚时，夫妻的共同财产由双方协议处理；离婚协议中关于财产分割的条款或者当事人因离婚就财产分割达成的协议，对男女双方具有法律约束力。本案二被告在离婚时签有离婚协议，将共同财产楼房一套赠与双方之女付某扬，意思表示真实有效，符合法律规定。二被告协议离婚而达成的财产处分协议，与二人婚姻关系的解除具有因果联系，被告付某东在无正当理由的情况下主张撤销离婚协议中的赠与条款，违反民事行为的诚实信用原则及《婚姻法》对离婚财产分割的规定，故本院对被告付某东主张撤销赠与行为的请求不予支持。

判后，付某东不服提起上诉，其主要上诉请求及理由为：①一审法院认定事实错误，上诉人与鞠某艳在协议离婚中对财产的处分无法推导出与婚姻关系的解除存在因果关系，上诉人与鞠某艳在协议离婚中达成的财产处分协议是基于财产关系，而婚姻关系的解除是基于身份关系，两者是不同的法律关系，它们之间根本就不存在因果关系；②一审法院排斥上诉人行使任意撤销权缺乏法律依据。上诉人撤销对被上诉人的房产赠与是基于法定的任意撤销权，当然，这与"正当理由""诚实信誉"存在不同的价值取向，但是，一审法院仅以此为由对本案进行裁定显然缺乏法律依据；③上诉人有权在房产所有权转移之前撤销赠与，上诉人与鞠某艳在离婚协议中赠与被上诉人的房产不具有救灾、扶贫等社会公益、道德义务性质，也未经过公证，依据相关法律规定，上诉人完全有权撤销房产赠与；④上诉人撤销房产赠与具有法律依据。《婚姻法解释（三）》第6条规定"婚前或者婚姻关系存续期间，当事人约定将一方所有的房产赠与另一方，赠与方在赠与房产变更登记之前撤销赠与，另一方请求判令继续履行的，人民法院可以按照《合同法》第186条的规定处理。"而《合同法》第186条规定："赠与人在赠与财产的权利转移之前可以撤销赠与。具有救灾、扶贫等社会公益、道德义务性质的赠与合同或者经过公证的赠与合同，不适用前款规定"。

被上诉人付某扬主要答辩称：①付某东与鞠某艳签订的《自愿离婚协议》经婚姻登记机关依法确认，合法有效，具有法律效力。根据《婚姻法解释（二）》第8条第1款"离婚协议中关于财产分割的条款或者当事人因离婚就财产分割达成的协议，对男女双方具有法律约束力"之规定，付某东与鞠某艳签订的《自愿离婚协议》将共有财产赠与付某扬是双方真实意思表示，合法有效；②本案应适用《婚姻法解释（二）》中关于对离婚协议进行财产分割问题的相关规定，而不应适用《婚姻法解释（三）》及《合同法》的相关规定，付某东不享有任意撤销权。首先，本案系男女双方当事人在解除婚姻关系之时对共同财产作出的协议约定，且达成一致意见将诉争房产赠与双方之女付某扬的行为，无论在适用期间还是适用范围上，并不符合《婚姻法解释（三）》第6条之规定，而应依据《婚姻法解释（二）》第9条第1款"男女双方协议离婚后1年内就财产分割问题反悔，请求变更或者撤销财产分割协议的，人民法院应当受理"之规定，因付某东并未在一年内主张撤销权，故其撤销权已经丧失，理应配合付某扬办理过户手续。其次，根据特别法优于一般法的原则，本案应适用《婚姻法解释（二）》之规定。离婚协议具有财产协议与身份关系协议双重属性特征，《合同法》第186条的特点在于撤销权的任意性，即不需要任何理由，在赠与物的权利转移之前均可撤销。而《婚姻法解释（二）》第8条则强调了离婚协议中财产分割条款的法律约束力，不可擅自变更或者撤销，且第6条明确约定了撤销或者变更财产分割协议的有效期为1年，故以离婚协议中赠与条款的法律约束力对抗任意撤销权的任意性，付某东不享有任意撤销权。综上，付某东已通过对财产处分的认同达到了离婚的目的，办理了相应的手续，如允许其行使任意撤销权，必将给社会带来不诚信的负面影响。

［法律问题］

1. 父母在离婚协议中约定将房产赠与子女的行为的性质如何认定？

2. 在赠与财产所有权变更前父母是否可行使任意撤销权？

[**参考结论与法理精析**]

（一）法院意见

二审法院认为：上诉人付某东与原审被告鞠某艳签订的《自愿离婚协议》系双方真实意思表示，合法有效。在该协议中，双方一致约定将家庭共有财产赠与女儿付某扬，该约定并不侵害任何人的合法权益，亦不违反法律、行政法规的规定，系有效约定。上诉人主张在其将诉争房产办理过户至被上诉人付某扬名下之前对该赠与享有任意撤销权是对法律的错误理解，因付某东并未在离婚后一年内就财产分割问题提出变更或者撤销，故其已丧失撤销权。此外，离婚协议中关于房产赠与的条款作为离婚协议中不可分割的一部分，与离婚协议中的其他条款应视为一个整体。在离婚协议中，男女双方基于离婚事由将财产处分给子女的行为，可视为一种附协议离婚条件的赠与行为，在男女双方婚姻关系已经解除的情况下，基于诚信原则，亦不能支持赠与人主张的任意撤销权。综上，二审法院驳回上诉，维持原判。

（二）父母在《离婚协议》中约定将房产赠与子女的行为的性质，在赠与财产所有权变更前父母是否可行使任意撤销权

离婚协议，是以夫妻双方解除婚姻关系为前提，所达成的关于财产分割、子女抚养与探视等内容的书面协议。可见，其具有人身和财产双重性质的合意，是复合型协议，不同于一般意义上的合同。

《婚姻法解释（二）》第8条和第9条的规定实际上已经将离婚协议中的身份关系部分与财产关系部分加以区分，仅仅将财产分割部分明确为在符合规定的情况下可能被撤销或变更。而《婚姻法解释（三）》第6条的规定，赋予了夫妻一方就赠与合意，但在财产权利转移前的可撤销权。也就是说，《合同法》第186条，除了经过公证的赠与合同，或者具有救灾、扶贫等社会公益、道德义务性质的赠与合同不可撤销，一般的赠与合同在标的物权利转移之前是可以撤销的，同样适用于夫妻之间的赠与协议。于是，理论上就有观点认为，在涉及子女房屋赠与问题上，应当类推适用《婚姻法解释（三）》第6条的规定，即使夫妻离婚时就夫妻共同财产赠与子女已达成合意，但在财产权利转移前，任何一方均可撤销赠与。因为离婚协议中涉及的子女房屋赠与问题不属于该条款规定的除外情形，赠与人可以行使任意撤销权。

由于离婚协议的特殊性，对于离婚协议是否应当适用合同法法律及司法解释没有明确规定。离婚协议是因当事人之间身份关系的变化而引起，具有明显的人身属性，所以，关于离婚协议的财产内容在什么条件下才能适用合同法的规定，《婚姻法解释（三）》第6条并未明确，关于离婚协议中对子女房屋赠与问题也并未涉及。

应当认为，《婚姻法解释（三）》第6条规定并没有将双方达成离婚或者其他事项合意作为适用条件，只是单一的涉夫妻间房产赠与行为。而且根据理解，该条中约定的"一方所有的房产"应当严格限制在一方享有完全所有权的房产，不包括一方在夫妻共同房产中的份额。这些情形与离婚协议中赠与子女房产的情形并不一样。而且《婚姻法解释（二）》第8条和第9条，就离婚协议中财产分割纠纷的可诉性以及离婚后的撤销、变更条件已经作了明确规定，无类推适用《婚姻法解释（三）》第6条之余地。

离婚协议中对子女房屋赠与条款之所以不能被任意撤销，主要还是源于协议的复合性特征。就财产分割协议所涉及的赠与条款，与解除婚姻关系密不可分，不能简单地认为离婚协议中涉及的人身问题适用婚姻法的规定，财产部分适用合同法的规定。夫妻双方以离婚为目的，经过慎重考虑、反复协商，最终形成了包括解除婚姻关系、共同房产赠与子女的约定、子女抚养、共同财产分割、离婚损害赔偿等内容的"一揽子"协议，协议达成的过程往往包含了夫妻双方的各种利益考量、博弈和让步。如果在双方离婚后允许就对子女房屋赠与条款这个协议的重要组成部分享有任意撤销权，无疑将改变离婚协议的整体性和确定性。还会为恶意一方实现既离婚又占有财产的不法目的提供法律借口，这不仅会给其未成年子女造成伤害，也与法律精神相悖。《婚姻法解释（三）》第14条规定："当事人达成的以登记离婚或者到人民法院协议离婚为条件的财产分割协议，如果双方协议离婚未成，一方在离婚诉讼中反悔的，人民法院应当认定该财产分割协议没有生效，并根据实际情况依法对夫妻共同财产进行分割。"同样是基于离婚协议的复合性特征，对于"协议离婚"这个目的未成就时，认定离婚协议未生效。

基于以上分析，夫妻离婚时协议将共同所有的房产赠给子女，但没有办理房产变更登记手续，离婚后反悔要求撤销离婚协议中的赠与房产条款的，一般不予支持。

拓展案例

黄某某与谷某某执行异议之诉案[1]

［基本案情］

第三人李某某、谷某某系原告李某的父母。2010年3月3日，李某某、谷

某某自愿到湖北省房县人民法院要求解除婚姻关系。次日，夫妻双方达成离婚调解协议，并将其登记在李某某一人名下的夫妻共有房屋赠与李某所有，至今未办理产权变更登记手续。另查明，2010年2月9日，两被告黄某某、汤某与第三人李某某因其他合同纠纷诉至该院水头法庭，后经该院水头法庭审理，判决李某某偿还黄某某、汤某人民币200万元及其利息。因李某某未履行生效判决，故黄某某、汤某向该院申请强制执行。在执行过程中，该院依法查封了该讼争房屋，并准备进入委托评估程序时，案外人李某（即本案原告）向本院提出执行异议。该院于2011年8月31日作出（2011）温平执异字第6号执行裁定书，驳回李某的执行异议请求。为此，李某遂向该院起诉，提出上述诉请。

一审法院认为：民事行为的行使应当遵守法律，尊重社会公德，不得损害公共利益和他人合法权益。最高人民法院《关于贯彻执行〈中华人民共和国民法通则〉若干问题的意见（试行)》第130条规定，赠与人为了逃避应履行的法定义务，将自己的财产赠与他人，如果利害关系人主张权利的，应当认定赠与无效。《合同法》第74条则进一步明确规定了债权人的撤销权。本案中，李某某在2010年2月26日得知黄某某、汤某二人起诉他时，于同年3月3日，夫妻双方自愿到湖北省房县人民法院解除了婚姻关系并对财产作了处分，显然违反法律规定，故对李某的诉讼请求，该院依法不予支持。遂判决：驳回李某的诉讼请求。

二审法院维持原判。

[问题与思考]

父母为逃避债务将财产赠与子女的行为的效力如何认定？

[重点提示]

回答上述问题，需关注这样几个方面：①如何认定父母的赠与行为是为了逃避债务？②为逃避债务签订的赠与合同是有效、无效还是效力待定？③债权人撤销权的行使应符合哪些条件？

第十二章

几种特殊类型的亲子关系

知识概要

　　本章共三节，第一节论述的是父母与非婚生子女的关系，主要探讨父母对非婚生子女的抚养义务以及非婚生子女与生父母关系的推定问题；第二节论述的是收养关系，主要探讨收养的条件、收养的效力以及收养的解除等；第三节论述的是继父母子女关系，主要探讨继父母子女之间形成抚养教育关系的认定标准，继父母子女之间的抚养、赡养、继承关系等。

第一节　父母与非婚生子女的关系

经典案例

白某甲与盛某同居关系子女抚养纠纷案[1]

[基本案情]

　　盛某与白某甲因工作关系认识后，两人相恋。2012 年上半年，白某甲怀孕。2012 年 10 月 22 日，白某甲向盛某书写保证一份，载明"本人同意去打胎，绝不反悔"。同年 12 月 20 日，白某甲向盛某书写保证一份，载明"本人从今日起与盛某断绝一切关系，孩子由我自己承担抚养，以后决不再纠缠。如有任何问题，愿受法律制裁"，后双方分手。2013 年 4 月 15 日 0 时 38 分，白某甲在西安日化医院独自生育一女白某乙，并支付住院费用 1878.75 元，门诊费用 1248.75 元，合计 3127.5 元。自白某乙出生至今，一直随白某甲共同生活，并由白某甲独自抚养。白某乙因病治疗，白某甲支付门诊费用 583.4 元。2014 年 7 月 29

---

　　〔1〕　西安市中级人民法院，（2015）西中民少终字第 00040 号，载 http：//www. court. gov. cn/zgcp-wsw/shanxi/sxsxaszjrmfy/ms/201508/t20150827_10541377. htm，访问日期：2015 年 10 月 6 日。

日，白某甲诉至原审法院，要求盛某履行抚养义务，遂形成本案诉讼。同年10月16日，白某甲、盛某委托西安交通大学法医学司法鉴定中心对亲子关系进行鉴定。同年10月23日，该鉴定中心作出西交司法鉴定中心（2014）物检字第771号法医物证检验报告书，结论：盛某、白某甲与白某乙的相对亲子关系概率为99.9999%，根据遗传学原理，白某甲与白某乙有生物学亲子关系；盛某与白某乙有生物学亲子关系。现白某甲诉至法院，要求非婚生女白某乙的抚养权归白某甲，盛某支付分娩住院费1878.75元，孩子出生至2014年7月期间的生活费3万元，之后每月支付抚养费3000元。

[法律问题]

1. 非婚生子女的法律地位是什么？

2. 未直接抚养非婚生子女的父母一方有哪些权利和义务？

[参考意见与法理精析]

（一）法院意见

一审法院经审理认为，非婚生子女享有与婚生子女同等的权利，任何人不得加以危害和歧视。不直接抚养非婚生子女的生父或生母，应当负担子女的生活费和教育费。盛某与白某甲之女白某乙虽系非婚生女，但享有与婚生子女同等的权利。白某甲虽曾承诺孩子由自己独自抚养，但抚养未成年子女是盛某、白某甲的法定义务，白某甲代表白某乙放弃盛某的抚养义务，与法相悖。因白某乙不到两周岁，且出生后一直随白某甲生活，故目前由白某甲抚养较为适宜。考虑到盛某告无固定工作以及白某乙的生活消费条件，酌定盛某自白某乙出生之日起每月支付抚养费500元。白某甲因怀孕生产及给白某乙生病治疗各项费用合计3710.15元，有相关的医疗票据予以证实，故白某甲、盛某应各半承担。关于白某乙的教育费、医疗费待实际发生后，白某甲可另行主张。综上，一审法院判决：①非婚生女白某乙由原告白某甲抚养，被告盛某自2013年4月15日起至白某乙年满18周岁之日止，每月支付抚养费500元；②原告白某甲及白某乙的住院医疗费用3710.15元（原告已垫付），由原、被告各半承担，被告盛某于本判决生效之日起15日内支付原告白某甲医疗费用1855.08元；③驳回原告白某甲的其余诉讼请求。

二审法院维持原判。

（二）非婚生子女的法律地位

非婚生子女是婚生子女的对称，是指没有婚姻关系的男女所生的子女。我国《婚姻法》第25条第1款规定："非婚生子女享有与婚生子女同等的权利，任何人不得加以危害和歧视。"因此，我国的非婚生子女与婚生子女的法律地位是完全相同的，法律有关父母子女间的权利和义务，均适用于非婚生父母子女之间。非婚生子女享有与婚生子女同等的权利，即法律规定的受抚养教育的和保护管教的权利和未成年子女给国家、集体、他人造成损害时父母承担民事责任的权利以及继承权等。

为了确定非婚生子女的法律地位，保护其合法权益，当代世界绝大多数国家都建立了确认非婚生子女法律地位的制度，即认领制度，有些国家还设立了准正制度。非婚生子女的认领，是指非婚生子女的生父母承认非婚生之女是自己的子女，包括自愿认领和强制认领两种。例如，台湾地区"民法"第 1065 条规定，非婚生子女经生父认领者，视为婚生子女。其经生父抚育者，视为认领。非婚生子女与其生母之关系，视为婚生子女，无须认领。第 1067 条规定，有事实足认其为非婚生子女之生父者，非婚生子女或其生母或其他法定代理人，得向生父提起认领之诉。前项认领之诉，于生父死亡后，得向生父之继承人为之。生父无继承人者，得向社会福利主管机关为之。非婚生之女的准正，是指因生父母结婚或司法宣告使非婚生之女取得婚生子女资格的制度。如台湾地区"民法"第 1064 条规定，非婚生子女，其生父与生母结婚者，视为婚生子女。

我国尚未建立非婚生子女的认领制度。在现行的法律制度下，关于非婚生之女地位婚生化的做法是：基于分娩的事实，非婚生子女按生母的婚生子女对待。非婚生子女与生父之间的关系，一般有两种情况：一是由生父自愿表示认领；二是被生母指认的生父不承认该子女是其所生，在这种情况下，生母可通过向法院提出有关证据加以证明，在必要时，法院也可委托有关部门进行亲子鉴定。

拓展案例

罗某与熊某某抚养费纠纷案[1]

[基本案情]

原告熊某某于 2004 年 4 月 9 日出生，母亲为张某某。被告罗某向原告母亲张某某出具收据一张，收据载明：我罗某今天说明，我在 30 岁以后每月给张某某 200 元生活费。现原告以被告系其亲生父亲而未支付抚养费为由诉至法院，请求判如所诉。审理中，原告申请做亲子鉴定，原审法院向被告作出了亲子鉴定的释明，被告拒绝做亲子鉴定。

---

〔1〕 贵州省毕节市中级人民法院，（2014）黔毕中民终字第 1488 号，载 http：//www. court. gov. cn/zgcpwsw/gz/gzsbjszjrmfy/ms/201504/t20150401 _7198979. htm，访问日期：2015 年 10 月 6 日。

　　原判认为，《婚姻法》第 25 条规定："非婚生子女享有与婚生子女同等的权利，任何人不得加以危害和歧视。不直接抚养非婚生子女的生父或生母，应当负担子女的生活费和教育费，直至子女能独立生活为止"。本案中，原告主张其是被告的非婚生子女，提供了相应证据并申请亲子鉴定。被告否认自己是原告的生父，没有提供相反证据又拒绝做亲子鉴定。被告对其出具给原告母亲张某某的收据"我罗某今天说明，我在 30 岁以后每月给张某某 200 元生活费"，不能作出合理说明。《婚姻法解释（三）》第 2 条规定："夫妻一方向人民法院起诉请求确认亲子关系不存在，并已提供必要证据予以证明，另一方没有相反证据又拒绝做亲子鉴定的，人民法院可以推定请求确认亲子关系不存在一方的主张成立。当事人一方起诉请求确认亲子关系，并提供必要证据予以证明，另一方没有相反证据又拒绝做亲子鉴定的，人民法院可以推定请求确认亲子关系一方的主张成立。"《最高人民法院关于民事诉讼证据的若干规定》第 75 条规定："有证据证明一方当事人持有证据无正当理由拒不提供，如果对方当事人主张该证据的内容不利于证据持有人，可以推定该主张成立。"本案中，在被告没有相反证据又拒绝做亲子鉴定的情况下，根据子女利益最大化原则，原告的证据能够形成合理证据链条，可以推定原、被告亲子关系成立。原告系被告的非婚生子女，被告对原告应承担法定的抚养义务。根据《最高人民法院关于人民法院审理离婚案件处理子女抚养问题的若干具体意见》第 7 条第 1 款、第 2 款之规定"子女抚育费的数额，可根据子女的实际需要、父母双方的负担能力和当地实际生活水平确定。有固定收入的，抚育费一般可按其月总收入的 20% ~ 30% 的比例给付。负担两个以上子女抚育费的，比例可以适当提高，但一般不得超过月总收入的 50%"。原告没有提供证据证明其 2011 年 1 月起每月需要 1000.00 元的抚养费，原告现 10 岁左右，接受的是国民九年义务教育，被告现工资收入每月为 3050.00 元左右，酌情支持被告自本判决生效之日起每月支付原告抚养费 700.00 元。据此法院判决：①被告罗某在本判决发生法律效力之日起每月支付原告熊某某抚养费人民币 700.00 元至熊某某年满 18 周岁时止；②驳回原告熊某某的其他诉讼请求。

　　二审法院维持原判。

[问题与思考]

　　司法解释规定"当事人一方起诉请求确认亲子关系，并提供必要证据予以证明，另一方没有相反证据又拒绝做亲子鉴定的，人民法院可以推定请求确认亲子关系一方的主张成立"的法理依据是什么？

[重点提示]

　　回答上述问题，需关注这样几个方面：①什么是亲子鉴定？亲子鉴定的目的是什么？②在涉及未成年子女利益的问题中，未成年子女利益最大化是首要的原则，该如何围绕这一原则处理？

第二节 收养关系

经典案例

吴某甲与吴某乙、李某甲收养关系纠纷案[1]

[**基本案情**]

原告吴某甲向法院起诉称：1992 年 5 月，被告将婚生女儿李某乙，于同年 5 月 14 日将户口迁入原告处，并由两原告将李某甲抚养成人，后因被告要求解除收养关系，于 2015 年 3 月 15 日，双方对李某甲抚养费事宜自愿达成协议，约定由被告一次性支付原告 10 万元，所欠的 9 万元由被告出具借条一份，于 2015 年 7 月底付清。后经原告多次催讨，被告至今未付。原告诉请要求判令两被告立即支付抚养补偿费 9 万元及逾期利息（自 2015 年 8 月 1 日起按中国人民银行同期贷款利率四倍计算至实际履行之日止）。

被告李某甲、吴某乙未作书面答辩，在庭审中口头答辩称，李某甲由原告抚养是事实，但是吴某乙从来没有提出要求解除收养关系，原告提供的协议是当时吴某乙为了帮李某甲迁户口，应两原告要求所签，没有经过李某甲的同意，李某甲也没有在协议上签字，是无效的。双方并未在民政部门办理过收养手续，也没有在民政部门办理解除收养关系登记手续，不存在解除收养关系的事实。请求驳回原告的诉讼请求。

法院经审理，认定事实如下：

李某某与吴某甲系夫妻，某年某月某日生育一子取名李某丙。1992 年 5 月，吴某乙将女儿李某甲交由吴某甲抚养，并于 1992 年 5 月 12 日将李某甲户口迁入吴某甲户。2015 年 3 月 15 日，吴某甲与吴某乙签订协议一份，内容为"吴某甲和养女李某甲抚养费，经双方协商一致，一次性补偿抚养费人民币壹拾万元整，已付壹万元，其余玖万元于 7 月份前付清"，并由吴某乙、吴某甲在上述《协

---

〔1〕 浙江省东阳市人民法院，（2015）东民初字第 2635 号，载 http：//openlaw. cn/judgement/b86ec 27de39f487a9117490f561a1a80？keyword = % E4% B8% 9C% E6% B0% 91% E5% 88% 9D% E5% AD% 97% E7% AC% AC2635% E5% 8F% BT，访问时间：2015 年 12 月 30 日。

议》上签名捺印。吴某乙在同日出具"借条"一份，内容为"今借吴某甲人民币玖万元整，2015 年 7 月份归还"，吴某乙与吴某甲一致确认该 9 万元即为上述《协议》中的 9 万元，协议中的已付 1 万元系李某某向吴某乙的借款予以抵扣，并非当日支付。吴某甲陈述其将李某甲抚养至 17 岁，吴某乙陈述李某甲从初一开始即 13 岁时就辍学打工做生意自己养活自己。李某某于 2002 年 12 月 31 日死亡。

以上事实有原告提供的《协议》《借条》、户口簿、证明等证据及庭审记录予以佐证。

[**法律问题**]

1. 收养与解除收养的程序是什么？
2. 收养协议的性质是什么？

[**参考结论与法理精析**]

（一）法院意见

法院认为：《收养法》实施后，应按照相关法律规定认定收养关系。1992 年 4 月 1 日起，收养需订立书面收养协议或办理收养公证，《收养法》第 6 条还明确规定了收养人应当无子女，李某某、吴某甲夫妇 1992 年时已经生育一子，不符合收养人的条件，且并未与吴某乙签订书面收养协议，故李某某、吴某甲与李某甲的收养关系无法成立。虽然李某某、吴某甲与李某甲的收养关系未成立，但吴某甲抚养李某甲超过 10 年属实，故李某甲生父的吴某乙作为受益人自愿补偿吴某甲为抚养李某甲所支出的费用，合理合法。吴某乙与吴某甲就该抚养费用达成协商一致并签订《协议》，系双方当事人的真实意思表示，不违反法律规定，应认定为合法有效。吴某乙辩称该协议是被胁迫签订的意见，无证据予以证明，本院不予采信。综上，吴某甲要求吴某乙支付抚养补偿费 9 万元的诉讼请求成立，本院予以支持，关于利息，原告主张的计算标准过高，应自 2015 年 8 月 1 日起按中国人民银行同期同类贷款基准利率计算至履行完毕之日止。原告主张李某甲支付抚养费及利息的诉讼请求，无事实和法律依据，本院不予支持。

（二）收养与解除收养的程序

我国《收养法》规定成立收养关系的法定程序是收养登记程序，同时以收养协议及收养公证为补充。

收养的法律后果，是原生父母子女关系的解除，和新的（养）父母子女关系的形成，法律规定了收养需要经过登记程序，正是考虑到收养的严肃性，才规定了收养作为要式法律行为。

解除收养的程序中，规定了在民政部门的登记，也是基于同样的理由。

民政部门的登记程序，是一项必要程序，影响了收养或者解除收养的法律效力。未履行此项登记手续的收养或者解除收养，不产生法律上的收养效力。但是有可能形成不当得利等其他法律关系。

（三）收养协议的性质

收养协议和收养公证。《收养法》第15条第3款、第4款规定："收养关系当事人愿意订立收养协议的，可以订立收养协议。收养关系当事人各方或者一方要求办理收养公证的，应当办理收养公证。"可见，收养协议和收养公证并不是收养的法定形式要件，而是由当事人自主选择的。

收养协议是一项较为特殊的法律行为。一方面，法律对于收养的人身法律后果予以确定，即收养协议的部分内容只能法定，不能通过协议来改变；另一方面，在收养的非人身关系方面，例如，因收养而给付的补偿，或者对未来可能的解除，或者对被收养人的国籍变更、宗教信仰等方面，赋予了意思自治的空间，交给收养人与送养人来约定。

收养协议的另一项特殊之处，在一项"涉他协议"，即很可能会涉及被收养人的权益，但是协议的签署方只有送养人与收养人，并没有作为被收养人的未成年人。正是从这个角度出发，未来的《收养法》修订需要对收养协议的内容作出指导性与限制性的规范，而不能完全交给意思自治。

第三节　继父母子女关系

经典案例

白某丙与郭某某抚养费纠纷案[1]

［基本案情］

白某丙（2001年9月23日出生）之父白某丁与郭某某于2007年7月12日登记结婚，此为白某丁的第二次婚姻。婚后白某丙与父亲及继母郭某某共同生活。2009年1月3日23时，白某丁因交通事故死亡。2009年10月20日，郭某某将白某丙送至白某丙祖父白某乙家。现白某丙起诉要求郭某某支付抚养费。

---

〔1〕　新乡市中级人民法院，（2013）新中民四终字第440号，载http://www.court.gov.cn/zgcpwsw/hen/hnsxxszjrmfy/ms/201404/t20140425_891041.htm，访问日期：2015年10月5日。

［**法律问题**］

1. 如何认定继父母子女之间是否形成抚养教育关系？

2. 继父母子女之间的解除程序及其法律后果是什么？

［**参考意见与法理精析**］

（一）法院意见

一审法院认为，父母对子女有抚养教育的义务；子女对父母有赡养扶助的义务。继父或继母和受其抚养教育的继子女间的权利义务关系，适用于本法对父母子女关系的有关规定。我国目前没有明确界定继父母与继子女形成抚养教育关系的要件。在司法实践中，一般从两个方面予以认定：一是从经济方面，继父母是否对继子女的教育或生活费给付了一部分或是全部；二是从生活方面，继父母是否给予继子女生活上的帮助并长期与继子女共同生活。事实上继父或继母基于婚姻关系的形成客观上充当了生母或生父抚养子女的帮手，但继父或继母并不因此形成对继子女的法定抚养义务。只有当继父母与继子女之间形成抚养教育关系，他们才产生与父母子女间同等的权利义务关系。本案中，白某丙母亲死亡后，郭某某与白某丙之父白某丁再婚，白某丙随白某丁与郭某某共同生活。白某丁死亡后，郭某某与白某丁的婚姻关系自然解除。因郭某某与白某丙之间没有形成抚养教育关系，郭某某所充当的白某丁抚养白某丙的帮手的角色随之不复存在。也就是说，郭某某不再负有协助白某丁抚养白某丙的义务。在诉讼中，白某丙也不能提供证据证实与郭某某间形成抚养教育关系，故对白某丙的诉讼请求，不予支持。

二审法院维持原判。

（二）继父母子女之间形成的抚养教育关系的认定

我国《婚姻法》第27条规定："继父母与继子女间，不得虐待或歧视。继父或继母和受其抚养教育的继子女间的权利和义务，适用本法对父母子女关系的有关规定。"除了在继父母将继子女收养为养子女从而形成法律拟制血亲这样的罕见情况之外，更多的是继父母与继子女之间形成具体的扶养教育关系；在这些情况下他们之间才能适用《婚姻法》上的父母子女关系。

如果生父（母）与继母（父）再婚时，子女已经成年可以独立生活，或虽未成年但仍由其生父母提供生活教育费用，没有受继父或继母的抚养教育，那么此类继父母子女关系为纯粹的直系姻亲关系，是伦理性的继父母子女关系，或者名分意义上的继父母子女关系，他们之间相互并不形成法律上的权利义务。

对于如何认定继父母与继子女之间形成了抚养教育关系，我国《婚姻法》中没有进行具体规定，实践中一般是根据继父母对继子女在经济上尽了扶养义务（例如，对继子女给付生活费、教育费的一部分或全部），或者生活上尽了扶养教育义务（与未成年子女共同生活，对其生活上照料、帮助，在思想品德、学业上对继子女关怀、培养）等来认定。

（三）继父母子女的解除及其法律后果

最高人民法院 1993 年《关于人民法院审理离婚案件处理子女抚养问题的若干具体意见》中规定，生父与继母或生母与继父离婚时，对受其抚养教育的继子女，继父与继母不同意继续抚养的，仍应由生父母抚养。

此项规定明确了离婚后继父母子女关系也解除了：因为继父母子女关系本质上是一项姻亲关系。姻亲关系的特点之一是：随着婚姻的解除而消灭。

除了生父与继母或生母与继父离婚之外，如果生父或者生母死亡，其原有的姻亲关系也当然消灭了，因此继父母子女关系也自然解除，继父母对未成年继子女不再有抚养义务。

被继父母抚养教育成年，并已独立生活的继子女，对年老丧失劳动能力又无生活来源的继父母，应承担给付生活费的义务。这并不是一种法律义务，而是基于过去一度的抚养教育事实形成的一种补偿性的规范。

最高人民法院 1986 年《关于继母与生父离婚后仍有权要求已与其形成抚养关系的继子女履行赡养义务的批复》中指出：王某梅与李春某姐弟五人之间，既存在继母与继子女间的姻亲关系，又存在由于长期共同生活而形成的抚养关系。尽管继母王某梅与生父李某心离婚，婚姻关系消失，但王某梅与李春某姐弟等人之间已经形成的抚养关系不能消失。因此，有负担能力的李某景姐弟等人，对曾经长期抚养教育过他们的年老体弱、生活困难的王某梅应尽赡养扶助的义务。该规定表明，尽管继父（母）与生母（父）离婚，婚姻关系消失，但继父母与继子女等人之间已经形成的扶养关系不能消失。

法定继承

知识概要

　　本章阐述法定继承。法定继承是指在被继承人没有对其遗产的处理立有遗嘱的情况下，由法律直接规定继承人的范围、继承顺序、遗产分配的原则的一种继承形式，法定继承又称为无遗嘱继承，是相对于遗嘱继承而言的。本章共五节：第一节论述的是法定继承人的范围，我国法律对于法定继承人的范围具有直接的规定；第二节论述的是胎儿继承权保护，对于胎儿是否具有继承权，何种情况下具有继承权进行了认定；第三节论述的是继承的诉讼时效，分析了继承权诉讼时效的期间、中止等情形；第四节论述的是代位继承与转继承，分析了代位继承与转继承的构成要件，明确了两者的关系；第五节论述的是继承权的丧失，分析了丧失继承权的法定事由与丧失继承权的特点。

第一节　法定继承人的范围

经典案例

隆某等与谭某某等法定继承纠纷案[1]

[基本案情]

　　孙某某（发）与梁某某于 1954 年结婚，婚后生育一女名孙某甲，后梁某某于 1963 年去世。孙某某于 1972 年与余某某结婚，双方婚后未生育子女。余某某婚前共有四女，分别为谭某戊、谭某丁、谭某甲、谭某乙。余某某与孙某某结婚时，谭某戊、谭某丁均已成年，未与孙某某和余某某共同生活，谭某甲、谭

---

　　〔1〕　重庆市第四中级人民法院，（2014）渝四中法民再终字第 00002 号，载 http：//www.court.gov.cn/zgcpwsw/cq/zqsdszjrmfy_4546/ms/201410/t20141025_3624928.htm，访问日期：2015 年 10 月 10 日。

某乙未成年，跟随孙某某和余某某共同生活至成年。余某某 2003 年去世后，孙某某于 2006 年与谭某丙登记结婚，共同生活至同年冬月初五去世，去世时未立下遗嘱。孙某某生前在石柱土家族自治县下路镇金彰村友谊组（原金彰乡金彰村富裕组）有房屋，两份土地证载明土地使用者均为"孙某乙"，地号为 34 号和 36 号，占地面积分别为 91.39 平方米和 64.39 平方米，建筑占地分别为 76.76 平方米和 49.26 平方米，该房屋因政府筹建工业园区现已被拆除。另查明，孙某甲于 1981 年与隆某甲结婚，婚后生育一女名隆某乙，一子名隆某。孙某甲于 2009 年农历 2 月 26 日去世。

［法律问题］

1. 关于继承人的范围应当如何认定？
2. 转继承应当如何确定？

［参考结论与法理精析］

（一）法院意见

本案是再审，再审法院认定了案情中所述的事实后，作了如下判决。遗产是公民死亡时遗留的个人合法财产，继承从被继承人死亡时开始。只要被继承人生前没有订立遗嘱或者订立遗赠扶养协议，即适用法定继承。法定继承，是指由法律直接规定继承人的范围、继承顺序、遗产分配原则的一种继承方式。法定继承的特征表现有两方面：一方面是法定继承严格建立在人身关系的基础上。确定法定继承人的范围、顺序和遗产份额的根据是血缘关系、婚姻关系和收养关系，并且严格限定在有扶养关系的家庭成员的范围之内；另一方面是法定继承人的范围、继承顺序和遗产分配原则等方面均由继承法加以具体规定。首先，这些规定对于被继承人而言，为任意性规范，被继承人生前可通过订立合法有效的遗嘱改变这些规定；这些规定的功能在于推定被继承人的意志，以弥补被继承人意思表示的不足。其次，除法律另有规定者外，这些规定对其他人（包括法院）而言属于强制性规范，他们无权改变这些规定。由于被继承人生前未立遗嘱或未订立遗赠扶养协议，故对其财产作出全部处理的情形下，适用法定继承。依照《继承法》第 10 条、第 12 条的规定，我国法定继承人的范围是：配偶、子女、父母、兄弟姐妹、祖父母、外祖父母、对公婆尽了主要赡养义务的丧偶儿媳、对岳父母尽了主要赡养义务的丧偶女婿。该处的"子女""父母"不仅包括婚生子女、父母，还包括形成扶养关系的继子女、继父母。《继承法》虽然于 1985 年 10 月 1 日起施行，但之前的相关司法政策仍然确立了法定继承制度。继承发生后，只要继承人没有明示宣布放弃继承，即视为接受继承，各继承人在对继承财产没有分割之前，对该财产享有共有权利。各继承人要求对继承的财产进行分割或确认份额时，应当依法进行。结合本案，本案发生四次被继承人死亡事件，包括 1963 年梁某某死亡、2003 年余某某死亡、2006 年孙某某死亡、2009 年孙某甲死亡，由于以上四被继承人生前均未订立遗嘱或者遗赠协议，故由各法定继承人对其生前合法财产按法定顺位和份额予以继承。对于本案诉争房屋，原为孙某某与梁某某等人共同财产，1963 年梁某某死亡后，属于梁某某份额的房屋产权，由其法定继承人孙某某、孙某甲继承。20 世纪 70 年代，孙某某与余某某结婚，至 2003 年余某某死亡为止，双方一直共同生活二十余年，依照《最高人民法院关于人民法院审理离婚案件处理财产分割问题的若干具体意见》（1993 年 11 月 3 日）第 6 条的规定，原属于孙某某婚前个人房产，应视为孙某某与余某某的夫妻共同财产，也即诉争房屋中属于孙某某享有的份额，视为孙某某与余某某共有。2003 年余某某死亡后，发生法定继承，诉争房屋中属于余某某部分的房屋产权，由其法定继承人夫孙某某、继女孙某甲、婚生女谭某丁、谭某戊、谭某乙、谭某甲继承。2006 年底孙某某死亡，诉争房屋中属于孙某某部分的房屋产权，由法定继承人妻谭某丙、婚生女孙某甲、形成扶养关系的继女谭某乙、谭某甲继承。2009 年孙某甲死亡，诉争房屋中属于孙某甲部分的房屋产权由其夫隆某甲、子隆某、女隆某乙继承。其财产分割及继承份额如下：其一，梁某某于 1956 年去世后，梁某某享有共同财产的 1/2 作为遗产，以供法定继承人继承。其法定继承人现查明的为孙某某、孙某甲二人，故孙某某享有共同房屋产权的 3/4 份额，孙某甲享有房屋产权的 1/4 份额。其二，余某某 1976 年与孙某某结婚后，一直共同生活至 2003 年去世达二十余年，孙某某享有的 3/4 份额房产应认定为夫妻共同财产，余某某于 2003 年去世后，余某某占有的份额为共同财产 3/8 份额应作为遗产，以供其他法定继承人继承。此时，因为孙某甲也为孙某某、余某某的被抚养人，故孙某甲也视为余某某的法定继承人。由此，余某某的第一顺序法定继承人为孙某某、孙某甲、谭某丁、谭某戊、谭某乙、谭某甲等共 6 位，各位继承人分别继承份额为 1/16。此后，孙某某享有诉争房屋产权份额为 7/16，孙某甲享有的份额为 5/16，谭某丁、谭某戊、谭某乙、谭某甲各为 1/16。其三，孙某某与谭某丙于 2006 年上半年结婚，下半年即去世。此时孙某某对诉争房屋的共有产权份额 7/16 作为遗产，以供各第一顺序法定继承人继承。余某某与前夫所生的谭某丁、谭某戊与孙某某没有形成抚养关系，故谭某丁、谭某戊不享有继承权。余某某与前夫所生的谭某甲、谭某乙与孙某某形成抚养关系，故谭某乙、谭某甲享有继承权。故孙某某的法定继承人为妻谭某丙、生女孙某甲、继女谭某乙、谭某甲等共 4 人，其各自享有的继承份额为 7/64。此时，孙某甲享有的份额为 27/64，谭某乙、谭某甲分别各为 11/64，谭某丁、谭某戊分别各享有 1/16 份额，谭某丙享有 7/64 份额。其四，2009 年孙某甲死亡，其法定继承人为其夫隆某甲、其子女隆某乙、隆某，故其对诉争房享有的 27/64 份额由以上三人均分，三人分别各享有诉争房屋 9/64 的份额。综上，对讼争房屋分别由谭某甲、谭某乙各享有 11/64 的份额，谭某丁、谭某戊各享有 1/16 的份额，谭某丙享有 7/64 的份额，隆某甲、隆某乙、隆某各享有 9/64 份额。

（二）法定继承人范围与顺序的认定

法定继承，是指由法律直接规定继承人的范围、继承顺序、遗产分配原则的一种继承方式。法定继承人的范围、继承顺序和遗产分配原则等方面均由继承法加以具体规定。在法定继承中，除了确定遗产之外，最为重要的是确定法定继承人，包括常规的法定继承人和常规之外的法定继承人。

所谓常规的继承人，包括根据第一顺序继承人即配偶、子女、父母和第二顺序继承人：兄弟姐妹、祖父母、外祖父母。

非常规的继承人包括：丧偶的儿媳对公婆、丧偶的女婿对岳父母，尽了主要赡养义务的，作为第一顺序继承人；养祖父母与养孙子女的关系，视为养父母与养子女关系的，可互为第一顺序继承人。此外如果第二顺序中的继承人对被继承人生前尽的义务特别大，在第一顺序继承人继承遗产时，可以依照本法第 14 条的规定取得适当部分遗产。但这不是实际继承权，而是对所尽义务的补偿。

法定继承人的确定中，司法实践中较为常见的争议是"继父母子女"的继承权的确认。关于这一点，可以参见本书第十二章第三节的相关论述。

拓展案例

案例一：　　张某戊与张某甲、张某乙等继承纠纷案[1]

[基本案情]

张某戊与乔某某（1932 年 7 月 28 日出生）系夫妻关系，共同生育了张某、张某甲、张某乙、张某丙四个子女。乔某某于 2012 年 10 月 7 日去世，其子张某先于乔某某去世。张某与李某某共同生育了儿子张某丁和女儿张某乙。本市民国春街号房屋和西柴院幢 102 室房屋登记所有人系张某戊，为张某戊与乔某某夫妻共同财产。2005 年 6 月 9 日，乔某某、张某戊至镇江市公证处订立共同遗嘱一份，内容为："我们现居住的坐落在镇江市西柴院 4 幢 102 室房屋一套以及

---

〔1〕 江苏省镇江市人民法院，(2014) 镇民终字第 0616 号，载 http://www.court.gov.cn/zgcpwsw/jiangsu/jsszjszjrmfy/ms/201407/t20140720_2151999.htm，访问日期：2015 年 10 月 10 日。

民国春街 30 号房屋 6 间二厢，决定在我们两人百年之后，将上述房屋其中西柴院 4 幢 102 室指定长孙张某丁继承；民国春街 30 号房屋 6 间二厢给长孙女张某已继承"。2012 年 4 月 18 日，乔某某、张某戊分别至镇江市润州区公证处，各自订立公证遗嘱一份，内容均为"坐落在镇江市民国春街 30 号的 6 间二厢房屋、西柴院 4 幢 102 室房屋产权中属于自己的份额以及应继承的份额在百老归天后，赠给孙子张某丁个人所有，不作为其夫妻共同财产，其他人不得干涉"。其中乔某某订立的经（2012）镇润证民内字第 22 号公证书公证的遗嘱中对子女情况作了如下表述：我与张某戊于 50 年代中期结婚。婚后共育有二个子女，大的是儿子名叫张某甲，小的是女儿名叫张某乙。对此，庭审中张某戊陈述：因长子张某早逝，为保障孙子张某丁在祖父母去世后能有物质保障，张某戊、乔某某至润州区公证处订立公证遗嘱自愿将房产百年之后交由张某丁。至于公证遗嘱仅仅提及张某甲、张某乙两个子女，是因为长子张某已去世，三子张某丙对是否接受张某戊生活不置可否，故仅记录了两个子女。另查明，镇江市润州区公证处除对立遗嘱人乔某某进行询问制作谈话笔录外，另要求其提供镇江市第四人民医院的医学心理测试报告单和诊断证明予以留存。其中乔某某韦氏智力测试总量表分 81 分，智商 93 分，诊断为脑部智力状况良好。

[问题与思考]

张某丁是否为法定继承人？

[重点提示]

回答上述问题，需关注这样几个方面：①《继承法》第 10 条与第 11 条的关系是什么？②公证遗嘱的效力有哪些？

案例二：　　　　　陈某与翁某、白某丙等法定继承纠纷案[1]

[基本案情]

原告陈某与被继承人尤某某（2006 年 3 月亡故）系再婚，×××年××月××日办理结婚登记手续。尤某某与其前妻生育一子即被告某甲，原告陈某与其前夫生育一子二女即被告白某丙、白某戊、白某甲。2001 年 7 月 26 日，原登记于尤某某名下的坐落于温州市翠微新村 47 幢 104 室的房屋变更登记为原告陈某与尤某某共同所有。尤某某于 2005 年身患肺癌，开始住院治疗，原告陈某及被告白某丙、白某戊、白某甲为其支付了医疗费用及丧葬费用。2006 年 2 月 1

---

[1] 浙江省温州市中级人民法院，（2013）浙温民终字第 648 号，载 http://www.court.gov.cn/zgcpwsw/zj/zjswzszjrmfy/ms/201406/t20140611_1427319.htm，访问日期：2015 年 10 月 10 日。

日，尤某某在他人书写的遗嘱上签字，声明所遗留下的房屋及其他财物一并交给原告接管。2006 年 3 月，尤某某去世后，原告及被告白某丙、白某戊、白某甲办理了（2007）浙温华证内字第 011159 号公证书，声明被继承人无遗嘱，被告白某丙、白某戊、白某甲自愿放弃继承权。为此，坐落于温州市翠微新村 47 幢 104 室由原告陈某继承，并办理了变更登记。2009 年 1 月 14 日，经被告翁某申请，温州市华东公证处撤销了（2007）浙温华证内字第 011159 号公证书。原告陈某与被告翁某协商无果，遂提起诉讼。

[问题与思考]

白某丙、白某戊、白某甲、翁某是否享有继承权？

[重点提示]

回答上述问题，需关注这样几个方面：①坐落于温州市翠微新村 47 幢 104 室房屋是否属尤某某与陈某夫妻共同财产？②翁某是否是尤某某之子？

第二节　胎儿继承权保护

经典案例

李某某、范某诉范某业、滕某继承纠纷案[1]

[基本案情]

1998 年 3 月 3 日，原告李某某与被告范某业、滕某之子范某祥登记结婚。

2002 年 8 月 27 日，范某祥与秦淮区房产经营公司签订《南京市直管公有住房买卖契约》，购买位于本市秦淮区安居里、建筑面积为 45.08 平方米的 306 室房屋。同日，范某祥交付购房款 14 582.16 元，其中 1 万元系向被告范某业、滕某所借。同年 9 月，范某祥以自己的名义办理了房屋所有权证、国有土地使用证。2005 年 3 月、10 月，原告李某某分两次向范某业、滕某归还了 1 万元借款。2006 年 3 月，受法院委托，南京大陆房地产估价师事务所有限责任公司对安居里 306 室进行评估，评估的房产现价为 19.3 万元。

2004 年 1 月 30 日，原告李某某和范某祥共同与南京军区南京总医院生殖遗传中心签订了人工授精协议书。通过人工授精，李某某于当年 10 月 22 日产一

---

〔1〕《最高人民法院公报》2006 年第 7 期，载 http：//www.pkulaw.cn/Case/pfnl_117507957.html? match＝Exact，访问日期：2015 年 10 月 12 日。

子，取名范某。

2004 年 4 月，范某祥因病住院。5 月 20 日，范某祥在医院立下自书遗嘱，5 月 23 日病故。

另查明：被告范某业、滕某现居住在安居里 305 室，产权人为范某业。范某业、滕某均享有退休工资。2001 年 3 月，范某祥为开店，曾向滕某借款 8500 元。原告李某某无业，每月领取最低生活保障金，另有不固定的打工收入，现持有夫妻关系存续期间的共同存款 18 705.4 元。

[法律问题]

1. 夫妻关系存续期间，双方同意利用他人精子进行人工授精，所生子女是否属于婚生子女？

2. 丈夫在遗嘱中，否认了其与妻子人工授精所怀胎儿的父子关系，并未给该子女保留必要遗产，该遗嘱是否有效？

[参考结论与法理精析]

（一）法院意见

本案是一审，一审法院认定了案情中所述的事实后，作了如下判决。最高人民法院在 1991 年 7 月 8 日《关于夫妻离婚后人工授精所生子女的法律地位如何确定的复函》中规定：“在夫妻关系存续期间，双方一致同意进行人工授精，所生子女应视为夫妻双方的婚生子女，父母子女之间权利义务关系适用《婚姻法》的有关规定。”范某祥因无生育能力，签字同意医院为其妻子即原告李某某施行人工授精手术，表明了想通过人工授精方法获得其与李某某共同的子女的意思表示。只要夫妻双方同意通过人工授精生育子女，所生子女无论是与夫妻双方还是与其中一方没有血缘关系，均应视为夫妻双方的婚生子女。《民法通则》第 57 条规定：“民事法律行为从成立时起具有法律约束力。行为人非依法律规定或者取得对方同意，不得擅自变更或者解除。”范某祥因病，对签字同意施行人工授精手术一事表示反悔，但此时妻子李某某已经受孕。范某祥要反悔此事，依法必须取得李某某的同意；在未取得李某某同意的情形下，范某祥的签字就具有法律约束力，不得以其单方意志擅自变更或者解除。因此，范某祥在遗嘱中否认其与李某某所怀胎儿的父子关系，是无效民事行为。李某某生育的原告范某，是范某祥的合法继承人。《继承法》第 5 条规定：“继承开始后，按照法定继承办理；有遗嘱的，按照遗嘱继承或者遗赠办理；有遗赠扶养协议的，按照协议办理。”被继承人范某祥死亡后，继承开始。鉴于范某祥留有遗嘱，本案应当按照遗嘱继承办理。《继承法》第 26 条第 1 款规定：“夫妻在婚姻关系存续期间所得的共同所有的财产，除有约定的以外，如果分割遗产，应当先将共同所有的财产的一半分出为配偶所有，其余的为被继承人的遗产。”最高人民法院《关于贯彻执行〈中华人民共和国继承法〉若干问题的意见》第38条规定："遗嘱人以遗嘱处分了属于国家、集体或他人所有的财产，遗嘱的这部分，应认定无效。"登记在被继承人范某祥名下的安居里306室，已查明是范某祥与原告李某某夫妻关系存续期间取得的夫妻共同财产。范某祥死亡后，该房屋的一半应归李某某所有，另一半才能作为范某祥的遗产。范某祥在遗嘱中，将安居里306室全部房产处分归其父母，侵害了李某某的房产权，遗嘱的这部分应属无效。《继承法》第19条规定："遗嘱应当对缺乏劳动能力又没有生活来源的继承人保留必要的遗产份额。"第28条规定："遗产分割时，应当保留胎儿的继承份额。胎儿出生时是死体的，保留的份额按照法定继承办理。"被继承人范某祥明知原告李某某经其同意，已经通过人工授精手术受孕，但在立遗嘱时以其不要这个孩子为由，将自己遗留的房产全部交给父母继承。范某祥死亡后，原告范某出生。范某是范某祥的婚生子、合法继承人，出生后缺乏劳动能力又没有生活来源。范某祥没有在遗嘱中为范某保留必要的遗产份额，不符合《继承法》第19条的规定。因此在遗产处理时，应当为范某留下必要的遗产，剩余部分才可以按遗嘱确定的分配原则处理。安居里306室房产估价19.3万元。鉴于本案具体情况，去除原告李某某应得的一半夫妻共同财产，另一半即估价9.65万元的房产，应作为被继承人范某祥的遗产。在范某祥遗留的房产中，以1/3作为给原告范某保留的必要遗产份额，余下的2/3由被告范某业和滕某共同继承。考虑到各继承人的实际需要及所占份额，安居里306室应归李某某所有，由李某某给范某、范某业、滕某各补偿现金32 166.7元。范某祥死亡后，夫妻关系存续期间的存款余下18 705.4元，由原告李某某持有。从这笔存款中向被告滕某偿还范某祥、李某某的夫妻共同债务8500元，再扣除李某某应得的一半夫妻共同财产，余款5102.7元是范某祥的遗产。对这部分遗产，范某祥在自书遗嘱中未提及，应当按法定继承办理，由范某祥的法定第一顺序继承人李某某和原告范某、被告范某业、滕某4人均分，每人得1275.7元。

(二)《继承法》对胎儿继承权的认定

我国《继承法》第19条规定："遗嘱应当对缺乏劳动能力又没有生活来源的继承人保留必要的遗产份额。"第28条规定："遗产分割时，应当保留胎儿的继承份额。胎儿出生时是死体的，保留的份额按照法定继承办理。"

综合上述两项规定，明确了《继承法》对胎儿继承权的承认。从民法体系角度看，我国采用的是个别主义立法模式，即一方面确认权利能力始于出生；另一方面则例外的承认胎儿的利益，就继承而言将胎儿视为已经出生。

胎儿利益的保护，区分法定继承与遗嘱继承。

在法定继承，胎儿拥有独立的继承份额。只是如果胎儿最终未出生或者出生是死胎的，则为其保留的继承份额由原被继承人的其他法定继承人来继承。

在遗嘱继承，如果胎儿未来是第一顺位的法定继承人地位，那么应当为胎儿保留必要的遗产份额。此项规定并非倡导性质，而是效力限制性质：即如果未保留，则视为遗嘱部分无效，在遗产分割的时候，必须为其保留一部分财产；如果胎儿最终未出生或者出生是死胎的，则按照原遗嘱执行。

拓展案例

李某等与肖某某等道路交通事故人身损害赔偿纠纷案[1]

[基本案情]

2008 年 11 月 20 日 12 时 40 分左右，被告肖某某的雇佣司机李某某驾驶赣B07978 货车沿 105 国道由全南往信丰方向行驶。至信丰县小江镇时，因李某某驾车未靠右行，与相向而来的郭某胜驾驶的赣 B9M780 两轮摩托车（原告之父郭某明搭乘）相刮碰，导致郭某明、郭某胜死亡的交通事故发生。该事故经交警部门勘验、调查和分析，认定李某某负本次事故的全部责任。2008 年 6 月，李某某驾驶的货车在被告黄金中国财保营销部投保了机动车交强险及 5 00 000元商业第三者责任险（不计免赔）；保险期间自 2008 年 6 月 7 日至 2009 年 6 月6 日止。该车挂靠赣州市宏祥汽车运输有限公司。事故发生后，受害人郭某明的亲属向法院提起了诉讼。经法院审理判决和执行，黄金中国财保营销部已赔偿郭某明亲属死亡赔偿金、精神损害抚慰金、赡养费等各项损失计 159 724.50 元（其中精神损害抚慰金 20 000 元，父亲郭某富赡养费 2994.49 元/年 × 20 年 ÷ 3 =19 963.26 元，母亲周某某赡养费 2994.49 元/年 × 20 年 ÷ 3 = 19 963.26 元）。其主张的胎儿（即现原告李某）抚养费被告知在胎儿出生后另行处理而未予支持。李某出生于某年某月某日，农业户口。2008 年度江西省农民年生活消费支出为3309.21 元。

[问题与思考]

遗腹子何时享有相应的民事权利？

[重点提示]

回答上述问题，需关注这样几个方面：①遗腹子的继承权有哪些？②抚养义务如何认定？

---

〔1〕 江西省赣州市中级人民法院，（2010）赣中民四终字第 80 号，载 http：//sifaku. com/falvanjian/93/8119eea5zedz. html，访问日期：2015 年 10 月 12 日。

第三节　继承的诉讼时效

经典案例

周某某甲、周某某乙、周某某丙、彭某某甲、彭某某乙、彭某某丙与被申请人周某某丁、周某某戊、周某某己继承纠纷案[1]

［基本案情］

1990 年，周某某甲、周某某乙、周某某丙、彭某某甲、彭某某乙、彭某某丙与周某某丁、周某某戊、周某某己的母亲谢某某去世，谢某某遗留的宅基地及其房屋由周某某丁占有、使用。2012 年，因城市规划建设需要，进行拆迁改造，谢某某名下 30 平方米宅基地得到一套 67.83 平方米的商品房屋的补偿，周某某丁独自占有。周某某戊、周某某己于 2013 年因该商品房屋的分割处理纠纷提起诉讼。周某某甲等人因与被申请人周某某丁，一审原告周某某戊、周某某己继承纠纷一案不服四川省德阳市中级人民法院（2013）德民一终字第 224 号民事判决，提起再审。

［法律问题］

1. 本案是否应当适用诉讼时效的规定？
2. 继承纠纷中时效制度的适用有哪些难点？

［参考结论与法理精析］

（一）法院意见

本案是再审，再审法院认定了案情中所述的事实后，作了如下判决。根据最高人民法院《关于贯彻执行〈中华人民共和国民法通则〉若干问题的意见（试行）》第 177 条"继承的诉讼时效按继承法的规定执行。但继承开始后，继承人未明确表示放弃继承的，视为接受继承，遗产未分割的，则为共同共有"的规定，谢某某于 1990 年去世，谢某某所有份额的宅基地使用权及房屋应为被继承财产的范围，属周某某丁与周某某甲、周某某乙、周某某丙、彭某某甲、彭某某乙、彭某某丙、周某某戊、周某某己等人的共有财产。但是，由于周某某丁在其母亲谢某某死亡后，即将其与母亲谢某某共有的房屋拆除，并在其与

谢某某共有的宅基地上重新修建了房屋，谢某某遗留的部分房屋及宅基地使用权已被周某某丁侵占，此时周某某甲等人应当知道其权利已被侵害，根据《民法通则》第 135 条"向人民法院请求保护民事权利的诉讼时效期间为 2 年，法律另有规定的除外"、第 137 条"诉讼时效期间从知道或者应当知道权利被侵害时起计算。但是，从权利被侵害之日起超过 20 年的，人民法院不予保护"的规定，虽然依据最高人民法院《关于贯彻执行〈中华人民共和国民法通则〉若干问题的意见（试行）》第 177 条的规定，谢某某去世后，其所有份额的宅基地使用权及房屋应为周某某丁与周某某甲、周某某乙、周某某丙、彭某某甲、彭某某乙、彭某某丙、周某某戊、周某某己等人的共有财产，但周某某甲等人未在其知道或应当知道其权利受侵害之日起两年内主张权利，其权利不再受法律保护；即便周某某甲等人对其民事权利受到侵害不知道或不应当知道，周某某甲等人的民事权利从被侵害之日起已超过 20 年，人民法院也不予保护。其次，本案所涉 66.83 平方米（即周某某甲等人申请再审所述 67.83 平方米）的房屋是汇昌公司拆迁安置房屋时，其按在 1986 年东湖乡凯江社区宅基地的分配状况，即凡在 1986 年分配有宅基地即可获得一套还建房屋进行拆迁补偿取得；该 66.83 平方米的房屋是依据 1986 年分配给谢某某的宅基地在拆迁安置时取得。由于谢某某去世后，周某某丁一人占有使用了谢某某的宅基地，即周某某丁已行使了其继承权。根据《继承法》第 2 条"继承从被继承人死亡时开始"、第 8 条"继承权纠纷提起诉讼的期限为 2 年，自继承人知道或者应当知道其权利被侵害之日起计算。但是，自继承开始之日起超过 20 年的，不得再提起诉讼"的规定，由于谢某某之遗产的继承从其死亡时开始，周某某甲等人未在法定期间内行使继承权，故周某某甲等人不得再提起继承权纠纷的诉讼。因此，周某某甲等人对本案所涉房屋无论依据"共同共有财产"主张权利，还是依据该财产属"谢某某遗产"主张权利，周某某甲等人的民事权利均因超过法定期间而不受法律保护。周某某甲等人的申请再审理由不能成立。

（二）继承纠纷中时效制度的适用难点问题

《继承法》第 8 条的规定："继承权纠纷提起诉讼的期限为 2 年，自继承人知道或者应知道其权利被侵犯之日起计算。但是，自继承开始之日起超过 20 年的，不得再提起诉讼"，从形式上看，所规定的 2 年期与 20 年期，似乎并不是诉讼时效。因此超过诉讼时效的法律后果，通说为丧失胜诉权，或者说被请求者获得一个时效抗辩。而根据《继承法》的规定，超过此项期限，其后果是"不得再提起诉讼"，因此从程序法上看应该属于驳回起诉的情形之一。

由于《继承法》立法相对久远，限于当时的立法技术，也不排除是当时的表达失误。事实上，在实践中，此项规定往往还是被视为关于诉讼时效的条款在适用。

在诉讼实践中，最难处理的是：确定继承人之间的争议，属于继承权纠纷，还是属于物权纠纷。因为根据《关于贯彻执行〈中华人民共和国民法通则〉若干问题的意见（试行）》第177条的规定，被继承人死亡后，只要继承人（法定）未明确表示放弃继承的，则视为接受继承，且如果遗产未分割的，则为共同共有。此时继承纠纷转化为确认物权归属与分割物的纠纷，即确认各继承人份额进而对遗产进行分割。确认物权请求权属于我国《物权法》规定的物权保护请求权的一种，系确认物权的归属和内容的物权确权请求权，此项物权确权请求权并不受时效的限制。此时，《继承法》所规定的2年期限，并无适用的空间。

司法审判实践中，继承开始后只有部分或者一位继承人占有遗产，其他继承人基于种种主客观原因并未分割。后来占有遗产的继承人处分了该遗产，而其他继承人提起诉讼来追究其责任。此类纠纷，在司法审判实践中又被认为是侵权（侵犯共有权）纠纷，适用关于侵权责任的诉讼时效。

因此，在实践中，基于未分割的遗产产生的纠纷，可能适用继承权纠纷，物权确权纠纷，或者侵权纠纷，不同的案由，在诉讼中的时效制度的适用也不相同，同案不同判的现象大量存在。因此，未来民法典制定中，应当从立法层面理清这个问题。

拓展案例

案例一：　胡某与贵溪市冷水镇麻地村委会枫树嘴村民小组土地承包经营权继承纠纷案[1]

［基本案情］

胡某某与胡某原系伯侄关系，因胡某某膝下无子女，于1979年胡某过继给胡某某，并落户枫树嘴村小组，与胡某某合为一户。1982年林业制度改革，实行承包责任制，原告胡某的责任山与继父胡某某的责任山分在一起。1993年，胡某某自己要求去敬老院生活，后经枫树嘴村小组开会决定，同意胡某某以"五保户"的身份去敬老院，该村小组每年出600斤稻谷作为胡某某的口粮支付给敬老院。在敬老院期间，胡某某生病医疗费用均由胡某及其妻子方某某支付。

---

〔1〕　江西省鹰潭市中级人民法院，（2015）鹰民一终字第105号，载 http://www.court.gov.cn/zgcpwsw/jx/jxsytszjrmfy/ms/201506/t20150616_8689360.htm，访问日期：2015年10月16日。

1998 年胡某某故，枫树嘴村小组和敬老院帮助胡某为胡某某办理了后事，同时枫树嘴村小组亦支付了部分安葬费。2005 年冷水镇按照国家规定重新登记山林经营使用权，原告胡某欲将自己和继父胡某某共同的责任山 57.1 亩登记在自己名下时遭到枫树嘴村小组部分村民的反对。因此，原告胡某与枫树嘴村小组部分村民多次找冷水镇政府调解，均未达成调解协议。2014 年 9 月，胡某以枫树嘴村小组侵犯其继承胡某某的土地承包经营权为由，诉至法院，诉请如上。另查明，胡某某生前未留下遗嘱，也未签订遗赠抚养协议。

[问题与思考]

1. 本案是权属争议还是继承权纠纷？

2. 本案是否经过诉讼时效？

[重点提示]

回答上述问题，需关注这样几个方面：①土地承包经营权是什么属性？②诉讼时效何时中断？

案例二：　　　　杨某敏与杨某继承纠纷案[1]

[基本案情]

原告杨某敏与被告杨某系姐弟关系，原告喻某系原告杨某敏之外甥女。原告杨某敏与被告杨某的母亲方某某于 2007 年 2 月去世，父亲杨某明于 2008 年 4 月去世。方某某和杨某明去世时，遗留房屋两处。后原告杨某敏与被告杨某因继承遗产发生纠纷，原告杨某敏于 2009 年 5 月 31 日诉至法院要求继承遗产。审理中，本院追加喻某为本案原告。经原审法院调解，双方当事人于 2009 年 7 月 23 日达成协议，将方某某与杨某明遗留的房屋两处予以分割。调解书生效后，案外人杨某芬、杨某兰、任某某于 2010 年 7 月 5 日向中院申请再审，同年 7 月 14 日中院提审该案，11 月 26 日，中院裁定撤销原审调解，发回原审人民法院重审。

[问题与思考]

本案是否应当适用诉讼时效的规定？

[重点提示]

回答上述问题，需关注这样几个方面：①继承权纠纷的含义是什么？②继承权纠纷与物权纠纷该如何界定？

---

〔1〕　案例来源于中国法院网，载 http://www.chinacourt.org/article/detail/2013/04/id/948029.shtml，访问日期：2015 年 10 月 16 日。

第四节　代位继承与转继承

经典案例

高1等与马2等法定继承纠纷案[1]

[基本案情]

马某3与马某4系夫妻，二人生有马某5、马2、马1三子女。马某3于2003年3月18日死亡，马某4于2012年10月12日死亡，马某3父母先于马某3死亡，马某4父母先于马某4死亡。马某5与高2系夫妻，二人生有一子高1，马某5于2010年1月8日死亡。马2与张某某系夫妻。

1994年，北京市门头沟区人民政府办公室下发了门政办发（1994）110号文件，即《门头沟区人民政府办公室转发区王平地区搬迁办关于王平地区1989年农转非人员中未安置人员的安置及生活补助办法的通知》。该文件载明：对门头沟区王平地区的10个村（包括王平口村）及原色树坟乡进行异地搬迁，对落户门头沟区永定镇范围内的人员每人发给建房补助费1.4万元，对落户门头沟区非门城镇、永定镇范围内的搬迁户及搬出门头沟区的人员，每人发给建房补助费1.5万元。

1995年2月23日，马某4（乙方）与门头沟区永定镇冯村经济合作社签订建房协议，约定：乙方选择甲方所建房屋，并达成下列协议：①一是平房每平方米建筑面积造价500元。二是每间建筑面积不少于18平方米……⑥乙方自愿选择甲方所建平房4间。付款方式为合同签字后，由王平地区搬迁办公室直接将乙方搬迁安置对象的搬迁补助费予付给甲方，乙方带上王平地区搬迁办公室签发的搬迁安置补助结算单到甲方办理购房手续，乙方的予付款按实际购房面积结算，余额部分由甲方退给乙方，缺额部分由乙方直接付给甲方。1995年11月9日，马某4（乙方）与门头沟区王平地区搬迁办公室签订协议书，约定：按门政办发（1994）110号文件的精神，乙方从甲方领取搬迁建房补助款7万元。王平地区1989年农转非人员搬迁补助对象登记表显示，7万元补助费为马某3、马某4、马某5、马2、马1每人各14 000元。

---

〔1〕　北京市门头沟区人民法院，（2014）门民初字第751号，载 http：//www. court. gov. cn/zgcpwsw/bj/bjsdyzjrmfy/bjsmtgqrmfy/ms/201508/t20150826_10467639. htm，访问日期：2015年10月20日。

涉案房屋院落现有房屋包括 1~10 号房屋，在审理中，双方均认可 1~4 号房屋为搬迁落实所建北房四间，5~10 号房屋为后建房屋。关于 5~10 号房屋的权属双方存在争议，双方未就 5~10 号房屋提供权属证明及合法建房审批手续。二原告主张 5~10 号房屋系张某某主持以马某 4 名义于 2010 年左右所建。被告马 2 主张 5~10 号房屋系张某某家人出资所建。被告马 2 为证实其主张，向本院提交证人邢 1、邢 2 的证人证言，证人邢 1 当庭陈述：2010 年、2011 年时去张某某家给新房布过电线，给老房子更换过电线。证人邢 2 当庭陈述：2011 年被告家盖房，其给介绍的包工头，见过张某某给包工头钱。经质证，二原告不认可证人证言，马 1 对证人证言无异议。

关于遗产分割比例，二原告主张马某 5 对马某 3 尽到主要赡养义务，应当多分。被告马 2、马 1 主张对父母尽到主要赡养义务，应当多分，被告马 1 主张无劳动能力，生活困难，应当多分。二原告为证实其主张，向本院提供证人高 3、韩某的证人证言。证人高 3 当庭陈述：2005 年，其将马某 5 从诉争房屋院落接回苇子水村。证人韩某当庭陈述：其与马某 3 系亲兄弟，马某 5 从 1993 年至 2005 年一直跟马某 3 夫妇在一起居住，具体马某 5 居住哪间房屋不清楚。马某 3 夫妇当时身体情况没有问题，但是 2000 年之后马某 3 得病，不能照顾自己，是马某 4 与马某 5 共同照顾马某 3。马某 5 是 2005 年离开诉争房屋。经质证，二被告对证人证言不予认可。马 2 为证实对父母尽到主要赡养义务，向本院提交孝星申报表、荣誉证书、北区社区居委会证明。经质证，二原告认为马 2 仅对马某 4 尽到了主要赡养义务。马 2 另主张马某 5 应当少分遗产，对其主张，未向本院提供证据。自房屋建成，马某 4 夫妇一直在诉争房屋院落内居住至去世。马 2 夫妇、马 1 一直在诉争房屋内居住至今。在审理中，双方均同意，如有遗产，按照份额分割。二原告表示将其应继承的份额确认二人共同共有，不需在二人之间分割。

另查，马 1 持有三级精神残疾证，在本案审理过程中，二原告另案申请宣告马 1 为无民事行为能力人，本院于 2014 年 12 月 19 日作出判决，宣告马 1 为无民事行为能力人。双方均认可马 1 无劳动能力，无经济收入。

[法律问题]

本案中的继承份额应当如何分配？

[参考结论与法理精析]

（一）法院意见

本案是一审，一审法院认定了案情中所述的事实后，作了如下判决。当事人对自己提出的主张，有责任提供证据。关于 85 号院北房四间权属认定问题，根据查明事实，马某 3、马某 4、马某 5、马 2、马 1 系搬迁安置对象，7 万元补助费为每人各 14 000 千元，该款直接拨付门头沟区永定镇冯村经济合作社，抵作建房费用。故北房四间应当为马某 3、马某 4、马某 5、马 2、马 1 五人共有，每人享有 1/5 份额。85 号院除北房四间之外的其他房屋，因并无合法建房手续且当事人未向本院提供合法房屋权属证明，故本院不予处理。

继承开始后，没有遗嘱的，按照法定继承办理。马某 3、马某 4 死亡后没有留下遗嘱，其在北房四间中的份额作为遗产应当由其子女继承。因马某 5 后于马某 3 死亡，先于马某 4 死亡，故马某 5 应当继承父母的遗产份额，按照代位继承与转继承的规定处理。继承开始后，继承人没有表示放弃继承，并于遗产分割前死亡的，其继承遗产的权利转移给他的合法继承人。马某 5 在遗产分割前死亡，其应继承的马某 3 遗产部分应当转由其继承人高 2、高 1 继承。被继承人的子女先于被继承人死亡的，由被继承人的子女的晚辈直系血亲代位继承。马某 5 先于马某 4 死亡，应当按照代位继承的法律规定，由其子高 1 代位继承。二原告要求一并确认其应继承份额，不需区分，本院不持异议。

同一顺序继承人继承遗产的份额，一般应当均等。对被继承人尽了主要扶养义务或者与被继承人共同生活的继承人，分配遗产时，可以多分。马 2 一直与父母在 85 号院共同生活，提供证据可以证实其对父母尽到主要赡养义务，可以多分。对生活有困难的缺乏劳动能力的继承人，分配遗产时，应当予以照顾。马 1 患有精神疾病，无劳动能力，分配遗产时，应当予以照顾。二原告主张马某 5 对马某 3 尽到主要赡养义务，其提供证据并不充分，对其主张，本院不予支持。马 2 认为马某 5 应当少分遗产，未向本院提供证据，对其意见，本院不予采信。各继承人在北房四间中的应继承马某 3 与马某 4 份额，由本院根据上述意见予以判定。双方均同意按份额对遗产进行分割，本院不持异议。

（二）代位继承与转继承

代位继承是和本位继承相对应的一种继承制度，是法定继承的一种特殊情况。它是指被继承人的子女先于被继承人死亡时，由被继承人子女的晚辈直系血亲代替先死亡的长辈直系血亲继承被继承人遗产的一项法定继承制度，又称间接继承。先于被继承人死亡的继承人，称被代位继承人，简称被代位人。代替被代位人继承遗产的人称代位继承人，简称代位人。代位人代替被代位人继承遗产的权利，叫代位继承权。而转继承，是指继承人在继承开始后实际接受遗产前死亡，该继承人的法定继承人代其实际接受其有权继承的遗产。转继承人就是实际接受遗产的死亡继承人的继承人。

代位继承本质上是法定继承中财产在家庭各"支"中平均分配的原则的体现。因为常见的代位继承，是孙子辈代其故去的父亲去继承爷爷/奶奶的遗产，与其并列继承的则是其叔伯或者姑。并且不管代位继承人是几人，只能共同继承原本属于其父亲的这一份，而不是按照人头来继承。

而转继承本质上是连续两次的继承，只是在遗产清算时一次性完成。在中国这样一个对遗产分割与清算并不时间限制的国家，积累了多个人死亡发生继承但是分割遗产的情况非常多见，因此转继承在司法审判实践中也极为常见。

拓展案例

<h3 style="text-align:center">方某甲、方某乙与龚某某、方某丙转继承纠纷案[1]</h3>

[基本案情]

原告方某甲、方某乙共同诉称，被继承人方某戊有两原告及方某丁三个子女。方某丁与被告龚某某共同拥有位于东西湖区将军路××北、××东（××园）××栋××单元××层××室房屋一套。方某丁于2014年1月去世，其遗产应由两被告及方某戊继承。在方某丁遗产未分割前，2014年3月被继承人方某戊去世。两原告依法享有对方某丁遗产的转继承权。请求：①判令将位于东西湖区将军路××北、××东（××园）××栋××单元××层××室房产中属于方某丁的遗产按产权份额进行确定；②判令将属于方某丁的遗产由两原告转继承；③本案诉讼费由被告承担。

被告龚某某辩称，位于东西湖区将军路××北、××东（××园）××栋××单元××层××室房屋是其丈夫方某丁买的，其丈夫方某丁死后没有留遗嘱，两原告不应该享有继承权，只有儿子方某丙才有继承权，该房屋与两原告不相干。被告认为房屋分割应以价值进行，不是以份额进行分割，对两原告提出的房屋价值有质疑，且诉争的房屋属于两证不全，性质是经济适用房，请求驳回两原告的诉讼请求。

被告方某丙辩称，其对两原告的继承权提出质疑，他认为房屋分割应以价值进行，不是以份额进行分割，对两原告提出的房屋价值有质疑，且诉争的房屋属于两证不全，性质是经济适用房，请求驳回两原告的诉讼请求。

原告方某甲、方某乙为支持其诉讼请求，在举证期限内向法院提交了以下证据：①武汉市江汉区××街××街××社区居民委员会于2014年7月3日出具的证明1份，拟证明两原告系方某戊的子女，享有第一顺序继承权；②户口

---

〔1〕　湖北省武汉市东西湖区人民法院，（2014）鄂东西湖民初字第01052号，载http://www.court.gov.cn/zgcpwsw/content/content? DocID=41f4ed11－112b－4f48－a6bd－83c19fc13074&KeyWor d=% E8% BD% AC% E7% BB% A7% E6% 89% BF｜% E4% BB% A3% E4% BD% 8D% E7% BB% A7% E6% 89% BF，访问日期：2015年12月23日。

簿复印件 1 份，拟证明被告方某丙系方某丁之子，方某丁系方某戊之长子；③方某戊的死亡证明书复印件 1 份，拟证明方某戊于 2014 年 3 月 1 日死亡；④房屋产权登记信息查询单 1 份，拟证明东西湖区将军路××北、××东（××园）××栋××单元××层××室房屋属于方某丁与被告龚某某的夫妻共同财产，该房产的 50% 产权属于方某丁的遗产，应依法继承。

被告龚某某、方某丙为支持其辩称意见，在举证期限内共同向法院提交了以下证据：①结婚证复印件 2 份，拟证明诉争房产属于方某丁与被告龚某某夫妻共同财产；②两被告的户口簿复印件 1 份，拟证明两被告是单独的户口；③方某丁的死亡证明书复印件 1 份，拟证明方某丁的死亡情况。

经庭审质证，两被告对两原告提交的证据 1 的真实性有异议，认为原告方某乙是住在四楼，不是一楼，方某戊的住址也不对，说明证明是假的；对证据②、③、④无异议。

两原告对两被告提交的 3 份的真实性无异议，但认为诉争房产是方某丁的遗产应予分割，两被告单独立户并不能割断方某丁与方某戊的父子关系。

法院经审查认为，两原告提交的证据②、③、④和两被告提交的 3 份证据，因对方无异议，依法可作为认定本案事实的依据予以采信；对两原告提交的证据①，两被告仅对原告方某乙与方某戊的住址有异议，并不否认两原告系方某戊的子女，可作为本案证据采信。

法院根据双方当事人提交的证据和庭审中的陈述，综合认定本案事实如下：

被继承人方某戊与妻子熊某芝（2011 年去世）有三个子女，分别为方某丁与原告方某甲、方某乙。1987 年 12 月 21 日，方某丁与被告龚某某结婚，1990 年 9 月 6 日生育被告方某丙。2011 年 1 月 17 日，方某丁购买了位于东西湖区将军路××北、××东（××园）××栋××单元××层××室房屋一套，建筑面积 75.51 平方米，该房屋属于经济适用房，并于 2013 年 9 月 26 日进行了产权登记，登记的房屋所有权人为方某丁。

2014 年 1 月 4 日，方某丁去世。同年 3 月 1 日，方某戊去世。方某丁、方某戊去世时均未留下遗嘱。该诉争房屋现由两被告管理。

审理中，法院向两被告释明，是否需要一并将其份额进行确定，两被告表示不需要。

[问题与思考]

本案中是否适用了转继承与代位继承？

[重点提示]

回答上述问题，需关注这样几个方面：①转继承的适用情况有哪些？②代位继承人份额该如何确定？

第五节　继承权的丧失

经典案例

范某甲等二人与范某乙等三人继承纠纷案[1]

[基本案情]

范某某、徐某某婚后生育二女三子，即范某丁、范某甲、范某丙、范某乙、范某戊。范某某、徐某某于 2007 年 4 月 8 日将其位于枣阳市大南街原棉织厂南的旧房连同土地使用权以 108 万元出售他人。售房款 108 万元由次女范某甲保管。2009 年农历四月初十，范某某去世后，在徐某某与远房亲戚范某兰主持下，范某丁、范某甲、范某丙、范某乙、范某戊五人对属于范某某的遗产 54 万元如何分配达成协议，由范某丙分得 18 万元，其余 4 人每人分得 9 万元。协议达成后，五人均领取了各自应得款额，并书面保证属于徐某某所有的存款由徐自由处置。2011 年 5 月 8 日，范某甲聘请枣阳市鹿头法律服务所法律工作者郭某某来到徐某某的住所，就其手中存款如何处理进行见证，另一见证人为靳某某，并制作了录音录像。在视听资料中，徐某某表达了将自己的大部分存款赠与给儿子范某丙、姑娘范某甲，自己留一部分花销的意愿，但是其仅仅表达了给儿子（范某丙）多点，给姑娘（范某甲）少点，未说明具体的赠与数额。之后，郭万才起草了一份"赠与合同书"，载明徐某某将自己存款中的 20 万元赠与女儿范某甲，赠与儿子范某丙 22 万元等内容，同日鹿头法律服务所对此赠与合同书出具了见证书。2012 年 11 月 21 日，徐某某去世。在办完徐某某的丧事后，范某甲向范某丙支付了 22 万元。范某丁、范某乙、范某戊与范某甲、范某丙就其母亲遗产 54 万元存款分配问题发生纠纷，范某甲、范某丙拿出鹿头法律服务所见证的赠与合同书主张其母亲徐某某已经将 42 万元赠与其二人，范某丁、范某乙、范某戊认为该赠与合同不是其母亲真实的意思表示，签订时其三人均不在场，并对鹿头法律服务所对该赠与合同书出具的见证书向枣阳市司法局提出了异议，枣阳市鹿头法律服务所于 2012 年 12 月 2 日作出了

---

[1]　湖北省襄阳市中级人民法院，（2014）鄂襄阳中民一终字第 00093 号，载 http://www.court.gov.cn/zgcpwsw/hub/hbsxyszjrmfy/ms/201407/t20140718_2134109.htm，访问日期：2015 年 10 月 23 日。

（2012）枣司基鹿字 1 号撤销决定书，认为对此赠与合同书出具的见证书超越了管辖权限，决定撤销对该赠与合同书的见证证明，赠与合同的效力由利害关系人按照司法程序解决。范某丁、范某乙、范某戊于 2013 年 1 月 7 日诉至法院，以赠与合同书无效为由，要求依照法定继承的原则平均分配其母亲遗留的 54 万元存款。

［法律问题］

范某乙等三人是否丧失继承权？

［参考结论与法理精析］

（一）法院意见

本案是二审，二审法院认定了案情中所述的事实后，作了如下判决。针对双方当事人争议的焦点，本院作如下评判：①遗产范围。范某丁、范某乙、范某戊主张父母卖房款 108 万中有 54 万元归母亲所有，加上售房前所得的房租约 50 万元，及其父去世的遗属补助和街道补助款共 3 万余元，扣除其母亲的消费支出，徐某某去世时应留有存款 90 余万元，请求法院按 54 万元分割。范某甲主张，其母所应得的卖房款 54 万元，扣除生前治病、消费及办理丧事支出后，不足 42 万元。范某甲向一审法院提交了其本人书写的开支明细证明该主张，范某丁、范某乙、范某戊对此不予认可，范某丙对该明细予以认可。因范某甲未能提供相应的证据证实，部分当事人对范某甲书写的开支明细不予认可，该明细不足以证明范某甲所主张的事实。经查，上诉人在一审时提交的视听资料中，徐某某明确表示，遗属补助和街道补助款已够其生活支出，而 2009 年农历四月初十，范某某去世后当事人对属于范某某的 54 万元遗产进行了分割，可以推定徐某某去世时留下的存款数额为 54 万元；②范某戊是否丧失继承权。上诉人主张范某戊为争夺遗产故意杀害被继承人，依法已丧失继承权。经查，2009 年 11 月 13 日凌晨，范某戊因家庭经济纠纷，酒后对其母徐某某、二姐范某甲实施了伤害行为，致二人轻伤，枣阳市人民法院于 2010 年 1 月 27 日作出（2010）枣刑一初字第 13 号刑事判决，以故意杀人（中止）罪，判处范某戊有期徒刑 3 年，缓刑 5 年。在该刑事案件的审理过程中，范某戊已得到徐某某的谅解。2012 年 7 月 15 日，范某戊因意外受伤，致二级伤残，右侧肢体偏瘫，完全依赖护理。本院认为，范某戊曾实施故意杀害被继承人的行为，但其在犯罪过程中，自动停止伤害，未造成特别严重的后果，事后得到了被继承人的谅解，并未因此而丧失继承权，且范某戊现在缺乏劳动能力又没有生活来源，应酌情为其分配遗产；③"赠与合同"是否有效。上诉人主张"赠与合同"有效，被上诉人主张该合同无效。经查，该合同系由上诉人范某甲聘请的法律工作者郭万才起草，合同书上的签名"徐某某"并非徐本人所签。郭万才对与徐谈话的过程作了录音录像。本院认为，遗嘱是公民对其死亡后个人财产及相关的其他事务所作的安排。因此，遗嘱经由立遗嘱人自身设立，无须其他人的意思辅助。经查阅视听资料，徐某某并无立遗嘱的意思，而是郭万才多次探询徐某某存款情况及身后如何安排。在视听资料中，徐某某并未对存款作出明确的分配。因此，该赠与合同不是徐某某主动、独立的意思表示，不具有法律效力。

（二）继承权丧失的认定

各国立法对以列举的方式规定了继承权丧失的情形。根据我国法律规定，继承人有下列行为之一的，丧失继承权：①故意杀害被继承人的；②为争夺遗产而杀害其他继承人的；③遗弃被继承人的，或者虐待被继承人情节严重的；④伪造、篡改或者销毁遗嘱，情节严重的。根据司法解释，如果继承人伪造、篡改或者销毁遗嘱，侵害了缺乏劳动能力又没有生活来源的继承人的利益，并造成生活困难的，应认定其行为情节严重。

总结而言，上述四种情形都是对被继承人或者其他继承人进行严重不利己的行为的总结。值得注意的是：其一，从主观状态上，需要故意，排除过失的适用；其二，无兜底条款，只能严格适用上述四种情形。

整体而言，我国对继承权丧失的规定，适用条件过于苛刻。例如，对于"伪造、篡改或者销毁遗嘱"的行为，只有在"情节严重"的情况下才适用继承权丧失，而"情节严重"根据司法解释只有在极其极端的情况下才能出现。这在一定程度上是放纵了当事人伪造、篡改或者销毁遗嘱的行为。同理，对于虐待被继承人，也需要情节严重才能适用。

继承权的丧失，是一个逆向激励机制，其目标是为了家庭成员之间的和谐与和睦相处。

拓展案例

黄某甲与林某甲继承纠纷案[1]

[基本案情]

黄某甲与被继承人吉某甲系同母异父姐弟关系。林某甲系被继承人吉某甲之女，现已成年。被继承人吉某甲与林某甲之母已离异多年，离婚后林某甲一直随母生活。被继承人吉某甲2008年12月从原安化县木材总公司（以下简称

---

〔1〕 湖南省益阳市中级人民法院，（2014）益法民一终字第361号，载 http：//www.court.gov.cn/zgcpwsw/hun/hnsyyszjrmfy_4100/ms/201411/t20141119_4188336.htm，访问日期：2015年10月23日。

木材公司）退休，退休后每月领取养老金为1004.7元。2012年4月，被继承人吉某甲因病住院，其单位木材公司召集包括黄某甲在内的被继承人吉某甲兄弟姊妹，协商吉某甲救治事宜、医疗费用的处理问题，并形成了会议纪要。2012年5月21日，林某甲发表声明，表示"对吉某甲所有医疗、护理、生活及后事处理等一切费用开支，均不予承担。对吉某甲去世后遗产不发表任何处理异议及继承"。2012年4月被继承人吉某甲生病住院至2012年8月12日去世，花费的医疗费、护理费、丧葬费等费用大部分由被继承人吉某甲所在单位木材公司支出，黄某甲为此支出2000多元费用。被继承人吉某甲去世后，留有坐落在安化县东某镇迎某路53号的房屋一间，没有订立书面遗嘱。2012年9月，木材公司将被继承人吉某甲的房屋作价18 000元卖给黄某甲之弟吉某乙，黄某甲诉至法院要求确认木材公司与吉某乙签订的合同无效，原审法院于2013年5月26日以黄某甲主体不适格为由驳回黄某甲的起诉。2013年11月黄某甲以林某甲遗弃被继承人而丧失继承权为由诉至法院。

［问题与思考］

1. 林某甲是否放弃继承权？
2. 林某甲是否丧失继承权？

［重点提示］

回答上述问题，需关注如下问题：主动不承担赡养义务，是否构成遗弃？

遗嘱继承

知识概要

本章阐述遗嘱继承。遗嘱继承是指按照立遗嘱人生前所留下的符合法律规定的合法遗嘱的内容要求，将遗产的全部或部分指定由法定继承人的一人或数人继承，遗嘱继承又称"指定继承"，是按照被继承人所立的合法有效的遗嘱而承受其遗产的继承方式。本章共四节。第一节论述的是遗嘱的形式，分析了遗嘱法定形式的效力和遗嘱特殊形式的效力；第二节论述的是遗嘱的撤销与变更，对于遗嘱变更、撤销的方法进行了分析；第三节论述的是遗嘱的无效与部分无效，分析了遗嘱无效的情形和处理原则，尤其对部分无效进行了具体的分析；第四节论述的是法定继承与遗嘱继承的衔接，对于法定继承与遗嘱继承两者的区别与统一进行了分析。

第一节 遗嘱的形式

经典案例

孙某甲、孙某乙、孙某丙与王某某继承纠纷案[1]

[基本案情]

王某某与被继承人孙某丁于 1990 年结婚，双方均系再婚；孙某甲、孙某乙、孙某丙系孙某丁亲生子女。孙某丁于 2011 年 2 月 22 日死亡。孙某丁于 2010 年 10 月 15 日自书遗嘱一份，遗嘱载明："我归天之后休干所房产留给老伴王某某同志所有（包括房产维修费 10 万元）。我的全部现金存款平均分配给我

---

[1] 湖北省高级人民法院，（2014）鄂监二抗再终字第 00022 号，载 http://www.court.gov.cn/zgcpwsw/hub/ms/201411/t20141127_4370949.htm，访问日期：2015 年 10 月 25 日。

的三个子女"。2010 年 12 月 17 日、18 日、21 日及 2012 年 1 月 3 日,王某某先后到中国邮政储蓄银行有限责任公司武汉市洪山区支行等银行,办理孙某丁名下 12 份银行存款挂失手续。2011 年 1 月 4 日,孙某丁留有其签名并注明年月日的打印遗嘱一份,打印遗嘱经广州军区联勤部武昌武珞路干休所干部吴发春、陈宁在见证人处签名。遗嘱主要载明:"为防止将来我去世后,家人为房产发生继承纠纷,经我慎重考虑,在没有任何外界干扰的情况下,自愿决定订立如下遗嘱:遗产合法继承人为妻子王某某,子女孙某乙、孙某丙、孙某甲。其一,孙某丁名下坐落于武汉市武昌区石牌岭路特 8 号 14 栋一单元 4 层 1 室,建筑面积 128.13 平方米,房产证号为:武房权证市字第 2008009535 号住房一套。上述房产在我去世后,除我妻子王某某拥有一半产权外,另一半归我所有的房产由我的三名子女孙某乙、孙某丙、孙某甲共同继承。其二,在我去世后,抚恤金安排如下:①按本人逝世当月工资基数计发的 12 个月工资,委托子女代表孙某乙共同办理,所需资金不超过上级规定。尽量做到和前妻陈某某福葬在一起;②病故后 6 个月工资(按月拿),妻子王某某可分得两个月,余下由子女均分;③特别抚恤金 1 万元,妻子王某某可分得 2000 元,余下由子女均分;④一次性抚恤金 20 个月基本工资(到民政局拿),妻子王某某可分得 10%,余下由子女均分。其三,我名下存折现金,由我妻子王某某继承 50%,其余 50%由我三名子女孙某乙、孙某丙、孙某甲共同继承。其四,本遗嘱在我去世后发生法律效力。"2011 年 2 月 9 日孙某丁写给广州军区联勤部武昌武珞路干休所一份说明,主要载明:"我有以下几点说明:①我本人的身份证、离休证等有效证件均被现任配偶王某某强占手中,能否请干休所协调归还我手中保管。②王某某在我不知情的情况下,违背我意愿挂失我的存款账户,使我的账户冻结,从而使我丧失支配权力。③感谢干休所的支持和配合,使我顺利地办到了离休证。④由于我病重缠身,身体状况不允许,我委托我女儿办理所有挂失我名下的存款的解冻事宜。⑤近年来王某某的种种做法有违常理,特别是在我病重期间更加过分,如多次换门锁不告知;我所需日常费用拒给付;将我子女拒之门外;甚至在病房抢夺我的慰问金等种种行为给我的身心造成了严重摧残。恳请组织维护良好的治病环境。"另查明,孙某丁遗留有 2008 年 5 月 14 日登记在其名下坐落于武汉市武昌区石牌岭路特 8 号 14 栋一单元 4 层 1 室、建筑面积 128.13 平方米房屋一套;截至 2012 年 6 月 20 日,孙某丁名下存款有:中国建设银行股份有限公司武汉洪山支行存款 1 万元、中国工商银行股份有限公司武汉百瑞景支行账号尾号 1964 凭证式国债 10 万元、卡号尾号 7620 有存款余额 55.92 元、中国邮政储蓄银行有限责任公司武汉市洪山区支行账号尾号 3176 国债余额 49.40元、农村商业银行石牌岭支行账号尾号 0018 有存款 423.26 元,以上共计

110 528.58 元；此外，孙某甲受孙某丁委托于 2011 年 2 月 12 日从汉口银行股份有限公司洪山支行兑付孙某丁名下账号尾号 4023 国债本息 10 302.1 元、账号尾号 7133 国债本息 23 444 元、账号尾号 5079 定期存款本息 10 242.61 元；于 2011 年 2 月 10 日从中国邮政储蓄银行有限责任公司武汉市洪山区支行支取孙某丁名下账号尾号 4200、1947、5969、0631、8117、6835 存款分别是 10 233.07 元、20 458.86 元、20 466.59 元、40 129.78 元、10 028.56 元、30 113.67 元；于 2011 年 2 月 17 日支取孙某丁名下账号尾号 3176 国债 2 万元；孙某甲支取孙某丁名下存款共计 195 419.24 元。孙某丁死亡后，广州军区联勤部武昌武珞路干休所向孙某丁亲属发放的相关费用有：丧事费 58 212 元、生前 6 个月工资 40 596 元、特别抚恤金 1 万元、2009 年～2011 年津贴补贴补发 27 800 元、2011 年 2 月工资 11 397.2 元，共计 148 005.20 元；地方民政部门向孙某丁亲属发放一次性抚恤金 97 020 元。再查明，孙某乙在广州军区联勤部武昌武珞路干休所领取丧事费 58 212 元，花费丧事费 18 943 元。

[法律问题]

1. 本案中遗嘱的效力如何？

2. 打印遗嘱的效力如何？

[参考结论与法理精析]

（一）法院意见

本案是再审，再审法院认定了案情中所述的事实后，作了如下判决。根据《最高人民法院关于适用〈中华人民共和国民事诉讼法〉审判监督程序若干问题的解释》第 33 条之规定，人民法院应当只在抗诉支持当事人请求的范围内审理再审案件，因检察机关的抗诉事由只对打印遗嘱是否有效提出抗诉意见，法院将围绕检察机关的此节抗诉事由，并结合被申诉人的答辩意见归纳本案的争议焦点为：孙某丁第二次立下的打印遗嘱是否有效的问题。

法院认为，遗嘱属于遗嘱人处分个人财产的单方民事法律行为。判定民事法律行为是否有效，主要看其是否违反了当事人的意思自治原则和违反了法律、法规的强制性规定。只有民事法律行为违反了当事人意思自治原则或违反了法律、法规的强制性规定的民事法律行为才能确定为无效的民事法律行为。虽然《继承法》第 17 条规定的自书遗嘱必须由遗嘱人亲笔书写，但该部法律的颁行是在 20 世纪 80 年代中期。当时电脑等信息技术并未普及，亲笔书写主要表现为笔墨手书，而科技发展到 21 世纪的今天，电脑打印已逐渐成为人们生活中的主要书写方式。书写方式的变化也影响着人们生活方式的改变，人们在生活中以电脑打印的方式立下遗嘱的情形普遍存在。无论是用电脑打印立下遗嘱，还是用笔墨手书立下遗嘱，只要是当事人的真实意思表示，且未违反法律、法规的强制性规定，都应当与时俱进地予以确认，不能因为书写方式的不同而轻易地否定打印遗嘱的有效性，况且《继承法》也未明确禁止采取打印的方式立遗嘱，而对普通公民而言法无禁止即允许。因此，不能简单地认为打印遗嘱不属《继承法》规定的自书遗嘱书写形式就认定打印遗嘱为无效遗嘱，应当结合遗嘱人的民事法律行为是否有效予以综合评定。本案中，孙某丁所立的第二份遗嘱，虽然是打印的，但遗嘱上有其亲笔签名及手印，并注明了年月日，且系其亲手交给广州军区联勤部武昌武路路干休所干部吴某某、陈某两人，并要求两人以见证人的身份签名。吴某某、陈某两人均向人民法院陈述，孙某丁让他们在见证人栏上签字时神志清醒。陈某还陈述孙某丁当着见证人之面将打印遗嘱进行了部分修改。作为本案原告的王某某也认可打印遗嘱上的签名为孙某丁所签。因此，从上述证据的表现形式和孙某丁的行为上看，法院认定第二份打印遗嘱确系孙某丁的真实意思表示。虽然王某某怀疑打印遗嘱内容的真实性，但未向人民法院提交充分的证据予以证明。根据谁主张谁举证的原则，王某某应当承担举证不能的法律后果。王某某认为两位见证人对立遗嘱的情形并不了解，其证言不能作为定案的依据，因两位见证人的证言符合《最高人民法院关于民事诉讼证据的若干规定》的法律规定，原审判决予以采信并无不当。因此，孙某丁生前所立的第二份打印遗嘱是其真实意思表示，未违反法律、法规的强制性规定，合法有效。原终审判决以孙某丁的第二份遗嘱不符合《继承法》所列举的几种遗嘱的形式要件，认定打印遗嘱无效属适用法律错误。根据《继承法》第20条第2款之规定，立有数份遗嘱，内容相抵触的，以最后的遗嘱为准。即本案应当以孙某丁生前所立的第二份打印遗嘱为处理其遗产的有效依据。故检察机关的此节抗诉事由成立，法院予以支持。

（二）打印遗嘱的效力之争

现在理论界与实务界对打印遗嘱的法律属性和类型多有争议，在为数不少的具体案件中，法律适用和裁判结果也不尽相同，甚至截然相反。"同案不同判"严重损害了司法的公正与公信。

支持打印遗嘱成为自书遗嘱之一种的观点，已经体现在本案的判决之中了。其合理性在于：从书写习惯的角度看，打印遗嘱确实有取代完全手写的自书遗嘱的趋势。但是就本案而言，法院的判决是值得商榷的。法院认为："无论是用电脑打印立下遗嘱，还是用笔墨手书立下遗嘱，只要是当事人的真实意思表示，且未违反法律、法规的强制性规定，都应当与时俱进地予以确认，不能因为书写方式的不同而轻易地否定打印遗嘱的有效性，况且《继承法》也未明确禁止采取打印的方式立遗嘱，而对普通公民而言法无禁止即允许。"

一方面，法院确认打印遗嘱也能体现当事人的真实意思，这一点是值得肯定的。但另一方面，法院认为打印遗嘱属于法无禁止即允许的观点，却是错误的。

众所周知，各国对遗嘱这一特殊的法律行为，基本都采用了"要式主义"立法模式，即只有法定形式的遗嘱，才能发生法律效力。立法要求遗嘱成为要式法律行为，其立法主旨在于：其一，遗嘱是立遗嘱人最后一次处分自己的财产，因此必须郑重；其二，遗嘱生效之时，即为立遗嘱人死亡之时，此时死无对证，无法核实，因此采用要式主义从证据法角度看能相对保障其真实的意思表示。我国《继承法》对遗嘱也采要式主义，因此打印遗嘱必须成为法定的五种遗嘱形式之一才能发生效力，而不是说法律未禁止就能允许。

拓展案例

余某甲与余某乙遗嘱继承纠纷案[1]

余某甲是余某乙的哥哥，余某甲和余某乙的父亲为余某某，母亲为孙某某。余某某于 2006 年 6 月 13 日去世。孙某某于 2012 年 3 月 25 日去世。余某某与孙某某还生一女儿余某丙。

2008 年 1 月 27 日，余某甲（甲方）、余某乙（乙方）及孙某某（丙方）签订一份协议，载明：①乙方自愿将目前居住的与甲方同梁合柱的两间楼上下和公共楼梯上、下及壹间厢房、院子、走廊等相连的一切不动产并予甲方所有，听凭甲方使用、改建、处置。乙方本将房屋登记在已故之父余某某名下，乙方听凭甲方将余某某名下的乙方房屋变更到甲方名下，丙方和其他人不得不以任何理由干涉；②甲方愿付给乙方 75 000 元，乙方全都搬清动产后甲方一笔付清；③甲方自愿将丙方（父余某某名下）所有的三间半平房、厢房、院子等不动产，今后为甲方的部分归乙方所有，听凭乙方翻建、改造、使用、处置，甲方今后不以任何理由干涉；④登记在余某某名下的丙方的三间半房屋和厢房、院子产权归乙方所有。不管何时更改房产证姓名，甲、丙双方都自愿全部登记在乙方名下，甲方不得以任何理由干涉；⑤甲、乙双方所有的房屋各有一间给丙方终生居住，甲、乙双方需为丙方的吃饭和走路提供充分的方便。丙方即使闲置，可以加锁，甲、乙双方着急用需征得丙方同意。丙方百老之后，后事由丙方自愿在甲方或乙方办理；⑥纪庄八组胡某某之东、孙某某之西的两间老房子及此

---

〔1〕　江苏省镇江市中级人民法院，（2014）镇民终字第 0917 号，载 http：//www. court. gov. cn/zgcp-wsw/jiangsu/jsszjszjrmfy/ms/201411/t20141128_4380749. htm，访问日期：2015 年 10 月 25 日。

屋之南的猪圈、茅坑归丙方所有；⑦待丙方百老之后，两间老房子归甲方所有。乙方及其他人不得以任何理由出面干涉。猪圈、茅坑归乙方所有，其他人也不得以任何理由干涉。乙方如出卖猪圈、茅坑应优先卖于甲方；⑧本协议甲、乙双方之胞姐余某丙具最高解释权，若有不详尽之处，由丙方和余某丙解释、处置；⑨本协议自签字之日起生效。余某甲、余某乙、孙某某、见证人余某丙、执笔人刘某某在该份协议上签字。镇江市丁岗镇纪庄村人民调解委员会在协议上盖章。

2008 年 1 月 28 日，余某甲（甲方）、余某乙（乙方）和丙方达成赡养母亲协议，约定：丙方与甲、乙方系母子关系，现丙方年老体弱，为尽孝道，现甲、乙方与丙方关于丙方的赡养问题达成如下协议：①甲、乙双方自 2008 年元月起每月各负担丙方生活费 100 元。支付方式，每年 1 月和 7 月甲、乙方分别各付丙方 600 元；②平时小病小痛原则上丙方自己诊治。若每年（1 月 1 日至 12 月 31 日）医疗费超过 500 元，超过的部分由甲、乙双方平均分担；③本协议自 2008 年元月生效。余某甲、余某乙、孙某某、见证人余某丙、执笔人刘某某在该份协议上签字。

2008 年 2 月 20 日，余某甲（甲方）、余某乙（乙方）、孙某某达成一份补充协议，约定：①乙方收到甲方并楼房款 75 000 元，经手人余某丙；②甲方在乙方搬清楼房、厢房、院子等不动产内的动产后，收到乙方所有门上的钥匙；③登记在余某某名下的三间半平房、厢房、院子等不动产依协议属乙方所有，今后甲方、丙方及其他任何人不得以任何理由提出异议；④本协议系 2008 年 1 月 27 日家庭析产协议的补充部分，其他未尽事宜依 2008 年 1 月 27 日协议履行。余某甲、余某乙、孙某某、见证人余某丙、执笔人刘某某、夏某、曹某在该份协议上签字。

2010 年 6 月 2 日，孙某某立下"打印遗嘱"，载明：丁岗镇纪庄八组孙某某，因年老体弱，为了避免日后家庭发生争议，特立遗嘱一份。从 2010 年 6 月 1 日起，孙某某现有祖遗瓦平房七架梁 1 间和 69 年后修造的瓦平房 1 间，共计 2 间房产。并有房产所有证，包括猪圈和粪缸一并传于次子余某乙所有，任何人不得争论。同时将所有余某某名下的房产手续一切由次子余某乙一人代为处理。另外孙某某百老后所有一切经济问题（包括个人账户）均由余某乙一人继承（其他任何人不得干涉，原有 2008 年 1 月 27 日订的一份协议即日声明作废）。特立此嘱为凭。孙某某在该份"打印遗嘱"上签字。谢某、邱某、孙某以见证人身份在该份"打印遗嘱"上签字。

2008 年 1 月 27 日协议中第 6 条位于镇江市丁岗镇纪庄八组胡某某之东、孙某某之西的两间房屋与 2010 年 6 月 2 日孙某某"打印遗嘱"中反映的两间房屋一致即本案争议的房屋，上述房屋已经于 2013 年拆除。此外孙某某去世后在镇江新区被征地农民基本生活保障账户内尚有 23 751.22 元。因余某甲、余某乙就继承产生争议，余某甲诉至法院。

[问题与思考]

孙某某 2010 年 6 月 2 日所立的遗嘱是否有效？

[重点提示]

回答上述问题，需关注本遗嘱的形式属于自书遗嘱还是代书遗嘱。

第二节　遗嘱的撤销与变更

经典案例

程某亮、程某武等与程某玲物权确认纠纷案[1]

[基本案情]

程某富（曾用名程某福）、窦某美夫妇一生共生育六个子女，长子程某武、次子程某堂、三子程某光、四子程某亮、长女程某芳、次女程某玲。2001 年 5 月 5 日，程某富、窦某美夫妇在平度市公证处立代书共同遗嘱书，"我们在平度市李园街道办事处某村有私房一处，建筑面积 70.30 平方米。房屋所有权证号：平房私字第号，属夫妻共同财产，我们的子女均已成年，并且生活有保障，为避免因遗产继承发生纠纷，因此我们夫妻留下共同遗嘱，不论哪一方先死亡，上述房产的东二间由在世一方继承，后死亡者去世后，上述房产的东二间由程某玲继承，他人不得干涉"。该代书遗嘱于 2001 年 5 月 8 日由平度市公证处进行了公证。2004 年 9 月 22 日，程某富去世。2009 年 12 月 14 日，窦某美在见证人的见证下，留有代书遗嘱一份，内容是："窦某美与丈夫在 2001 年 5 月 5 日立有'代书共同遗嘱书'，该遗嘱中：不论哪一方先死亡，平房私字第号的东二间房屋由在世一方继承。现在丈夫程某富已去世，此两间房屋已由窦某美全部继承（包括全部院子）。为了避免以后因窦某美夫妇的遗产继承发生纠纷，窦某美特立遗嘱如下：平房私字第号的房产东两间房屋以及该两间屋的前院子待窦某美百年后，全部由女儿程某玲继承，任何人不得干涉。除此遗嘱及 2001 年 5 月 5

---

〔1〕　山东省青岛市中级人民法院，（2014）青民再终字第 165 号，载 http：//www. court. gov. cn/zgcpwsw/sd/sdsqdszjrmfy/ms/201409/t20140922_3076307. htm，访问日期：2015 年 10 月 25 日。

日的代书遗嘱外，再没有其他遗嘱处分该房产，如再有其他遗嘱，以该遗嘱为准。以上遗嘱是我窦某美的真实意思表示"。该遗嘱书有现场录像予以证实。

审理中，程某亮提供 2010 年 1 月 21 日由代书人崔某伟代书的窦某美的"赠与协议"一份，该协议书载明"赠与人窦某美与丈夫程某富于数十年前结婚登记，婚后共生育四男二女，长子程某武，次子程某堂，三子程某光，四子程某亮，长女程某芳，次女程某玲，现六个儿女均已婚且分居单过，长子程某武与次子程某堂与我和老伴分家时，长子分得三间正房，次子分得二间正房，三子分得正房三间。四子程某亮与我们分家时分得正房四间（与四个儿子分家无书面分单，只是口头约定），因我与老伴再无房屋居住，一直与四子居住在四子的四间房屋中，该四间房的房屋所有权证至今在老伴程某富名下，没有变更。程某富于 2004 年死亡，自 2004 年至今我的生活一直由四子程某亮照顾，2009 年古历十二月份，我又因病卧床，生活不能自理，现趁我头脑清醒，表达清楚明白，为防止今后儿女为此房屋发生争议，特立此赠与协议，将我和老伴原有的位于李园办事处某村的（已分给四子的）现居住的四间房屋赠与四子程某亮所有，并邀请崔某伟代书协议，并由程某堂、孙某涛在场签名作证，从而证明该四间房屋归四子所有及此协议是我真实意思表示，签订此协议时我将房子及房屋所有权证交付四子程某亮，该房位于我村村北，房屋所有权证号为平房私字第号，幢号 1 号，间数 4 间，建筑结构砖木，建筑面积 70.30 平方米，希望六儿女无论在我有生之年或是百年之后，对此房勿生争议，此协议一式二份，手写为原件由四子程某亮保管，我保存复件"。针对程某亮提供的该"赠与协议"，程某玲称，其母亲窦某美已于 2010 年 1 月 17 日患脑梗塞，语言不清，左侧肢不能活动，不能表达自己的真实意思，即使该协议是真实的，也违背了二被继承人在公证遗嘱中的明确约定，不能对抗公证遗嘱的效力。

[法律问题]

1. 本案中，公证遗嘱是否已经被撤销？

2. 窦某美与程某亮所签订的赠与协议能否视为窦某美对程某富与窦某美所作公证代书遗嘱的撤销？

[参考结论与法理精析]

（一）法院意见

本案是再审，再审法院认定了案情中所述的事实后，作了如下判决。首先，《遗嘱公证细则》第 15 条规定："两个以上的遗嘱人申请办理共同遗嘱公证的，公证处应当引导他们分别设立遗嘱。遗嘱人坚持申请办理共同遗嘱公证的，共同遗嘱中应当明确遗嘱变更、撤销及生效的条件。"本案中，程某富和窦某美没有分别设立遗嘱，而是于 2001 年 5 月 5 日共同作出公证代书遗嘱，该遗嘱并未约定遗嘱变更、撤销的条件，作为后死亡一方的窦某美变更、撤销遗嘱的权利应受到限制。其次，《继承法》第 20 条第 1 款规定："遗嘱人可以撤销、变更自己所立的遗嘱"。最高人民法院《关于贯彻执行〈中华人民共和国继承法〉若干问题的意见》第 39 条也赋予了遗嘱人撤销遗嘱的权利。但有权撤销遗嘱的是遗嘱人本人，遗嘱人有权撤销的是其自己原先所立遗嘱，而本案公证代书遗嘱为程某富、窦某美共同所立。最后，如果约定一遗嘱人死亡后，其他遗嘱人可变更、撤销共同遗嘱，那么共同遗嘱人的意思表示实质上成为最后死亡人个人的意思表示，共同遗嘱也失去了其实际意义。因此，在共同遗嘱人中的一人死亡后，除非存在继承人严重损害被继承人利益的情形，其他的遗嘱人不得变更、撤销共同遗嘱，这样既保持了共同遗嘱人共同民事法律行为及民事法律关系的稳定性，也是对已死亡的共同遗嘱人意思的信守。故本案中窦某美与程某亮所签订的赠与协议不能视为窦某美对程某富与窦某美所作公证代书遗嘱的撤销。程某亮将公证代书遗嘱割裂开来，认为程某富死亡后，争议房产已由窦某美继承，成为窦某美个人财产，窦某美有权自行处分，该再审理由不成立。原审以窦某美的赠与协议私自单方处分了本案争议房产，违背了其与程某富共同遗嘱为由，据此对窦某美的赠与协议不予采纳，该认定正确。

（二）遗嘱的变更与撤销

遗嘱具有可撤回性，即在遗嘱发生效力前，立遗嘱人可随时变更或撤销所立的遗嘱。遗嘱的变更与撤销的理论基础在于：其一，此时遗嘱已经成立但未发生效力；其二，遗嘱行为通常不存在对第三人信赖利益的保护，因此变更或者撤回应当是自由的。关于第三人利益，下文专门论述。

值得一提的是，在法律术语上，更准确的说法应当是"撤回"，而不是立法所用的"撤销"。因此撤销的对象往往是指已经发生效力的法律行为，遗嘱并不是此类法律行为。

遗嘱的变更和撤销方式有明示方式与推定方式两种。

遗嘱变更、撤销的明示方式是指遗嘱人以明确的意思表示变更、撤销遗嘱。遗嘱人以明示方式变更、撤销遗嘱的，须以法律规定的设立遗嘱的方式进行。《继承法》第 20 条第 3 款规定，自书、代书、录音、口头遗嘱，不得撤销、变更公证遗嘱。因此，公证遗嘱的变更、撤销只有到公证机关办理公证后方为有效。

遗嘱变更和撤销的推定方式是指遗嘱人虽未以明确的意思表示变更、撤销所设立的遗嘱，但法律根据遗嘱人的行为推定遗嘱人有变更或撤销遗嘱的意思表示，并实际产生变更或撤销遗嘱的法律后果。推定方式主要有以下三种：①遗嘱人立有数份遗嘱，且内容相互抵触的，以最后所立的遗嘱为准，推定后立的遗嘱变更或撤销前立的遗嘱；②遗嘱人生前的行为与遗嘱的意思表示相反，而使遗嘱处分的财产在继承开始前灭失、部分灭失，或所有权移转、部分移转的，遗嘱视为被撤销或部分被撤销；③遗嘱人故意销毁遗嘱的，推定遗嘱人撤销原遗嘱。原遗嘱毁坏后是否又立有新遗嘱不影响推定的效力。

就本案而言，有两点值得进一步说明。

第一，对于变更或者撤回遗嘱自由的一项例外是共同遗嘱。共同遗嘱符合人之常情，但是由于《继承法》对其并未明确规定，因此在实务中并不多见，公证界对此也采较为保守不鼓励的态度。共同遗嘱中，共同设立人中后死亡的一方在另一方死亡之后，原则上不得任意变更当年的遗嘱，因为此时先死亡的一方已经无法变更或者撤销此前共同设立的遗嘱。如果赋予后死亡方此项变更或者撤回的权利，对先死亡方是不公平的，甚至将严重损害其利益。未来继承法必须对共同遗嘱有明确的立法态度，或者明确限制或者禁止，或者对共同遗嘱的具体问题进行规定。

第二，当事人在立遗嘱之后，对同一标的物又签署"赠与合同"但未履行完毕的，在继承中应当如何处理？此类情况在公证实务和诉讼中并不罕见。需要明确的是：签署赠与合同并未交付或者未进行变更登记，就不属于"生前处分"的行为，属于民法中的"负担行为"。此时受赠与人的法律地位，属于债权人，即对被继承人有请求交付或者完成变更登记的请求权。在遗产清算过程中，债权人的法律地位要优于遗嘱继承人。因此，我们认为受赠与人应当优先得到标的物。也就是说，对同一标的物既有遗嘱进行了"处分"，又有赠与合同的，应当是赠与合同优先。

拓展案例

刘某甲、刘某乙等与袁某、刘某丁遗嘱继承纠纷案[1]

[基本案情]

刘某坤与尹某香系夫妻，二人共育有二子二女，分别为刘某甲、刘某乙、刘某丙及袁某之夫刘某苟（已于1995年8月去世）。刘某坤已于1987年10月去世。本案诉争的房屋是位于汉川市马口镇俱乐巷的二间二层楼房一栋（土地使用面积67.7平方米，建筑面积134.68平方米），原产权证及土地使用权证所有

---

〔1〕 湖北省孝感市中级人民法院，（2014）鄂孝感中民一终字第00231号，载 http://www.court.gov.cn/zgcpwsw/hub/hbsxgszjrmfy/ms/201506/t20150612_8585566.htm，访问日期：2015年10月26日。

人为刘某苟，1995 年 8 月变更为尹某香。1998 年，尹某香经汉川市公证处公证立下遗嘱。遗嘱内容为：该房产由刘某甲、刘某乙、刘某丙和刘某丁共同所有，平均分配。2006 年 6 月 20 日，尹某香、刘某甲、袁某签订了一份房屋产权交割及赡养老人协议书。协议的主要内容为：本案诉争的房屋归袁某所有，袁某每年支付尹某香赡养费 2000 元直至尹某香去世，如尹某香生病不能自理由袁某护理（费用由刘某甲、刘某乙、刘某丙、袁某共同负担），协议签字生效，如有违约承担一切经济责任。协议签订后，袁某支付了 2000 元，但随后刘某甲因故退回 2000 元给袁某。2011 年 1 月 28 日，尹某香因病去世，刘某甲、刘某乙、刘某丙与袁某、刘某丁因房屋产权发生纠纷，为此刘某甲、刘某乙、刘某丙诉请法院依法判决确认其及刘某丁对尹某香遗留房产的平均继承权。

[问题与思考]

1. 尹某香与刘某甲、袁某签订的房屋产权交割及赡养老人协议书是否对原公证遗嘱的变更？

2. 当不履行第二份协议时，对前遗嘱的变更是否有效？

[重点提示]

回答上述问题，需关注这样几个方面：①公证遗嘱的变更应以何种形式进行？②附扶养义务的遗嘱的构成要件有哪些？

第三节　遗嘱的无效与部分无效

经典案例

于 1 等与陈某物权纠纷案[1]

[基本案情]

于 3、于 1、于 2 系兄弟姐妹关系，其母亲即于 4 的前妻杜某于 1995 年 1 月 18 日去世。1996 年 2 月 5 日，于 4 与陈某结婚。1999 年于 4 夫妇以于 4 名义购买了×号房屋，以陈某名义购买了×1 号房屋。2006 年 1 月 14 日，于 4 去世。

于 4 于 2005 年 10 月 2 日立下遗嘱。该遗嘱首部及 1、2 项内容为："我与陈某情况不同：①因已故前妻杜某和我现子女的继承权问题，我不能全权处理我

---

〔1〕 北京市第二中级人民法院，（2015）三中民再终字第 06808 号，载 http：//www.bjcourt.gov.cn/cpws/paperView.htm？id＝100261941829，访问日期：2015 年 10 月 27 日。

的婚前财产；②陈某有自己的房屋，在北京银行的股金，计140 000元，所得红息及她每月所得工资，一直由她自己存入银行，未用于家庭生活。据此遗嘱：①于4名下的房屋：街号楼门号，由陈某终身居住和使用，包括出租，任何人不得干涉、干扰；但陈某应注意维护，不得毁坏，房屋所需费用，谁使用谁负责。在陈某去世后，由于4的子女或后代收回继承。陈某对该房屋虽不能买卖，但有终生享用权，应该满足了；②该房屋内的家具及电器归陈某所有"。遗嘱第3~6项主要内容为：③于4名下的股票原本有106万，其中有陈某186 000元，以后由于3、于1及陈某三人协商卖出，卖出后先还于3为4治病款项，然后再行分配；④于4在北京银行的股金归于3、于1、于2三人所有；⑤于4的纪念币归于3，集邮归于1，金羊及牧牛图等归于2；⑥于4和于4家的相片归于4子女存放。

[法律问题]

1. 遗嘱中的部分内容无效是否影响整个遗嘱的效力？

2. 陈某对北京市区街号楼门号房屋是否享有终身居住权？

[参考结论与法理精析]

（一）法院意见

北京市第二中级人民法院经审理认为，于4的遗嘱只是对其自认为系自己的财产或陈某的财产作了说明，并对自认为系自己的财产作了处分，而并非于4与陈某对陈某名下财产所作的约定。原审法院认定于4与陈某对陈某名下的住房及其北京银行的股金有约定欠妥。因双方对财产没有约定，故双方婚后所得财产均应视为双方的共同财产。在处理于4的遗产时应按其遗嘱中的意愿予以处理。于4书写的遗嘱中对财产的性质认识不清，故其书写的遗嘱中处分陈某所有的部分无效，但其处分自己所有的部分依然有效。根据本案查明的事实，于4名下的×号房屋及陈某名下的×1号房屋均为双方婚后购买的房屋，属于于4与陈某的共同财产，应予析产继承。该两套房屋有一半的份额属于陈某，一半份额属于于4，根据于4的遗嘱其房屋份额由其子女继承，因该两套房屋分别登记在于4、陈某名下，为方便双方的生活，法院确定上述登记在于4名下的房屋归于3、于1、于2所有，上述登记在陈某名下的房屋法院确定归陈某所有。又因该两处房屋在价值上存在差异，故由多占份额的于3一方给付陈某折价款26 153.5元。2010年11月1日，北京市第二中级人民法院作出（2010）二中民终字第16497号民事判决书，判决中涉及号房屋的内容为"位于北京市街号楼单元层号房屋归于3、于1、于2共同所有，位于北京市区楼门号房屋归陈所有。于3、于1、于2三人共同给付陈房屋折价款26 153.5元"。终审判决作出后，陈某不服，向北京市高级人民法院申请再审，北京市高级人民法院于2011年11

月 18 日作出（2011）高民申字第 02657 号民事裁定，驳回了陈某的再审申请。2010 年 11 月 16 日，于 3、于 1、于 2 取得号房屋的所有权证，但陈某一直居住在该房屋内。

在原审法院的重审庭审中，双方当事人均表示于 4 所立遗嘱是其真实意思表示，且于 3、于 1、于 2 提交了（2014）朝民初字第 21939 号民事判决书及（2014）朝执字第 11985 号执行公告，以证明于 1 租用的房屋被法院判决腾退且进入执行程序，但因于 1 无房居住，目前无法腾退，急需在诉争房屋居住。

原审法院经重审认为：继承开始后，有遗嘱的，应按照遗嘱继承办理。现双方当事人均认可于 4 所立遗嘱是其真实意思表示，故应遵循于 4 的生前遗愿。于 3、于 1、于 2 认为于 4 的意思表示是在对财产性质存在错误认识情况下作出的，此意见已在（2010）二中民终字第 16497 号民事判决书中作出认定和处理。号房屋本应为于 4 和陈某的夫妻共同财产，双方各有一半的所有权（含占有、使用、收益和处分权）。于 4 在遗嘱中表示号房屋由陈某终身居住和使用，系其真实意思表示，并不违反国家法律法规的强制性规定，亦未侵犯他人的合法权益，该内容合法有效，且陈某对该房屋居住和使用与（2010）二中民终字第 16497 号生效判决结果并不矛盾，故其诉讼请求应予支持。于 3、于 1、于 2 提交的（2014）朝民初字第 21939 号民事判决书及（2014）朝执字第 11985 号执行公告，以及提出的陈某未支付号房屋供暖费的问题均与本案缺乏关联性，法院不予采信。据此，原审法院判决：确认陈某终身对北京市区街号楼门号房屋享有居住权。

（二）陈对北京市区街号楼门号房屋享有终身居住的认定问题

遗嘱中设立终身居住权，在司法审判实践中并不罕见。在本案中，法院认为"系其真实意思表示，并不违反国家法律法规的强制性规定，亦未侵犯他人的合法权益，该内容合法有效"，并不是唯一承认居住权的。

但这个问题还是值得探讨的。先要确认此处的居住权是物权性质，还是债权性质。如果是物权性质，那么显然是无效的。因为依据物权法定原则，我国《物权法》中并无居住权这一物权类型，当事人不能通过遗嘱来创设此项物权。因此，答案只能是债权性质了。

如果是债权性质，居住权人是债权人，债务人是取得该项不动产之继承人（或者受遗赠人）。按照这样的遗嘱安排，是遗嘱人将物的所有权与用益进行了分别处理，表明上确实并未违反任何强制性规范，但是其中存在诸多问题尚待解决：例如，如果继承取得所有权的人，是否可以出售该房屋？如果所有权人阻止居住权人居住，居住权人应当主张违约责任还是侵权责任？在遗产之上设立居住权，是一个附有负担或者附有义务的遗嘱继承？上述问题，都还需要立法进一步明确。

拓展案例

案例一：　　　　苏某与田某某侵权责任纠纷案[1]

[基本案情]

苏某的父亲苏某某，1935 年 4 月 2 日出生，大学毕业，苏某某与田某某登记结婚前，其与前妻育有二女一子，苏某系苏某某最小的孩子。苏某某与田某某于 1982 年登记结婚，此时苏某 14 周岁，1992 年双方解除婚姻关系，此次婚姻双方皆为再婚。2000 年 2 月 1 日苏某某与田某某登记复婚。2009 年 6 月 10 日苏某某去世。田某某与其前夫共育有两个孩子，一儿一女，儿子名为田某，皆由田某某抚养成人，现都有住房。苏某某于 1998 年 7 月 30 日出资 63 500 元获得本案所涉新乡市第二中学（以下简称二中）集资房一套（该集资房位于新乡市和平路 140 号附 27 号四号楼四单元一楼东户）。苏某某于 2001 年 12 月 13 日到新乡市公证处立遗嘱一份，遗嘱内容为："①我有一套集资房，坐落在新乡市和平路 140 号附 27 号二中学校内四号楼四单元一楼东户，三室二厅，建筑面积 117 平方米；②上述房产在我去世之后全部遗留给儿子苏某继承。他人不得干涉"。新乡市公证处根据上述内容制作了（2001）新证民字第 1974 号遗嘱公证书。此后，苏某某再未立公证遗嘱，直至 2009 年 6 月 10 日苏某某去世。2006 年 12 月 30 日，苏某某在来自新乡市科协及二中人员的见证下，书写了一份证明"今天我决心修改 2001 年所立的遗嘱，特请我的老同事老朋友到我家来当场宣布我的新决定，并当场写信告知我的儿子苏某"。又给苏某写了一封信"现在考虑身体情况，离不开田某关心照顾。所以我决定修改遗嘱如下：①撤销 2001 年 12 月 13 日所立的遗嘱；②我去世后将新乡市二中四号楼四单元一楼东户我买的这套集资房留给我的妻子田某某；③以上两条是我的真实意愿。我的子女们都事业有成。希望您们一定要尊重我的意愿。现将信寄给你，希望您将 2001 年所立的遗嘱原件寄给我。你一定要听父亲的话，让我安度晚年！"。新乡市豫新公证处 2011 年出具证明："苏某某于 2001 年 12 月在我处办了遗嘱公证（2001）新证民字第 1974 号。2006 年夏天某一天，苏某某来我处申请撤销该遗嘱并申请重新立遗嘱，承办公证员告知他，应将原公证遗嘱退回。苏某某走后至今未再来过我处。"2009 年 7 月 16 日，赵某（系苏某的妻子）经苏某授权与郭某某签

---

　　[1]　河南省高级人民法院，（2014）豫法民一终字第 135 号，载 http：//www. court. gov. cn/zgcpwsw/hen/ms/201501/t20150101_5974529. htm，访问日期：2015 年 10 月 27 日。

订租房协议，将本案所涉房产出租给郭某某，租赁期限：2009 年 7 月 16 日至 2010 年 7 月 16 日止，月租金 800 元。该租赁合同仅履行三天即因田某某而被迫终止。之后，该房屋一直被田某某看管。该房屋曾由田某某的儿子田某于 2011 年另行出租，租金为每月 800 元。田某曾向承租户表示，希望其能长期住。另查明：田某某在其原工作单位新乡广播电视大学曾有一套住房。

[问题与思考]

田某某对本案诉争房屋是否享有居住权？

[重点提示]

回答上述问题，需关注这样几个方面：①遗嘱无效的情形有哪些？②居住权含义该如何认定？

案例二：　　　　杨某梅、杨某与张某法定继承纠纷案[1]

[基本案情]

沙湾县老沙湾镇黄家庄村村民张某会、张某花于 1990 年结婚，婚后育有张某、张某芬姐妹。张某花于 2004 年 9 月 25 日因病去世后，张某会于 2007 年 12 月 3 日与被告杨某梅结婚组成新的家庭，杨某梅的女儿杨某也成为这个新家庭的一员。2009 年 10 月 5 日，张某会因病去世。原告张某芬现年 14 岁，为老沙湾镇中心校住校学生，在和被告杨某梅共同生活期间，张某芬只在假期回家居住，从 2010 年 1 月学校放假后至今，张某芬再未回家与被告杨某梅共同居住，一直在其四叔张某祖家、六叔张某虎家和堂哥张某龙家借住。张某花和张某会的生父母均先于两人过世。在张某会、张某花婚姻关系存续期间，形成下列共同财产：位于黄家庄村现值约 10 000 元的土木房屋 2 栋共 5 间（其中 2 间大房，3 间小房），现值合计约 10 000 元的小四轮拖拉机、拖斗及附带农具，现值约 800 元的豪爵摩托车一辆。1999 年 3 月 25 日，张某会与老沙湾镇黄家庄村村民委员会经公开协商签署土地承包合同，取得该村约 120 亩改良土地承包经营权。张某花去世后，张某会于 2005 年在承包的约 120 亩改良土地上盖房屋 5 间，后 3 间房屋因失修损毁，现存砖混结构房屋 2 间。张某会、张某花夫妇于 1998 年 5 月 26 日以家庭联产承包方式取得二轮承包地 26 亩，其中张某会、张某花和原告张某、张某芬的应分地各为 6.5 亩。张某会患重病后于 2009 年 9 月 21 日立下自书遗嘱对后事作了安排，将约 120 亩改良土地承包经营权、住房 5 间、小四轮拖拉机、拖斗及附带农具等全部交由被告杨某梅继承。另查明，被告杨某梅、杨

〔1〕　新疆维吾尔自治区高级人民法院，（2013）新民一提字第 86 号，载 http：//www.court.gov.cn/ zgcpwsw/xj/ms/201409/t20140929_3244527.htm，访问日期：2015 年 10 月 27 日。

某在沙湾县老沙湾镇黄家庄村均未分得二轮承包土地。

[问题与思考]

被继承人张某会所立遗嘱是否有效？

[重点提示]

回答上述问题，需关注这样几个方面：①土地承包经营权该如何处理？②遗嘱继承无效的情形有哪些？

第四节 法定继承与遗嘱继承的衔接

经典案例

吴某与韦某金继承纠纷案[1]

[基本案情]

韦某民、韦某金系被继承人韦某庆父母；吴某系韦某庆的妻子，双方未生育有子女。2010 年 5 月 21 日，韦某庆立下一份《遗嘱》，该遗嘱前两项涉及房产分配及车辆分配，第 3 项为"现金及债权债务分配"，该项内容为：债务在当事人有合法手续下先从本人遗产现金中支付，遗产现金不足支付时由继承人吴某、父母亲（韦某民、韦某金）、大哥韦某庆在遗产继承中平均支付。债务偿还完毕后，有现金结余时。首先赠予王某贤和唐某盛每个人各 15 万元。剩余现金吴某继承 50%，父母亲及大哥韦某庆共同继承 50%。该遗嘱有在场人员韦某庆、吴某、唐某盛、王某贤，见证人马某军签名见证。2010 年 6 月 6 日，韦某庆因病去世。韦某庆去世后，2011 年 3 月 23 日，债务人谢某茂向韦某庆名下广西农村信用社账户汇入 150 万元。当日，吴某支取 30 万元，并于次日将剩余的 120 万元全部支取。同年 3 月 23 日，吴某向谢某茂出具收条，认可收到上述款项，并认可其与韦某庆的债务结清。2012 年 9 月 26 日，因对谢某茂偿还的 150 万元如何继承，韦某民、韦某金与吴某未能协商一致，韦某民、韦某金遂诉至一审法院，请求法院判令：①被继承人韦某庆生前债权 150 万元中属于遗产的 75 万元，由韦某民、韦某金各继承 38.33% 份额，计 287 500 元；吴某继承 23.33% 份额，计 175 000 元；②吴某向韦某民、韦某金给付继承份额利息（利息计算：

---

〔1〕 广西壮族自治区南宁市中级人民法院，(2013) 南市民一终字第 1264 号，载 http://www.court. gov.cn/zgcpwsw/gx/gxzzzzqnnszjrmfy/ms/201411/t20141122_4287363.htm，访问日期：2015 年 10 月 31 日。

以 75 万元为基数，自 2011 年 3 月 23 日起，按银行同期贷款利率计付至实际给付之日止）；③案件受理费由吴某承担。一审庭审中，韦某民、韦某金认可已在韦某庆其他遗产中预先继承取得 10 万元。

另查明，2009 年 11 月 25 日，韦某庆与谢某茂、李某明签订一份《个人借款合同》及《抵押合同》，约定韦某庆向谢某茂出借 200 万元，利息按月利率 1.8% 计算，另每月还需按借款金额的 1.8% 收取手续费，借款期限自 2009 年 11 月 25 日起至 2010 年 5 月 24 日止；谢某茂、李某明则以其名下的自有房产提供抵押担保。当日，双方办理了抵押登记。为追回韦某庆生前债权，韦某民、韦某金、吴某、韦某庆于 2010 年 7 月 15 日召开家庭会议并形成书面会议记录。会议确定吴某为主要负责人，韦某庆等为辅助人员，具体工作由吴某安排，其中会议第三点还明确"本金和利息按欠债当事人和吴某商定决定"；同年 8 月 19 日，各方再次召开家庭会议明确收回的债权统一入账、统一管理。上述会议记录，有韦某民、韦某金、吴某、韦某庆的签字确认。

［法律问题］

关于本案债权 75 万元，应按遗嘱继承还是法定继承分割？

［参考结论与法理精析］

（一）法院意见

本案是二审，二审法院认定了案情中所述的事实后，作了如下判决。各方当事人对本案韦某庆所立《遗嘱》的真实性均无异议，但对《遗嘱》第 3 项"现金及债权债务分配"中是否对债权继承作出意思表示有争议，吴某上诉提出韦某庆的意思表示为债权包含在现金之内，《遗嘱》已对债权继承作出了处理，债权 75 万元应按遗嘱继承分割的主张。首先，从内容上看，《遗嘱》第 3 项项目为"现金及债权债务分配"，但该项内容只涉及对现金及债务的安排，《遗嘱》第 3 项并未明确说明债权应如何处理。其次，遗嘱是遗嘱人生前按照法律规定处分自己的财产及安排与此有关事务，并于遗嘱人死亡后发生法律效力的法律行为。本案讼争遗产系韦某庆生前出借给谢某茂的借款，从 2010 年 5 月 21 日韦某庆立下遗嘱至同年 6 月 6 日韦某庆死亡，债务人谢某茂并未偿还该笔借款。因此，在韦某庆死亡即遗嘱生效继承开始时，该借款在法律上仍定义为债权，并未属于"现金"概念范畴。最后，从意思能力分析，债权人出借款项给债务人，债权人并非能完全预知借款是否偿还、何时偿还及偿还的数额。本案韦某庆立下遗嘱时亦无法预知借款的偿还情况，如果按吴某主张《遗嘱》的"现金"作广义理解，包含待实现的债权，进而认定韦某庆对债权作出了处理的意思表示，与实际情况及日常观念不符。综上，在《遗嘱》表述不周全，又无其他证据辅助证实立遗嘱人真实意思的情况下，一审判决严格按文义来理解《遗嘱》的内容，并无不当。吴某提出的上述主张，理由不成立，法院不予采信。根据《继承法》第 5 条"继承开始后，按照法定继承办理；有遗嘱的，按照遗嘱继承或者遗赠办理"的规定，因韦某庆在《遗嘱》中未对债权继承作出处理，故一审判决确认本案属于遗产的 75 万元债权按法定继承分割，由韦某民、韦某金、吴某各继承 1/3 份额即每人继承 25 万元正确，法院予以维持。因该 75 万元由吴某持有，给韦某民、韦某金造成了利息损失，故一审判决吴某分别向韦某民、韦某金支付相应的利息正确，法院予以维持。吴某主张韦某民、韦某金从韦某庆其他遗产预先继承的 10 万元在本案予以扣除，因韦某民、韦某金与吴某除本案以外尚有继承纠纷没有完结，韦某民、韦某金亦不同意抵扣，故一审法院暂不处理，并无不当，法院予以认同。

拓展案例

案例一： 上诉人张某乐、张某东与被上诉人颜某、颜某宁及原审原告张某岚继承纠纷案[1]

[**基本案情**]

张某乐、张某东、张某岚、颜某、颜某宁五人均系被继承人颜某玫的子女。被继承人颜某玫早年与五人的父亲离异，独自抚养五人。颜某玫与颜氏兄妹共六人共有坐落于南京市太平南路房产。该房产的大部分面积曾在 20 世纪 50 年代经社会主义改造，其中自留房面积为 80.6 平方米，1994 年发还房屋面积 185.2 平方米，2008 年发还房屋面积 191.5 平方米。

被继承人颜某玫一直居住生活于上述房屋，直至 2004 年 10 月 2 日去世。张某乐、张某东、张某岚早年随母亲生活，后因到外地求学、工作等原因先后离开。颜某、颜某宁长期随母亲生活直至拆迁。2010 年 11 月至 12 月期间，上述房产被拆迁，颜某、颜某宁作为颜某玫的继承人与其他房屋共有权人共同在拆迁补偿协议上签字确认。其中 185.2 平方米房屋拆迁补偿款为 1 374 554 元，191.5 平方米房屋拆迁补偿款为 1 780 865 元，80.6 平方米房屋拆迁补偿款为 598 214 元，合计金额为 3 753 633 元。

拆迁过程中，颜某、颜某宁就 191.5 平方米房屋及 80.6 平方米房屋向拆迁部门提供具结书两份，承诺："若南京白下房地产拆迁有限公司将前述母亲颜某

枚遗产的拆迁补偿款支付给我们二人，由我们二人共同负责向母亲的其他继承人转交其应得的份额。因此导致的一切纠纷及责任，均由我们二人处理并承担，与南京白下房地产拆迁有限公司无关。"

另就185.2平方米房屋，颜某、颜某宁向拆迁部门出具由南京市公证处于2006年9月30日所作（2006）宁证内民字第7231号公证书一份，内容为："查被继承人颜某枚于2004年10月2日在南京死亡，死亡后遗留属于其个人所有的位于本市白下区太平南路私房份额（退还房屋通知单白字第321号，丘号：235210，建筑面积：约185.2平方米，系与颜甲、颜乙、颜丙、颜丁、颜戊共有）。死者生前无遗嘱。根据《继承法》第5条和第10条的规定，死者的遗产应由其父母、丈夫和5个子女张某乐、张某东、张某岚、颜某、颜某宁共同继承。因被继承人颜某玫的父母均先于其死亡，颜某玫自1951年8月与丈夫张某某离婚后终身未再婚，长子张某乐、次子张某东、三子张某岚均自愿放弃对上述遗产的继承权，故被继承人颜某玫遗留的上述房产份额，由其四子颜某宁和女儿颜某二人共同继承。"

2010年12月，颜某、颜某宁各领取上述三处房产的拆迁补偿款312 802.7元，拆迁部门又另向颜某发放现金312 197.3元，向颜某宁发放现金312 197.3元及46 330元。随后，颜某、颜某宁从上述拆迁款中拿出110 000元，给付张某乐及张某岚各55 000元。

2011年10月14日，张某乐、张某东、张某岚向原审法院起诉，请求法院判令：①依法分割被继承人颜某玫本市太平南路房产所对应的拆迁补偿款（暂定为100万元）；②由被告承担诉讼费用。审理过程中，张某乐、张某东、张某岚变更诉请，张某乐要求按125万元的拆迁款总额进行继承，且主张颜某、颜某宁隐瞒、侵吞遗产，遗产125万元均应由三原告继承，颜某、颜某宁无权继承；张某东对于125万元拆迁款中属于185.2平方米的1/6拆迁款约229 092元不予主张，其余的拆迁款主张按1/5份额进行继承；张某岚要求按125万元的拆迁款总额进行继承，由其继承其中的1/5份额。

审理过程中，张某乐、张某东、张某岚对于颜某、颜某宁提供的（2006）宁证内民字第7231号公证书提出异议，并向南京市南京公证处提出复查及撤销公证申请，2012年3月23日，南京市南京公证处作出答复，认为五人均在"公证谈话笔录"中签名，且张某乐、张某东、张某岚在"放弃继承权声明书"上签名，出具公证书是五人真实意愿体现，撤销依据不足，故决定不予撤销。

[问题与思考]

1. 本案应适用遗嘱继承还是法定继承？

2. 被继承人颜某玫的遗产范围是多少？

[重点提示]

回答上述问题，需关注这样几个方面：①法定继承的范围如何认定？②遗嘱继承的范围如何认定？

案例二：上诉人彭某甲、梁某甲、王某与被上诉人彭某乙继承纠纷案[1]

[基本案情]

被继承人彭某与戴某原系夫妻关系，彭某乙系戴某与彭某之女。2000 年 12 月，南京市雨花台区人民法院判决准予戴某与彭某离婚。某年某月某日，彭某与梁某甲登记结婚，某年某月某日生育儿子彭某甲。彭某系王某之子，2010 年 11 月 3 日彭某因病死亡。其父先于被继承人彭某死亡。

2011 年 8 月 12 日，彭某乙向原审法院提起诉讼，要求继承彭某遗产。在案件审理中，彭某甲、梁某甲提交了《彭某字据》，内容为："彭某字据彭某 2010 年 9 月 21 日中午立下字据如下：彭某从今天起，彭某所有财产及一切属儿子彭某甲、爱人梁某甲所有。字据人：彭某 2010 年 9 月 21 日"，认为彭某在生病期间立有遗嘱，彭某已对其财产进行了处分，本案应适用遗嘱继承。彭某乙对字据的真实性有异议，认为非彭某本人书写，本案不适用遗嘱继承。

因彭某乙对《彭某字据》的真实性有异议，向原审法院申请对《彭某字据》上的彭某签名、落款时间进行鉴定，原审法院调取了雨花台区人民法院（2000）雨民初字第 747 号、（2010）雨民初字第 956 号卷宗的庭审笔录中彭某的签名作为样本进行鉴定。南京金陵司法鉴定所于 2012 年 5 月 3 日出具文件检验鉴定意见书，鉴定意见为：《彭某字据》上抬头及主文中涉及的"彭某"字迹与样本"彭某"字迹可能是同一人书写；落款处"彭某"签名字迹与样本"彭某"字迹可能是同一人书写；落款日期"2010 年 9 月 21 日"与样本中的落款日期因受样本条件所限，尚无法出具鉴定意见。

[问题与思考]

本案应该按法定继承还是遗嘱继承来进行遗产分配？

[重点提示]

回答上述问题，需关注这样几个方面：①法定继承的范围如何认定？②遗嘱继承的范围如何认定？

---

[1] 江苏省南京市中级人民法院，（2014）宁少民终字第 89 号，载 http：//www. court. gov. cn/zgcp-wsw/jiangsu/jssnjszjrmfy/ms/201502/t20150227_6710638. htm，访问日期：2015 年 10 月 31 日。

第十五章

遗赠与遗赠扶养协议

知识概要

　　本章阐述遗赠与遗赠抚养协议。遗赠是指被继承人通过遗嘱的方式，将其遗产的一部分或全部赠予法定继承人以外的人的一种民事法律行为。遗赠扶养协议是遗赠人和扶养人之间关于扶养人承担遗赠人的生养死葬的义务，遗赠人的财产在其死后转归扶养人所有的协议，是一种平等、有偿和互为权利义务关系的民事法律关系。本章共三节。第一节论述的是受遗赠的接受与放弃，分析了受遗赠权放弃的情形与表示；第二节论述的是附义务的遗赠，分析了附义务遗赠的构成要件、情形等；第三节论述的是遗赠扶养协议的履行，分析了遗赠扶养协议和附扶养义务的赠与的区别。

第一节　受遗赠的接受与放弃

经典案例

洪某甲与洪某乙、洪某丙等继承纠纷案[1]

[基本案情]

　　一审法院查明洪某已与黄某系夫妻关系，共育有洪某乙、洪某丙、洪某丁、洪某甲四子女。洪某已于1997年3月26日离世。址在漳州市芗城区洋老洲某号房产，系洪某已与黄某夫妻共有财产。2004年11月27日，黄某与漳州市芗城区城市建设开发总公司签订《城市房屋拆迁安置补偿协议书》，将地址在漳州市

---

〔1〕 福建省漳州市中级人民法院，（2015）漳民终字第893号，载 http：//www. court. gov. cn/zgcp-wsw/content/content? DocID = 8ae02ecf - ee17 - 4ca6 - 86b4 - a3f47301b8c6&KeyWord = % E5% 8F% 97% E9% 81% 97% E8% B5% A0丨% E6% 8B% 92% E7% BB% 9D，访问日期：2016年1月4日。

芗城区洋老洲某号总建筑面积 54.41 平方米的房产交由漳州市芗城区城市建设开发总公司拆除，进行产权调换，异地安置，安置在漳州市芗城区金峰小区，安置面积为 70.73 平方米。2005 年 4 月 1 日，漳州市第二公证处作出的（2005）某证内字第某号《继承权公证书》，原、被告对址在漳州市芗城区洋老洲某号，已被拆迁，尚未安置一半属于洪某已的财产放弃继承权，该财产由黄某一人继承。2005 年 4 月 12 日，黄某到漳州市第二公证处立下公证遗嘱，将地址在漳州市芗城区洋老洲某号（地号：西南某号至某号已被拆迁，尚未安置）的安置房遗赠给第三人洪某戊个人所有。事后将公证书、《城市房屋拆迁安置补偿协议书》交给第三人收执。2006 年 11 月 28 日，黄某离世。2007 年 2 月 12 日，第三人洪某戊与漳州市芗城百家物业管理有限公司签订《入住（使用）合约》，办理接收入住漳州市芗城区金峰花园 40 幢×室。2009 年 2 月 25 日，第三人以业主代表身份与漳州市芗城区城市建设开发总公司签订《拆迁安置房合同书》，漳州市芗城区城市建设开发总公司征用的漳州市芗城区洋老洲某号住宅 54.41 平方米安置在漳州市芗城区金峰花园 40 幢某室，安置面积 70.73 平方米。同日，第三人洪某戊与漳州市芗城区城市建设开发总公司签订《商品房买卖合同》，第三人洪某戊向其购买漳州市芗城区金峰花园 40 幢某室超面积部分 30.87 平方米。2012 年 11 月 13 日，第三人将漳州市芗城区金峰花园 40 幢某室出租他人。被告洪某乙、洪某丙、洪某丁对黄某在漳州市第二公证处所作的遗嘱将漳州市芗城区洋老洲×号拆迁安置房赠与第三人没有异议。

原判认为，漳州市芗城区洋老洲×号房屋属黄某的财产，黄某于 2005 年 4 月 12 日到漳州市第二公证处立下公证遗嘱，该遗嘱明确表示"①本人自愿将上述房屋的安置房在我死后遗留给孙子洪某戊，产权归洪某戊个人所有，不属于夫妻共有财产；②本遗嘱一式两份，本人收执一份，公证处存档一份"。该遗嘱符合《继承法》第 17 条第 3 款的规定，是合法有效的遗嘱。同时，该遗嘱亦符合《继承法》第 16 条第 2 款的规定，为遗赠。遗赠是一种附期限的法律行为，于遗赠人死亡之后才发生法律效力，受遗赠权也是遗赠人死后生效之权，遗赠人死亡是受遗赠人取得并行使受遗赠权的前提条件。因此，在发生遗赠人死亡这一事实之前，遗赠尚未生效。黄某于 2006 年 11 月 28 日身故，黄某身故后其所立的遗赠随之生效。黄某在其身故前将《遗嘱公证书》和有关漳州市芗城区洋老洲某号房屋的享有财产性利益的《漳州市区城市房屋拆迁安置补偿协议书》等交给第三人洪某戊，第三人洪某戊也接受黄某交付的《遗嘱公证书》和《漳州市区城市房屋拆迁安置补偿协议书》，且在黄某身故后的 2 个月内，已向漳州市芗城区城市建设开发总公司支付讼争房屋所需交缴的款项 35 586 元，紧接着于 2007 年 2 月 12 日向漳州市芗城区城市建设开发总公司办理了接收讼争房屋，这表明第三人洪某戊已接受了黄某的遗赠，该房屋应为洪某戊的个人财产。现原告洪某甲要求继承分割讼争房屋份额，证据不足，二审法院不予支持。据此，依据《民事诉讼法》第65条第1款，《最高人民法院关于民事诉讼证据的若干规定》第2条之规定，判决驳回原告洪某甲的诉讼请求。

原审宣判后，原审原告洪某甲不服，向法院提起上诉。

上诉人洪某甲上诉称，原审判决程序违法，认定事实及适用法律错误，依法应予撤销。首先，原判程序违法。①原审诉讼中，洪某乙及洪某戊是各自独立诉讼地位的双方当事人，其代理律师是同一个，违反了《律师法》的有关规定；②原审诉讼中，上诉人据原审法院的要求申请对讼争房产价值进行评估鉴定，但原审在之后的庭审及判决书中对此鉴定申请只字不提，程序违法。其次，原审认定事实错误。①原审认定黄某在其身故前将《遗嘱公证书》和《漳州市区城市房屋拆迁安置补偿协议书》等交给洪某戊明显缺乏依据；②认定讼争房屋所需交缴的款项35 586元为洪某戊所交，更是缺乏依据。洪某戊所提交的证据2006年12月25日《兴业银行现金存款凭证》体现的交款人是洪某乙，而非洪某戊；③黄某身故后，洪某戊只是作为业主代表接收和管理房屋，在2009年2月25日签订的《拆迁安置房合同书》中，所表明的业主是黄某；④当时洪某戊之所以不接受遗赠的真实原因是其向政府申购经济适用房，现洪某戊在取得经济适用房后又回头说其当时是接受遗赠。最后，原判判决适用法律错误。①据《继承法》规定，洪某戊没有在两个月内表示接受遗赠，应当视为放弃遗赠；②原审未适用应当参照适用的规定，属于适用法律错误。综上，请求撤销原判，改判为上诉人依法继承漳州市芗城区金峰花园40幢某室房产或裁定发回重审，案件诉讼费由被上诉人承担。

被上诉人洪某乙、洪某丙、洪某丁及洪某戊辩称，原审判决程序合法，认定事实清楚，适用法律正确，所作判决并无不当，请求二审法院驳回上诉，维持原判。

［法律问题］

1. 本案中是否确定了接受遗赠？

2. 受遗赠的接受与拒绝如何认定？

［参考结论与法理精析］

（一）法院意见

经审理查明，除上诉人洪某甲对原判查明"黄某办理公证遗嘱后将公证书、《城市房屋拆迁安置补偿协议书》交给洪某戊收执"的事实有异议外，其他方面的事实各方当事人均无异议，二审法院予以确认。

对上诉人洪某甲提出的上述异议法院分析认定如下：上诉人洪某甲认为黄

某办理公证遗嘱后，并未将公证书、《城市房屋拆迁安置补偿协议书》交给洪某戊收执，因为上诉人在处理黄某遗物时，还在黄某的抽屉里看到这些材料，但上诉人并未就其主张的事实提供相应的证据予以证实。本案一、二审诉讼中，洪某丙、洪某丁及洪某戊对黄某去世前已将公证书等材料交给洪某戊收执所作的陈述一致，能够相互印证，据此可以认定原审所查明的该部分事实并无不当，上诉人洪某甲提出的异议不能成立。

另查明，原审诉讼中，被上诉人洪某戊提供 2006 年 12 月 25 日银行交款单一份，欲证明其已向漳州市芗城区城市建设开发总公司支付讼争房屋所需交缴的款项 35 586 元，对此，上诉人洪某甲质证认为该款是洪某戊之父洪某乙所出资，而洪某乙、洪某丙、洪某丁质证认为该款是洪某戊所出资。

再查明，二审诉讼中，上诉人洪某甲提供以下三组证据欲证明被上诉人洪某戊在黄某死亡后一直未作出接受遗赠房屋的表示。否则，其不具备申购经济适用房的基本条件。①《漳州：将建 600 套经济适用房》《漳州市区 2007 年度申购经济适用房截止时限及"益民花园""惠民花园"经济适用房房源的公告》；②《漳州市经济适用房住房申购条件、评定标准及销售程序》《漳州益民花园经济适用房申购初选名单 31 日公示》；③《益民花园经济适用房申购对象核准名单》。对此被上诉人洪某乙、洪某丙、洪某丁及洪某戊质证认为：以上证据的真实性无法确认，且与本案也没有关联性，当时经济适用房的公告是 2005 年发布，黄某还未死亡，洪某戊申请经济适用房是根据他当时的居住需要。如果洪某戊是为了申请经济适用房而拒绝接受遗赠的话，洪某戊就不会在讼争房屋的相关安置手续上签名。

法院认为，本案双方当事人对黄某生前立下公证遗嘱，将本案讼争的房产赠与被上诉人洪某戊的事实均无异议。本案双方当事人争议的焦点为：被上诉人洪某戊主张接受了遗赠是否有事实和法律依据。根据《继承法》第 25 条第 2 款之规定，受遗赠人应当在知道受遗赠后两个月内，作出接受或者放弃受遗赠的表示。到期没有表示的，视为放弃受遗赠。本案黄某于 2006 年 11 月 28 日身故，黄某身故后其所立的遗赠随之生效。原审诉讼中，被上诉人洪某戊提供 2006 年 12 月 25 日银行交款单一份，该单据虽署名为"洪某乙"，但洪某乙、洪某丙、洪某丁庭审质证均认为该款是洪某戊所出资，且结合 2007 年 2 月 12 日洪某戊与物业公司签订讼争房《入住（使用）合约》并办理接收入住讼争房的事实，可以认定 2006 年 12 月 25 日的银行交款属洪某戊所出资，即洪某戊当时已向讼争房的开发商支付了讼争房屋所需交缴的款项 35 586 元，洪某戊的该行为符合受遗赠人应当在知道受遗赠后两个月内，作出接受遗赠表示的法律规定。上诉人洪某甲以洪某戊有存在申请经济适用房的行为为由，主张洪某戊在黄某死亡后一直未作出接受遗赠房屋的表示，对此，法院认为，洪某戊申请经济适用房的行为，与洪某戊在黄某死亡后是否有作出接受遗赠表示的行为，二者各为不同事项的行为，之间并不存在相互否定的必然关系。被上诉人洪某戊虽存在申请经济适用房的行为，但不能据此否定洪某戊当时已支付了讼争房的房款、在法律规定的期限内作出接受遗赠表示的事实。上诉人洪某甲的该上诉理由不能成立，不予采纳。原审诉讼中，上诉人洪某甲对对方的出庭人员（含委托代理人）的身份均未提出异议，且原审被告洪某乙与原审第三人洪某戊的委托代理人虽为同一人，但洪某乙与洪某戊之间并不存在利益冲突，因此该代理行为不违反有关法律规定，上诉人洪某甲主张上述代理行为违反了《律师法》有关规定的上诉理由，不能成立。本案并不存在对讼争房产价值进行评估鉴定的必要，因此，上诉人洪某甲主张原审对其申请房产价值鉴定只字不提、程序违法的理由不能成立。综上所述，上诉人洪某甲的上诉理由缺乏事实和法律依据，不能成立，不予支持。原审判决程序合法，认定事实清楚，适用法律正确，所作判决并无不当，应予维持。据此，二审法院依照《民事诉讼法》第170条第1款第1项之规定，判决如下：

驳回上诉，维持原判。

（二）受遗赠的接受与拒绝

受遗赠的接受与拒绝中，首先要解决的一个问题是：谁应该是受遗赠这一意思表示的相对方。遗赠的意思表示来自立遗嘱人，但此时立遗嘱人已经死亡，因此不可能成为接受遗赠的意思表示相对人。其次，如果接受遗赠的意思表示向法定继承人或者遗嘱继承人做出的话，那么这些人往往是利益冲突者：如果不接受遗赠，那么就归继承人所得了。如果意思表示向这些存在利益冲突的主体表达，那么将存在将来不承认证明困难的可能性。这是人之本性。

问题是，如果不向继承人表示，那么该向谁表示接受或者拒绝的意思表述呢？在个别案例下存在遗产管理人，可以向遗产管理人进行表示。但遗产管理人有可能本身就是继承人之一；而且并不是每个继承案件中都有指定遗产管理人。在实务中，部分受遗赠人为了避免未来的举证困难，甚至不得不登报公告以获得时间确定的证据。还有一种方式，是作公证声明。

就形式而已，接受或放弃的意思表示不限于口头、书面等明示的方式，诸如受领或拒绝遗赠标的物的给付、请求履行给付遗赠标的物或听任遗赠标的物之其他处分等行为均可视为接受或放弃遗赠的意思表示。在本案中，当事人就是以行为表示了接受遗赠，法律应当承认之。

我国立法中并未规定继承开始之后即立遗嘱人死亡之后才能接受或者拒绝受遗赠，而继承开始之前的接受或者拒绝的意思表示不发生效力。而从比较法看，大部分国家都作了此类限制。我国司法审判实践中，不乏承认继承开始之前的接受遗赠的案例。

罗某甲与罗某乙、李某某继承纠纷案[1]

[基本案情]

原告罗某甲向法院诉称，原告系被继承人罗某某之子，罗某乙系罗某某之孙，李某某系罗某某之前儿媳。2010 年 6 月 23 日，罗某某在成都市蜀都公证处进行遗嘱公证。遗嘱中载明：其妻胡某某于 2005 年 4 月 30 日去世后，其至今未婚。其去世后，将位于成都市青羊区磨底河沿巷房屋（权 0420136）一套中属于其个人所有的份额和其应当继承妻子胡某某的遗产份额指定由儿子罗某甲继承；位于成都市金牛区金鱼街房屋（权 1213475）一套遗赠给孙子罗某乙个人所有；个人所有存款的 20% 份额由儿子罗某甲继承，20% 份额遗赠给儿媳李某某，60% 份额遗赠给孙子罗某乙；遗嘱由其所在单位成都市实验小学校长执行。罗某某去世前已将两套房屋处置，一套过户给原告，一套过户给罗某乙，罗某某的存款为 120 733.14 元。罗某某去世后，原告及二被告接到成都市实验小学校长通知，要求于 2014 年 4 月 9 日到该校校长办公室处理遗产相关事宜。同日，校长向双方说明遗嘱内容，并将遗嘱原件及复印件交给原告及二被告。当时，二被告未明确表示接受该遗嘱中的遗赠，直至今日二被告依然未明确表示接受该遗嘱中的遗赠。根据继承法的规定，受遗赠人应当在知道受遗赠后两个月内，作出接受或者放弃受遗赠的表示。到期没有表示的，视为放弃受遗赠。故二被告现无权再接受遗赠人存款的份额。但被告罗某乙将罗某某的银行卡取走，并于 2014 年 4 月 12 日从银行卡上支取存款 91 120 元，双方发生纠纷。据此，原告罗某甲诉请人民法院判令：①被继承人罗某某的存款 120 733.14 元由原告继承；②罗某乙返还其无权占有的存款 91 120 元；③本案诉讼费用由被告承担。

被告罗某乙、李某某辩称，对存款金额为 120 733.14 元无异议。罗某某于 2014 年 3 月 13 日去世，原、被告于同年 4 月 9 日收到遗嘱执行人通知，遗嘱执行人当场宣读了遗嘱，二被告明确表示尊重老人的意思，并于同年 4 月 12 日从

〔1〕 成都市青羊区人民法院民事判决书，（2014）青羊民初字第 3978 号，载 http：//www. court. gov. cn/zgcpwsw/content/content? DocID = bf630b45 - faaa - 4548 - 8c7f - ca423df8caf3&KeyWord = % E5% 8F% 97% E9% 81% 97% E8% B5% A0 | % E6% 8B% 92% E7% BB% 9D，访问日期：2015 年 12 月 31 日。

银行卡中支取了存款，应当视为二被告接受了遗赠并作出了明确表示。二被告取走的属于原告份额的 24 146.60 元，被告同意退还给原告。

经审理查明，罗某甲系罗某某之子。罗某甲与李某某原系夫妻关系，2010年 8 月 31 日，罗某甲与李某某在成都市金牛区民政局协议离婚。离婚后，婚生子罗某乙随李某某共同生活。

2010 年 6 月 23 日，罗某某立下遗嘱。其中载明：其妻子胡某某于 2005 年 4月 30 日去世后其至今未婚。其去世后，位于成都市青羊区磨底河沿巷房屋（权0420136）一套中属于其个人所有的房产份额和其应继承妻子胡某某的遗产份额指定由儿子罗某甲继承；位于成都市金牛区金鱼街房屋（权 1213475）一套遗赠给孙子罗某乙个人所有；属于其个人所有存款中的 20% 份额由儿子罗某甲继承，20% 份额遗赠给儿媳李某某，60% 份额遗赠给孙子罗某乙；该遗嘱由其所在单位成都市实验小学校长执行。同日，四川省成都市蜀都公证处出具（2010）川成蜀证内民字第 30695 号公证书，对该遗嘱进行了公证。

2014 年 3 月 13 日，罗某某因病去世。

2014 年 4 月 9 日，遗嘱执行人召集罗某甲、罗某乙、李某某现场宣读了罗固基的遗嘱，并交付了遗嘱原件及复印件，但未形成书面笔录。

2014 年 4 月 12 日，罗某乙、李某某从罗某某在中国农业银行成都市新华支行的存折中支取 55 670 元、余款 0.28 元，同年 4 月 24 日该账户转入工资 1200元，现有余款 1200.28 元；罗某乙、李某某从罗某某在成都银行石人北路支行的存折中支取 35 450 元、余款 1.48 元，同年 6 月 11 日及 21 日，该账户转入代发工资及利息后现有余款 28 412.86 元。罗某某银行存款共计 120 733.14 元，罗某乙、李某某已支取 91 120 元，余款 29 613.14 元。

另查明，①罗某某所立遗嘱中涉及的两套房屋在其生前已处置完毕；②罗某某生前将其两张银行存折交罗某乙保管至今；③罗某乙、李某某支取的 91 120元现由罗某乙保管。

[问题与思考]

本案中，是否已经确认接受遗赠？

[重点提示]

回答上述问题，需关注接受遗赠的方式有哪些？

第二节 附义务的遗赠

经典案例

梅某与卢某甲等继承纠纷案[1]

［基本案情］

卢某某系上海玉佛寺法师，法号伟愿。梅某与王某均系伟愿法师的皈依弟子，法名均为伟愿号普利。1997 年卢某某发愿帮助念佛吃素的老人解决居住问题，与江苏省昆山市陆家供销合作社签订两份房地产买卖契约，购买了位于昆山市陆家镇夏桥村夏桥街 1 号的房屋（建筑面积为 283.94 平方米、房屋总价款为 80 879.3 元），以及夏桥街 1 号后面的简易平房 7 间（建筑面积为 156.98 平方米、房屋总价款为 10 000 元）。上述购房协议的落款处均加盖有"伟愿"印章。昆山市陆家镇建设管理所向昆山市陆家镇人民政府出具的报告中载明买受人为"玉佛寺方丈伟愿"，产权登记材料中载明"申请人姓名伟愿，性别男，年龄 40"。两处房产的产权均登记在"伟愿"名下。梅某参与了购房及办理房产登记的过程。证人袁某、徐某、周某、项某（系伟愿法师的弟子）等人证明购房资金是由伟愿法师（卢某某）出资和众弟子募捐。上海玉佛寺证明涉案房产系伟愿法师（卢某某）为居士修身念佛所购置，与玉佛寺无关。梅某亦认可"伟愿"印章系师父伟愿法师（卢某某）本人所有，师父将该枚印章交给其使用。

1998 年 5 月 19 日，卢某某立下遗嘱一份，载明："我将多年的积蓄以私人的名义购买了坐落于江苏昆山陆家镇夏桥村夏桥街壹号的房产、房产证号码为 0024、0046，因年事已高，特立遗嘱如下：①所购房产由梅某法名伟愿号普利、王某法名伟愿号普利二皈依弟子共同继承，其他人无权干涉；②本房屋购买的目的是为解决素食特困老人的居住，名为素宅，今后素宅的任何继承人不得改变这一性质；③本素宅的宗旨对外不搞任何活动或募捐化缘；④本遗嘱自我死亡之日起生效。"1998 年 5 月 21 日，昆山市公证处（现江苏省昆山市国信公证处）出具（1998）昆证民内字第 120 号遗嘱公证书对卢某某的上述遗嘱进行了

---

〔1〕 江苏省苏州市中级人民法院，(2015) 苏审二民申字第 00008 号，载 http：//www.court.gov.cn/zgcpwsw/jiangsu/ms/201507/t20150716_9579813.htm，访问日期：2015 年 11 月 8 日。

公证。遗嘱公证时，梅某、王某和卢某某均在场。

卢某某于 2000 年 5 月 23 日去世，出家前与妻子朱某某共育有四子，分别是卢某甲、卢某乙、卢某丙和卢某鳌。朱某某于 1986 年 8 月 5 日死亡，卢某鳌于 2012 年 3 月 6 日死亡，生前未婚、无子女。卢某某去世后，梅某、王某依照遗嘱管理房产，继续兴办念佛堂。王某于 2012 年出具声明称"遗嘱中有关昆山陆家镇夏桥街 1 号的房产属我继承部分，我自愿放弃，全数归梅某一一人享有并安排"。

2013 年 5 月 20 日，卢某甲、卢某乙、卢某丙诉至江苏省昆山市人民法院，请求取消梅某对江苏省昆山市陆家镇夏桥村夏桥街 1 号及 1 号后房产的受遗赠权，房产由卢某甲、卢某乙、卢某丙共同继承。一审庭审中，梅某陈述其于 2011 年 5 月起将涉案房屋对外出租至今，此前房屋一直作为素宅使用。卢某甲、卢某乙、卢某丙则明确表示将秉承父亲卢某某的遗愿，在继承房屋后实现父亲的最终意愿，将父亲的遗愿发扬光大。

［法律问题］

1. 本案中的遗赠协议是否有效？
2. 梅某是否具有受遗赠权？

［参考结论与法理精析］

（一）法院意见

本案是再审，再审法院认定了案情中所述的事实后，作了如下判决。本案系遗赠继承纠纷。根据梅某提出的再审申请理由，结合案件事实和法律关系，本案的争议焦点有：遗赠协议的效力如何？梅某的受遗赠权是否应当被取消？梅某的受遗赠权被取消后如何处理遗产？

1. 遗赠协议的效力涉及房产的权属，以及遗赠协议本身的合法性问题。本案中，虽然梅某的法名也是伟愿，房屋产权登记材料中载明"申请人伟愿，年龄 40"，与梅某当时的年龄相符，但卢某某是出资人，签订房屋买卖协议和办理产权登记手续时在场，梅某仅是经办人。昆山市陆家镇建设管理所向昆山市陆家镇人民政府出具的报告中亦载明买受人为"玉佛寺方丈伟愿"，房产买卖协议、房地产平面校对图、房屋所有权登记申请书落款处均加盖"伟愿"私章。卢某某在此后办理遗嘱公证时亦使用该"伟愿"私章，并在遗嘱公证中明确表示涉案房产系其本人购买，梅某在场并未提出异议，故应认定涉案房产系卢某某购买，归卢某某所有。

涉案房产系卢某某出家以后购买，购房资金既有信徒的捐助，也有卢某某的个人积蓄，房屋产权登记在"伟愿"名下，且上海玉佛寺证明该房产与玉佛寺无关，故可以认定涉案房产系卢某某的个人财产，而非寺庙的财产。

我国现行法律对僧人个人遗产的继承问题并无特别规定，卢某某是一名僧人，同时也是一名公民，有权处分自己的个人财产，本案纠纷应当适用《继承法》。公证遗嘱系卢某某的真实意思表示，遗赠所涉房产系卢某某的个人财产，遗赠所附条件为解决念佛吃素老人的居住问题，内容不违反法律规定，故应认定遗赠协议合法有效。

2. 关于梅某的受遗赠权是否应当被取消问题。公证遗嘱内容中明确房产的用途是解决吃素老人居住问题，继承人不得改变这一性质，该内容属于附义务的遗赠。卢某某去世后，受遗赠人梅某将房屋作为素宅管理使用十余年。2011年起，梅某将房屋对外出租，其中虽有房屋待拆迁、出现空置等因素，但梅某既没有提供证据证明租金系用于帮助素食老人解决居住问题，也未能证明自己对遗赠所附义务尽到了勤勉责任。一、二审判决据此认定梅某违背了卢某某遗赠所附的义务，并取消梅某的受遗赠权，并无不当。

3. 关于受遗赠权被取消后如何处理遗产的问题。《最高人民法院关于贯彻执行〈中华人民共和国继承法〉若干问题的意见》第43条的规定："附义务的遗嘱继承或遗赠，如义务能够履行，而继承人、受遗赠人无正当理由不履行，经受益人或其他继承人请求，人民法院可以取消他接受附义务那部分遗产的权利，由提出请求的继承人或受益人负责按遗嘱人的意愿履行义务，接受遗产。"本案公证遗嘱明确由梅某继承的房产的用途是解决素食老人的居住问题，继承人不得改变这一性质，符合附义务的遗赠的法律特征。受遗赠人梅某违背遗赠所附义务，卢某甲、卢某乙、卢某丙作为卢某某的法定继承人可以请求人民法院取消梅某受遗赠的权利。鉴于卢某甲、卢某乙、卢某丙在庭审中明确表示将秉承父亲卢某某的遗愿，在继承涉案房屋后实现父亲最终意愿，一、二审判决确定卢某甲、卢某乙、卢某丙共同继承遗产，符合法律规定。

4. 梅某提出其对房屋进行了部分翻建、修缮。经查，现有证据不能证明梅某出资对涉案房产进行了部分翻建、修缮，梅某在再审申请期间亦未提供新的证据，故该再审申请理由不能成立。

（二）附负担之遗赠

所谓附义务的遗嘱，是指遗嘱中明确指定遗嘱继承人或者受遗赠人必须履行一定义务的遗嘱。在学术界也有称作"附负担的遗嘱"，例如台湾"民法"第1205条规定："遗赠附有义务者，受遗赠人以其所受利益为限，负履行之责"，但是此条的标题却是"附负担之遗赠"。

从比较法的角度看，附负担的遗嘱，仅限于遗赠，鲜有针对遗嘱继承人的。并且，一般规定"以其所受利益为限，负履行之责"；这也是贯彻"限定继承"原则的当然意思。同时明确所负担之义务，不得违反公序良俗。而对这一切，我国立法尚未有具体的规定。

在司法审判实务中，也有将遗赠扶养协议的内容，与附负担之遗赠相混淆的。事实上，两者的区分还是非常显著的：遗赠扶养协议的义务在遗赠人死亡之前；而附负担之遗嘱，受遗赠人的义务履行在遗赠人死亡之后。

拓展案例

案例一： **钟某甲、刘某甲与钟某乙、武平县城**
厢垌坑村委会继承纠纷案[1]

[基本案情]

原告钟某甲与被告钟某乙、死者钟某丙的父亲钟某昌有三任妻子，三个妻子分别生育了原、被告和钟某丙，钟某丙无妻子、无儿女，父母均已去世。第三人刘某甲的父亲与死者钟某丙系同母异父的兄弟。原告与第三人刘某甲居住在城厢南通村，死者钟某丙居住在城厢镇垌坑村。

2013年2月16日，第三人刘某甲与钟某丙签订《遗赠协议》，约定：①钟某丙所有的住房、林地及承包的水田征用补偿款，在钟某丙死后赠送给刘某甲。土地承包经营权证NO：003944；②刘某甲每月15日前支付钟某丙生活费300元，并按时提供生活用品；③钟某丙对遗赠的财产负维护责任，不得随意处理。如果故意赠送他人，刘某甲有权收回。协议签订后，钟某丙因脑梗塞等疾病，于2013年11月11日由刘某甲送至武平县中医院住院治疗3天，住院当日刘某甲签收了医院发出的《病危（重）通知单》。刘某甲用钟某丙的土地补偿费支付了住院费用。

2013年12月21日，钟某丙与原告钟某甲、被告钟某乙签订《赡养老人协议书》，约定：①钟某甲对钟某丙的疾病应及时给予医治，农村医保不足支付部分由钟某甲负担，并每月支付钟某丙生活费500元；钟某甲的配偶及女子协助履行赡养义务；②钟某丙的承包田、责任山、自留地由钟某甲代耕代种，收益归钟某甲所有。钟某丙的财产由钟某甲代管，不得侵占或私分钟某丙的财产及其他合法收入；③钟某丙去世后，由钟某甲办理丧葬，费用从钟某丙财产中支付，不足部分由钟某甲承担；④钟某丙去世后，其房屋及其他财产由钟某甲处理，所得款项用于支付钟某丙债务外，剩余部分归钟某甲所有。钟某丙对外一切事务委托钟某甲履行，钟某乙负责监督钟某甲的赡养行为。在场人钟某寿、

〔1〕 福建省龙岩市中级人民法院，（2014）岩民终字第1103号，载http://www.court.gov.cn/zgcp-wsw/fj/fjslyszjrmfy/ms/201412/t20141229_5690196.htm，访问日期：2015年11月9日。

钟某良、钟某连等在协议上签字。2013 年 1 月 23 日，钟某丙因犯陈旧性脑梗塞、老年性心脏病等由原告钟某甲送至武平县仁济医院住院治疗 10 天。2014 年 2 月 5 日钟某丙因脑出血由原告钟某甲、被告钟某乙等送至武平县中医院治疗，2013 年 2 月 8 日死亡，由原告钟某甲办理火化等丧事。钟某丙生前曾购买了一份保险，2013 年 12 月 10 日由原告办理了退保手续，得款 19 000 元。其中 15 000 元原告用于钟某丙看病，另 4000 多元交给了原告。

2012 年 9 月 10 日，钟某丙委托刘某甲为其办理田地、山林等土地征用事宜，同年 10 月，钟某丙就其土地被征用未分得补偿款为由上访，武平县城厢镇政府答复土地补偿款 75 658.5 元的存折由钟某丙侄子签字、钟某丙摁指模领取。2013 年 11 月左右，钟某丙又分得另一笔土地补偿款 95 384.5 元，现存放于圳坑村委会。

另查明，钟某丙属农村分散型五保人员，享受五保户待遇时间自 2013 年 1 月 1 日到 2014 年 3 月 31 日，期间钟某丙享有新型农村合作医疗、每月 300 元生活费的待遇，火化费由村委会负担。

被告钟某乙与第三人圳坑村委会均表示对本案的土地补偿款 95 384.5 元不主张权利。

[问题与思考]

本案中《赡养老人协议书》能否对抗《遗赠协议》？

[重点提示]

回答上述问题，需关注这样几个方面：①附义务的遗赠性质如何认定？②遗赠扶养协议与附义务的遗赠的效力如何认定？

案例二：　　　万某甲与万某乙、吴某遗嘱继承纠纷案[1]

[基本案情]

万某庄（2013 年 11 月 11 日去世）与陈某梅（1993 年 11 月 21 日去世）夫妇仅有一养子万某赣（2009 年去世），万某赣与妻子吴某仅育有一女万某乙。万某甲系万某庄的侄孙。武汉市硚口区常码头三区 16 栋 2 单元 3 层 2 号房屋（建筑面积 63.74 平方米）系万某庄和陈某梅 1990 年购买的解困房，该房屋的《国有土地使用权证》于 1990 年 12 月 5 日登记在万某庄名下，《房屋所有权证》于 2011 年 4 月 19 日登记在万某庄名下。2011 年 4 月 2 日，万某庄在湖北省武汉

---

〔1〕　湖北省武汉市中级人民法院，(2014) 鄂武汉中民终字第 00656 号，载 http：//www. court. gov. cn/zgcpwsw/hub/hbswhszjrmfy/ms/201410/t20141016_3400278. htm，访问日期：2015 年 11 月 9 日。

市硕信公证处立下《遗嘱》一份，遗嘱内容为："①在我死后，诉争房屋中属于我的产权及应继承妻子陈某梅的部分遗赠给侄孙子万某甲所有；②我死后的安葬事宜均由万某甲负责。"2012 年 4 月 15 日，万某甲开始在万某庄同栋住宅楼另一单元租房居住。2013 年 11 月 8 日，万某乙将万某庄送入同济医院治疗，医疗费 26 051.19 元由万某乙支付。万某庄于 2013 年 11 月 10 日出院并于次日去世。万某庄去世后，丧葬事宜由吴某、万某乙处理，万某甲亦参与处理了丧葬事宜，招待宾客的餐饮费、殡葬服务费、火化费、公墓费均由万某乙支付，死亡医学证明书亦系万某乙办理。

[问题与思考]

万某庄所立《遗嘱》是否为附义务的遗赠？

[重点提示]

回答上述问题，需关注附义务遗赠中，义务由其他人自愿履行后的法律后果有哪些？

第三节　遗赠扶养协议

经典案例

任某与孙某甲继承纠纷案[1]

[基本案情]

潘某织与孙某山在烟台市民政局登记结婚，潘某织系再婚，孙某山系初婚，原告任某系潘某织的女儿，孙某山无子女，被告孙某甲系孙某山远房亲戚，孙某山同父异母的姐姐早于孙某山去世，其姐姐有一子朱某平（音译）。1998 年 12 月孙某山与潘某织共同购买位于光州路南侧拿力大厦附楼 203 号房产一处，房屋所有权证号为莱房字第号，该房屋登记在潘某织名下。2008 年 7 月 2 日潘某织去世，2013 年 8 月 14 日孙某山去世，潘某织的父母均早于潘某织去世，孙某山的父母均早于孙某山去世。现原告诉至法院，要求依法继承上述房屋。

---

〔1〕 山东省烟台市中级人民法院，（2015）烟民四终字第 472 号，载 http：//www. court. gov. cn/zgcpwsw/sd/sdsytszjrmfy/ms/201506/t20150619_8852804. htm，访问日期：2015 年 11 月 15 日。

［法律问题］

1. 孙某山与被告孙某甲签订的遗赠扶养协议是否被撤销？
2. 被告是否按遗赠扶养协议履行了义务？
3. 遗赠扶养协议的性质是什么？

［参考结论与法理精析］

（一）法院意见

本案是二审，二审法院认定了案情中所述的事实后，作了如下判决。上诉人任某是基于其为涉案房产共有人之一潘某织的女儿，及对另一共有人孙某山尽全部赡养义务后所形成的法定继承关系，而主张涉案房屋的产权。上诉人孙某甲是依据其与房屋产权人孙某山之间存在遗赠扶养协议，亦主张享有涉案房产 3/4 的产权。

《继承法》第 5 条规定："继承开始后，按照法定继承办理；有遗嘱的，按照遗嘱继承或者遗赠办理；有遗赠扶养协议的，按照协议办理。"最高人民法院《关于贯彻执行〈中华人民共和国继承法〉若干问题的意见》第 5 条规定："被继承人生前与他人订有遗赠扶养协议，同时又立有遗嘱的，继承开始后，如果遗赠扶养协议与遗嘱没有抵触，遗产分别按协议和遗嘱处理；如果有抵触，按协议处理，与协议抵触的遗嘱全部或部分无效。"从上述规定可以看出，涉案房产的继承首先应确定上诉人孙某甲与孙某山之间签订的遗赠扶养协议的效力。上诉人孙某甲与孙某山于 2010 年 4 月 13 日签订的遗赠扶养协议，约定了双方的权利义务，并由双方签字捺手印，三见证人签字捺手印，加盖莱州市虎头崖镇西杨村村民委员会印章。上诉人任某主张该遗赠扶养协议，因上诉人孙某甲不履行赡养义务，已被孙某山声明撤销，其提供了 2013 年 7 月 25 日签有孙某山名字，并加盖孙某山印章的撤销遗赠扶养协议声明一份，该协议有见证律师董某某签字，并加盖有山东正航律师事务所印章。《继承法》第 21 条规定："遗嘱继承或者遗赠附有义务的，继承人或者受遗赠人应当履行义务。没有正当理由不履行义务的，经有关单位或者个人请求，人民法院可以取消他接受遗产的权利。"最高人民法院《关于贯彻执行＜中华人民共和国继承法＞若干问题的意见》第 43 条规定："附义务的遗嘱继承或遗赠，如义务能够履行，而继承人、受遗赠人无正当理由不履行，经受益人或者其他继承人请求，人民法院可以取消他接受附义务那部分遗产的权利，由提出请求的继承人或受益人负责按遗嘱人的意愿履行义务，接受遗产"。从上述规定可以看出，遗赠扶养协议的解除是需经法定程序的，本案中上诉人任某提供的撤销遗赠扶养协议声明，从形式上看，仅有孙某山一方的签字、印章，一位见证律师的签字、单位印章，不符合上述法律规定的程序要件；从内容上看，陈述遗赠扶养协议的时间存在瑕疵

（该声明记录是 2009 年，而遗赠扶养协议是 2010 年），且撤销遗赠扶养协议的目的是要将房屋转让给綦某良。该声明从形式到内容均不符合法定解除遗赠扶养协议的要件，上诉人任某以该声明主张上诉人孙某甲与孙某山之间的遗赠扶养协议已解除，证据不足，本院不予支持。上诉人孙某甲要求按遗赠扶养协议接受遗产，不违背法律规定，应予支持。

上诉人任某提供证据证实其履行了对孙某山的赡养义务，该赡养行为体现了其尊老爱幼的优秀品质，但该赡养行为并不能致遗赠扶养协议的解除，其应按法定继承的规定，享有涉案房产 1/4 的产权。

（二）遗赠扶养协议的性质

遗赠扶养协议是一项具有中国特色的法律制度，也是具有时代特征的一项法律制度。遗赠扶养协议是为了解决部分孤寡老人或者其他缺乏直系亲属照顾的老人的养老问题的一项有对价的制度安排，是区分社会保障、国家保障的现实下的一种养老安排。

遗赠扶养协议，作为一项双方法律行为，其效力优先于遗嘱，更优先于法定继承。由于从性质上看属于协议，因此法律留给了意思自治的空间。但作为一种典型的未来遗产的安排制度，一方生前的照顾与死亡后后事的办理，另一方遗赠遗产，是此类协议的核心内容。如果偏离了上述核心内容，就属于其他类型的无名合同。

从比较法的角度看，类似的一项制度为继承合同。继承合同本身就是一项较为复杂的制度，广义的继承合同包括放弃继承的协议，狭义的则是"关于继承人之指定、遗赠、负担之订立为内容之契约，得以他方契约当事人或第三人为继承人或受遗赠人"。

拓展案例

案例一：　　　杨某某与刘某某遗赠扶养协议纠纷案[1]

[基本案情]

杨某洪与刘某某系夫妻关系，二人共育有四子二女，即长子杨某明、次子杨某财、三子杨某海、四子杨某发、长女杨某琴、次女杨某霞，原告杨某某系杨某明之子，杨某洪、刘某孙。

---

〔1〕 天津市第一中级人民法院，（2014）一中民四终字第 465 号，载 http://www.court.gov.cn/zgcpwsw/tj/tjsdyzjrmfy/ms/201502/t20150204_6545470.htm，访问日期：2015 年 11 月 15 日。

天津市北辰区宜兴埠镇花卉大街 59 号院登记的土地使用者为杨某洪，该地址上的房屋为杨某洪、刘某某的夫妻共同财产。

2007 年 7 月 16 日，原告的爷爷杨某洪、与奶奶刘某某与原告共同由天津市北辰区宜兴埠镇法律服务所代书签订《赠与协议书》，载明"赠与人杨某洪、刘某某夫妻一致同意自本协议生效之日起，将坐落于宜兴埠花卉大街 59 号院内住房全部赠与给杨所有"，其中"自本协议生效之日起"字句系整句书写后添加并加盖天津市北辰区宜兴埠镇法律服务所公章确认修改。同日，在签订《赠与协议书》之后，杨某洪、刘某某、杨某明、杨某某共同由天津市北辰区宜兴埠镇法律服务所代书签订《协议书》，约定"自本协议生效之日起，杨某明、杨某某父子应全部履行赡养杨某洪夫妻的义务"，"如杨某明、杨某某父子不能履行上述全部义务，杨某洪夫妻有权撤销对杨的赠与协议"。协议签订后未办理房屋的产权变更手续。

2008 年 7 月 25 日，杨某洪、刘某某与杨某海由天津市北辰区宜兴埠镇法律服务所代书签订《赠与协议》，约定杨某洪、刘某某将所有的坐落于宜兴埠镇花卉大街 59 号地点的房屋（面积 117.1 平方米）自愿赠给受赠人杨某海 40.4 平方米，剩余 76.7 平方米杨某洪夫妻所有。

2008 年 11 月 27 日，杨某洪、刘某某与杨某发由天津市北辰区宜兴埠镇法律服务所代书签订《赠与协议》，约定杨某洪、刘某某将所有的坐落于宜兴埠镇花卉大街 59 号地点的房屋（面积 117.1 平方米）自愿赠给受赠人杨某发 20 平方米，另有 40.4 平方米已赠予杨某海，剩余 56.7 平方米仍为杨某洪夫妇所有。

2010 年 1 月 12 日，杨某洪病逝。2012 年 6 月 1 日，刘某某出具书面声明一份，撤销 2008 年 7 月、11 月与杨某海、杨某发所签赠与协议中刘某某份额的赠与，并将该份额赠与原告。2013 年 1 月 23 日，刘某某出具书面声明一份，声明 2012 年 6 月 1 日的书面声明并非其本人的真实意思，该声明无效，而与杨某海、杨某发所签订的赠与协议有效。

[问题与思考]

2007 年 7 月 16 日杨某洪、刘某某、原告签订的赠与协议书是否有效？属于何种性质？

[重点提示]

回答上述问题，需关注这样几个方面：①遗赠扶养协议性质如何认定？②赠与合同的性质如何认定？

案例二：　　辛某强、辛某萍与李某、辛某继承纠纷案[1]

[**基本案情**]

被继承人安某某与原告辛某强、辛某萍及辛某江（被告李某丈夫、第三人辛某父亲，于 2003 年 10 月 14 日死亡）系母子、母女关系。2005 年 10 月 1 日，被继承人安某某、原告辛某强、辛某萍、被告李某共同签订"养老协议"，约定由原告辛某强、辛某萍、被告李某共同照顾被继承人安某某，如不在协议上签字或签字后不履行协议，则视为放弃继承遗产的权利。2006 年 11 月 15 日，被继承人在塔城市公证处立下遗嘱，将房屋所有权为塔字第 004287 号的房产及国有土地使用证号为塔城国有（2001）字第 010419 号的土地使用权留给原告辛某强、辛某萍共同继承。被继承人安某某去世前，原告辛某强、辛某萍、被告李某均尽了部分赡养老人的义务。被继承人安某某于 2011 年 12 月 18 日去世，留下遗产塔字第 004287 号房产一处。塔城市社会保障管理局发放抚恤金 41 730元、丧葬费 4932 元，由原告辛某萍领取。

[**问题与思考**]

养老协议是否可以认定为遗赠扶养协议？

[**重点提示**]

回答上述问题，需关注养老协议的核心内容有哪些？

---

[1] 新疆维吾尔自治区伊犁哈萨克自治州塔城地区中级人民法院，（2014）塔民一再终字第 28 号，载 http：//www. court. gov. cn/zgcpwsw/xj/xjwwezzqtcdqzjrmfy/ms/201501/t20150119_6319100. htm，访问日期：2015 年 11 月 15 日。

第十六章

遗产分割

知识概要

　　遗产是公民死亡时遗留下的个人合法财产，是继承人享有的继承权的标的。本章共四节。第一节论述的是遗产的范围，重点探讨公民个人遗产和夫妻共同财产、家庭共同财产的区分，以及死亡赔偿金是否属于遗产等；第二节论述的是继承人之间的共有关系，包括遗产继承人之间的共有关系的处理、继承回复请求权的行使等；第三节论述的是遗产的分割，主要为继承人继承的遗产份额应当如何确定；第四节论述的是无人承受遗产的处理。

第一节　遗产的范围

经典案例

包甲、周某某与包乙、黄某某法定继承纠纷案[1]

［基本案情］

　　包甲、周某某系被继承人包某琇的父母。包甲、周某某婚后共生育四子，依次为周某谷、周某峰、周某虹、包某琇。包某琇与黄某某于 1994 年 9 月 30 日登记结婚，婚后育有一子即包乙，包某琇与黄某某后于 2013 年 1 月 23 日经法院调解离婚，离婚后包乙随包某琇共同生活。包某琇于 2013 年 4 月 24 日死亡。包某琇无其他第一顺位继承人，生前未留有效遗嘱或遗赠扶养协议。

　　系争房屋于 2004 年 5 月 30 日经核准登记于包甲、被继承人包某琇、黄某某和包乙名下。根据包某琇与黄某某在法院调解离婚时的约定，系争房屋中属于

---

〔1〕　上海市第二中级人民法院，（2014）沪二中民一（民）终字第 2909 号，载 http：//www. court. gov. cn/zgcpwsw/sh/shsdezjrmfy/ms/201503/t20150316_6921604. htm，访问日期：2015 年 9 月 20 日。

黄某某的产权份额归包某琇所有。系争房屋目前由包乙居住使用。

截至 2014 年 4 月 29 日，被继承人包某琇的公积金账户余额 36 798.50 元，月缴额为 412 元；其补充公积金账户余额 7 229.83 元，月缴额为 294 元；其基本养老保险个人账户余额 79 584.30 元；其年金账户持有份额共计 29 712.09 份。社保部门核定的被继承人包某琇的丧葬补助金为 28 150 元，该笔钱款尚未发放。

2013 年 12 月 30 日，包甲、周某某起诉至法院，要求由包甲、周某某取得系争房屋产权并支付包乙相当于系争房屋 5/12 产权份额的房屋折价款。

包甲、周某某认为，由于被继承人生前已经与黄某某在法院主持下调解离婚且对夫妻共同财产处理完毕，故被继承人遗留的公积金、补充公积金、基本养老金、年金等均为被继承人的遗产，其中不再包含夫妻共同财产；被继承人包某琇公积金、补充公积金、基本养老金、年金账户余额的 2/3 应归包甲、周某某所有；由于为被继承人办理丧葬事宜已经花费 14 000 余元且还需为被继承人购买墓地，故丧葬补助金应归包甲、周某某所有；基金赎回款已在被继承人生前全部花用，不应作为遗产分割。包乙、黄某某则表示，被继承人公积金、补充公积金、基本养老金、年金账户余额中均包含其与黄某某的夫妻共同财产，应先析产后继承；对丧葬补助金归包甲、周某某所有无异议。

被继承人包某琇死亡后，其个人医疗账户资金清算金额 1 885.11 元已由包甲、周某某之子周某峰领取。

一审审理中，包乙、黄某某表示对于被继承人的个人医疗账户资金不再主张。

[法律问题]

1. 本案中所列举财产都是遗产吗？

2. 确定遗产范围中的法律难题有哪些？

[参考结论与法理精析]

（一）法院意见

一审法院经审理后认为，遗产是公民死亡时遗留的个人合法财产。继承开始后，按照法定继承办理；有遗嘱的，按照遗嘱继承或者遗赠办理；有遗赠扶养协议的，按照协议办理。第一顺序继承人包括配偶、子女、父母。同一顺序继承人继承遗产的份额，一般应当均等。对被继承人尽了主要扶养义务或者与被继承人共同生活的继承人，分配遗产时，可以多分。夫妻在婚姻关系存续期间所得的共同所有的财产，除有约定的以外，如果分割遗产，应当先将共同所有的财产的一半分出为配偶所有，其余的为被继承人的遗产。遗产在家庭共有财产之中的，遗产分割时，应当先分出他人的财产。共有人对共有的不动产或者动产没有约定为按份共有或者共同共有，或者约定不明确的，除共有人具有家庭关系等外，视为按份共有。

　　本案中，被继承人包某琇生前未留有效遗嘱或遗赠扶养协议，故本案应按法定继承处理。根据双方当事人与包某琇之间身份关系，法院确认包甲、周某某和包乙作为包某琇的第一顺位继承人均有权继承包某琇的遗产。

　　关于系争房屋的析产继承问题，根据系争房屋的产权登记情况、产权人之间的家庭关系以及包某琇与黄某某离婚时的约定，应认定系争房屋产权由包甲享有 25%、被继承人包某琇享有 50%、包乙享有 25%，即系争房屋 50%的产权属于被继承人包某琇的遗产。随着包某琇的死亡，系争房屋共有人之间的共有基础已经发生重大变化，故包甲、周某某要求析产继承系争房屋的请求于法有据，法院予以准许。考虑到包乙仅有系争房屋一处居所，且尚无独立收入来源，而包甲、周某某虽已高龄，但考量其经济来源及获赡养途径等因素，权衡之下，在遗产处理问题上，包乙更需要适当照顾。据此，法院认为系争房屋归包乙所有并酌情确定由包乙给付包甲、周某某相应房屋折价款 520 000 元。

　　关于被继承人包某琇名下其他财产的分配问题，包某琇名下的公积金、补充公积金、基本养老保险以及年金等账户内资金或份额，系包某琇经多年积累所得的财产，其中婚后所得部分应视为夫妻共同财产，且该部分财产在离婚诉讼中并未提及也未分割，现包乙、黄某某提出对这些财产进行析产继承的请求于法不悖，法院予以准许。根据相关账户明细、被继承人婚姻存续情况以及继承人范围等因素，兼顾计算与分配之便，法院酌情对被继承人包某琇名下的公积金等财产作如下处理：①公积金账户余额 36 798.50 元，由黄某某取得 17 778.50元，剩余部分由包甲、周某某和包乙各取得 1/3；②补充公积金账户余额 7229.83 元，由黄某某取得 3170.83 元，剩余部分由包甲、周某某和包乙各取得 1/3；③基本养老保险个人账户余额 79 584.30 元，由黄某某取得 39 201.30元，剩余部分由包甲、周某某和包乙各取得 1/3；④年金 29 712.09 份，由黄某某取得 14 802.09 份，剩余部分由包甲、周某某和包乙各取得 1/3。

　　此外，包乙、黄某某在庭审中同意丧葬补助金归包甲、周某某所有的意见于法不悖，法院予以准许。

　　原审法院据此作出判决：①系争房屋归包乙所有，包乙于判决生效之日起30 日内支付包甲、周某某房屋折价款 520 000 元；②被继承人包某琇名下的公积金账户余额 36 798.50 元，由黄某某取得 17 778.50 元，由包甲、周某某和包乙各取得 6340 元；③被继承人包某琇名下的补充公积金账户余额 7229.83 元，由黄某某取得 3170.83 元，由包甲、周某某和包乙各取得1353 元；④被继承人包某琇名下的基本养老保险个人账户余额 79 584.30 元，由黄某某取得39 201.30元，由包甲、周某某和包乙各取得 13 461 元；⑤被继承人包某琇名下的年金

29 712.09份，由黄某某取得14 802.09份，由包甲、周某某和包乙各取得4970份；⑥被继承人包某瑃的丧葬补助金28 150元归包甲、周某某所有。

二审法院维持原判。

（二）确定遗产范围中的法律难题

我国《继承法》第3条规定："遗产是公民死亡时遗留的个人合法财产……"此项简要的规定，事实上给理论界与实务界都留下了诸多困境。

第一，使用了"合法财产"，似乎不包括债务，即消极财产。从比较法的角度看，只有适用间接继承的英美法国家中，遗产的范围才不包括债务；而在大陆法系国家，绝大部分国家采用的是概括继承，因此遗产的范畴是包括债务的继承。同为大陆法系国家的我国，也采概括继承，但恰恰在遗产的定义上排除了债务。

第二，对于个人合法财产中具有人身性的财产，并未进行明确的排除。在实务中，遗产的法律难题也诸多，例如被继承人死亡之时在婚姻之内的，则首先需要进行夫妻析产。《继承法》第26条第1款的规定："夫妻在婚姻关系存续期间所得的共同所有的财产，除有约定的以外，如果分割遗产，应当先将共同所有的财产的一半分出为配偶所有，其余的为被继承人的遗产。"可见，在存在夫妻共同共有财产的情况下，分割遗产时，必须首先从共同财产中分出一半归生存的配偶所有，另外的一半才能作为被继承人的遗产。

我国《继承法》第26条第2款规定："遗产在家庭共有财产之中的，遗产分割时，应当先分出他人的财产。"家庭共有财产主要包括：家庭成员共同劳动积累的财产；家庭成员共同购置的财产；家庭成员共同继承、受赠的财产等。家庭成员在家庭共同财产中的份额，应当按照家庭成员的贡献大小、出资多少、应继承的份额等因素加以确定。这在家庭经营的个人工商户的情况下，并不是一件容易的事情。

拓展案例

案例一： 申诉人朱某善、马某、朱某明、李某琴与被申诉人朱某丽、原审被告朱某会被继承人债务清偿纠纷案[1]

[基本案情]

2004年1月4日，朱某善的三儿子朱某勇借朱某丽现金90 600元，并出具

---

〔1〕 河南省驻马店市中级人民法院，（2011）驻民再终字第16号，载http://ws.hncourt.gov.cn/paperview.php? id=1071962，访问日期：2015年9月20日。

借条一份。借条载明："今借朱某丽现金玖万零陆佰元整（90 600 元）。朱某勇，2004 年元月 4 号。"2007 年 10 月 10 日，朱某勇因车祸在山西省阳泉市死亡。2007 年 11 月 7 日，李某琴以死者妻子的名义同死者兄长朱某会一起到山西省找死者生前的雇主李某秋协商赔偿事宜。李某秋一次性赔偿受害人的近亲属丧葬费、被抚养人生活费、死亡赔偿金共计 17 万元，2007 年 11 月 8 日李某秋将该款汇入朱某会账户。2008 年 3 月 21 日原审法院依朱某丽财产保全的申请对该款中的部分款项予以冻结。另查明，李某琴和朱某勇于 1991 年 9 月 19 日生育一子朱某明，现跟随李某琴生活。双方于 1994 年离婚。朱某勇兄妹六人。还查明，朱某勇的宅基由其父亲朱某善建房居住。李某琴现居住的房屋系 2002 年在朱某民（朱某勇的二哥）宅基上所建。

一审法院认为，朱某丽将 90 600 元现金出借给朱某勇，事实清楚，证据充分，予以确认。朱某丽无证据证明朱某勇遗留有财产，对朱某丽请求朱某善等人在继承死者生前遗产范围内承担责任，不予支持。关于死亡赔偿金应否用来清偿死者生前债务的问题。2001 年，《最高人民法院关于确定民事侵权精神损害赔偿责任若干问题的解释》将死亡赔偿金界定为"精神损害抚慰金"，该解释第 9 条规定："精神抚慰金包括以下方式：①致人残疾的，为残疾赔偿金；②致人死亡的，为死亡赔偿金；③其他损害情形的精神抚慰金"。2003 年，《最高人民法院关于审理人身损害赔偿案件适用法律若干问题的解释》第 17 条、第 18 条将死亡赔偿金和精神抚慰金分成两个不同的赔偿项目。该司法解释第 29 条规定："死亡赔偿金按照受诉法院所在地上一年度城镇居民人均可支配收入或者农村居民人均纯收入标准，按 20 年计算"。上述规定表明，死亡赔偿金采取的是"继承丧失说"。确定死亡赔偿金的性质是对未来收入损失的赔偿，其性质属财产损失赔偿，而非"精神抚慰金"。死亡赔偿金虽不是遗产，但从财产损失赔偿的性质，结合"继承丧失说"理论，死亡赔偿金明显带有遗产的属性。对死亡赔偿金的分配法律未明确规定，通说应以《继承法》第 10 条规定的法定继承顺序而定。基于此，债权人优先于法定继承人受偿，符合我国《继承法》规定的死者的继承人继承遗产前必须先以遗产清偿债务的精神，也符合公平原则。具体到本案，计算出赔偿义务人支付的丧葬费及专属于被抚养人的生活费外，其余的死亡赔偿金应当首先清偿死者朱某勇生前债务。因赔偿义务人李某秋一次性赔偿丧葬费、被抚养人的生活费、死亡赔偿金共计 17 万元未进行分项，本案还存在如何区分赔偿项目金额、优先计算哪一赔偿项目的问题。死者丧葬费是必然发生的费用，应先从 17 万元中列出；被抚养人的生活费专属于死者的近亲属，应优先债权人受偿。如有剩余则可清偿债务。本案中，朱某勇的丧葬费 9150 元，朱某明的生活费 2253 元，朱某善的生活费 4881 元，马某的生活费

5633 元，以上合计为 21 917 元。从 17 万中减去 21 917 元，朱某勇的死亡赔偿金为148 083元。关于本案义务主体问题，朱某明、朱某善、马某系朱某勇第一顺序法定继承人，其应在获得的死亡赔偿金范围内承担还款责任。朱某明系未成年人，其还款责任应由监护人李某琴从朱某明应取得的死亡赔偿金中支付。李某琴虽不是法定继承人，但其在处理朱某勇赔偿一事中，以朱某勇配偶的身份实际取得了死亡赔偿金，亦应承担还款责任。朱某会不是第一顺序法定继承人，不应得到赔偿，也无证据证明朱某会实际取得了赔偿金，其与李某秋订立事故赔偿协议及后来赔偿款存入朱某会的账户，应视为代理行为，其不应承担责任。一审法院判决：①朱某善、马某、朱某明、李某琴于本判决发生法律效力之日起 5 日内，以所获取的死亡赔偿金清偿朱某勇生前所借朱某丽人民币 90 600 元；②驳回朱某丽由朱某善、马某、朱某明、李某琴、朱某会在继承朱某勇生前遗产范围内清偿债务的诉讼请求；③驳回朱某丽由朱某会在获取遗产范围内清偿债务的诉讼请求。

二审法院维持原判。

后河南省人民检察院抗诉认为，本院（2009）驻民三终字第 516 号民事判决适用法律确有错误，认定"死亡赔偿金明显带有死亡受害人遗产的属性，应以其偿还朱某勇生前所欠债务"不当。理由是：①死亡赔偿金是对死者近亲属的未来收入损失的赔偿。关于死亡赔偿金的性质，《最高人民法院关于审理人身损害赔偿案件适用法律若干问题的解释》第 17 条和第 18 条的规定已明确其不是精神损害抚慰金，但对于死亡赔偿金究竟是对谁的何种损害的赔偿，该司法解释并无规定。参照最高人民法院就广东省高级人民法院《关于死亡赔偿金能否作为遗产处理的请示》作出的（2004）民一他字第 26 号《关于死亡赔偿金能否作为遗产处理的复函》，该复函指出"空难死亡赔偿金是基于死者死亡对死者近亲属所支付的赔偿。获得空难死亡赔偿金的权利人是死者近亲属，而非死者。故空难死亡赔偿金不宜认定为遗产"。根据最高人民法院的相关司法解释和复函可以明确，死亡赔偿金并不是对死者生命权侵害的救济和赔偿，因为当自然人遭受人身损害死亡后，其权利能力即消灭，死者不可能以权利主体资格主张死亡赔偿，死亡赔偿金的请求权归属于死者的近亲属，系对死者近亲属未来收入损失的赔偿，具有专属性质；②死亡赔偿金不属于遗产范围，死亡受害人的债权人无权主张受害人近亲属在获得死亡赔偿金范围内清偿受害人生前所负债务。《继承法》第 3 条规定："遗产是公民死亡时遗留的个人合法财产。"遗产应当是公民生前取得的合法财产，而死亡赔偿金是在受害人死后才产生的，在死者死亡时并不现实存在，不属于公民死亡时遗留的个人合法财产。根据债权的相对性原理，债权人只能主张死者的继承人在继承死者遗产范围内承担清偿债务责任。本案中法院虽然认定死亡赔偿金不是遗产，但却以其明显带有死亡受害人遗产的属性为由，判定朱某善、马某、朱某明、李某琴在获取死亡赔偿金范围内清偿朱某勇生前所借朱某丽 90 600 元债务，缺乏相应的法律依据。

再审法院认为，本案的争议焦点为：原审判决用死亡赔偿金来偿还朱某勇生前所欠朱某丽的 90 600 元债务是否适当？关于死亡赔偿金的性质，根据《最高人民法院关于审理人身损害赔偿案件适用法律若干问题的解释》第 29 条规定"死亡赔偿金按照受诉法院所在地上一年度城镇居民人均可支配收入或者农村居民人均纯收入标准，按 20 年计算。但 60 周岁以上的，年龄每增加 1 岁减少 1 年；75 周岁以上的，按 5 年计算"，死亡赔偿金是按死者余命年龄计算得出的，而不是按继承人收入得出的，死亡赔偿金的计算方法表明，死亡赔偿金从性质上看属财产损失赔偿，是对死者余命年龄可得收入的赔偿，而非对死者近亲属的未来收入损失的赔偿。死者如若生存，在未来其所获得的收入扣除生活必需费用之后必然要用于偿还死者所负债务，偿还债务后有剩余的，才可能为其继承人所继承。因此，死者生前依法应由死者承担的合法债务用依附于死者身份而存在的死亡赔偿金来偿还于法并不相悖。另，从死亡赔偿金的实际分配顺序看，死亡赔偿金的分配亦参照《继承法》规定的遗产分配顺序和范围。据此，死亡赔偿金参照遗产用于偿还死者生前债务符合我国《继承法》规定的死者的继承人继承遗产前必须先以遗产清偿债务的精神，而且从衡平死者继承人与死者债权人之间利益的角度考虑，也符合民法的基本原则——公平原则。综上，再审法院维持原判。

案例二：胡某某与上诉人朱某某、成某甲、成某乙、成某丙、成某丁、刘某某被继承人债务清偿纠纷案[1]

[基本案情]

朱某某之夫，成某丁、刘某某之子成某戊于 2012 年曾向胡某某购买过建材，同年 5 月 21 日，经双方结算，成某戊在销货清单上签字确认差欠胡某某货款 76 682 元，后胡某某多次向成某戊追收未果。2013 年 5 月 20 日，成某戊驾驶农用车到镇雄县乌峰镇某某村某某砂厂拖砂，行至某某村某某采石场公路段时，被该采石场的滚石砸中死亡，农用车辆被损坏，事故发生后，某某采石场与成某戊的亲属达成赔偿协议，由某某采石场一次性赔偿朱某某、成某丁、刘某某死亡赔偿金、丧葬费、被抚养人生活费及被损坏农用车的赔偿费合计 85.60 万

---

〔1〕 云南省昭通市中级人民法院，（2015）昭中民二终字第 115 号，载 http：//www.court.gov.cn/zgcpwsw/yn/ynsztszjrmfy/ms/201507/t20150731_9905327.htm，访问日期：2015 年 10 月 7 日。

元，其中被损坏农用车的赔偿款为 5 万元，该协议已履行。

一审法院经审理认为：成某戊差欠胡某某的货款，本应由成某戊清偿，因成某戊死亡，依照我国《继承法》的规定，遗产的继承人应当在遗产价值范围内清偿被继承人的债务。结合本案分析，被继承人成某戊被滚石损坏的农用车属成某戊与朱某某的夫妻共同财产，某某采石场已支付朱某某、成某丁、刘某某的农用车赔偿款中应分出一半为朱某某所有，剩余的为成某戊的遗产，朱某某、成某甲、成某乙、成某丙、成某丁、刘某某已继承了该遗产，依法应在该遗产范围内清偿成某戊差欠胡某某的债务，朱某某、成某丁、刘某某不同意偿还的理由不能成立，不予采纳。由于成某甲、成某乙、成某丙系限制民事行为能力人或无民事行为能力人，其民事责任依法应由法定代理人朱某某承担。胡某某提出朱某某六人所获得的死亡赔偿金属被继承人成某戊的遗产，根据我国继承法的规定，遗产是公民死亡时遗留的个人合法财产，而死亡赔偿金是被侵权人死亡后，侵权人对死者近亲属所作出的赔偿，所有权为死者的近亲属，并不是被侵权人死亡时所遗留的财产，因此，死亡赔偿金不属于我国《继承法》所规定的遗产范围，胡某某主张以死亡赔偿金清偿债务，于法无据，不予支持。另外，除某某采石场对被损坏农用车的赔款外，被继承人成某戊是否还有其他遗产，胡某某未能提供证据予以证明。据此，一审法院依照《民法通则》第 108 条及《继承法》第 3 条、第 10 条、第 26 条、第 33 条之规定，判决：①由朱某某、成某丁、刘某某负连带责任共同偿还被继承人成某戊差欠胡某某的货款人民币 25 000 元，限判决生效后 10 日内履行（由于胡某某的起诉案由为被继承人债务清偿纠纷，诉讼请求为朱某某六人连带清偿被继承人成某戊所欠货款，其未主张争议货款为夫妻共同债务或朱某某应就其个人所欠夫妻共同债务进行偿还，因此法院认为此争议不属于本案的审理范围）；②驳回胡某某其他诉讼请求。

[问题与思考]

1. 死亡赔偿金是否应当划入遗产的范围？

2. 是否应当用于清偿被继承人的债务？

[重点提示]

回答上述问题，需关注这样几个方面：①侵害生命权的损害赔偿请求权是归死者还是归继承人？②死亡赔偿金的计算标准是什么？③死亡赔偿金的所有权人是谁？

第二节 继承人之间的共有关系

经典案例

林某龙与吴某晖、陈某雪、林某文、林某鸿
物权保护纠纷[1]

[基本案情]

原告陈某雪与林某河生前系夫妻关系，二人育有长子林某文、次子林某鸿。2002 年 3 月 5 日，杨某云与林某河生育一子，即原告林某龙。2010 年 2 月 26 日，林某龙向台湾地区士林地方法院提起诉讼，台湾地区士林地方法院依林某龙申请对林某龙、生母杨某云及林某河留存于该院的组织进行亲子血缘鉴定，并作出判决，确认林某龙与林某河亲子关系的存在。

2003 年，林某河购买了位于厦门市思明区禾祥西路 12 号 1502 室的房产，建筑面积 279.7 平方米，登记在原告陈某雪名下。2008 年 12 月 3 日，林某河于台湾地区病故。2009 年 5 月 18 日，原告陈某雪与被告吴某晖签订一份《厦门市房地产买卖合同》，将上述房屋以 4000 元每平方米，总价款 111.88 万元出卖给吴某晖，并于 2009 年 7 月 20 日办理了产权过户登记手续。原告林某龙知晓后向法院提起诉讼，请求确认上述房屋买卖合同无效，并确认林某龙作为共同共有人有继续保管、使用讼争房屋的权利。后厦门市思明区人民法院经审理认为，林某河去世后，其配偶陈某雪、其婚生子林某文、林某鸿，非婚生子林某龙为法定继承人，讼争房产系林某龙与陈某雪等共有人共同共有，陈某雪处分该讼争房屋时未经林某龙同意，出卖该不动产的行为系无权处分，同时由于吴某晖取得该不动产的所有权并不构成善意取得。该院判决 [（2009）思民初字第 10887 号]：①陈某雪与吴某晖于 2009 年 5 月 18 日签订的《厦门市房地产买卖合同》无效；②林某龙作为共有人依法享有继续保管、使用位于厦门市思明区禾祥西路 12 号 1502 室的房产的权利。后福建省厦门市中级人民法院、福建省高级人民法院均维持上述判决。

现原告林某龙起诉请求法院判令被告吴某晖将厦门市思明区禾祥西路 12 号

---

〔1〕 福建省厦门市海沧区人民法院，（2013）海民初字第 319 号，载 http：//www. court. gov. cn/zgcpwsw/fj/fjssmszjrmfy/smshcqrmfy/ms/201401/t20140121_257105. htm，访问日期：2015 年 9 月 22 日。

1502 室房屋权属办理过户登记给原告林某龙及陈某雪、林某文、林某鸿四位共同共有人。原告陈某雪、林某文、林某鸿述称，陈某雪与吴某晖签订的《房屋买卖合同》是有效的，如该合同被认定无效，请求恢复至房屋交易前的状态，即产权过户至陈某雪的名下。

[法律问题]

1. 被继承人死亡后遗产分割前，在共同继承的情形下遗产的归属如何认定？

2. 继承权回复请求权行使的条件是什么？如何行使？

[参考结论与法理精析]

（一）法院意见

厦门市海沧区人民法院认为，本案争议的焦点是陈某雪与吴某晖于 2009 年 5 月 18 日签订的《厦门市房地产买卖合同》被判令无效后，吴某晖应将讼争房产过户至陈某雪名下还是陈某雪、林某文、林某鸿、林某龙名下？根据《侵权责任法》第 2 条规定，侵害民事权益，应当依照本法承担侵权责任。本法所称民事权益，包括生命权……继承权等人身、财产权益。该法明确将继承权视为民事权益的一种，并作为侵权法保护的客体。本案中，根据已生效（2009）思民初字第 10887 号民事判决认定，林某河去世后，其配偶陈某雪、其婚生子林某文、林某鸿，非婚生子林某龙为法定继承人，讼争厦门市思明区禾祥西路 12 号 1502 室房产在进行夫妻财产分割后剩下的部分属于林某河的遗产，遗产未分割之前属于陈某雪与林某龙等继承人共同共有，陈某雪在未经其他共同共有人的同意情况下，出卖该房产，侵害了其他继承人的继承权，其他继承人可以请求法院通过诉讼程序予以保护，以恢复其继承权，理论上称之为继承权回复请求权。继承权回复请求权是遗产标的物返还请求权，被侵权的继承人行使继承回复请求权后，基于其对于继承之财产物权的追及效力可以请求受让遗产的第三人返还该遗产，但第三人受让遗产构成善意取得的除外。本案中，吴某晖取得该不动产的所有权并不构成善意取得，法院判决陈某雪与吴某晖于 2009 年 5 月 18 日签订的《厦门市房地产买卖合同》无效后，原告林某龙有权行使继承权回复请求权，直接要求被告吴某晖返还遗产，并办理房屋权属过户登记，无需先将讼争房产过户至陈某雪名下再进行析产。陈某雪、林某文、林某鸿、林某龙作为林某河的法定继承人，均未表示放弃继承，因此，原告要求被告吴某晖将厦门市思明区禾祥西路 12 号 1502 室房屋权属办理过户登记给原告林某龙及陈某雪、林某文、林某鸿四位共同共有人，符合法律规定，本院予以支持。至于各继承人对被继承人林某河的遗产所应继承份额以及如何分割讼争房产问题，如产生争议，可另行主张，不属本案审理的范围。据此，法院判决如下：被告吴某晖于本判决生效之日起 10 日内将厦门市思明区禾祥西路 12 号 1502 室房屋权属办理过户登记给原告林某龙、陈某雪、林某文、林某鸿共同共有。

（二）在共同继承的情形下，被继承人死亡后遗产分割前遗产的归属如何认定？

继承开始后，如果继承人只有一人，则由该继承人单独享有遗产的所有权；如果继承人为数人，则属各继承人共同继承遗产。

对于共同继承时，自继承开始到遗产分割期间，遗产的归属如何确定，立法上有两种主义：①按份共有主义，此立法主义始于罗马法，当代法国、日本、奥地利等国采此主义。采取按份共有主义立法例贯彻个人主义思想，主张自继承开始后，各共同继承人不仅对遗产整体有其应继份，而且对于构成遗产的各个标的物上亦有其应有部分；②共同共有主义，此种立法主义始于日耳曼法，当代则以德国为代表，瑞士及我国台湾地区属于此种类型。共同共有主义贯彻团体主义思想，认为在继承开始后，遗产作为共同体归属于全体共同继承人，各共同继承人对构成遗产的各个财产没有自己的应继份，只是对遗产整体享有自己的应继份，而且其应继份为潜在的、不确定的。[1]

我国《继承法》并没有对此问题作出规定，但在最高人民法院《关于贯彻执行〈中华人民共和国民法通则〉若干问题的意见（试行）》第177条中规定，继承的诉讼时效按继承法的规定执行。但继承开始后，继承人未明确表示放弃继承的，视为接受继承，遗产未分割的，即为共同共有。诉讼时效的中止、中断、延长，均适用民法通则的有关规定。但是该条规定已被最高人民法院明文废止，原因是与《物权法》规定相冲突。[2]而我国理论及司法判决多支持共同共有的观点。因为是共同共有财产，所以非经全体继承人一致同意，不得处分属于遗产之各个财产，擅自处分者其行为构成效力待定。但是，善意第三人得受占有和登记公信力的保护。

值得说明的是，继承人之间的共有是一种非常特殊的共有。首先，这是一种非合意的共有；其次，任何继承人随时可以请求分割遗产以解除此类共有；最后，共有人之一占用、使用全部遗产，是否构成不当得利，法律并未规定，实务中多有争议。因此，不管未来立法认定为共同共有还是按份共有，继承人之间形成的共有都是不同于现行《物权法》中的共有，《物权法》关于共有的规定，很难适用于此类共有，因此只有期待未来立法修订的时候进行单独规定。

---

〔1〕 杨立新、朱呈义：《继承法专论》，高等教育出版社2006年版，第280页。

〔2〕《最高人民法院关于废止2007年底以前发布的有关司法解释（第七批）的决定（法释〔2008〕15号）》规定：《最高人民法院关于贯彻执行〈中华人民共和国民法通则〉若干问题的意见（试行）》第88条、第94条、第115条、第117条、第118条、第177条，与《物权法》有关规定冲突。

拓展案例

张某与王甲、王乙、王丙所有权确认纠纷案[1]

[基本案情]

王甲、王乙、王丙的母亲张某珍与王某友原系夫妻，居住在原乌鲁木齐市人民公园北街 9 号，户籍登记两人共有子女五人，其中长女王乙，次女王甲，长子王某忠（王某友前妻所生，1953 年 2 月出生），次子王丙，四女王丁（1972 年 6 月 22 日出生，后更名为张某）。1994 年 9 月 23 日，张某珍将户籍从扬子江路派出所迁出，迁出地址为公园北街 9 号，迁入地址为胜利路养路总段，落户至三角碑路 28 号平 5 栋 4 号。2003 年，王某忠所在单位乌鲁木齐市公路管理局福利分房，王某忠分得位于乌鲁木齐市大湾南路 851 号 6 栋 2 层 3 单元 202 室房屋一套。2004 年 1 月 25 日，王某忠去世后，张某珍取得该房屋的所有权证书。2008 年 10 月 27 日张某珍去世。2008 年 12 月 24 日，经张某申请，乌鲁木齐市第二公证处作出（2008）新乌证内字第 25794 号继承权公证书，内容为："被继承人王某忠和其妻子张某珍共同遗留住房一套，该房产位于乌鲁木齐市天山区大湾南路 851 号 6 栋 3 单元 202 室（建筑面积 84.5 平方米）……被继承人的上述遗产由女儿张某一人继承"。次日，张某在房产部门办理转移登记，并取得房屋权属证书。

法院审理认为，从王甲、王乙、王丁三人提交的户籍登记信息及迁移证中所记载的内容反映，张某珍的户籍迁入迁出情况可以前后衔接，能够证实诉争房屋的原所有权人张某珍与户口底卡中登记的张某珍系同一人。从户口底卡中显示，王甲、王乙、王丙均为张某珍的子女，且从 1976 年起登记在同一户籍中，至 1994 年才逐步分户。根据张某取得诉争房屋所依据的（2008）新乌证内字第 25794 号公证书内容反映，该公证书认定张某珍、王某忠只有张某一位继承人，此内容与事实不符。即使王丙认可其帮助张某办理了继承权公证，但没有证据显示王甲、王乙不具有继承张某珍财产的资格，或其明确放弃继承张某珍财产的权利，故该公证书不能作为确定诉争房屋权利的依据，张某依据该公证书取得的诉争房屋所有权应属无效。针对张某认为本案已超过诉讼时效的主张，法院认为，本案系所有权确认纠纷，对物权所有权而言，不应受到诉讼时

---

〔1〕 新疆乌鲁木齐市中级人民法院，（2014）乌中民四终字第 687 号，载 http://www.court.gov.cn/zgcpwsw/xj/xjwwezzqwlmqszjrmfy/ms/201411/t20141113_4075229.htm，访问日期：2015 年 9 月 25 日。

效的限制。综上，法院判决：张某依据（2008）新乌证内字第25794号公证书取得位于乌鲁木齐市天山区大湾南路851号6栋2层3单元202室住房的所有权无效。

［问题与思考］

1. 本案是继承纠纷还是所有权确认纠纷？
2. 本案是否适用诉讼时效？

［重点提示］

回答上述问题，需关注这样几个方面：①继承权回复请求权的性质是什么？②共同继承人在遗产分割之前享有的是继承权还是所有权？

第三节　遗产的分割

经典案例

尹某玲与尹某奎法定继承纠纷案[1]

［基本案情］

原告尹某玲、被告尹某奎均为尹某春、王某华夫妇生育的子女。尹某春于1975年去世，王某华于2005年去世。王某华生前无遗嘱，亦未与他人签订遗赠扶养协议，除原、被告外，王某华无其他法定第一顺序继承人。原、被告双方诉争的房屋原为原、被告父亲尹某春所在单位四川省工业设备安装公司公房，房屋租金由该公司按月从尹某春工资中扣除。1975年，尹某春去世后，从1977年起至1998年房改时止，房屋租金由四川省工业设备安装公司按月从被告工资中扣除。该房经1989年、1998年两次房改后，于1999年5月7日在成都市房屋产权监理处登记确认产权人为王某华。2005年1月18日，王某华逝世后，该房由被告使用并对外出租。2010年4月26日，被告隐瞒了原告同为王某华法定继承人的事实，向成都市国力公证处申请继承权公证，成都市国力公证处于2010年4月27日以（2010）川国公证字第30250号公证书确认：被继承人王某华遗留的个人所有的房屋由被告一人继承。被告于2010年4月28日以产权证遗失为由，向成都市房屋产权监理处提出补证申请，成都市房屋产权监理处根据

---

〔1〕　四川省成都市金牛区人民法院，（2010）金牛民初字第3536号，载 http://www.court.gov.cn/zgcp-wsw/sc/scscdszjrmfy/cdsjnqrmfy/ms/201412/t20141212_4703352.htm，访问日期：2015年9月25日。

被告的申请并以（2010）川国公证字第3xxx0号公证书于2010年5月7日将原登记的产权人王某华变更为被告一人。经原告申请，成都市国力公证处于2010年8月3日通过（2010）川国公证撤字第0xx号文，以被告"提供证明材料内容不实、隐瞒了其他法定继承人"为由，撤销了（2010）川国公证字第3xxx0号公证书。

另查明，原、被告双方诉争的房屋已被拆迁，经法院释明，原告于2010年9月20日申请将起诉时的诉讼请求"继承王某华的遗产、诉讼费由被告承担"变更为"确认原告在王某华的遗产中应享有的份额、诉讼费由被告承担"。

另查明，原、被告诉争的房屋水、电、气的户名为被告尹某奎，水、电、气费用一直由被告支付。王某华死后的所用墓穴的相关费用由被告支付。

[法律问题]

继承人对遗产的应继份如何确定？

[参考结论与法理精析]

（一）法院意见

法院认为，公民的合法权益应当受到法律保护。原、被告双方诉争的房屋房改前为原、被告父亲尹某春所在单位四川省工业设备安装公司公房，尹某春去世后至房改前，被告虽支付了该房的租金，但该房的产权性质仍未发生改变。房改后，该房在成都市房屋产权监理处登记的产权人为原、被告母亲王某华，王某华在尹某春去世后并未再婚，因此，根据不动产登记公示原则该房为王某华所有。

根据《继承法》第13条第3款之规定，对被继承人尽了主要扶养义务的继承人分配遗产时可以多分，审理中原、被告均主张自己对被继承人王某华尽了主要扶养义务，原告没有提供相应的证据，被告提供了支付水、电、气费用的相关凭据及为被继承人购买墓穴的相关凭证，原告对被继承人尽了主要扶养义务的主张本院不予支持，对被告对被继承人尽了主要扶养义务的主张予以支持。但根据最高人民法院《关于贯彻执行〈中华人民共和国继承法〉若干问题的意见》第59条"人民法院对故意隐匿、侵吞或争抢遗产的继承人，可以酌情减少其应继承的遗产"之规定，被告隐瞒了原告同为王某华法定继承人的事实，向成都市国力公证处申请继承权公证，并以不真实的公证书将被继承人的房屋过户到自己一人名下，侵害了原告的合法继承权。结合被告上述"可以多分"与"可以酌情减少其应继承的遗产"的因素，法院认为对被继承人王某华的遗产即诉争房屋应均等分配给原、被告为宜。由于该房屋已被拆迁，因此，原、被告对位于成都市金牛区人民北路肖家村16栋1单元3楼7号的房屋因拆迁进行的补偿安置中各享有50%的份额。

据此，法院判决如下：原告尹某玲与被告尹某奎在被继承人遗产即诉争房屋因拆迁进行的补偿安置中各享有 50% 的份额。

（二）继承人对遗产的应继份如何确定？

应继份，是指同一顺序数名继承人共同继承时，各继承人取得被继承人的财产权利和财产义务的比例或份额。我国《继承法》规定的法定应继份，在采取等份额原则的前提下，允许有一定的灵活性。即在同一顺序法定继承人原则上均分遗产的前提下，根据法定继承人的具体情况允许适当多分、少分或不分遗产。根据我国《继承法》第 13 条[1]的规定，确定法定继承的遗产分割。

在实践中，由于《继承法》第 13 条对"酌情多分"与"酌情少分"的规定过于笼统，各地法院裁判的尺度非常不一致。

例如，最高人民法院《关于贯彻执行〈中华人民共和国继承法〉若干问题的意见》第 59 条规定："人民法院对故意隐匿、侵吞或争抢遗产的继承人，可以酌情减少其应继承的遗产。"此项规定在审判实践中适用得也极少。

总之，遗产的分割并不存在商业逻辑支持，而通过简单的庭审很难核实所有继承人的具体情况，因此法官确实应当慎重适用酌情多分与酌情少分。

拓展案例

陈某某与张某甲法定继承纠纷案[2]

[基本案情]

原告陈某某（女方）与被告张某甲（男方）婚后生育一子张某乙，1986 年 12 月 2 日原、被告登记离婚，离婚协议约定："家具和男方的东西归男方，四双被归女方一双，女方的东西归女方，电视、洗衣机归女方。男孩 14 个月归男方，由女方代养，两周岁以后归男方抚养，在女方代养期间，由男方每月付给女方抚养费 300.0 元。"2003 年 2 月 13 日，本案争议房屋登记在张某乙名下，该时张某乙不满 18 周岁。2004 年 2 月 14 日，张某乙被杀害，集贤县法院判决刑事附带民事被告人赔偿刑事附带民事原告人陈某某 47 517.00 元。2006 年 7 月

---

〔1〕《继承法》第 13 条规定：同一顺序继承人继承遗产的份额，一般应当均等。对生活有特殊困难的缺乏劳动能力的继承人，分配遗产时，应当予以照顾。对被继承人尽了主要扶养义务或者与被继承人共同生活的继承人，分配遗产时，可以多分。有扶养能力和有扶养条件的继承人，不尽扶养义务的，分配遗产时，应当不分或者少分。继承人协商同意的，也可以不均等。

〔2〕黑龙江省集贤县人民法院，（2012）集民初字第 578 号，载 http：//www. court. gov. cn/zgcpwsw/hlj/hljssysszjrmfy/jxxrmfy/ms/201406/t20140625_1705896. htm，访问日期：2015 年 9 月 25 日。

5 日，陈某某将登记在张某乙名下的本案争议房屋出卖给王某某，协议约定："房照不过户，因原产权人是张某乙，若以后产权发生争议，均由陈某某负责。"后张某甲得知房屋出卖后，将房屋强行收回并居住。2008 年王某某将陈某某与张某甲诉至法院，法院于 2008 年 11 月 9 日判决"解除王某某与陈某某的楼房买卖合同，陈某某返还王某某购楼款 6.4 万元，一并赔偿两年的楼房出租损失 0.8 万元"，王某某就该判决款项向法院申请执行，但由于陈某某无执行能力执行案件中止。后陈某某向法院提起本次诉讼。

原告陈某某主张张某乙生前由陈某某抚养，张某乙给付过抚养费，被告张某甲予以否认，陈某某针对该主张未向法院提供证据证明。

法院审理认为，被告张某甲主张本案争议房屋是自己用个人财产购买后登记在张某乙名下的，该财产仍是张某甲的个人财产，关于本案争议房屋是张某甲个人财产，还是张某乙个人财产的问题，根据我国《合同法》第 185 条、第 186 条的规定，张某甲的这种行为，应当被认定为是将房屋无偿赠与给张某乙的行为，赠与行为成立并登记后，不得撤销，即该房屋已经成为张某乙的个人合法财产，该财产根据我国《继承法》第 3 条的规定，张某乙的父母均有权继承。关于继承的份额，《继承法》第 13 条规定："同一顺序继承人继承遗产的份额，一般应当均等。对生活有特殊困难的缺乏劳动能力的继承人，分配遗产时，应当予以照顾。对被继承人尽了主要扶养义务或者与被继承人共同生活的继承人，分配遗产时可以多分。有扶养能力和有扶养条件的继承人，不尽扶养义务的，分配遗产时，应当不分或者少分。继承人协商同意的，也可以不均等。"最高人民法院《关于贯彻执行〈中华人民共和国继承法〉若干问题的意见》第 30 条规定："对被继承人生活提供了主要经济来源，或在劳务等方面给予了主要扶助的，应当认定其尽了主要赡养义务或主要扶养义务。"本案被继承人张某乙，在陈某某与张某甲离婚时，双方协议张某乙由陈某某抚养至 2 周岁，现陈某某虽主张其尽了主要抚养义务，但由于其未向我院提供证据，故对其主张的事实本院不予认定。同时由于该房屋系由张某甲赠与给张某乙的，故应当认定张某甲对张某乙所尽抚养义务较多，故在分配张某乙的遗产时，张某甲应当适当多分，陈某某应当少分。同时最高人民法院《关于贯彻执行〈中华人民共和国继承法〉若干问题的意见》第 59 条规定："人民法院对故意隐匿、侵吞或争抢遗产的继承人，可以酌情减少其应继承的遗产。"而陈某某在张某乙去世后，明知张某甲有遗产继承权的情况下，私自将张某乙房屋出卖的行为，应当认定为是故意侵吞、争抢遗产的行为，故其还应当减少应得的份额。关于遗产分割的方法，《继承法》第 29 条规定："遗产分割应当有利于生产和生活需要，不损害遗产的效用。不宜分割的遗产，可以采取折价、适当补偿或者共有等方法处理"。本案争议房屋现由张某甲使用和管理，但张某甲现服刑于监狱，关于房屋的价值，现无法评估和认定，故遗产的分割，只能以共有为原则。综上，法院判决张某乙所有的房屋由张某乙的继承人陈某某、张某甲按份共有，其中陈某某享有的份额为20%、张某甲享有的份额为80%。

[问题与思考]

各继承人的应继份如何确定？

[重点提示]

回答上述问题，需关注这样几个方面：①如何判断继承人尽了主要扶养义务？②父母对子女的赠与对于认定父母尽了主要扶养义务是否产生影响？

第四节　无人承受遗产的处理

经典案例

李某明与天津市和平区体育馆房管站继承纠纷案[1]

[基本案情]

被继承人李某春系被告单位退休职工，2011年4月6日因病死亡，原告系被继承人李某春的侄子。被继承人李某春之父李某修于1970年11月28日死亡，被继承人李某春之母宋某文于1966年5月23日死亡。李某修与宋某文共生育四个子女，长子李某江（曾用名李甲江）系原告之父，于1988年4月29日死亡。次子即被继承人李某春。长女李某莲于2000年4月19日死亡，次女李某英于1994年8月27日死亡。被继承人李某春于1980年6月18日与赵某蓉离婚，双方婚生子李某贵于1982年4月13日死亡。被继承人李某春系智力残疾人，自1980年6月18日离婚后一直由其大哥李某江一家照顾其日常生活，李某江去世后，被继承人李某春继续与李某江之子即原告一家居住在一起，由原告为被继承人李某春养老送终。被告当庭确认单位如有任何事宜均与原告联系，且丧葬费用也由原告领取，但被告单位发放房屋补贴有相应的规定，原告无法提供相应的领取手续，故至今未予发放。

被告天津市和平区体育馆房管站称，我单位发放房屋补贴有明确的规定，

---

〔1〕　天津市和平区人民法院，（2014）和民一初字第0350号，载 http://www.court.gov.cn/zgcp-wsw/tj/tjsdyzjrmfy/tjshpqrmfy/ms/201407/t20140703_1942965.htm，访问日期：2015年10月6日。

根据津和房委办通（2006）4 号关于印发《关于落实区级机关和全额事业单位
老职工住房补贴发放的工作安排》的通知第 6 条第 1 项明确了发放住房补贴的
程序：职工去世，其法定继承人领取住房补贴的，由法定继承人提供本人身份
证及经过公证的继承文书。同时根据和平政（2006）36 号天津市和平区人民政
府文件第 2 条第 3 项规定：关于机关和全额事业单位去世职工住房补贴的发放。
对 1999 年 6 月 30 日出台住房货币分配政策以后去世的住房未达标职工，按职工
在世时应享受的政策发放补贴，由其法定继承人按规定程序领取。原告没有提
供相应的领取手续，所以我们没有将李某春的房屋补贴给付原告。

另查，根据天津市红桥区邵公庄街道洛川里社区居民委员会及天津市红桥
区人民政府邵公庄街道办事处联合开具的证明记载：李某春因智力残疾生活不
能自理，自 1980 年和妻子离婚后一直与李某明一家长期居住在一起，由李某明
承担了李某春全部的赡养义务，为李某春养老送终。

［法律问题］

1. 无人承受遗产应当如何处理？
2. 无人承受的遗产与遗产的酌给制度的关系是什么？

［参考结论与法理精析］

（一）法院意见

法院认为，原告系被继承人李某春的侄子，依据《继承法》的相关规定，
原告不属于被继承人李某春的法定继承人，对被继承人李某春的遗产不享有法
定继承权。现被继承人李某春的法定继承人全部先于其死亡，根据天津市红桥
区邵公庄街道洛川里社区居民委员会及天津市红桥区人民政府邵公庄街道办事
处联合开具的证明记载，原告基于亲情关系承担了被继承人李某春全部的赡养
义务，为李某春养老送终。根据《继承法》的相关规定及 1992 年 10 月 11 日
《最高人民法院关于被继承人死亡后没有法定继承人，分享遗产人能否分得全部
遗产的复函》，李某明可以分享被继承人李某春的全部遗产，故原告的诉讼请求
符合法律规定，本院予以支持。综上所述，法院判决如下：本判决生效之日起
15 日内，被告天津市和平区体育馆房管站给付原告李某明被继承人李某春的房
屋补贴 78 000 元。

（二）无人继承遗产的处理

无人继承的遗产是指没有继承人及受遗赠人承受的遗产。从实践来看，无
人承受的遗产主要包括：没有法定继承人、遗嘱继承人和受遗赠人的遗产；法
定继承人、遗嘱继承人全部放弃继承，受遗赠人全部放弃受遗赠的遗产；法定
继承人、遗嘱继承人全部丧失继承权，受遗赠人全部丧失受遗赠权的遗产。

如何处理无人承受的遗产？从各国的立法例来看，都采用无人承受的遗产

归国家所有的做法。但各国在对国家取得遗产的地位上存在着不同的认识，主要有以下两种观点：其一，继承权主义。认为国家是作为无人继承遗产的法定继承人而取得遗产的，如德国、瑞士法的规定。其二，先占权主义。认为国家由优先取得无人继承遗产的权利，如法国、美国法的规定。

我国继承法关于无人承受遗产的处理与其他国家的规定有所不同。按照我国《继承法》第 32 条的规定，"无人继承又无人受遗赠的遗产，归国家所有；死者生前是集体所有制组织成员的，归所在集体所有制组织所有"。可见，我国继承法是按照死者的身份来确定无人继承遗产的归属的。

但在实践中，真正由国家继承所有的案例非常罕见，更多是通过遗产的酌给制度来解决。遗产酌给请求权人是指除法定继承人以外，与被继承人生前形成一定扶养关系，依法可以分得适当遗产的人。遗产酌给请求权依法享有的可酌情分得适当遗产的权利，被称为遗产酌给请求权。

《最高人民法院关于被继承人死亡后没有法定继承人，分享遗产人能否分得全部遗产的复函》（1992 年 9 月 16 日）指出："经研究认为，沈某根与叔祖母沈某氏共同生活十多年，并尽了生养死葬的义务。依照我国《继承法》第 14 条的规定，可分给沈某根适当的遗产。根据沈某氏死亡后没有法定继承人等情况，沈某根可以分享沈某氏的全部遗产，包括对已出典房屋的回赎权。至于是否允许回赎，应依照有关规定和具体情况妥善处理。"此项复函被视为对尽了赡养义务的人的酌给请求权的明确确认。

拓展案例

上诉人黄某与被上诉人南车南京浦镇车辆
有限公司继承纠纷案[1]

[基本案情]

黄某与被继承人陈某和系朋友关系。2010 年 10 月 21 日，陈某和作为"住养方"、黄某作为"送养人或本市担保人"与南京市社会福利院（下称福利院）签订了《住养协议书》，约定由福利院为陈某和提供住养服务并按照标准收取相应费用。2010 年 10 月 27 日，黄某与陈某和在福利院签订《委托书》，载明"本人因年老独身无子女，生活不方便。随着年龄的增长，考虑今后的养老问题，

---

〔1〕　江苏省南京市中级人民法院，（2015）宁民终字第 2447 号，载 http：//www. court. gov. cn/zgcp-wsw/jiangsu/jssnjszjrmfy/ms/201507/t20150703_9204305. htm，访问日期，2015 年 10 月 3 日。

特委托朋友黄某作为我的监护人负责我的生活事宜：包括安排入住养老机构、缴纳养老费用和后事安排"。2012年10月21日，陈某和因心脏骤停死亡。

陈某和生前系浦镇车辆公司职工，自2010年10月至其死亡期间，陈某和的退休工资金额在每月1783.10元～2244.20元之间。陈某和每月在福利院的床位费、护理费、空调费、伙食费等各项费用之和平均约2000元。

2014年10月28日，黄某诉至原审法院，请求判决由黄某继承陈某和的全部遗产，包括应由浦镇车辆公司支付的住房公积金约4万元及陈某和所住公房今后拆迁的补偿款。

原审法院认为，继承从被继承人死亡时开始。继承开始后，按照法定继承办理；有遗嘱的，按照遗嘱继承或者遗赠办理；有遗赠扶养协议的，按照协议办理。黄某与死者陈某和之间系朋友关系，并非陈某和的法定继承人；陈某和生前未作出遗嘱或遗赠的意思表示，亦未与黄某签订遗赠扶养协议，故黄某不具有合法的继承人资格。黄某提交陈某和住在福利院期间的收费票据及其丧葬费用票据、《住养协议书》《委托书》等证据，用以证明黄某对陈某和尽到了赡养义务，故应当继承陈某和的遗产，原审法院认为，黄某提交的证据不能证明陈某和的各项费用均为黄某支付，且陈某和系浦镇车辆厂职工，其退休前、后都有固定的收入及医疗保险，具备负担自身生活和医疗的经济基础，黄某在庭审中亦认可陈某和在福利院期间的退休工资均用于缴纳福利院的费用，综上，黄某无充分证据证明其对陈某和尽到了赡养或扶养义务，故黄某要求继承陈某和遗产的请求，没有事实及法律依据，原审法院不予支持。原审法院据此驳回黄某的全部诉讼请求。

二审中，法院至南京市点将台社会福利院（原南京市社会福利院）进行了调查，被调查人刘某（原护理区主任）陈述，按照规定陈某和老人应由直系亲属送养，但由于其没有亲属，是由黄某送养的，送养时陈某和思维还很清楚，身体也不错，对黄某也很信任，事情都是交给黄某做，黄某每周平均来两三次，福利院如果需要她来，黄某也很配合福利院的工作，其认为黄某对老人态度始终如一。法院还至浦镇车辆公司找证人李某乙（黄某同事）、丁某（黄某朋友）进行了调查，李某乙陈述，平时单位发东西都是黄某给老人送过去，陈某和老人年纪大了，所以送养老院、请护工照顾，但黄某经常去养老院看陈某和，有时候老人年纪大了发脾气，黄某还经常安抚老人，证人认为黄某对老人很尽心尽力，很负责。当时老人写委托书给黄某的事情其也清楚，当时也没有想到写什么遗嘱，普通人也不懂法律上的事情。丁某陈述，陈某和系单身老人，黄某照顾她十几年了，老人对黄某很信任，什么事都找她办，老人也跟丁某说过，以后生老病死，都是黄某管，把她当作自己的女儿来看待，以前老人没住养老院时，生活起居都是黄某去照顾，丁某认为黄某对老人尽到了扶养义务。

二审法院认为，本案争议焦点是：上诉人黄某是否有权继承陈某和遗留的住房补贴。

根据本案原审查明的事实，虽然黄某作为陈某和的"送养人"与南京市福利院签订了《住养协议书》，且与陈某和签订了《委托书》，但黄某并不是陈某和的法定继承人，《住养协议书》或《委托书》的内容亦不能表明陈某和有将其财产遗赠给黄某的意思表示，故黄某不具有合法继承人的资格，黄某不能以继承人或受遗赠人的身份继承陈某和的遗产，原审法院对此节事实的认定无误。

陈某和生前无直系亲属在旁照顾，黄某作为其朋友在陈某和生前对其照顾较多，不仅在生活起居上进行了照料，在精神上也对陈某和进行了慰藉，在其身故后亦承担了丧葬的义务。虽然陈某和有退休工资及医疗保险，其生前在养老院的费用亦大部分由自己负担，但法院认为，对老年人的扶养并不仅限于财物的供养、劳务的扶助，更重要的是精神上的陪伴与抚慰，黄某作为独居老人陈某和的多年朋友，对其生活起居的帮扶及精神的慰藉应视为其尽了主要扶养义务，值得赞扬。根据《继承法》第14条的规定，对继承人以外的依靠被继承人扶养的缺乏劳动能力又没有生活来源的人，或者继承人以外的对被继承人扶养较多的人，可以分给他们适当的遗产。本案中，黄某虽不属于陈某和法定继承人，但对陈某和扶养较多，依法可以分给其适当的遗产。根据已查明的事实，陈某和无其他继承人，其应享受的老职工住房补贴经浦镇车辆公司测算约52 070元（具体数额以南京市房改办审核为准），该补贴为陈某和遗产，故法院认为陈某和应享受的老职工住房补贴约52 070元由黄某继承为宜。

[问题与思考]

本案是否具备适用遗产的酌给制度的条件？

[重点提示]

回答上述问题，需关注这样几个方面：①原告与被继承人是否定有有效的遗赠或遗赠扶养协议？②以精神赡养作为认定原告尽了主要扶养义务的依据之一是否符合法律规定？③被继承人具有负担自身生活和医疗的经济基础对于认定原告尽了主要扶养义务是否存在影响？

第十七章

遗产债务的清偿

知识概要

　　遗产债务即被继承人生前所欠的债务，本章主要探讨遗产债务的清偿问题。第一节论述的是遗产债务的范围，探讨丧葬费以及为照顾被继承人支出的费用是否属于遗产债务的问题；第二节论述的是限定继承原则，主要探讨限定继承原则的适用问题；第三节论述的是遗产债务的清偿方法，主要探讨遗产债务的清偿顺序，以及夫妻共同债务与遗产债务的区分及其关系。

第一节　遗产债务的范围

经典案例

李某某与郭某甲、张某甲婚姻家庭纠纷案[1]

[基本案情]

　　1971 年元月，郭某春与张某群结婚，婚后生育子女张某甲、郭某甲。1983 年，郭某春与张某群离婚，张某甲由张某群抚养，郭某甲由郭某春抚养。2009 年 8 月 17 日，李某某与郭某春登记结婚。2012 年 3 月 9 日，郭某春立下一份遗嘱，将郭某春与李某某共有的位于海口市椰海大道北侧和风鑫苑住宅小区 1 号某幢某房及 1－062 车位的权益由李某某继承，该遗嘱经海南省海口市琼崖公证处进行公证。同日，郭某春与李某某签订一份赠与协议书，郭某春将其名下位于海口市金贸中路某号某房产及室内的家具、电器及其他一切生活用品全部赠与李某某。2013 年 3 月 31 日 3 时，郭某春因病医治无效死亡。郭某春去世后，

---

〔1〕　海南省海口市中级人民法院，（2015）海中法民一终字第 693 号，载 http://www.court.gov.cn/zgcpwsw/hain/hnshkszjrmfy/ms/201507/t20150710_9449186.htm，访问日期：2015 年 10 月 7 日。

由李某某及张某甲、郭某甲为郭某春办理丧葬事宜，并约定椰海大酒店为丧葬接待点。张某甲为了处理郭某春的丧葬事宜支付费用 26 670 元，李某某为办理郭某春的丧葬事宜支付 51 770 元（已扣除单位报销 12 850 元），并领取郭某春所在单位的一次性补助 5000 元。李某某、张某甲、郭某甲将郭某春安葬在海口市颜春岭安乐园。李某某因安葬费用与张某甲、郭某甲协议不一引发诉争。现李某某诉至法院，要求张某甲向李某某支付 65 862 元殡葬费用，郭某甲向李某某支付 65 862 元殡葬费用。

另查，张某甲、郭某甲未获得郭某春的遗产，也未获得遗赠。海口市秀英区人民法院作出的（2013）秀民一初字第 1090 号民事判决书已确定张某甲、郭某甲分得抚恤金各 10%（即 26 545 元），李某某分得 212 360 元。

[法律问题]

1. 遗产债务的范围如何确定？
2. 被继承人的丧葬费用是否为遗产债务？

[参考意见与法理精析]

（一）法院意见

一审法院判决认定：根据最高人民法院《关于贯彻执行〈中华人民共和国继承法〉若干问题的意见》第 62 条："遗产已被分割而未清偿债务时，如有法定继承又有遗嘱继承和遗赠的，首先由法定继承人用其所得遗产清偿债务；不足清偿时，剩余的债务由遗嘱继承人和受遗赠人按比例用所得遗产偿还；如果只有遗嘱继承和遗赠的，由遗嘱继承人和受遗赠人按比例用所得遗产偿还。"郭某春去世后，郭某春的遗产均由李某某进行继承和受遗赠，张某甲、郭某甲系郭某春的子女，其仅依法享有抚恤金的分配权。该抚恤金系郭某春所在单位发放给直系亲属的精神抚慰金或者生活补助费，不属于遗产继承的范畴。张某甲、郭某甲未享受郭某春遗产的继承或遗赠。按法律规定，郭某春生前债务及丧葬费所花费用均属郭某春未清偿债务，该债务应由已接受遗嘱继承人和受遗赠人承担，故李某某请求张某甲、郭某甲承担郭某春的未清偿债务无事实及法律依据，原审法院不予支持；据此，法院判决驳回李某某的诉讼请求。

二审法院认为：丧葬费是对死者近亲属处理死者丧葬事务时所产生的相关费用。对死者的安葬是近亲属或遗产继承人应尽的义务，也是我国社会公序良俗的道德要求。因此，对丧葬费的支出，应当在死者的遗产中支付；如遗产实际价值不足以支付，由继承人或近亲属负担。对于丧葬费用问题，参考最高人民法院《关于审理人身损害赔偿案件适用法律若干问题的解释》第 27 条规定"丧葬费按照受诉法院所在地上一年度职工月平均工资标准，以 6 个月总额计算"及海南省公安厅交通警察总队琼公交警（2011）254 号《2011～2012 年度海南省道路交通事故人身损害赔偿项目和计算标准的通知》，认定 2011 年 9 月 1 日至 2012 年 8 月 21 日，职工平均工资为 31 025 元/年。因此，法定丧葬费用应为 15 512.5 元。对于超出法律规定的丧葬支出，应根据自愿原则及公平原则进行承担。李某某主张供品费 28 968 元，但其未能提供相关票据或是其他人证等证据予以证明，本院对此不予支持。对于 116 850 元的墓穴费用，考虑到系双人墓穴，李某某称墓穴是与张某甲、郭某甲共同商定却未能提供证据予以证实。结合李某某已获得了位于海口市椰海大道北侧和风鑫苑住宅小区 1 号某幢某房产及 1 - 062 车位的权益，位于海口市金贸中路某号某房产及室内的家具、电器及其他一切生活用品及 80% 共计 212 360 元的抚恤金，并且还可以获得海南省财政厅支付 30 402 元的经济补偿（其中部分未领取），而张某甲及郭某甲未获得郭某春的遗产，也未获得遗赠。因此二审法院维持原判。

（二）遗产债务的范围确定

遗产债务即被继承人生前所欠的债务，包括公债务和私债务。前者指被继承人生前依法应当缴纳的税款、罚款等，后者包括因合同、侵权、无因管理、不当得利以及其他原因所欠的个人债务。

在确定遗产债务时，应当注意以下几个问题：

1. 应当将遗产债务与家庭共同债务区分开来。家庭共同债务是家庭成员共同承担的债务，如为家庭成员生活需要而承担的债务。家庭共同债务应当用家庭共同财产来偿还，当然，家庭债务中应当由被继承人承担的部分也属于遗产债务。

2. 应当将遗产债务与夫妻共同债务区分开来。夫妻共同债务可分为两部分：一部分是为夫妻共同生活所负的债务，另一部分是夫妻共同生产、经营所负的债务。夫妻对于共同债务有负有连带清偿的责任，应首先用夫妻共同财产清偿；夫妻共同财产不足时，夫妻有义务以个人所有的财产清偿。夫或妻一方死亡的，生存一方应当对婚姻关系存续期间的共同债务承担连带清偿责任。[1]

3. 应当将遗产债务与继承费用区分开来。继承开始后，因遗产的管理、分割以及执行遗嘱，都可能要支出一定的费用。因为此部分费用对所有的利害关系人均有益，所以又被称为共益费用，包括遗产管理、清算、分割、执行遗嘱、保全等所支出的费用。继承费用与遗产债务的性质是不同的。继承费用属于遗产本身的变化，清偿遗产债务仅限于遗产的实际价值，而遗产的实际价值是扣除继承费用之后所剩余的价值。对继承费用，一般而言都应从遗产中优先支付，而不能列入遗产债务的范围。

---

〔1〕《最高人民法院关于适用〈中华人民共和国婚姻法〉若干问题的解释（二）》第 26 条。

（三）被继承人的丧葬费用是否为遗产债务？

对于丧葬费用是否属于遗产债务，有两种截然相反的观点：①肯定说。史尚宽先生认为，被继承人死亡宣告费用和埋葬费属于继承费用，也应该依我国台湾地区"民法典"第1150条的规定，按照关于遗产管理、分割及执行遗嘱之费用由遗产中支付的原则进行。[1] ②否定说。该说认为，应当将被继承人的债务同继承开始时，因殡葬被继承人所生之债相区别。因为殡葬被继承人是继承人应尽的义务。如《德国民法典》第1968条规定："继承人负担被继承人的丧葬费用。"我们赞同否定说。因为，从婚姻家庭法上讲，继承人与被继承人属于相互之间有扶养赡养义务的近亲属，生养死葬是扶养或赡养义务人履行义务的方式，因此，继承人有义务殡葬已故被继承人。为此而支出的费用，应由负有殡葬义务的继承人负担。

在本案中，一审法院认为"郭某春生前债务及丧葬费所花费用均属郭某春未清偿债务"的观点将丧葬费用归入遗产债务的范围，是错误的；而二审法院虽然认为"对死者的安葬是近亲属或遗产继承人应尽的义务"，但同时认为"对丧葬费的支出，应当在死者的遗产中支付；如遗产实际价值不足以支付，由继承人或近亲属负担"的观点也是错误的。丧葬费用应当由负有殡葬义务的继承人共同负担，不因其是否继承了遗产而有所区别。首先从遗产中支付，可能只是一种习惯做法，并无法律依据。

拓展案例

王某甲、王某乙与吴某被继承人债务清偿纠纷案[2]

［基本案情］

被继承人赵某珠与吴某系夫妻关系，于1984年12月26日登记结婚，双方均系再婚。王某乙系赵某珠之子，王某甲系赵某珠之女。2009年8月，赵某珠被确诊患有胰腺癌，后分别在杭州、香港进行治疗。2011年10月5日，赵某珠因胰腺癌病故于香港的律敦治及邓肇坚医院。治疗期间（2009年~2011年），赵某珠作为医保参保人员个人支付的医疗费用（含个人自理、自费、自负）共计人民币50 462.22元。2011年6月28日，赵某珠自费支付了肿瘤全身断层显

---

〔1〕 史尚宽：《继承法论》，中国政法大学出版社2000年版，第204~205页。

〔2〕 浙江省杭州市中级人民法院，（2013）浙杭民终字第3365号，载 http://www.court.gov.cn/zgcpwsw/zj/zjshzszjrmfy/ms/201406/t20140619_1566187.htm，访问日期：2015年10月7日。

像检查费等人民币9126元。2009年8月10日至2011年7月1日期间，因赵某珠患癌症需要购买抗癌药物及保健食材治疗，王某甲支付了港币662 800元（折合人民币532 228元）给香港的"浅中医"购买抗癌药物及保健食材，其中抗癌粉、解毒药（茶）剂等药物334 800港币（折合人民币268 844.40元）、冬虫夏草173 000港币、人参81 000港币、鲨鱼胶和炖汤料等74 000港币。赵某珠病故后，王某甲支付了安葬费用港币119 070元（折合人民币95 613.21元），并从社区领取了丧葬费用人民币14 200元。另查明，吴某、赵某珠夫妻原住的房屋因拆迁进行了产权调换安置。拆迁期间，吴某共领取了过渡费、拆迁补偿款、未足额安置补偿款人民币671 704.15元。吴某分四次已支付给赵某珠人民币90 749.5元。2010年10月，赵某珠以其身患重病需大量医疗费用而吴某不予支付致感情破裂为由向原审法院提起离婚诉讼。在审理过程中，双方经原审法院调解，自愿和好，同时双方约定，吴某于2010年11月8日前从所存的拆迁补偿款中支付赵某珠人民币33 999元；以后的拆迁安置过渡费均由吴某支付一半给赵某珠；回迁所产生的购置费用由双方各半承担。另，赵某珠在招商银行凤起支行的银行存款余额为人民币12 937.46元（截至2011年10月5日）。现王某甲、王某乙诉请法院：吴某将用于被继承人赵某珠治疗及丧葬的费用781 870元港币作为赵某珠的债务，从其遗产中向王某甲清偿；本案诉讼费用由吴某承担。

　　原审法院认为，本案的争议焦点在于王某甲为赵某珠支付的抗癌药物及保健食材款是否属于被继承人赵某珠债务以及债务金额的确定。王某甲作为赵某珠之女，在赵某珠患胰腺癌治疗期间，因其经济拮据，支付了港币662 800元（折合人民币532 228元）购买了巨额的抗癌药物及保健食材积极进行治疗、营养。从双方提交的证据及双方当事人的陈述分析，该总款项中既有治疗费用，又有孝心礼物费用。综合考虑对赵某珠的治疗及王某甲作为女儿的行孝，原审法院确定抗癌粉、解毒药（茶）剂等药物费用334 800港币（折合人民币268 844.40元）应作为赵某珠的医疗费用，而赵某珠在其与吴某的离婚诉讼中已有明确要求吴某以拆迁补偿款等支付其医疗费用的真实意思表示，故依据盖然性原则，原审法院确定该医疗费用作为赵某珠的债务处理，应从被继承人的遗产中清偿给王某甲。另王某甲在赵某珠病故后，支付了丧葬费用港币119 070元（折合人民币95 613.21元），吴某亦同意在遗产中先予支付王某甲该丧葬费用，但丧葬费用不属于遗产债务，故不宜在本案中审理。鉴于继承遗产应当清偿被继承人的债务，清偿债务以其遗产实际价值为限，现赵某珠遗产实际价值需另案确定，故原审法院对王某甲、王某乙关于债务的其他诉请不予支持。至于赵某珠在浙一医院的医疗费人民币59 588.22元，王某甲未能举证证明其支付了该款项，证据不足，原审法院不予支持。依照《民事诉讼法》第 64 条第 1 款、《民法通则》第 5 条、《继承法》第 33 条的规定，判决如下：①确认王某甲为赵某珠垫付的医疗费用 268 844.40 元为被继承人赵某珠的债务；②驳回王某甲、王某乙的其他诉讼请求。

二审法院经审理，对于原审认定的"2009 年 8 月 10 日至 2011 年 7 月 1 日期间，因赵某珠患癌症需要购买抗癌药物及保健食材治疗，王某甲支付了港币662 800 元（折合人民币 532 228 元）给香港的'浅中医'购买抗癌药物及保健食材，其中抗癌粉、解毒药（茶）剂等药物 334 800 港币（折合人民币268 844.40元）、冬虫夏草 173 000 港币、人参 81 000 港币、鲨鱼胶和炖汤料等74 000 港币"的真实性，不予确认，其他事实认定与原审认定一致。

二审认为，关于王某甲主张的其为赵某珠购买抗癌药物及保健食材治疗所花费用，王某甲虽提供了由"浅中医"出具的发票并作过公证声明，但该公证并不涉及对发票内容真实性的审查，故在无其他相关证据佐证的情况下，尚不足以确认上述费用的真实性，且子女对父母负有赡养义务，王某甲无证据证明赵某珠生前就上述治疗费用构成债务与其有过约定，因此，原审法院确认王某甲支出的抗癌粉、解毒药（茶）剂等药物费用人民币 268 844.40 元为被继承人赵某珠的债务依据不足，应予纠正。关于丧葬费，不属于被继承人债务范围，故本案不予处理。综上，二审法院判决如下：①撤销杭州市下城区人民法院（2012）杭下民初字第 1899 号民事判决；②驳回王某甲、王某乙的诉讼请求。

[问题与思考]

继承人为照顾被继承人支出的费用是否属于遗产债务？

[重点提示]

回答上述问题，需关注这样几个方面：①是否应当区分继承人为履行赡养义务而支出的费用与被继承人的自身应当承担的医疗费用？②继承人是否可以与被继承人约定将为照顾被继承人支出的费用归入遗产债务的范围？

第二节　限定继承原则

经典案例

石某吉与郝某丽、郝某红、郝某卫民间借贷纠纷案[1]

[基本案情]

郝某丽、郝某红、郝某卫之父郝某江为经营汽车搞客运，1996 年 11 月 26 日借石某吉现金 90 000 元，期限 4 年，并约定了利率等事项，有借据。郝某江与妻子李某芹于 1992 年离婚，郝某丽、郝某红、郝某卫随其父郝某江生活。2000 年 6 月 6 日郝某江去世，2000 年 6 月 10 日郝某江安葬，作为郝某丽、郝某红、郝某卫叔伯姑父的石某吉也到郝某江处进行悼念，即日，石某吉把郝某江的长女郝某丽叫到屋中，自己写下："债务人（空格处）分期归还。其父欠债现金 90 000 元，借据附后（因父亲去世债务接转）2000 年 6 月 6 日父亲去世，利息按借据上的日期利率计算。债权人石某吉，2000 年 6 月 10 日。"由郝某丽在空格处签上了自己的名字。庭审中，郝某丽的代理人讲："石某吉说不签名就把其弟郝某卫带走，石某吉只是讲签个名字好和银行有个交代，石某吉连哄带吓唬，且那天正好是郝某江的安葬日，石某吉的这种做法是乘人之危，且也未继承其父的遗产，该协议无效"。另查明，郝某江生前有 5 间楼房（含地下室）一院，由于欠王某山款 26 600 余元无力偿还，王某山起诉后，到执行阶段，2000 年 4 月 19 日，由法院主持调解，由郝某江把此房以物抵债给王某山。2000 年 6 月 25 日王某山以 39 000 元的价格把该房转卖给郝某锁，该转卖协议书有原房主郝某卫（郝某江之子）、卖方王某山、买方郝某锁以及中间人签名，王某山在得够郝某江欠自己的款后，把剩余的 12 000 元给了郝某丽。郝某江原来经营的汽车，由于事故原因，据原告讲已在郝某江生前由安阳市汽车运输公司林州第七分公司作了事故处理。郝某江去世后，郝某丽、郝某红、郝某卫转随到其母李某芹（林州市北关村）住处。另查明，郝某江遗产有冷冻设备 1 套，郝某江去世后，由郝某丽、郝某红、郝某卫找人拉到了林州市北关村委会院内，郝某丽、郝某红、郝某卫庭审中称放弃继承。郝某江还有遗产立柜 1 个、木床 1 个、连桌

---

〔1〕　河南省高级人民法院，(2013) 豫法民提字第 177 号，载 http：//ws. hncourt. gov. cn/paperview. php? id＝1173093，访问日期：2015 年 10 月 7 日。

1张。

[法律问题]

1. 限定继承原则的含义是什么？

2. 本案中债务转接手续的效力如何认定？

[参考意见及法理精析]

（一）法院意见

法院审理认为，借款应当偿还。郝某江于 2000 年 6 月 6 日因病去世后，根据《继承法》第 33 条的规定："继承遗产应当清偿被继承人依法应当缴纳的税收和债务，缴纳税款和清偿债务以他的遗产实际价值为限。超过遗产实际价值部分，继承人自愿偿还的不在此限。继承人放弃继承的，对被继承人依法应当缴纳的税款和债务可以不负偿还责任"。因此，郝某丽、郝某红、郝某卫只能在继承其父遗产的范围内替父还债，超过此限法律不予保护。石某吉称，郝某丽在 2000 年 6 月 10 日所签名字就是替父还债的接转手续。郝某丽称，这张条子是石某吉写好的内容，在父亲安葬时乘人之危签名字的，这个签名无效。根据郝某丽、郝某红、郝某卫当时的处境和实际情况，该协议行为无效。退一步讲，即使认定该行为有效，郝某丽在履行前予以反悔也不属于继承人自愿偿还的情形。但郝某丽、郝某红、郝某卫应当在继承其父遗产的范围内替父还债。郝某丽、郝某红、郝某卫家中的房屋（含地下室）抵债给了王某山，在郝某江去世后，由郝某江之子郝某卫作为房主，王某山作为卖方，把该房卖了 39 000 元，在王某山得够自己应得的款项外，剩余 12 000 元给了郝某江之女郝某丽，此款为郝某江的遗产。郝某丽、郝某红、郝某卫之父遗留的冷冻设备也应为郝某江遗产。

（二）限定继承原则

几乎大陆法系的所有国家都向当事人提供了无限继承、限定继承及放弃继承三个选项，并通常以无限继承为原则。

继承开始后，由继承人在限定继承、无限继承、抛弃继承权中进行选择，维护了继承人的选择自由。[1] 相对于限定继承将遗产债务的责任财产限于所继承的遗产，无限继承则将责任财产的范围也扩展于继承人本人的固有财产；同理，继承人固有的债权人也可以将遗产纳入其强制执行的范围。在此需要澄清的一个被反复述说的误解是：无限继承并不一定是有利于遗产债权人的。如果继承人也负债累累，继承人的债权人就能将其因继承所获得的遗产作为责任财产获得清偿，此时不但不能以本人的固有财产对遗产债务负责，连遗产都很可

---

〔1〕 张平华、刘耀东：《继承法原理》，中国法制出版社 2009 年版，第 13 页。

能已经支付给自己的债权人了，遗产债权人的状况因此更加恶化。

　　从民法的角度看，无限继承与限定继承的本质区别在于：无限继承不区分继承而来的财产与继承人固有的财产，不区分遗产债务与继承人固有的债务所对应的责任财产。而在限定继承，被继承的财产上在"责任财产"的意义上是独立于继承人固有的财产的，也即其固有财产不会成为遗产债务的责任财产。

　　除了向当事人提供了无限继承、限定继承及放弃继承三个选项，大陆法系国家普遍还具体规定了选择之推定、强制与自愿选择。

　　最为常见的是无限继承的推定，是指在法律规定的期限内继承人如果没有按照法定的程序明确表示放弃继承或接受有限继承，则对继承人适用无限继承。正是此项推定，才有"无限继承"为继承的原则这一判断。

　　所谓强制，通常是指继承人在选择有限继承后却没履行法律规定的义务，那么强制对继承人适用无限继承，即对被继承人的债务承担无限清偿责任。强制的另外一项内容是对特定人士强制适用限定继承，例如，《意大利民法典》第471条及第472条明确规定了对于未成年人与其他无行为能力人作为继承人的，强制适用限定继承。

　　所谓自愿，包含以下两层含义：当事人可以选择无限继承还是限定继承甚至选择放弃继承，并且在选择限定继承之后还可以继续自愿转化为无限继承。

　　从比较法的角度看，对无限继承进行推定的国家占有绝大多数。例如，上文提及的德国、意大利、日本、法国。而对限定继承进行推定的法域却是极为罕见的，除了我国大陆地区的立法例之外尚有2009年6月修订后的我国台湾地区"民法典"。确切地说：当代大陆法系国家基本都认可限定继承的适用，但是大部分国家都认定无限继承是推定的，而限定继承则是附条件的。至于具体的适用条件，各国的规定大同小异，但都以制定财产目录清册为核心条件。因此，有国内学者认为"当今世界各国的财产继承制度主要是限定继承制度"，[1]这样的判断是偏颇的。相反，认定无限继承为基础的基本样态而限定继承是附条件的，可能更符合事实。

　　从继承的程序上看，区分限定继承与无限继承，通常以是否需要制定遗产目录清册为区分之标准。

　　根据《德国民法典》第2003条的规定，遗产法院必须根据继承人的申请，或者自行编制遗产清册，或者将遗产清册编制托付给有管辖权的机关或公证人。而在遗产清册已被适时编制之时，继承人就能主张以遗产标的为限承担责任，

---

〔1〕　许勤、魏巍："概括继承、限定继承及其他——关于财产继承制度的经济分析"，载《学术月刊》2001年第8期。

享有限定继承的利益。[1]在意大利，继承开始后首先需要作出一个正式的书面的限定继承的单方声明，其后必须由辖区法院书记室或者书记室指定的公证员或者遗嘱指定的公证员在规定的期限内制作忠实、准确的遗产清册，否则前项声明不生效力。[2]大陆法系各国在制作财产目录清册的其他规定，例如，由谁来制定该目录清册、制定该财产目录清册的时间限制、未忠实制作即隐瞒遗产的法律后果等，各国的规定略有不同，但这些都是法律本土化、继承制度与其他制度（例如公证制度）的衔接问题所致，本质上并不影响限定继承制度本身。

从制度起源开始，制作财产目录清册是限定继承制度的核心所在，这一点大陆法系各国并无不同。而我国《继承法》制定之时，处于经济上改革开放的初期。当时对西方大陆法系国家的立法刚有接触，但是可能主要的参考资料源于苏联及东欧各社会主义国家。在"宜粗不宜细"的既有法比没有法好、即使粗疏一些也要尽快制定的思想指导下，《继承法》第 33 条在引入限定继承制度的时候，片段化地引入了这项源于罗马法的制度，只是确认了限定继承的效力，但是对于限定继承的程序与必要条件即编制遗产清册则作了有意无意的省略，这导致了限定继承制度在我国徒有其表。

拓展案例

曲某敏诉王某哲被继承人债务清偿纠纷案[3]

[基本案情]

曲某敏与王某哲的父亲王某系同学关系。王某与王某哲系父子关系。王某先后从曲某敏处借款共计人民币 11 000 元，分别是 1996 年 12 月 27 日借款人民币 5000 元并出具 6000 元借据 1 份，约定还款日期 1997 年 6 月 25 日，利息 1000元；1997 年 2 月 23 日借款人民币 6000 元并出具借据一份，约定借期 3 个月，月利 3 分（即利息每月 180 元）。上述借款经曲某敏多次催要未果。现因王某于 2013 年 4 月死亡，曲某敏起诉来院，要求王某哲偿还其父王某 1997 年 2 月 23日的借款本金 6000 元及利息和 1996 年 12 月 27 日的借款 6000 元，共计41 640元。

---

〔1〕 参见《德国民法典》第 2009 条。

〔2〕 参见《意大利民法典》第 485、487 条。相关论述参见 C. Massimo Bianca：Diritto Civile, Volume 2, Terza Edizione giuffrè, 2001, p. 544.

〔3〕 辽宁省沈阳市中级人民法院，（2014）沈中民四终字第 348 号，载 http://www. court. gov. cn/ zgcpwsw/ln/lnssyszjrmfy/ms/201412/t20141226_5592420. htm，访问日期：2015 年 10 月 24 日。

一审法院认为，因王某已去世，王某哲系王某第一顺序法定继承人，故王某哲应在继承王某遗产的实际价值范围内对此债务承担给付责任。关于曲某敏要求的利息，因曲某敏与王某 1997 年 2 月 23 日的借款约定利息高于中国人民银行同期同类贷款利率 4 倍，故对超过部分不予保护。判决：①被告王某哲于本判决生效之日起 30 日内在继承王某遗产的实际价值范围内偿付原告曲某敏借款 6000 元（王某于 1996 年 12 月 27 日所借）；②被告王某哲于本判决生效之日起 30 日内在继承王某遗产的实际价值范围内偿付原告曲某敏借款本金 6000 元（王某于 1997 年 2 月 23 日所借）；③被告王某哲于本判决生效之日起 30 日内在继承王某遗产的实际价值范围内给付原告曲某敏借款本金 6000 元（王某于 1997 年 2 月 23 日所借）的利息（自 1997 年 2 月 23 日起至本判决确定的给付之日止，按中国人民银行同期同类贷款利率 4 倍计算）。

宣判后，曲某敏不服，提起上诉，称：原审认定事实不清。1996 年 12 月 27 日借给王某哲父亲王某的钱是本金 5000 元，约定利息 1000 元，至今本金及利息均未给付，故要求王某哲按每月 3% 的利率，给付 17 年的借款利息。

被上诉人王某哲答辩称：其父王某与其母罗某芬于 1994 年即已离婚，王某哲归母亲罗某芬抚养，与父亲王某多年不在一起生活，对王某与曲某敏的债务毫不知情，无法证明借条是否是王某所写，且王某死后未留下任何遗产，未继承王某任何遗产，即使执行也无遗产可清偿，故对原审判决未提出上诉。但不同意曲某敏的上诉主张及替王某偿还借款的要求。

二审法院认为，我国继承法对遗产债务规定了限定继承原则，即继承遗产应当清偿被继承人依法应当缴纳的税款和债务，缴纳税款和清偿债务以遗产的实际价值为限，超过遗产实际价值的部分，继承人自愿偿还的不在此限。本案中，王某哲作为王某的遗产继承人，对被继承人王某死亡时遗留的应由王某偿还的债务，依法应由其在王某的实际遗产范围内清偿。曲某敏和王某哲对王某是否留有遗产均各执一词，王某哲主张多年未与其父王某共同生活，未继承王某任何遗产，并对被继承人王某留有遗产一事不予认可。原审对本案债务人王某死亡后是否留有遗产及债权能否实现均未作审查，属于认定事实不清。同时，判决王某哲在王某遗产的实际价值范围内偿还借款，属于判决内容不明确。现将此案发回原审，重新审查确定王某的实际遗产范围后，再根据遗产债务的清偿原则，确定王某哲的清偿义务。

综上，二审法院认为原审认定事实不清，适用法律错误，裁定撤销一审法院判决并发回重审。

［法律问题］

1. 一审法院对于被继承人的遗产情况是否负有查清义务？

2. 如何协调无条件的限定继承原则与被继承人的债权人的利益保护之间的矛盾？

［重点提示］

回答上述问题，需关注这样几个方面：①民诉法中"谁主张，谁举证"的原则如何适用？②法院对案件事实的审查范围如何确定？③我国采取无条件的限定继承原则是否存在一定的缺陷？

第三节　遗产债务的清偿方法

经典案例

黄某莹与郑某民间借贷纠纷案[1]

［基本案情］

原告黄某莹是梁某兰（已故）的外甥女。被告梁某霞、被告梁某珍与梁某兰是胞姐妹关系，被告郑某与梁某兰是夫妻关系。

2009 年 11 月 11 日，梁某兰向原告借 5000 元用于交纳入院押金，向原告立下《借条》用作确认欠款，《借条》内容为："今借黄某莹人民币伍仟元整入院押金。"同日，梁某兰还向其兄梁某荣借款 20 000 元用于交纳入院押金。当天，梁某兰入院治疗，医院关于梁某兰的《手术同意书》《输血同意书》《手术中使用医用消耗材料知情同意书》均由被告梁某霞或梁某珍签名。自此，梁某兰没有与郑某共同生活，一直由被告梁某霞、梁某珍照顾。2009 年 12 月 9 日，梁某兰出院费用结算，根据《住院收费收据》显示，梁某兰 2009 年 11 月 11 日至 12 月 5 日期间住院费用为："总费用 39 508.37 元，医保记账金额 29 436.27 元，个人缴费金额 10 072.10 元，已预收 25 500 元，退款 15 427.90 元。"由于梁某兰入院预交的其中一笔款项 20 000 元是通过梁某荣的信用卡支付的，故出院时退款 15 427.90 元并非退还梁某兰本人，而是退入梁某荣名下的信用卡中。

---

〔1〕 广东省广州市荔湾区人民法院，（2013）穗荔法民一初字第 296 号，载 http：//www. court. gov. cn/zgcpwsw/gd/gdsgzszjrmfy/gzslwqrmfy/ms/201412/t20141223_5438152. htm，访问日期：2015 年 10 月 25 日。

梁某兰曾于 2009 年 11 月 6 日和 2010 年 7 月 5 日两次向法院起诉要求与郑某离婚，在第一次和第二次离婚诉讼中，梁某兰和郑某均没有将本案欠原告的债务 5000 元作为夫妻共同债务提出。2010 年 10 月 28 日，该院一审判决"准予梁某兰与郑某离婚……"，郑某不服上诉，判决没有生效。因梁某兰于 2011 年 1 月 16 日去世，2011 年 1 月 26 日，广州市中级人民法院以（2011）穗中法民一终自第 13 号民事裁定书，裁定"①撤销原审判决；②本案终结诉讼"。

2010 年 9 月 16 日，广州粤国房地产土地与资产评估有限公司受本院委托，对广州市荔湾区中山七路龙源里 14 号 102 房住宅用途房地产进行了价值评估，2010 年 9 月 9 日的全交吉市场价值为 37.83 万元，不交吉市场价值为 30.28 万元。

另查：梁某兰生前于 2009 年 12 月 30 日在广东省广州市南方公证处立下公证遗嘱，该遗嘱记载："①待我去世后，将坐落在广州市荔湾区中山七路龙源里 14 号 102 房房屋及号牌号码 ags013 中型普通客车一辆的产权属我的所有的份额全部留给我的胞妹梁某霞、梁某珍两人共同继承，与其配偶无关；②待我去世后，我名下所有的动产、不动产、银行存款等全部财产留给我的胞妹梁某霞、梁某珍两人共同继承，与其配偶无关"。梁某霞、梁某珍与郑某在（2011）荔法民一初字第 524 号继承纠纷案中达成调解协议，协议内容为"①梁某兰名下的广州市荔湾区中山七路龙源里 14 号 102 房的产权，由梁某霞继承 1/4 产权、梁某珍继承 1/4 产权、其余 2/4 的产权归郑某所有……③梁某霞、梁某珍将各人继承牌号为粤 a 轻型客车的 1/4 所有权份额转让给郑某，梁某兰名下的牌号为粤 a 轻型客车归郑某一人所有。郑某于 2011 年 6 月 10 日前支付粤 a 轻型客车价款 32 000 元的 50%，即 16 000 元给梁某霞、梁某珍"。

经法院释明后，原告明确表示只要求被告郑某一人对本案债务进行清偿，不要求被告梁某霞、梁某珍清偿。

［法律问题］

在被继承人的遗产已被分割的情况下，遗产债务如何清偿？

［参考意见及法理精析］

（一）法院意见

法院认为：该笔债务发生在梁某兰与郑某的婚姻关系存续期间，且用于支付夫妻一方的医疗费用，故本院认定该笔债务为夫妻共同债务，由郑某与梁某兰共同偿还。现在由于梁某兰已经去世，其遗产已被梁某霞和梁某珍根据遗嘱继承，根据最高人民法院《关于贯彻执行＜中华人民共和国继承法＞若干问题的意见》第 62 条的规定："遗产已被分割而未清偿债务时，如有法定继承又有遗嘱继承和遗赠的，首先由法定继承人用其所得遗产清偿债务；不足清偿时，剩余的债务由遗嘱继承人和受遗赠人按比例用所得遗产偿还；如果只有遗嘱继承和遗赠的，由遗嘱继承人和受遗赠人按比例用所得遗产偿还。"因此，本案债务应由梁某兰偿还的部分由梁某兰的遗嘱继承人梁某霞和梁某珍共同偿还，由于梁某霞和梁某珍继承梁某兰遗产的财产价值远远超过梁某兰所欠债务的数额，故由梁某霞和梁某珍共同承担本案债务一半的清偿责任，由郑某承担本案债务的另一半清偿责任。因原告经本院释明后，仍坚持只要求被告郑某偿还欠款 5000 元给原告，不要求梁某霞和梁某珍清偿该笔债务，故本院驳回原告一半的诉讼请求。

综上，法院判决如下：①被告郑某自本判决发生法律效力之日起 3 日内向原告黄某莹归还欠款人民币 2500 元。②驳回原告黄某莹的其他诉讼请求。

（二）在被继承人的遗产已被分割的情况下，遗产债务如何清偿？

在继承人的继承权与被继承人的债权人的权益之间，债权人的权益应当处于优先地位，对此，我国《继承法》第 33 条规定，"继承遗产应当清偿被继承人依法应当缴纳的税款和债务，缴纳税款和清偿债务以他的遗产实际价值为限。超过遗产实际价值部分，继承人自愿偿还的不在此限。继承人放弃继承的，对被继承人依法应当缴纳的税款和债务可以不负偿还责任"。同时，第 34 条规定："执行遗赠不得妨碍清偿遗赠人依法应当缴纳的税款和债务"。因此，遗产的分割不得妨碍遗产债务的清偿。

继承开始后，如果继承人只有一人，不需要对遗产进行分割，则遗产债务的清偿方法对债权人没有影响。但在继承人为多人的情况下，如果在清偿债务之前遗产已被分割的，则可能增加债权人追偿的难度。

对于多个继承人共同清偿遗产债务，在司法实践中对于认定继承人即债务人之间的关系，存在着严重的司法不统一：部分法院判决各债务人之间承担连带责任；部分法院判决各债务人之间承担按份责任；而部分法院只列明哪些人是债务人，并不释明各债务人之间的法律关系。

拓展案例

案例一：　王某泰与李某荣、李某正民间借贷纠纷案[1]

[基本案情]

原告王某泰与被告李某荣同村居住，被告李某荣与被告李某正系母子关系。

---

〔1〕甘肃省庆阳市西峰区人民法院，（2014）庆西民初字第 1203 号，载 http://www.court.gov.cn/zgcpwsw/gs/gssqyszjrmfy/qysxfqrmfy/ms/201411/t20141121_4259031.htm，访问日期：2015 年 10 月 7 日。

2009 年 9 月 30 日，被告李某荣之夫（即被告李某正之父）李某贤向原告王某泰出具借据，向原告王某泰借款 50 000 元，约定月利率 1%。当时同村居民李某国为双方作了见证。2010 年 3 月 12 日，经原告王某泰与李某贤清算账务，该笔借款 2009 年 10 月～12 月的利息 1500 元已经付清。双方经协商确定 2010 年月利率按 0.8% 计算，李某贤当日给付原告王某泰 2010 年利息 500 元。2012 年 11 月 9 日，李某贤给付原告王某泰现金 10 000 元，但该款项属于李某贤向原告王某泰归还的本金还是应付的利息，双方并未达成一致意见。2013 年 6 月，李某贤因故死亡。原告王某泰向二被告索款未果后诉至本院，要求二被告清偿被继承人债务 40 000 元并承担利息。

法院审理认为，本案争议的焦点为：①本案案由是被继承人债务清偿纠纷还是民间借贷纠纷；②被告李某荣之夫（即被告李某正之父）李某贤与原告王某泰之间的借贷关系是否成立；③被告李某荣之夫（即被告李某正之父）李某贤所负债务是否属于夫妻共同债务，被告李某荣、李某正在该案中是否应当承担偿还义务。

关于案由，被继承人债务是指被继承人死亡时遗留的应当由被继承人清偿的财产义务。被继承人的债务属于遗产中的消极财产，又称遗产债务。只有在被继承人死亡时尚未清偿的依法应由其清偿的债务，才为被继承人的债务，因该债务清偿引起的纠纷即被继承人债务清偿纠纷。民间借贷纠纷是指公民之间、公民与法人之间、公民与其他组织之间的借贷关系。本案中，被告李某荣之夫李某贤向原告王某泰借款时，李某贤与被告李某荣夫妻关系正常存续，且被告李某荣并无证据证明李某贤所借款项属于其个人债务，故该笔债务应为被告李某荣夫妻双方共同债务，债务人李某贤死亡，但另一债务人被告李某荣仍健在，被告李某荣应承担偿还义务，因有债务人存在，本案按被继承人债务纠纷定案不当，该案案由应确定为民间借贷纠纷。

被告李某荣之夫（即被告李某正之父）李某贤与原告王某泰之间的借贷关系是否成立。民间借贷关系中，只要双方当事人遵循自愿互助、诚实信用原则，意思表示真实即认定有效。本案中，原告王某泰借款给被告李某荣之夫李某贤，李某贤向原告王某泰出具借条的行为，均系真实意思表示，双方借贷关系成立。

被告李某荣之夫李某贤所负债务是否属于夫妻共同债务。婚姻关系存续期间一方以个人名义所欠债务，原则上应当认定为夫妻共同债务，应该由夫妻共同偿还，夫妻之间相对债权人来讲承担无限连带责任，一方死亡，另一方应当偿付。本案中，原告王某泰所称债务属于被告李某荣与李某贤婚姻关系存续期间的债务，应为夫妻共同债务，现李某贤已身亡，该笔债务应由另一共同借款人被告李某荣清偿。因另一共同借款人存在，被告李某正无归款的义务，应驳回原告对被告李某正的起诉。

综上所述，法院判决如下：①被告李某荣归还原告王某泰借款 40 000 元，并从 2012 年 11 月 10 日起按月利率 0.8% 承担借款利息至实际归款之日止；②驳回原告王某泰的其他诉讼请求。

案例二：　申诉人龚某权与被申诉人冉某强民间借贷纠纷案[1]

［基本案情］

被告龚某权系原告冉某强的兄嫂。2007 年 6 月 17 日，被告龚某权和其丈夫石某年向原告冉某强借款 5 万元，并出具了借条一份。借条内容载明："借条今借到冉某强人民币伍万元（50 000.00 元）整。此款石某年所有财产抵押。借款人：石某年龚某权 2007 年 6 月 17 日"，石某年、龚某权在该借条上均有签名，石某年在借条上签名处加盖了其本人的私章。石某年于 2009 年农历五月二日因病去世。原告冉某强因催收借款无果，遂提起诉讼。

一审法院认为，石某年与被告龚某权系合法夫妻关系，根据《婚姻法解释（二）》第 26 条"夫或妻一方死亡的，生存一方应当对婚姻关系存续期间的共同债务承担连带清偿责任"的规定，被告龚某权作为本案共同借款人和夫妻共同债务人应当清偿原告冉某强的借款 5 万元。关于借款 5 万元的资金利息计付问题，根据《合同法》第 211 条"自然人之间的借款合同对支付利息没有约定或者约定不明确的，视为不支付利息"和最高人民法院《关于人民法院审理借贷案件的若干意见》第 9 条"公民之间的定期无息借贷，出借人要求借款人偿付逾期利息，或者不定期无息借贷经催告不还，出借人要求偿付催告后利息的，可参照银行同类贷款利率计息"的规定，本案原告冉某强主张的借款 5 万元资金利息应从原告向本院主张权利之日起即 2010 年 6 月 29 日起按中国人民银行同期同类商业贷款利率计算至付清之日止。

因此，一审法院判决被告龚某权在本判决生效后 10 日内偿还原告冉某强借款本金 5 万元及利息（利息从 2010 年 6 月 29 日起按中国人民银行同期同类商业贷款利率计算至付清之日止）。

再审中，法院另查明，石某年生前育有大女儿石某翠、二女儿石某英、三女儿石某丽和儿子石某。2011 年 5 月 15 日，原审被告龚某权与石某年的其他继承人石某翠、石某英、石某丽、石某协商一致，将石某年与龚某权所有的夫妻

---

〔1〕　四川省宣汉县人民法院，（2013）宣汉民再字第 3 号，载 http：//www. court. gov. cn/zgcpwsw/ sc/scsdzszjrmfy/xhxrmfy/ms/201406/t20140603_1327132. htm，访问日期：2015 年 10 月 24 日。

共同财产宣汉县东乡镇石岭街石岭路门市一间（宣房权字第 10981 号面积 41 平方米）变卖后偿还了原审原告冉某强和向某胜的债务。

再审法院认为，根据最高人民法院《婚姻法解释（二）》第 26 条"夫或妻一方死亡的，生存一方应当对婚姻关系存续期间的共同债务承担连带清偿责任"和《继承法》第 10 条第 1 款第 1 项"遗产按照下列顺序继承：第一顺序：配偶、子女、父母"以及第 33 条"继承遗产应当清偿被继承人依法应当缴纳的税款和债务……"的规定，本案的债务人为申诉人龚某权和石某年夫妇，石某年死亡后，石某年生育的四位子女与其配偶龚某权均属法定继承人，依法应当承受遗产义务，应当从其遗产中清偿债务。继承发生后，继承人未放弃继承的，视为接受继承。对遗产债务的清偿，应当通知全部继承人参加诉讼，不能仅以被继承人的配偶对夫妻共同债务承担连带责任来否认其他继承人应承担的责任。因申诉人龚某权已与其他继承人石某翠、石某英、石某丽、石某协商一致，将石某年与龚某权所有的夫妻共同财产宣汉县东乡镇石岭街石岭路门市一间变卖后偿还了被申诉人冉某强及另一案件被申诉人向某胜的债务，再审中再追加石某年的其他继承人参与诉讼已无实际意义，且不影响原判决实体处理结果。因此，原判决认定事实清楚，证据充分，适用法律正确，应予维持。

[问题与思考]

1. 死亡一方的遗产如何用于清偿夫妻共同债务？

2. 夫妻一方死亡后生存一方对夫妻共同债务承担连带责任，是否意味着其继承人不需承担该债务？

[重点提示]

回答上述问题，需关注这样几个方面：①夫妻对于夫妻共同债务负有连带清偿的责任，但在生存一方配偶与死亡一方的继承人之间的关系上，对于各自应清偿的债务是否有份额上的限制？②如何保障债权人的利益？③继承人对被继承人的遗产债务的清偿以遗产的实际价值为限，不能仅以被继承人的配偶对夫妻共同债务承担连带责任来否认其他继承人应承担的责任。